La aculturación misional en la Orinoquia.
Del poblado indígena a la reducción-municipio.

Cuadernos publicados

1. *Reflexiones sobre la organización territorial del Estado en Venezuela y en la América Colonial*. Allan R. Brewer-Carías, Caracas 1997, 311 pp.
2. *Reflexiones sobre el constitucionalismo en América*. Allan R. Brewer-Carías, Caracas 2001, 436 pp.
3. *Libertades y emancipación en las cortes de Cádiz de 1812*. Aguiar Asdrúbal, Caraca, 2012, 211 pp.
4. *El Olvido de los Próceres*. Giovanni Meza Dorta, Caracas 2012, 127 pp.
5. *El desempeño del sistema judicial venezolano en el marco histórico de 1810 a 2010*, Carlos J. Sarmiento Sosa, Caracas, 2015, 310 páginas.
6. *Sobre el constitucinalismo hispanoamericano pre-gaditano 1811-1812*, Allan R. Brewer-Carías, Caracas, 2013, 432 pp.
7. *Sobre Miranda entre la perfidia de uno y la infamia de otros y otros escritos*, Allan R,. Brewer-Carías, Caracas, 2016, 302 pp.

© José Del Rey Fajardo S.J.
email: jdelrey@ucab.edu.ve
ISBN: 978-980-365-422-1
Depósito Legal: DC2018000564

Impresión por Lightning Source, a INGRAM Content company
para su distribución por: Editorial Jurídica Venezolana International Inc.
Panamá, República de Panamá
ejvinternational@gmail.com

Editorial Jurídica Venezolana
Sabana Grande, Av. Francisco Solano, Edif. Torre Oasis, Local 4, P.B.
Apartado Postal 17.598, Caracas 1015-A, Venezuela
Teléfonos: 762.2553/762.3842 - Fax: 763.5239
E-mail fejv@cantv.net
http://www.editorialjuridicavenezolana.com.ve

Diagramación, composición y montaje
por: Francis Gil, en Time New Roman 11, Interlineado: sencillo
Mancha 18 x 11,5

José del Rey Fajardo, S.J.

La aculturación misional en la Orinoquia. Del poblado indígena a la reducción-municipio.

Colección Cuadernos de la Cátedra Fundacional
Charles Brewer Maucó, Sobre Historia del Derecho.
Universidad Católica Andrés Bello
N° 8

Editorial Jurídica Venezolana
Caracas, 2018

INTRODUCCIÓN

Las Misiones jesuíticas de los Llanos de Casanare y de los ríos Meta y Orinoco fueron en el pasado las menos estudiadas en el marco de la literatura histórica de la Compañía de Jesús americana pues la publicación o conocimiento de sus fuentes data prácticamente de la segunda mitad del siglo XX[1].

A esto hay que añadir que la extensa y cualificada literatura escrita desde los tiempos coloniales sobre las Misiones del Paraguay no sólo ha eclipsado las biografías de otras experiencias jesuíticas en tierras colombinas sino que además ha generado una actitud historiográfica que corre el peligro de igualar los procesos y métodos utilizados en las diversas demarcaciones misionales cuando en realidad los mundos descubiertos por Colón generaron muchas diferencias a la hora de buscar soluciones a pesar de que el espíritu era siempre el mismo.

Las Reducciones del Paraguay, o la ciudad ideal edificada para los guaraníes, suscitó aun antes que Europa ingresara al siglo de las Luces una ola de admiración porque injertaba la razón en el mundo del mito, el Esta-

---

[1] Aunque nos referiremos más adelante a la bibliografía de este proyecto, sin embargo hacemos referencia expresa: Pedro de MERCADO. *Historia de la Provincia del Nuevo Reino y Quito de la Compañía de Jesús*. Bogotá, Biblioteca de la Presidencia de la República, 1957, 4 vols. Juan RIVERO. *Historia de las misiones de los Llanos de Casanare y los ríos Orinoco y Meta*. Bogotá, 1956. Joseph CASSANI. *Historia de la Compañía de Jesús del Nuevo Reyno de Granada*. Madrid. 1741 (La edición de Caracas es de 1967). BORDA, José Joaquín. *Historia de la Compañía de Jesús en Nueva Granada*. Poissy, 1972, 2 vols. RESTREPO, Daniel. *La Compañía de Jesús en Colombia*. Compendio historial y Galería de Varones Ilustres. Bogotá, Imprenta del Corazón de Jesús, 1940. JEREZ, Hipólito. *Los Jesuitas en Casanare*. Bogotá, Prensas del Ministerio de Educación nacional, 1952. Juan Manuel PACHECO. *Los Jesuitas en Colombia*. Bogotá, 1959- 1989, 3 vols. José DEL REY FAJARDO. *Documentos jesuíticos relativos a la historia de la Compañía de Jesús en Venezuela*. Caracas, 1966-1974, 3 vols.

do en una sociedad sin Estado, y la utopía en la historia. Así lo atestigua uno de los historiadores P. Francisco Javier de Charlevoix en su *Historia del Paraguay*: "Hablo de aquellas Repúblicas cristianas, de las cuales no tenía modelos el mundo, y que han sido fundadas en el centro de la más feroz barbarie con un plan más perfecto que las de Platón, del canciller Bacón y del ilustre autor del Telémaco"[2].

Mas, para ubicar al lector moderno en el significado de estas tierras míticas, pensamos que uno de sus mejores intérpretes es el novelista venezolano Rómulo Gallegos: "La llanura es bella y terrible a la vez; en ella caben holgadamente, hermosa vida y muerte atroz. Esta acecha por todas partes; pero allí nadie la teme. El llano asusta, pero el miedo del llano no enfría el corazón: es caliente como el gran viento de su soleada inmensidad, como la fiebre de sus esteros... Tierra abierta y tendida, buena para el esfuerzo y para la hazaña, toda horizontes, como la esperanza; toda caminos como la voluntad"[3].

Por otro lado no se puede olvidar lo que significó para los misioneros el embrujo de la "Misión"[4] pues los dotaba de energías y proyectos ilusorios encuadrados todos ellos en lo que Alfonso Alfaro denomina la *cuaterna paradójica*. En primer lugar, el compromiso adquirido en la interioridad de la experiencia religiosa. En segundo término, la obediencia que suponía una total disponibilidad de sus personas para la misión y la adquisición de un espíritu de cuerpo, todo lo cual implicaba una sintonía con los ideales de la Orden así como también con los mandatos de los superiores. Como tercer requisito se buscaba una preparación "élite" que facultaba al jesuita para hacer frente a situaciones sin precedentes y sin posibilidad de consulta

---

2   Pedro Francisco Javier de CHARLEVOIX. *Historia del Paraguay*. Madrid, Traducción del P. Pablo Hernández, I (1913) 21-22.

3   Rómulo GALLLEGOS. *Doña Bárbara*. Bogotá, Oveja Negra (1987) 63.

4   Michael Sievernich comprueba que la voz "Misión" corresponde a la primera generación de jesuitas pues recoge el profundo simbolismo que constituyó para los ignacianos empeñados en dar respuestas a los retos globales que les propiciaba el mundo nuevo. Michael SIEVERNICH. "La Misión de la Compañía de Jesús: inculturación y proceso". En: José Jesús HERNANDEZ PALOMO y Rodrigo MORENO JERIA (Coord.). *La Misión y los jesuitas en la América española, 1566-1767*. Sevilla, Consejo Superior de Investigaciones Científicas-Escuela de Estudios Hispano-Americanos (2005) 265-287. También en el mundo actual tiene vigencia el referente al espacio mítico que levanta la palabra "Misión" pues apunta a una acción mesiánica, a colonización ideológica o espiritual pues es un modo de exploración. Pero también pueden convertirse en modos de peregrinación, formas de prédica e instrumentos transitorios de colonización (Ver: Sandra PINARDI. "De misiones". En: *El Nacional*. (Papel Literario). Caracas, sábado 15 de julio de 2006.

y deliberación ya que en medio de tantas encrucijadas había que aportar soluciones a retos inesperados. Y finalmente la adaptación, que debía aprender las reglas del juego ajenas, penetrar lo más profundamente posible en el laberinto de imágenes y símbolos desconocidos y de esta forma tratar de precisar lo que divide para poder acentuar lo que une[5].

Sin embargo, podemos aseverar que las Misiones, una vez concluido el tiempo colonial, no han gozado buena prensa. El proceso de la Independencia conllevó una visión altamente peyorativa de tan importante institución en primer lugar por el filtro de la Independencia y segundo lugar porque la República fue altamente antirreligiosa.

Un historiador tan reconocido como Rafael María Baralt no dudó en escribir: "Los principales objetos de la mezquina política de las misiones es la soledad y la incomunicación, no sólo de los indígenas con las razas de origen extranjero, sino los indígenas de diversas tribus entre sí; y de aquí resultaba que el Caribe, el chaima, y el tamanaco conservaran su fisonomía moral, su lengua, sus hábitos, con mayor fuerza y tenacidad que si hubieran sido prudentemente mezclados y confundidos. El indio reducido y sedentario fue tan poco cristiano como el indio independiente y vagabundo"[6].

En el siglo XX Mario Briceño Iragorri después de analizar los comentarios adversos a la institución misional, realza la figura del misionero y estatuye "nada tan hermoso como el estudio de esta corriente silenciosa y humilde que riega la tierra aridecida por las luchas. El misionero representa toda la idealidad fecunda de la cultura que reclama nuevos horizontes: a él se deberá la vida de tantos pueblos, a él es acreedora la raza vencida de su anexión a los nuevos mandatos civilizadores… Las sandalias del misionero ni polvo levantan al andar, y sin embargo, cuán fecunda fue para el porvenir de los pueblos su obra de abnegación y sacrificio"[7].

El presente libro trata de recoger con el aval documental el difícil tránsito que tuvo que acometer el indígena para abandonar la dispersión en que vivía y tener como puerto de llegada la "reducción-municipio". Es decir, para sembrar el alma de la municipalidad en las reducciones fundadas tanto en los Llanos como en el Orinoco los ignacianos recurrieron a un

---

5   Alfonso ALFARO. "Hombres paradójicos", 16-17.
6   Rafael María BARALT. Ramón DÍAZ. *Resumen de la Historia de Venezuela desde 1797 hasta el año de 1830*. Con notas de Vicente Lecuna. Brujas-París, Desclée, de Brouwer, II (1939) 222.
7   Mario BRICEÑO IRAGORRI. *Tapices de historia patria*. Caracas (1982) 83.

proceso difícil y largo porque en definitiva consistía en saltar de la prehistoria a la historia.

Se imponía un cambio de mentalidad que modernizara los modos de pensar y de actuar de los reducidos a fin de crear una nueva identidad salvaguardo la esencia del pasado.

En otras palabras, más allá del espíritu feudal que soñaba la encomienda la reducción trató de acercarse al indígena para convertirlo en ciudadano, súbdito de la monarquía española y le dio la lengua, la religión y el sentido de pertenencia a una geografía propia dentro de la visión de nueva convivencia y progresiva autonomía.

Se compone de 3 capítulos y una introducción. El primero lo dedicamos a la población indígena; en segundo lugar se afronta el proceso seguido para iniciar la aculturación y en último lugar explanamos lo que significó la "reducción-municipio". La Introducción expone los requisitos previos para la recta intelección del estudio que presentamos: la tierra y el hombre.

Antes de concluir deseo expresar mi gratitud a la Sra. Marleni Lozano por su siempre pulcra y eficiente colaboración en la preparación de este texto.

El autor

Capítulo I

LA TIERRA Y SUS HOMBRES

Daniel de Barandiarán resume el estudio que ha realizado Miguel Ángel Perera sobre la geografía física de la Orinoquia y distingue las siguientes regiones:

En primer lugar la inmensidad superficial de los Bosques y Selvas, con un total de 350 mil kilómetros cuadrados. Ellos integran los Bosques de Galería a lo largo de los ríos y con abundancia de población y de faunística, junto con una agricultura básica de maíz y yuca y tubérculos diversos. Después se deben mencionar los Bosques tropófilos de escasos recursos, los Bosques específicos de transición en el área mesopotámica de los ríos Guainía-Negro-Atabapo-Casiquiare, con agrupaciones indígenas diseminadas forzosamente por la escasez de espacios abiertos; finalmente, los inmensos Bosques ombrófilos de la llamada comúnmente Selva Virgen, en donde, ayer como hoy, las etnias indígenas, con un promedio de no más de 0'2 habitantes por kilómetro cuadrado, pugnan por vivir holgadamente.

En segundo término hay que aludir a las Sabanas con un total de 55 mil kilómetros cuadrados. De ellos 10 mil kilómetros cuadrados los constituyen las sabanas altas de arenisca, con suelos impermeables, y con imposibilidad de habitación poblacional; 5 mil son inundables por su condición de sabanas fluviales, con sus transhumancias estacionales de vivienda y de modos de vida; 40 mil kilómetros cuadrados son sabanas bajas, de suelos duros y siempre arrasadas por el fuego y con escasa posibilidad de una cultura agrícola, pero con abundante cacería mayor. La sustentabilidad poblacional indígena extrema de esa región sabanera no pasó de los 30 mil habitantes.

En tercer término hay que señalar el Estuario deltáico del Orinoco y los pantanales del Casiquiare-Río Negro, con un total de 30 mil kilómetros cuadrados y que pudieron sustentar, por su riqueza piscícola y frutera a unos 50 mil habitantes indígenas.

Y en último lugar, aparecen las áreas geográficas inhabitables de Guayana como son las regiones altas de los Tepuyes, las cordilleras más hostiles y las marismas propiamente dichas, que conforman un total de más de 30 mil kilómetros cuadrados a los que habría que añadir los 3.500 kilómetros cuadrados que conforman el espejo superficial de los grandes ríos en sus madres respectivas[8].

Del lado colombiano, (sede de las Misiones del Meta y Casanare), hay que hacer referencia a los departamentos del Meta, Arauca, Casanare y Vichada[9]. En una perspectiva fisiográfica se deben distinguir los Llanos altos, apegados a las estribaciones de los Andes, configurados por anchas franjas de tierra de aluvión de grano fino sobre los que reposan bosques húmedos que incentivan el cultivo del arroz, café, caña de azúcar, maíz, algodón, plátano y otros productos agrícolas. Los Llanos bajos, más al oriente, es "tierra yerma, castigada por las vicisitudes del clima" en la que solo se producen pastos de mala calidad[10].

Toda la región está sometida a dos estaciones anuales: la temporada de lluvias que se extiende desde abril hasta finales de noviembre y la seca que abarca de diciembre hasta marzo[11]. Y su población no superaba los 100.000 habitantes[12].

Pero, esa primigenia Provincia de Guayana se desintegró a lo largo del siglo XIX de la siguiente manera. Por el Tratado de 1859, firmado con el Brasil, pasaron a la república sureña 200.000 kilómetros cuadrados: 150.000 correspondientes a la franja norte del Medio Yapurá y el Alto y Medio Río Negro-Guainía; y 50.000 comprendidos en la franja meridional del Medio Yapurá y el Río Amazonas o Solimoés[13]. Por el Laudo español

---

[8] BARANDIARÁN, Daniel de, "El Orinoco amazónico de las misiones jesuíticas" en *Misiones jesuíticas en la Orinoquia,* Universidad Católica del Táchira, II, J. DEL REY FAJARDO (edit.), San Cristóbal 1992, pp. 129-285.

[9] WEST, Robert C., "The Geography of Colombia" en *The Caribbean Contemporary Colombia,* CURTIS WILGIUS, A. (edit.), Gainesville 1962, p. 19. Citado por RAUSCH, Jane M., *Una frontera de la sabana tropical. Los llanos de Colombia 1531-1831,* Colección Bibliográfica Banco de Colombia, s/a (El original inglés es de 1984) Santafé de Bogotá, p. 7. ACEVEDO LATORRE, Eduardo, *Diccionario geográfico de Colombia,* Instituto Geográfico A. Codazzi, Bogotá 1971.

[10] WEST, Robert C. *The Geography of Colombia,* p. 19.

[11] VERGARA Y VELASCO, F.J., *Nueva geografía de Colombia,* Bogotá 1901-1902, p. 683.

[12] RAUSCH, Jane M., *Una frontera de la sabana tropical. Los llanos de Colombia 1531-1831,* Santafé de Bogotá 1984, p. 33.

[13] Véase: Daniel de BARANDIARAN. "Brasil nació en Tordesillas". En: *Paramillo.* San Cristóbal, 13 (1994) 331-774.

de 1891 la Provincia de Guayana se desprendió de 519.857 kilómetros cuadrados[14] que se integraron a la actual República de Colombia[15]. Y a Venezuela le quedaron 460 mil kilómetros cuadrados contabilizados por el Delta Amacuro, el Territorio Federal Amazonas y el Estado Bolívar.

La superficie total de las Misiones jesuíticas en la primigenia Guayana occidental y meridional involucraba unos 50 mil kilómetros cuadrados de acción directa. A ellos habría que sumar los de los territorios de Casanare y Meta.

Frente a estas ingentes extensiones de terreno llama la atención la demografía de la población autóctona que habitó en estas tierras guayanesas.

Según Miguel Ángel Perera, durante los tiempos coloniales, no sobrepasó nunca esta tierra difícil y despoblada los 200.000 habitantes[16]. Quizá pueda llamar la atención esta afirmación pero su confrontación referencial con la población actual, que apenas supera el millón de habitantes, parece avalar el interesante estudio que ha venido realizando durante años el mencionado profesor de la Universidad Central de Venezuela.

En 1780 escribía el ex-misionero orinoquense P. Felipe Salvador Gilij: "Todavía insolentes y bárbaros, los orinoquenses, a los jesuitas y a todos les parecieron infinitos. Pero amansados en el día de hoy por la santa ley de Dios, y reducidos a ovejas, a cualquiera que tenga ojos deben parecerle poquísimos, como son en realidad"[17].

1. Las fronteras

La territorialidad misional jesuítica llanero-orinoquense

El Presidente del Nuevo Reino de Granada, don Diego Egües de Beaumont (1662-1664)[18], sería quien trataría de planificar y diseñar una es-

---

14 Véase: Pablo OJER. *La Década fundamental en la controversia de Límites entre Venezuela y Colombia (1881-1891)*. Maracaibo, Corpozulia, 1982.
15 Comandancia del Vichada (100.242 Kilómetros cuadrados); Departamento del Meta (85.635); Comisaría del Vaupés (107.595); Comisaría del Guainía (72.238); Intendencia del Caquetá (44.482); y Comisaría del Amazonas (109.665).
16 PERERA, Miguel Ángel. *Oro y Hambre: Antropología histórica y Ecología cultural de un mal entendido. Guayana en el siglo XVI.* **Manuscrito.**
17 Felipe Salvador GILIJ. *Ensayo de Historia americana*. Caracas, Academia Nacional de la Historia, I (1965) 76.
18 Sergio Elías ORTIZ. *Nuevo Reino de Granada. Real Audiencia y Presidentes.* Tomo 4. Presidentes de capa y espada (1654-1719). Bogotá, Academia Colombiana de la Historia, Historia Extensa de Colombia, vol., III (1966) 101-127.

trategia misional que diera respuesta a las inquietudes de penetración que intentaban dejar atrás la cordillera oriental y cristianizar al enorme gentilismo esparcido desde la Guayana a las nuevas ciudades-gobernaciones y desde el Arauca al Amazonas.

Para ello propuso Presidente Egües al Rey, en carta del 15 de junio de 1662, la creación de una Junta de Misiones que debía presidirla el Arzobispo e integrarla el Presidente de la Audiencia, el Oidor más antiguo, el Provisor y los Provinciales de las diversas Ordenes Religiosas. Debían reunirse semanalmente e informar a la Monarquía cada año. La proposición fue aprobada por Real Cédula del 27 de septiembre de 1663[19].

En la Junta del 12 de julio de 1662 el cuerpo decidió repartir los territorios llaneros entre las diversas entidades religiosas que configuraban la iglesia neogranadina para que cada una se responsabilizara del área a ella asignada.

Al clero diocesano se le señaló el territorio de la gobernación de los Llanos de San Juan, desde la misión de los franciscanos hasta el río Caguán "y desotra parte entrando en el Airico, que es una cordillera que atraviesa, en donde está todo el mayor gentío".

A los agustinos ermitaños[20] se les asignó los Llanos de San Martín entrando por su doctrina de Fómeque y a los recoletos[21] el terreno comprendido entre los ríos Upía y Cusiana y en el ínterin sustituían al cura de Santiago de las Atalayas.

A los franciscanos[22] se les encomendó "la parte de donde sacó indios infieles el P. fray Bernardo de Lira en el gobierno de San Juan de los Llanos y línea recta imaginaria entrando en el Airico".

---

19   AGI. *Santafé*, 36. *Autos del traslado de San Bartolomé de la Cabuya a Sabana Alta. Real Cédula*. Madrid, 27 de septiembre de 1663.

20   Para los agustinos ermitaños nos remitimos a la interesante recopilación de escritos de diversos autores: José PEREZ GOMEZ et alii. *Provincia agustiniana de Nuestra Señora de Gracia en Colombia*. Santafé de Bogotá, 1993, 3 vols.

21   Eugenio AYAPE. *Fundaciones y noticias de la Provincia de Nuestra Señora de la Candelaria de la Orden de Recoletos de San Agustín*. Bogotá, Editorial Lumen Christi, 1950. Pedro del Corazón de María FABO. *Historia de la Provincia de la Candelaria de Agustinos Recoletos*. Madrid, Imprenta del Asilo de Huérfanos del S. C. De Jesús, 1914, 2 vols.

22   Luis Carlos MANTILLA. *Los franciscanos en Colombia*. Bogotá, I, Editorial Nelly (1984); II, Editorial Nelly (1987); III, Ediciones de la Universidad de San Buenaventura (2000), 2 vols.

A los dominicos se les trazó el área de los chíos y mámbitas, antesala de las regiones llaneras.

A los jesuitas se les adjudicó el territorio "junto al río de Pauto y de allí para abajo hacia la villa de San Cristóbal y ciudad de Barinas, y todos los Llanos de Caracas, y corriendo línea imaginaria desde el río de Pauto hasta el Airico comprendiéndole"[23].

Y para completar la acción de los misioneros en este proyecto se consiguió una real Provisión, de 18 de julio de 1662, que prohibía expresamente a los gobernadores hacer y permitir entradas "a conquistar y reducir indios con soldados"[24].

La revitalización del Orinoco por parte de las Ordenes misioneras que laboraban a lo largo de su cuenca provocó diversos conflictos territoriales a lo largo del siglo XVIII. Ya hemos hablado del primer Convenio de Misiones del 12 de julio de 1662 en Santafé de Bogotá válido para las dependencias neogranadinas. No se habla en este documento de la Guayana, pero a partir de 1646 se habían instalado allí los jesuitas[25]. Aunque con intervalos la presencia de la Compañía de Jesús en el ámbito guayanés se extiende hasta 1681.

Cuando en 1731 se instala Gumilla en Guayana aflora el problema jurisdiccional. Durante el medio siglo de ausencia (1681-1731) se habían operado grandes transformaciones en lo que respecta a una nueva concepción territorial del oriente venezolano y evidentemente los jesuitas santafereños desconocían la nueva realidad histórica acaecida durante ese intervalo temporal así como los títulos jurídicos que avalaban la presencia capuchina el suelo guayanés.

La primera idea de Gumilla al reiniciarse las misiones en 1731 fue la de establecer una cabeza de puente en Santo Tomé, núcleo militar y político, capaz de dar basamento a la acción jesuítica aguas arriba.

Esta primera decisión dio lugar, el 22 de febrero de 1732, al Compromiso de Guayana suscrito por el Prefecto Fr. Tomás de Santa Eugenia por parte de los Capuchinos guayaneses y el P. José Gumilla por los jesuitas[26].

---

23 ANB. *Conventos*, t. 68, fol., 437v-438.
24 ANB. *Conventos*, t. 7, fol., 526.
25 APQu. Leg., 3. *Instruccion y ordenes por el P. Pr. Rodrigo Barnuevo a los Padres Andrés Ignacio y Alonso Fernandez paa la mision de Guayana, donde son enviados por la santa obediencia en 4 de junio de 1646.*
26 AGI. *Santo Domingo*, 678. *El Presidente de la Real Audiencia de Santa Fee. Da quenta*, fol., 27v.

En realidad, ni las fuentes capuchinas[27] ni las jesuíticas[28] aportan el texto del compromiso. En el expediente que nos sirve de texto único para este asunto[29] utiliza Gumilla la palabra "convenio"[30] y "compromiso"[31]. Fray Tomás de Santa Eugenia en su memorial del 22 de febrero de 1732 a don Agustín de Arredondo deja sentada su posición:

> ... convengo con él con el fin de establecer para siempre la mayor paz y unión de entrambas misiones para que pueda fundar misiones en las bocas del río Caroní, lo que ha de servir para la demarcación de las tierras tirando donde ella línea recta de norte a sur cuando el señor gobernador de estos partidos mejor le pareciere demarcar según las reales leyes dichos terrenos sin detrimento ni perjuicio de las misiones de capuchinos que actualmente están fundadas y que con el tiempo se han de fundar, egidios (sic), sin dagnificar nuestro derecho y posesión que según las órdenes y reales cédulas de su majestad (que Dios guarde) tenemos porque de fundarse misiones desde la dicha boca del río Caroní de esta parte de la ciudad de Guayana, o bien hacer entradas y sacas de indios de cualquier naciones que fueren se sigue y seguirá grave detrimento a las sobredichas misiones de capuchinos que actualmente estan fundadas y con el tiempo se han de fundar por la limitada tierra que queda hasta los anegadizos de las bocas de Orinoco a la mar, a lo que no puedo condescender por ningún pretexto y de obrarse en contrario quiero siempre el poder ocurrir según el derecho en donde convenga[32].

Si el tiempo transcurrió sin que el compromiso tuviera en apariencia consecuencias de ningún tipo, sin embargo los Capuchinos se movieron en la corte para salvaguardar sus derechos y obtuvieron una Real Cédula, fechada en San Ildefonso el 25 de julio de 1734, por la que el Monarca fijaba el río Caura como frontera occidental de sus misiones guayanesas[33].

Además, desde 1733 los caribes compelieron a los jesuitas a reducirse a sus misiones del Orinoco medio bajo un precario horizonte de esperanzas.

---

27 Buenaventura de CARROCERA. *Misión de los Capuchinos en Guayana*. Caracas, I (1979) 28, 269-270.

28 GUMILLA. *Escritos varios*. Caracas, Academia Nacional de la Historia () 99-100.

29 AGI. *Santo Domingo*, 678. *Da quenta a Vuestra Majestad con certificacion del escribano de Cámara de lo executado sobre el deslinde y demarcación de las misiones* (GUMILLA. *Escritos varios*, 73-116).

30 GUMILLA. *Escritos varios*, 94.

31 *Idem*, 98.

32 AGI. *Santo Domingo*, 678. (GUMILLA. *Escritos varios*, 99-100).

33 AGI. *Santo Domingo*, 678. *Doc. cit.* (GUMILLA. *Escritos varios*, 79-81). Esta Real Cédula llegó a Santafé de Bogotá el 15 de enero de 1735 (*Idem*, 81).

Con todo, el 20 de marzo de 1734 se firmaba en Guayana, en presencia del Gobernador don Carlos de Sucre, la Concordia de Guayana que la suscribían los capuchinos de Guayana, los franciscanos de Píritu y los jesuitas del Orinoco. Amén de las demarcaciones territoriales el pacto fijaba una política misional para las áreas de conflicto. Ciertamente significaba un intento de respuesta comunitaria al reto que suponían los hombres y el dominio del gran río venezolano.

Con respecto a las fronteras misionales se fijan unos linderos que permanecerán hasta la década del 1760. De común acuerdo:

> ... y desde luego señalaron a dichos Reverendos Padres Observantes presentes y futuros para que establezcan y funden los pueblos que pudieren de esta parte de Gauyana de Orinoco desde la Angostura para arriba hasta las orillas de esta banda de abajo de el río Cuchivero tirando línea recta donde las márgenes de dicho Orinoco hasta Marañón y Amazonas; quedándose los Reverendos Padres Capauchinos para fomentar sus conversiones con el territorio y distrito que hay desde la misma Angostura para abajo hasta la boca grande dicho río Orinoco donde repartirán los misioneros que les vinieren; a los reverendísimos Padres Jesuitas desde las riberas de la parte de arriba del misio río Cuchivero lo restante del Orinoco, tirando siempre hacia arriba y yendo siempre unos y otros linderos o demarcaciones linea recta de Orinoco al Marañón y Amazonas[34].

Ignoramos los motivos que tuvieron los signatarios para establecer como principio

> que, por lo que toca a la conversión de dichas naciones sitas en los linderos, ha de ser libre para el que más trabajare en su adelantamiento de suerte que, sin excepción de naciones, puede cada misión por su parte convertir y adelantar de las de los linderos cuanto más puedan y que una vez reducidos los indios han de pertenecer a la misión de la religión que los redujo, sin poderse pasar a otra, con la mutua obligación, si sucediere, devolverlos a su pastor siempre[35].

Gran importancia revestiría este acuerdo intermisional que mereció una Real Cédula de confirmación, firmada en San Ildefonso el 16 de septiembre de 1736, gracias a las gestiones del Comisario franciscano, P. Francisco del Castillo[36].

---

34 AGI. *Santo Domingo*, 678. *Doc. cit.* (GUMILLA. *Escritos varios*, 101-104).
35 AGI. *Santo Domingo*, 678. *Doc. cit.* (GUMILLA. *Escritos varios*, 103).
36 AGI. *Santo Domingo*, 590. *S. M. aprueba y manda se observe la concordia celebrada por los religiosos Misioneros de la orden de San Francisco; de la Compañía de Jesús y Capuchinos, sobre los territorios en que han de ejercer su sagrado instituto en la*

Con anterioridad a la acción conciliadora de la Concordia de Guayana habían movido los Capuchinos guayaneses ante la Corona la solicitud de deslinde de sus misiones con las de los jesuitas. La Real Cédula del 25 de julio de 1734 fue recibida en Bogotá en enero de 1735 y de inmediato procedió el mandatario neogranadino Rafael de Eslaba a dar cumplimiento[37].

Cuando Gumilla fue notificado de la decisión regia se dirigió al Gobernador de Cumaná para solicitar varias acciones. En primer término demandaba la averiguación "de las personas que V. S. fuere servido elegir" para que declaren "si de palabra o por escrito, directa o indirectamente se ha intentado excluir de las sus misiones a los Reverendos Padres Capuchinos que trabajan en esta Guayana". En segundo lugar pedía un exhorto para que Fray Agustín de Olot mostrase los documentos probatorios relativos al hecho de que la Compañía de Jesús había renunciado el 16 de junio de 1681 a las misiones de Guayana ante la Audiencia de Santa Fe pues "habiéndose trabajado muy exactamente en aquella Real Cancillería" y en el archivo de la Provincia del Nuevo Reino "ni en una ni en otra parte se ha hallado dicha dejación". Finalmente, para dejar bien clarificadas las cosas manda el jesuita de Cárcer que se anexe al expediente

> la Real Cédula que presento con la debida solemnidad, un tanto de la concordia y compromisos hechos entre mi y los Reverendos Padres Misioneros Capuchinos en esta Guayana a principios del año de mil setecientos y treinta y dos, y asimismo un tanto de la Concordia y Compromiso hecho ante el señor coronel don Carlos de Sucre, gobernador y capitán general de esta provincia, en que trataron los Reverendos Padres Observantes de la misiones de Píritu en virtud de la Real Cédula que tienen para el cultivo y reducción de la nación caribe, los cuales dos compromisos son prueba firme de que no solo no he pretendido excluirlos de sus Misiones sino que antes bien he cooperado a que se radiquen más en ellas y se aumenten en servicio de ambas Majestades[38].

En realidad, los capuchinos guayaneses habían actuado en estricto derecho y gracias al conflicto pudieron los jesuitas salir del falso presupuesto histórico que les hizo incurrir en diseños no acordes con la realidad.

---

provincia de Cumaná. San Ildefonso, 16 de septiembre de 1736. Es curioso anotar que en el documento se añade: "Se imprimieron 13. Y entregaron a Fray Francisco del Castillo".

37 AGI. *Santo Domingo*, 678. *Doc. cit.* (GUMILLA. *Escritos varios*, 73-76).
38 AGI. *Santo Domingo*, 678. *Doc. cit.* (GUMILLA. *Escritos varios*, 76-78).

Más problemático iría a ser el conflicto con los capuchinos de Caracas quienes, no sabemos por qué motivos, fueron preteridos en la Concordia de Guayana de 1734.

El incremento de la acción misional en el Orinoco medio obligó a Gumilla a firmar un convenio con los Capuchinos de Caracas, quienes de una forma muy singular comenzaban también a confluir, en su movimiento norte-sur, hacia las áreas en que se movían los jesuitas.

En marzo de 1735 un misionero jesuita encontró un grupo de familias guamas que huían de las reducciones capuchinas para buscar refugio entre los caribes. Gumilla consiguió que no llevasen a cabo su propósito y que se residenciasen al cuidado del que los había encontrado[39] que no podía ser otro que el P. Bernardo Rotella. Sin embargo, Gumilla escribió al Obispo de Caracas a fin de que con el consejo de Fray Salvador de Cádiz buscasen la solución más conveniente. La respuesta fue que "la Compañía recogiese aquellas ovejas perdidas y las cuidase"[40].

Como el Superior de las misiones del Orinoco observase que el fenómeno de los indígenas fugitivos no constituía un hecho aislado sino por el contrario una actitud cada vez más generalizada, preocupado por esta situación, decidió en octubre de 1736 dirigirse a Caracas con el fin de conversar con las autoridades de los Capuchinos[41].

De esta forma se firmó en la capital venezolana el Convenio de Caracas el 28 de noviembre de 1736 y fue suscrito por los PP. José Gumilla y Salvador de Cádiz[42].

El documento pretende abarcar en sus 7 puntos la problemática común a las dos Ordenes Religiosas. Como en los anteriores acuerdos todo gira en

---

39 AGI. *Santo Domingo*, 634. *Concordia de 28 de noviembre de 1736 entre el Padre José Gumilla y Fray Salvador de Cadiz*. Caracas (1736), nº 8. Sin embargo, en el Memorial al Consejo del P. Gumilla habla de marzo de 1734 (AGI. *Santo Domingo*, 634, fol., 1v). En realidad ambas fechas son verdaderas ya que el P. Rotella había fundado a principios de 1734 San Ignacio de Guamos; con todo, en lo que respecta al conflicto creemos que es más válida la fecha de la Concordia.

40 AGI. *Santo Domingo*, 634. Consejo 26 de abril de 1742. *Póngase los antecedentes que hay en la Secretaria de Nueva España por instancias de los Capuchinos de Caracas ...*, fol., 1v-2.

41 AGI. *Santo Domingo*, 634. *Memorial al Consejo*, fol., 2.

42 AGI. *Santo Domingo*, 634. *Concordia de 28 de noviembre entre el Padre Gumilla y Fray Salvador de Cadiz*. El texto puede verse en: GUMILLA. *Escritos varios*, 109-116.

torno a dos realidades difíciles de definir: los indígenas y los límites de sus tierras.

Con respecto al territorio se da una gradación en las cláusulas 1, 2 y 4. Comienzan estableciendo que sea territorio y término de posesión "todos aquellos parajes y sitios en que al presente se hallaren erigidas poblaciones de indios con doctrina y operario que les administre". En la cláusula segunda intentan definir un espacio abierto que es "todo el territorio que comprende entre los términos posesorios de una y otra reducción" ya que se trata de un "paraje despoblado y desierto para los españoles y habitado de innumerables indios gentiles de diferentes naciones". Sin embargo, en la cláusula 4 pasan a determinar las fronteras de la siguiente forma:

> ... por tanto no se asignan términos ni linderos entre las dos expresadas misiones si no es solamente las misiones que a cada una de estas dos misiones se señalan y asignan como campo en que puedan ejercitar su apostólico celo en la reducción de ellas. Y dejando a los Reverendos Padres de la Compañía de Jesús las que se contienen en las riberas de el otro lado de el Orinoco y las que de este hay hasta el de el Marañón o Amazonas incluyendo en esta dichas naciones la de los Salivas que habitan en la boca del río de Meta. Se asignan y señalan por campo destinado para el cultivo de los Reverendos Padres misioneros Capuchinos de Caracas las naciones de guamos, atapaymas, guaranaos, amaibos, otomacos, guahivas y yaruros y chiricoas que habitan asi de este lado como del otro de Meta, las cuales naciones viven desde la boca del Guárico o cerros de Cabruta por la parte occidental del Orinoco hasta el río de Meta y de el de Meta hasta el de Bichada o Ayrico para que los indios que de dichas naciones redujeren los expresados misioneros Capuchinos puedan poblarlos en el paraje que les fuere más oportuno exceptuando las riberas del otro lado del Orinoco como término posesorio que es de las misiones de la Compañía de Jesús.

Para los indios fugitivos se establecen las siguientes normas en la cláusula 3: si se hallan bajo campana y doctrina no se les puede obligar a que se restituyan a su población de origen; si se encuentran en los montes con los gentiles, pueden ser aprehendidos y poblados en el paraje y términos de la misión a que perteneciere el misionero que los encuentre; y si son casados por la iglesia y sus mujeres residen en el pueblo que abandonaron "se ejecutará entonces lo que previenen las leyes".

La cláusula 5 determina que "en todas las naciones aquí nombradas y referidas" puedan entrar recíprocamente tanto jesuitas como capuchinos y en el caso de que se junten dos escoltas "poniéndose de acuerdo según el rumbo que llevaren, o irán a la expedición per modum unius o elegirán cada cual por diverso rumbo su derrota". Se especifica además que cuando en estas jornadas "se hallaren indios con licencia in scriptis del Padre que los doctrina" no se les debe molestar ni tratar como fugitivos.

La cláusula 7 (no existe la 6) prevé que en las licencias otorgadas por los doctrineros "se anote en ella día, mes y año y el tiempo que ha de valer"; pero si se encontraren los indígenas en sitios muy lejanos a su población y con la licencia vencida serán considerados apóstatas y poblados en la misión del religioso que los encontrare.

La cláusula 8 aplica los principios antes señalados a los guamos que huyeron de Calabozo a las misiones de los jesuitas.

Varias reflexiones se desprenden de la consideración del texto del convenio. En primer lugar, ambos signatarios apelan a la confirmación que deberán conferir al documento tanto el Provincial de la Compañía de Jesús en el Nuevo Reino como el R. P. Fray Miguel de Ardales, Comisario general de las misiones de los Capuchinos en las Indias.

No podemos precisar si tal ratificación llegó a llevarse a cabo. Diera la impresión que el convenio respondió a las causas inmediatas que lo produjeron como eran los indios fugitivos de las misiones llaneras. En 1742 Gumilla alegaba que él había querido remitirlo al Consejo para que S. M. lo aprobara "lo que parece no haber ejecutado según demuestra el efecto por los daños que de no haberse remitido o avisado a Vuestra Majestad se experimentan"[43].

Pensamos, además, que si no se hubieran presentado los incidentes de Cabruta quizá el Convenio hubiera concluido con su firma. A la verdad, Gumilla se vio precisado, en su calidad de Procurador, a redactar en 1742 un alegato ante el Consejo de Indias, prácticamente de memoria, pues no pudo disponer de la documentación precisa que se hubiera requerido. Sin embargo, la idea que guarda sobre el Convenio de Caracas es la siguiente:

> Lo 1° que dichos guamos de Cabruta quedasen al cargo del Jesuita que los recibió. 2° que los indios que adelante se ausentasen de ambos partidos de misiones, si hubiese oportunidad, se devolviesen mutuamente a sus pueblos. 3° que los indios que los Padres Capuchinos hallasen en Apure y otros ríos si su cabo mostrase licencia del misionero, que en tal caso no los llevase a sus misiones sino los dejen ir con su cabo pues llevando éste licencia del misionero van los indios a pescar, cazar, etc. para útil de ellos y no van fugitivos ni deben ser apartados de sus propias misiones[44].

---

43   AGI. *Santo Domingo*, 634. *Memorial sobre intentos de los Capuchinos de internarse en territorios de las Misiones de Jesuitas en Orinoco*. (GUMILLA. *Escritos varios*, 125).

44   AGI. *Santo Domingo*, 634. *Doc. cit*. (GUMILLA. *Escritos varios*, 124).

Por su parte, Fray Miguel de Olivares, Prefecto de las Misiones capuchinas de Caracas, interpretaba el convenio en 1740 de la siguiente manera:

> hicieron una concordia que acompaña este memorial, conviniendo, como parece de ella, en los términos de posesión de una y otra misión y las naciones de indios que en ellos se comprendían, determinando que los indios gentiles que se redujesen por los Padres Jesuitas fuesen poblados del otro lado o riberas del Orinoco, por la parte oriental que continúa hasta el río de las Amazonas o Marañón, y que los indios que los Capuchinos redujéramos, se poblasen de este otro lado del Orinoco, en los términos que son de esta provincia, por la parte occidental, dejando paso abierto y franco todo nuestro campo inculto *para que así los Padres Jesuitas, como nosotros, pudiesen libremente entrar a la reducción de los gentiles pero con la condición de poblarlos cada religión en su territorio*[45].

Realmente hay que reconocer que el planteamiento del Prefecto de las Misiones capuchinas parece el correcto, o al menos esa es la interpretación que in recto se puede otorgar al texto del convenio.

Hay un hecho que llama poderosamente la atención y es que Gumilla haya aceptado (cláusula, 4) dejar toda la margen izquierda del Orinoco, no sólo la perteneciente a la Provincia de Caracas sino también a la de Guayana, a los Capuchinos pues les asigna claramente aquellas enormes regiones que se extienden desde el Apure hasta el Bichada, con expresa exclusión de las bocas del Meta que habían sido desde el siglo XVII territorios exclusivamente jesuíticos.

A nuestro parecer si lo que Gumilla pretendía era solucionar el corte del flujo de guamos hacia las tierras caribes porque su presencia debilitaba todavía más la precaria situación jesuítica en el Orinoco frente a las incursiones caribes; quizá momentáneamente lo consiguió pero comprometió a sus sucesores en un arreglo territorial que ellos difícilmente podrían aceptar.

Un problema distinto lo constituye la territorialidad de Cabruta que, a nuestro juicio, se erige en un verdadero conflicto de jurisdicciones in fieri pero que la corona resolvería a luz de un nuevo diseño de la Provincia de Venezuela.

---

[45] AGI. *Santo Domingo*, **826**. *Memorial del Prefecto P. Miguel de Olivares al Rey manifestándole las razones y derechos que los misioneros capuchinos de los Llanos tienen para que los jesuitas no funden pueblos en la banda izquierda del Orinoco*. Caracas, 23 de junio de 1740. (CARROCERA. *Misión de los Capuchinos en los Llanos de Caracas*. Caracas, II (1972) 229). (El subrayado es nuestro).

En este punto trataremos, en la medida de lo posible, de deslindar dos líneas de acción: la gubernativa y la misional, a pesar de que de facto ambas se entremezclen por su propia esencia.

Gracias a una comunicación de don Gregorio Espinosa de los Monteros, gobernador de Cumaná y Guayana, de 1 de febrero de 1742 seguimos el proceso de usurpación de la Provincia de Caracas[46].

El 29 de junio de 1740 tomó posesión de la gobernación de Cumaná don Gregorio Espinosa de los Monteros y de inmediato, sobre los autos obrados en la demarcación y términos de las jurisdicciones de Cumaná y Venezuela, llegó al convencimiento de "la indebida como absoluta usurpación" que resultó de tal acto.

El 14 de noviembre de 1731 concedió la Real Audiencia de Santo Domingo a don Juan de Urpín los siguientes linderos con Caracas:

> por la costa del mar el cabo de Quadera y desde él, corriendo al oeste, atravesando las montañas de Santa Lucía hasta las cabeceras del río Orituco y aguas de este vertiente a los Llanos hasta donde entre en el / río Guárico y este abajo hasta incorporarse con el Orinoco, siguiendo sus corrientes hasta el mar (fol., 3v-4)

El 20 de diciembre de 1731 le otorgó la Audiencia el título de conquistador y gobernador hasta el 28 de septiembre de 1733. Como los gobernadores de Caracas y Cumaná trataron de embarazar la conquista acudió Urpín hasta el Consejo de Indias, el cual, por auto del 9 de febrero de 1736, "declaró tocar y pertenecer la conquista y gobierno de la referida provincia de Barcelona al mencionado doctor Urpín". Todavía más, el 29 de marzo le otorgó el Rey una real ejecutoria con la que se presentó a la Real Audiencia de Santo Domingo. La Audiencia en 30 de julio de 1736 le "despachó Real Ejecutoria con inserción de la del Real y Supremo Consejo en favor de dicho doctor Don Juan de Urpín nombrándole por Gobernador, conquistador y poblador de la Provincia de Barcelona bajo los términos señalados".

Sentada la premisa jurídica, pasa el Gobernador Espinosa de los Monteros a evidenciar la usurpación de límites de que es objeto su provincia por parte de los pobladores de San Sebastián de los Reyes y los inconvenientes que tal acto produce en su demarcación. Y en virtud de la Real

---

46 AGI. *Santo Domingo*, 634. *El Gobernador de Cumaná hace remisión de Autos obrados en consecuencia de vuestras reales cédulas sobre competencia de demarcación y jurisdicciones de aquella Gobernación con la Provincia de Venezuela*. Cumaná, 1° de febrero de 1742.

Orden de del 19 de diciembre de 1739 que faculta a usar del derecho a los interesados ruega que el Consejo determine lo justo[47].

El 25 de enero de 1745 consideraba el Fiscal que la petición era intempestiva "y ocioso el nuevo recurso que se hace" pues por Real Cédula de 5 de febrero de 1741 se había prohibido a los habitantes de Barcelona que no molestase a los de San Sebastián de los Reyes. Alega además que "es éste una asunto resuelto por el Consejo con motivo de la competencia de los Religiosos Capuchinos de los Llanos de Caracas con los Padres de la Compañía y de que están mandadas expedir las cédulas correspondientes a favor de los Capuchinos". Concluye el Fiscal diciendo que "ocurran unos y otros interesados a la Audiencia de el distrito a deducir sus excepciones tanto sobre el juicio posesorio como en el de propiedad de la jurisdicción y territorio que a cada uno le corresponda"[48].

Con este marco de fondo entramos a analizar el conflicto jurisdiccional entre capuchinos y jesuitas[49].

---

47 AGI. *Santo Domingo*, 634. *Doc. cit.* El expediente consta de 13 folios.
48 AGI. *Santo Domingo*, 634. *Dictamen del Fiscal del Consejo.* Madrid y enero 25 de 1745.
49 Para la documentación estudiada transcribimos una especie de índice que se incluye en: AGI. *Santo Domingo*, 634. *Tercera Pieza. Pertheneciente a la visita de Guayana.* "Cabruta. Memorial del Padre Altamirano de 8 de agosto de 744, en que incluye un testimonio de que el virrey Eslava adjudicó a los Compañía el sitio de Cabruta ... y pide no se innove, con respuesta del Fiscal. N. 1. Carta del Gobernador de Cumana de 30 de septiembre de 743 dando quenta con autos de varios puntos y denuncia de varios excesos de los Misioneros Jesuitas. N. 2. Respuesta Fiscal. Otra del mismo con la propia fecha con respuesta fiscal de 25 de enero de 45 en que se incluyen 3 minutas de cedulas del mes de abril de 744 dirigidas al Obispo de Puerto Rico, al Gobernador y a los Misioneros Capuchinos. N. 3. El N. 4 tiene por cubierta una carta de 1º de febrero de 744 a que el Gobernador acompaño los autos de la demarcación de su Gobierno con el de Venezuela y pide providencia sobre las usurpaciones de su Gobierno y debajo de él hay los papeles siguientes: Una respuesta Fiscal de 25 de enero de 745, en pliego separado. Un memorial dilatado del Padre Gumilla dado en 26 de abril de 42 sobre limites de Misiones con los Capuchinos que trata del sitio de Cabruta en que se mandaron poner los antecedentes y pasar al fiscal que respondió en 27 de abril de 744 y en esta respuesta sigue la resolución que tomo el Consejo en 7 de mayo. Siguen los antecedentes que son una carta del Gobernador de Caracas fecha en 15 de julio de 741 dando quenta con datos del litigio que siguieron en su gobierno sobre la Cabruta. Respuesta fiscal de 14 de diciembre de 741 con la resolución del Consejo de 11 de enero de 742 y la minuta de la cedula que se despacho sobre esto. Dos cartas de un Misionero Capuchino al Consejo y a Lardizaval con fecha de 23 de junio de 740, respuesta fiscal y decreto del Consejo. Papel simple al parecer dado al Arzobispo de Santa Fee con notas del Padre Gumilla que tratan del Mapa del Orinoco. Testimonio de varias cédulas antiguas que tratan de la paga de Misioneros en Orinoco. Tanto simple

En el marco histórico hemos reseñado los incidentes del jesuita Bernardo Rotella con el capuchino Fray Vicente de Ubrique. Por la documentación utilizada podemos afirmar que el conflicto pasó de inmediato a la jurisdicción secular pues los capuchinos apelaron directamente el rey y el conflicto asumió dimensiones de litigio territorial entre provincias.

El 23 de junio de 1740 Fray Miguel de Olivares, nuevo Prefecto de las misiones, se dirigía al monarca hispano para plantear sus derechos[50].

En primer término alega que la fundación del P. Bernardo Rotella en Cabruta viola lo pactado en el Convenio de Caracas de 1736 y la posesión pacífica que desde 1657 venían realizando los capuchinos "en los términos y jurisdicción de esta provincia de Caracas y sus Llanos". Además, el 21 de abril de 1722 solicitó Fray Salvador de Cádiz hacer una población en Cabruta y que por un Real Despacho (Balsaín, 8 de julio de 1722) el Gobernador de Caracas consideró más oportuno que se fundase primero en Calabozo, tres días distante de Cabruta, para de esa forma facilitar el poblamiento en las bocas de Río Guárico.

En segundo lugar constituye la nueva reducción un "gran perjuicio y atraso" para las misiones capuchinas porque les cierra la puerta al Orinoco y se constituye en una tentación de fuga para los indígenas recién convertidos.

Concluye el Prefecto solicitando que se guarde lo estipulado en la cláusula 4 que reduce a los jesuitas a la parte sur del Orinoco y que se respete Cabruta como jurisdicción de la provincia de Caracas.

Conocido el informe caraqueño dictaminaba el Fiscal el 10 de junio de 1741:

> se libre despacho al gobernador de Caracas para que, instruido de la justificación de esta queja, causas y motivos que se representan, dé la pro-

---

de cedula de 17 de febrero de 683 concediendo escolta a los Jesuitas ... Cedula del año de 722 para que el Gobernador de Caracas informe sobre la fortificacion de la Angostura en el Orinoco propuesta por Capuchinos. Dos cedulas del año de 92 que tratan de escolta a Capuchinos. Concordia de 28 de noviembre de 736 con 8 capitulos entre el Padre Gumilla y Fray Salvador de Cádiz aprobada por el Obispo de Caracas y obligacion de que la aprobasen sus superiores. Siguen varios instrumentos, cartas y papeles dirigidos al padre Gumilla. Dos certificaciones de oficiales reales de Cumaná sobre comisos dadas en el año de 43 por Decreto del Gobernador. Dos cartas de este Gobernador fechas en mayo y junio de 41 en que avisa el recivo de varios despachos. Cedula de 19 de diciembre de 39 dirigida al Gobernador antecedente para que los vecinos de Cumana usen de su derecho sobre jurisdiccion con Caracas.

50 AGI. *Santo Domingo*, 826. *Memorial del Prefecto P. Miguel de Olivares...* Caracas, 23 de junio 1740. (CARROCERA. *Misión de los Capuchinos en los Llanos de Caracas*, II, 228-233).

videncia que tuviere más conforme a la quietud y utilidad de las misiones a cuyo fin se le podrá remitir copia de la carta escrita al Consejo por el Prefecto de las de Capuchinos, *declarando desde luego por nula la citada concordia, así por estar otorgada sin licencia ni consentimiento real, como porque se hallan aprobados los ocho capítulos que comprende por el Reverendo Obispo, no competiendo a éste facultad alguna para su confirmación*[51].

Mediado el año 1741 se iba a producir un desfase en el sistema informativo del Consejo pues decidió no esperar más recaudos una vez que recibió el informe levantado el 15 de julio por el gobernador de la Provincia de Venezuela, don Gabriel de Zuloaga[52].

El escrito caraqueño no responde al requerimiento del Fiscal pues no había habido tiempo de que atravesara el Atlántico la solicitud firmada en Madrid el 10 de junio del año en curso.

Sin embargo es interesante conocer el contenido del documento pues incursionamos la génesis del auge final con que la Corona trataría los conflictos territoriales interprovinciales. El Gobernador comunica que remite "dos cuadernos de autos de la expresada causa". Da por sentado que Cabruta pertenece a la jurisdicción de San Sebastián de los Reyes y se remite a una carta del 29 de diciembre de 1739 y a los autos y recaudos que la acompañaron. Mas, cuando se disponía "para proveer con vista de los recaudos" ocurrieron los PP. Ignacio Ferrer y Carlos Nigri para presentar un escrito probatorio de sus facultades para fundar en la banda norte del gran río. Por todo ello tuvo a bien el mandatario caraqueño remitir la causa y los autos al conocimiento del Rey[53].

Por la argumentación del Fiscal (14 de diciembre de 1741) sabemos que el Consejo había decidido solicitar informes reservados al Gobernador y Cabildo sede vacante de Caracas así como al Arzobispo y Audiencia de

---

51 AGI. *Santo Domingo*, 826. *Dictamen del fiscal del Consejo de Indias sobre el pleito entre los misioneros capuchinos y jesuitas, diciendo que se declare nula la concordia celebrada entre los superiores de ambas misiones y se mande al gobernador de Venezuela de la providencia necesaria para que dichos religiosos viven en paz y quietud.* Madrid, 10 de junio de 1741. (CARROCERA. *Misión de los Capuchinos en los Llanos de Caracas*, II, 247-248). (El subrayado es nuestro).

52 Ramón AIZPURUA AGUIRRE. "Zuloaga y Moya, Gabriel José". En: FUNDACION POLAR. *Diccionario de Historia de Venezuela*. Caracas, IV (1997) 356-357.

53 AGI. *Caracas*, 67. *Informe del gobernador de Venezuela D. Gabril de Zuloaga ... sobre el limite entre las misiones de unos y otros en el rio Orinoco*. Caracas, 15 de julio de 1741. (CARROCERA. *Misión de los Capuchinos en los Llanos de Caracas*, II, 248-251).

Santafé, mas al conocer el informe del Gobernador de Caracas decidió que la materia era "meramente gubernativa" y propuso al Consejo que dé

> orden para que los misioneros jesuitas del Nuevo Reino de Granada no pasen ni establezcan pueblo alguno de la parte de acá del río Orinoco que comprenda la provincia de Caracas, y el que hubieren establecido lo desamparen y dejen a los misioneros capuchinos de aquella provincia, retirándose de la inmediación de estas misiones y conteniéndose en las suyas hasta de la banda de allá del Orinoco[54].

Se puede considerar que para 1741 el Consejo de Indias había fijado su criterio en torno al problema de Cabruta al determinar que el río Orinoco era la línea divisoria entre las gobernaciones y por ende entre las misiones del gran río y las de los Llanos de Caracas.

Con todo, el año de 1742 fue de gran actividad tanto por parte de la Compañía de Jesús como por parte de las autoridades criollas y españolas. Mas, las posiciones permanecerían inmóviles: El Consejo de Indias a favor de los Capuchinos; el Virrey del Nuevo Reino y el Gobernador de Cumaná en pro de la Compañía de Jesús.

Todavía en Madrid en su cargo de Procurador, contestaba el P. Gumilla el 26 de abril de 1742, en un extenso memorial[55], las razones del Fiscal, suscritas por el Consejo el 11 de enero de ese año. El misionero jesuita divide su escrito en tres partes.

En la primera señala los hechos, de los que ya hemos hablado, los cuales los remonta a 1734. Reconoce que el convenio "que por entonces pareció oportuno" pero con el correr del tiempo se ha reconocido "ser casi impracticable" ya que la causa de los indios fugitivos radica en que en las misiones "carecen de la abundancia de víveres que tenían en sus tierras o nativo suelo". En consecuencia, si se les obliga a volver a esas misiones huirán y se retirarán a vivir entre los "enemigos de la fe como lo han ejecutado los otomacos y los mapoyes"[56].

---

54 AGI. *Santo Domingo*, 633. *Dictamen del fiscal del Consejo de Indias sobre que, teniendo presente varias razones y para evitar inconvenientes se mandase que los Jesuitas del Nuevo Reino de Granada tuviesen sus misiones de la vanda de allá del Orinoco y los Capuchinos de los Llanos de la vanda de acá, lo que fue aprobado por el Consejo.* Madrid, 11 enero 1742. (CARROCERA. *Misión de los Capuchinos en los Llanos de Caracas*, II, 252-254).

55 AGI. *Santo Domingo*, 634. *Memorial sobre intentos de los Capuchinos de internarse en territorios de las Misiones de Jesuitas en Orinoco.* (GUMILLA. *Escritos varios*, 121-135).

56 *Ibidem*, 123-126.

En la segunda analiza los argumentos de los PP. Capuchinos que se reducen a que Cabruta pertenece al gobierno de Caracas. Tres razones opone Gumilla. Primera, tanto el gobierno civil como eclesiástico de Cumaná han ejercido su jurisdicción facultando al jefe de la escolta del Orinoco para que remita preso al cabo de la gente armada que bajare de los Llanos de Caracas a inquietar a los indios de Cabruta. Segunda, todo el río Orinoco y sus riberas han estado siempre bajo el dominio de la Guayana. Sólo en tiempo del gobernador don Carlos de Sucre mandó S. M. reconociese las riberas descubiertas y "demarcase las jurisdicciones y términos de los gobiernos inmediatos", mas su avanzada edad no le permitió llevar a cabo la real orden. En consecuencia "subsiste la mencionada posesión interim se asignen los términos de los mencionados gobiernos" y por ende es ajeno a la justicia que el gobernador de Caracas desposea al de Guayana del territorio "en que por tan dilatados años, sin contradicción, ha gobernado en conformidad de los dispuesto por vuestra Majestad". Tercera, en el supuesto de que Cabruta perteneciera a Caracas "esto no da derecho a los Reverendos Padres Capuchinos para lo que pretenden" pues la corona, por las citadas cédulas de los años de 1670 y 1716, concedió a la Compañía de Jesús la misionalización del Orinoco sin excepción alguna y por lo tanto, aunque perteneciesen a Caracas, no deben entrometerse los capuchinos[57].

En el punto tercero resalta los graves inconvenientes que resultan del hecho de que los misioneros no respeten los linderos de sus jurisdicciones. La Compañía de Jesús del Nuevo Reino de Granada desea la paz aunque ella conlleve ceder algún terreno del que le tiene asignado la corona. La mejor prueba está en que desde 1732 los jesuitas han cedido "dos territorios considerables de misiones en el Orinoco" a los Observantes de Píritu y Capuchinos de Guayana. Todavía más, la Compañía de Jesús estaría dispuesta a adoptar la misma actitud con los capuchinos de Caracas si no existieran los siguientes inconvenientes. Si la corona asignó a los jesuitas Cabruta y las vegas del Orinoco, no deben los capuchinos incursionar ese territorio, pues de lo contrario no sólo se originarán discordias sino pérdida de muchas almas que optarán por refugiarse en los montes como es el caso de los otomacos y mapoyes quienes pertenecían por terreno a los jesuitas "y por celo de dichos Reverendos Padres que entraron en territorio que no les tocaba se les ocasionó la ruina". Y entre esas y otras naciones existe el temor de que los jesuitas pueden entregarlos a los Capuchinos y por ello, fuera de Cabruta, todos los demás ensayos misionales han fracasado. Y los

---

57 *Ibidem*, 126-129.

sucesos protagonizados por Fray Vicente de Ubrique motivaron que los yaruros de Santa Bárbara del Cinaruco huyeran a los montes.

Concluye Gumilla con dos solicitudes. Primera, que los capuchinos "no lleguen a Cabruta ni a diez leguas de las bocas del río Apure, ni del Guárico que entran en Orinoco, ni se acerquen a los ríos del Sinaruco y Meta por ser misiones que por vuestras reales cédulas tiene antigua posesión la provincia de la Compañía de dicho Nuevo Reino".

Y segunda, que los capuchinos no molesten ni demanden los indios fugitivos de sus misiones "con tal que se sujeten a la enseñanza de los misioneros jesuitas del Orinoco" a fin de que no se pierden entre los caribes y que el mismo trato reciban los fugitivos de las misiones jesuíticas que lleguen a las poblaciones capuchinas de los Llanos[58].

Además del Memorial presentó Gumilla unas "Notas" que se encuentran insertas en la presentación de su Mapa del Orinoco (del año 1733), lo que nos hace sospechar que también éste formó parte del expediente. Podríamos decir que el autor de *El Orinoco ilustrado* pretende establecer un argumento histórico basado en la realidad del mapa remitido en 1733 por don Agustín de Arredondo a Madrid[59]

Las notas son muy esquemáticas y en ellas reitera: Que todo el Orinoco es terreno de las misiones jesuíticas y más concretamente desde la Isla Fajardo (en cuyo mapa no aparece) era distrito de las misiones jesuíticas. Así como nombra a los Capuchinos de Guayana en "terreno que cedió a los tales la Compañía" si los Capuchinos de Caracas tuvieran parte en el Orinoco lo recogiera el mapa. Hace alusión a una declaración voluntaria de Fray Salvador de Cádiz quien "en aquel año no reconocía por de su misión costa alguna del Orinoco sino que andan allá en sus contornos".

> No tienen con qué probar los dichos Capuchinos de Caracas haber hecho un pueblo en las márgenes del Orinoco y al contrario la Compañía: 1º formó los 5 de la Guayana y los entregó a los Capuchinos de Cataluña (los de Caracas son andaluces). 2º formó la Compañía segundas y terceras poblaciones que con muerte de los misiones destruyeron los indios caribes; lo 3º en cuarto lugar entré (yo que firmo abajo) y a tres leguas y media del sitio de Cabruta fundé el pueblo de San José (que después se mudó arriba a donde se demarca el plan de mi Historia de 20 leguas de Cabruta) y allí en el contorno los otros pueblos que constan del plan sin que los dichos Padres

---

58 *Ibidem*, 129-133.
59 AGI. *Santo Domingo*, 634. *Sobre el Mapa del Orinoco. N. 1.* (GUMILLA. *Escritos varios*, 139-143). Y la remisión del Mapa se encuentra en: AGI. *Caracas*, 150. (GUMILLA. *Escritos varios,* 143-144).

Capuchinos hubiesen alegado derecho alguno hasta que yo vine a esta corte, estando contentos con sus Llanos de Caracas y en sus misiones de Calabozo distantes de de Cabruta cinco jornadas largas que se reputan por 50 leguas (las que yo tengo andadas).

Como postdata añade en las mismas Notas: la posesión pacífica de 80 años solo fue interrumpida por las muertes de los jesuitas a manos de los caribes. En el plano eclesiástico siempre recurrieron los misioneros del Orinoco al Obispo de Puerto Rico y no al de Caracas. Y en el ámbito militar la escolta y su capitán han dependido del gobernador de Guayana y Cumaná y no del de Caracas.

El 6 de octubre de 1742, don Sebastián de Eslava, Virrey neogranadino dictaba un decreto en Cartagena para que no se inquietase a los misioneros jesuitas "en la posesión que tienen" de Cabruta ya que significa el resguardo que tienen sobre los demás pueblos orinoquenses "guardándose en todo lo determinado por la Real Audiencia de Santo Domingo"[60].

La fase final del conflicto se inicia el 22 de abril de 1744 al pronunciarse el Fiscal del Consejo de Indias sobre el problema jesuítico-capuchino. El dictamen establece como fundamento de su argumentación que la parte sur del Orinoco pertenece a los jesuitas y la norte a los capuchinos y por ende Cabruta es término posesorio de los últimos por ser territorio y jurisdicción de San Sebastián de los Reyes. Además, las reales cédulas "para la reducción de los indios habitantes de los Llanos de Caracas" datan de 1657 y las que "se les adjudicaron las misiones del Orinoco" a los jesuitas son de 1689. Y el mapa del P. Gumilla solo prueba que Cabruta está en la parte norte del Orinoco y por lo tanto pertenece a los Capuchinos. Con respecto a los fugitivos se remite el fiscal a los títulos 1°, 2° y 3° del Libro 6° de la Recopilación de Indias[61].

Hay que resaltar que no hubo conclusión de esta fase final pues, aunque existe una Real Cédula, no firmada, que recoge casi en su totalidad el contenido de la carta del gobernador don Gabriel de Zuloaga y el Memorial de Fray Miguel de Olivares, sin embargo sospechamos que no fue firmada por el Rey y de ahí que el asunto permaneciera en su punto inicial. El anteproyecto de real cédula era realmente taxativo

---

60 AGI. *Santo Domingo*, 634.
61 AGI. *Santo Domingo*, 634. *Dictamen del Fiscal del Consejo de Indias sobre que el río Orinoco es límite entre las misiones de los Capuchinos y Jesuitas*. Madrid, 22 de abril de 1744. El Consejo el 7 de mayo estatuía: "Hágase como lo dice el Fiscal". (CARROCERA. *Misión de los Capuchinos en los Llanos de Caracas*, II, 255-257).

he resuelto que los misioneros jesuitas del Nuevo Reino de Granada no pasen ni establezcan pueblo alguno en la parte de acá del río Orinoco. Por tanto, por la presente mi real cédula ordeno y mando a mi gobernador que es o fuere de la Provincia de Venezuela y encargo a los Superiores de las Religiones de la Compañía de Jesús y de Capuchinos (...) que cada uno en la parte que respectivamente le toca, observe y haga observar la expresada mi real determinación[62].

La hipótesis manifestada de que el asunto llegó hasta el Consejo parece confirmarse por la respuesta que daba el 25 de enero de 1745 el Fiscal a un planteamiento del P. Ignacio Altamirano

le parece al Fiscal no hay sino es que se lleven a puro y debido efecto las cédulas y despachos que a este fin se hallan formados, sin que obste para su curso ni produzca derecho alguno a la Compañía la provisión o despacho que se enuncia librado por el Virrey de Santafé por resultar del mismo haberse decretado la manutención que pidieron del sitio de Cabruta sin perjuicio de cualquier derecho que pudieren tener a él los Capuchinos de Caracas y de la remisión que por el gobierno de esta provincia se había hecho al Consejo de esta controversia[63].

En todo caso, a partir de 1745 se silencia el ruido de los litigios en la documentación misional y Cabruta siguió siendo reducción jesuítica hasta la expulsión de 1767. En la visita que hizo el Obispo de Puerto Rico a las misiones del Orinoco en 1760, dice:

... Cabruta se ha dudado de a qué Obispado deba pertenecer, si al de Puerto Rico, o al de Caracas; mirando la línea que el Obispado de Puerto Rico lleva desde el mar hasta el río parece debe corresponder a Caracas, asentado, que este Obispado hace límites hasta el río Orinoco. En Caracas se excitó y trató esta duda de buena conformidad entre los dos Obispos, pero la dejaron indecisa[64].

---

62 AGI. *Santo Domingo*, 633. *Cédula por la que se marca el río Orinoco como límite entre las misiones de los Capuchinos de los Llanos de Caracas y las de los Jesuitas del Nuevo Reino de Granada*. [Sin fecha y no firmada]. (CARROCERA. *Misión de los Capuchinos en los Llanos de Caracas*, II, 257-261).

63 AGI. *Santo Domingo*, 634. *Dictamen del fiscal del Consejo de Indias sobre la réplica del jesuita P. Ignacio Altamirano para que se dejase a los misioneros de la Compañía de Jesús en pacífica posesión del pueblo de Cabruta*. Madrid, 25 de enero de 1745. (CARROCERA. *Misión de los Capuchinos en los Llanos de Caracas* II, 261-262).

64 Héctor GARCIA CHUECOS. *Historia documental de Venezuela*. Caracas (1957) 167. Visita del Obispo de Puerto Rico a la Región Oriental de Venezuela. 1760. La del Obispo de Puerto Rico don Pedro Martínez de Oneca a los Anexos Ultramarinos del Obispado. Puerto Rico, 14 de abril de 1760.

Ciertamente llama la atención la toma de conciencia de la juridicidad territorial que se desprende del litigio, pues si a la luz de la evolución histórica se pudiera pensar que la Compañía de Jesús era la única que había trajinado el Orinoco, sin embargo para los funcionarios reales la estructuración de la provincia de Venezuela asumía mayor relevancia.

2. Los hombres

Las áreas culturales

Varios autores han ensayado reconstruir las áreas culturales[65] y aunque existen sus diferencias nos limitaremos a seguir la exposición que desarrolla Fernando Arellano en su obra *Una Introducción a la Venezuela Prehispánica*[66].

Este autor señala las siguientes zonas con sus respectivas naciones aborígenes.

La *Zona Circuncaribe* está integrada por: 1) Las culturas subandinas entre las que cita a los Timotes y Cuicas[67]. 2) Tribus al oeste del Lago de Maracaibo en la Península Guajira: guajiros, motilones[68]. Paraujanos, Onoto, Cocinas[69]. 3) Tribus al Noroeste de Venezuela: Jirajaras, Ayamanes, Caquetíos, Quiriquires, Achaguas[70].

Áreas culturales de la Costa del Caribe. Más amplia es la lista de los componentes de esta gran área: Caracas, Tarmas, Taramayras, Chagaragotos, Teqyes, Meregotos, Marcíes, Arvacois, Quiriquires. Tomuzas, Mucarias, Araguas, Tacariguas, Naiguataes, Guarairas. En la Provincia de Cu-

---

65 María Matilde SUÁREZ. "Aborígenes". En: FUNDACIÓN POLAR. *Diccionario de Historia de Venezuela*. Caracas, Fundación Polar, I (1997) 4-11.Miguel ACOSTA SAIGNES. *Estudios de etnología antigua de Venezuela*. Caracas, Universidad Central de Venezuela, 1961.

66 Fernando ARELLANO. *Una Introducción a la Venezuela Prehispánica. Culturas de las Naciones Indígenas Venezolanas*. Caracas, Universidad Católica Andrés Bello, 1986.

67 Fernando ARELLANO. *Una Introducción a la Venezuela Prehispánica. Culturas de las Naciones Indígenas Venezolanas*, 387-190.

68 Fernando ARELLANO. *Una Introducción a la Venezuela Prehispánica. Culturas de las Naciones Indígenas Venezolanas*, 190-400.

69 Fernando ARELLANO. *Una Introducción a la Venezuela Prehispánica. Culturas de las Naciones Indígenas Venezolanas*, 361-362.

70 Fernando ARELLANO. *Una Introducción a la Venezuela Prehispánica. Culturas de las Naciones Indígenas Venezolanas*, 400-443.

managotos hay que hacer referencia a: Cores, Tagares, Apotomos, Cuacas. Cumanagotos, Cocamimas y Chacopatas. Indios del río Güire, Caracacares, Palenques, Guaiqueríes del Unare, Guarives, Topocutos, Tasermas, Guayqueríes del Palmar (Guárico), Tozumas, Tocuyos, Carames[71].

Áreas culturales de los Llanos y el Orinoco. El autor realiza una doble clasificación que la respetaremos de lleno. 1) Los agricultores: Otomacos, Betoyes, Sálivas, Piaroas, Tamanacos, Maipures. 2) Recolectores, cazadores y pescadores. Guaiqueríes, Guamos, Yaruros, Atures, Guahibos, Gayones[72].

Culturas de Gauayana. Caribes, Guayanos, Pariagotos, Aruacas, Guaraoos o Guaraúnos, Yanoamas o Guaicas, Maquiritares o Yecuanas, Pemones[73].

El área Chibcha. Recoge lo que algunos designan como el grupo Motilón: Motilones, Mapes, Bariras y Tunebo[74].

Con todo, todo este rico mundo temático constituye un primer marco de referencia para el estudio del mundo indígena americano pero en este momento tangencial para nuestro propósito que se reduce a Venezuela[75].

---

71 Fernando ARELLANO. *Una Introducción a la Venezuela Prehispánica. Culturas de las Naciones Indígenas Venezolanas*, 445-479.

72 Fernando ARELLANO. *Una Introducción a la Venezuela Prehispánica. Culturas de las Naciones Indígenas Venezolanas*, 481.595.

73 Fernando ARELLANO. *Una Introducción a la Venezuela Prehispánica. Culturas de las Naciones Indígenas Venezolanas*, 719-845.

74 Fernando ARELLANO. *Una Introducción a la Venezuela Prehispánica. Culturas de las Naciones Indígenas Venezolanas*, 362-363.

75 Es importante para este tema: Francisco Javier PÉREZ. *La historia de la lingüística en Venezuela y su investigación historiográfica.* Caracas, Academia Venezolana de la Lengua, 2005. Una visión clásica la ofrece: Julian H. STEWARD, General Editor. *Handbook of South American Indians.* Washington, DC., Smithsonian Institution, 1940-1947. Para la mejor información lingüística recomendamos: Cestmir LOUKOTKA. *Classification of Southa American Indias languages*. Caracas, Latin American Center y University of California, 1968. Bernard POTTIER. *América Latina en sus lenguas indígenas*. Caracas, UNESCO-Monte Ávila Editores, 1983. Antonio TOVAR y Consuelo LARRUCA DE TOVAR. *Catálogo de las lenguas de América del Sur con clasificaciones, indicaciones tipológicas, bibliografía y mapas.* Madrid, Edit. Gredos, 1984.

La visión jesuítica

Sin embargo, estudio detallado la obra histórica y lingüística de los misioneros iría precisando algunas de las afirmaciones anteriores. Nos referimos a los franciscanos, capuchinos, dominicos y jesuitas[76].

El Gran Airico se extendía desde Santiago de las Atalayas y San Juan casi hasta las inmediaciones del Orinoco[77] y de Norte a Sur comprendía por lo menos el Vichada y el Guaviare[78]. Aunque al principio se creyó que toda su población era achagua[79], sin embargo el mismo Rivero atestigua la presencia de grupos sálivas[80].

Las naciones o parcialidades descritas en esta región son las siguientes: Atarruberranais, Cuchicavas, Cumian, Charaberrenais, Chevades, Chubacanamis, Chubuave, Duberretaquerris, Guachurriberrenais, Guadevenis, Juadevenis, Majurrubitas, Manuberrenais, Marraiberrenais, Mazata, Murriberrenais, Nericheri, Quirasiveni, Quinchantes, Virraliberrenais, Yurredas[81].

Al fracasar en 1695 las misiones del Orinoco hubo que abandonar la ruta Casanare, Meta y Orinoco y buscar caminos terrestres para no abandonar la población sáliva que estaba en los ríos Duma, Dubarro y Vichada[82]. La misión tuvo una vida dura y efímera[83] y al final gran parte de su población fue absorbida por las reducciones del Meta.

A) *Airico de Macaguane:* Se conoce con el nombre de Airico de Macaguane el complejo de naciones que integra la gran familia betoy[84]. Al norte confinaba con el río Apure[85] y se extendía a lo largo de la región

---

76 Puede verse un amplio resumen en: Fernando ARELLANO. *Una Introducción a la Venezuela Prehispánica. Culturas de las Naciones Indígenas Venezolanas*, 217-365.
77 RIVERO. *Historia de las misiones*, 46.
78 RIVERO. *Historia de las misiones*, 37. GILIJ. *Ensayo de historia americana*, III, 98-104.
79 RIVERO. *Historia de las misiones*, 36.
80 RIVERO. *Historia de las misiones*, 333; 400.
81 RIVERO. *Historia de las misiones*, 36-37.
82 RIVERO. *Historia de las misiones*, 317. (Para los caminos del Airico, cfr., RIVERO. *Ob. cit.,* 334-336).
83 ANB. *Asuntos Exteriores*, II, fol. 507 y ss. *Conventos*, 68, fols. 422 y ss.
84 RIVERO. *Historia de las misiones*, 346.
85 RIVERO. *Historia de las misiones*, 347-348.

montañosa limítrofe con los Llanos[86] sin que podamos precisar exactamente sus confines meridionales; con todo, nos inclinamos a creer que podrían ubicarse en torno a Macaguane[87].

Se componía de las siguientes naciones o parcialidades: Betoyes, Guaneros, Agualos, Guaracapones, Situjas, Quilifayes, Anabalis y Mafilitos[88], Lolacas y Atabacas[89]. Colindantes con los guaracapones se citan a las naciones Mesoy y Cavaria[90].

La acción misional con estos pueblos se inicia con el cacique Calaimi [1701; 1703][91] y se consolida con la entrada en los Llanos del P. José Gumilla en 1716[92].

San Ignacio de Betoyes había polarizado ya para 1724 lo principal del mundo betoye y fue una floreciente reducción hasta la expulsión de los jesuitas en 1767[93].

B) *Meta:* Esta etapa se caracteriza por la expansión lineal a lo largo de todo el río Meta, especialmente el espacio comprendido fundamentalmente entre la desembocadura del Casanare en el Meta y de allí, aguas arriba, buscando la cordillera. El fracaso misionero del siglo XVII se debe a haber ignorado este punto de apoyo para la penetración en el Orinoco. Sólo a partir de Gumilla se previó la estrategia geo-misionera de este espacio llanero, pues se asentaron las bases de una nueva estructuración misional que distinguía claramente la región del Meta de la del Orinoco y Casanare.

En 1751 se contaban los siguientes pueblos: Santa Teresa, San Joaquín, San Regis, San Miguel y la Concepción[94].

Sus principales habitantes eran los achaguas, sálivas, guahivos, chiricoas y cabres[95] y en la parte superior, en los llanos de San Juan, moraban

---

86 RIVERO. *Historia de las misiones*, 349.
87 RIVERO. *Historia de las misiones*, 140.
88 RIVERO. *Historia de las misiones*, 352.
89 RIVERO. *Historia de las misiones*, 350.
90 RIVERO. *Historia de las misiones*, 353.
91 RIVERO. *Historia de las misiones*, 346; 349.
92 RIVERO. *Historia de las misiones*, 358 ss.
93 GILIJ. *Ensayo de historia americana*, IV, 392.
94 ARSI. Mapa del Nuevo Reino: 1751.
95 GILIJ. *Ensayo de historia americana*, I, 65.

los Omaguas, Guisaniguas y Amarizanos[96]. Rivero nos habla además de los Chiripas, Goarinaos, Araparabas, Totumacos[97] y Duniberrenais[98].

Es muy necesario siempre que se estudie esta región tener presente al Autor, no porque se vaya a dudar de su historicidad, sino porque el conocimiento de esta zona fue muy impreciso en el siglo XVII y sólo en el XVIII se vino a dominar geográfica y misionalmente. A comienzos del siglo XVIII anotaba Tapia: "... pues de los más cercanos se conocen, caribes, arguacas (sic), otomacos, cacatíos, achaguas, adoles, guayanos, sálivas, maijuris, caberres"[99]. Así podríamos citar otros ejemplos.

C) *Orinoco:* Tres características resaltan ya a primera vista en los cronistas jesuitas al describir el Orinoco: la multiplicidad de naciones, el exiguo número de habitantes y la inestabilidad geográfica de los grupos indígenas.

La Orinoquia que conocieron los jesuitas en su permanencia más larga [1731-1767] era un auténtico mosaico de pequeñas naciones[100]; pero no nos detenemos en este punto que analizaremos un poco más abajo.

Un fenómeno digno de atención es el de la inestabilidad de las naciones "no vagabundas"[101]. Toda nación, casi de forma cíclica y rotativa, habita alternativamente en diversos lugares: montes para encontrar a gusto jabalíes, los ríos para tener pescado, o cualquier otro lugar[102]. Esta inestabilidad proyectaban en sus primeros años de reducción la mayoría de las naciones indígenas: a cualquier incomodidad quisieran abandonar la reducción para fundar otra nueva: los yaruros fueron en tiempo de Gilí] un claro ejemplo[103].

Para la enumeración de los conglomerados indígenas seguimos el esquema elaborado por el autor del *Ensayo de Historia americana.*

a) Alto Orinoco: Cáveres, Parenes, Guipunaves, Marepizanos y Amuizanos[104].

---

96 GILIJ. *Ensayo de historia americana,* IV, 387.
97 RIVERO. *Historia de las misiones,* 20-21.
98 RIVERO. *Historia de las misiones,* 47.
99 Matías de TAPIA. *Mudo Lamento,* fol. 2.
100 GUMILLA. *El Orinoco ilustrado,* 316.
101 GILIJ. *Ensayo de historia americana,* II, 185.
102 GILIJ. *Ensayo de historia americana,* II, 153.
103 GILIJ. *Ensayo de historia americana,* II, 153.
104 GILIJ. *Ensayo de historia americana,* III, 118.

b) Rivera izquierda: Los jesuitas fundaron en general en la orilla derecha, ya que la izquierda, al ser baja y expuesta a inundaciones, quedaba sumergida en el agua por mucho tiempo y a lo largo de muchas millas[105]. Esto no quiere decir que no se fundase o intentase fundar en el interior[106].

Las principales naciones eran: Otomacos, Guahivos, Chiricoas y Yaruros. Los Guaipunaves, Parenes y Cáveres, después de hacerse cristianos, se radicaron en esta región orinoquense[107].

Tres fueron las poblaciones fundadas o atendidas por los jesuitas: Cabruta, el Raudal de Maipures y la Ciudad de San Fernando[108].

c) Rivera derecha: Los límites los trazan los ríos Cuchivero y Ventuari; de esta suerte se pueden distinguir las siguientes regiones:

Oriente: Quaquas, Aquerecotos, Payuros, Oyes, Aikeam-benanó (Amazonas del Cuchivero), Voqueares[109], Guaiqueríes y Caribes[110]. Centro "parte más arriba y parte más abajo del camino al Ventuari por tierra" los Parecas, Potuaras, Uara-múcure, Uaracápachilí[111].

Occidente: Meepures, Yaruros[112], Mapoyes, Piaroas, Maipures, Avanes y Quirrupas[113].

A la izquierda del Ventuari los Areverianos, Maquiritares, Puinaves, Masarinaves[114].

Las principales aldeas jesuíticas fueron: La Encaramada, La Urbana Cariachana, Araruma, el Castillo y Mapara o Raudal de Atures.[115]

---

105   GILIJ. *Ensayo de historia americana*, I, 265-266.
106   GILIJ. *Ensayo de historia americana*, II, 46.
107   GILIJ. *Ensayo de historia americana*, III, 134.
108   GILIJ. *Ensayo de historia americana*, I, 71-72. Sobre otras aldeas desaparecidas: GILIJ. *Ob. cit.*, I, 69-70.
109   GILIJ. *Ensayo de historia americana*, I, 131.
110   GILIJ. *Ensayo de historia americana*, I, 61.
111   GILIJ. *Ensayo de historia americana*, I, 132.
112   GILIJ. *Ensayo de historia americana*, I, 58; 59.
113   GILIJ. *Ensayo de historia americana*, I, 132.
114   GILIJ. *Ensayo de historia americana*, I, 132-133.
115   GILIJ. *Ensayo de historia americana*, I, 74.

Capítulo II

EL POBLADO INDÍGENA

1. Los pueblos y la vida cotidiana

Las poblaciones indias "no son nunca estables" pues debido a su nomadismo cambian de lugar y de geografía[116].

Cada aldea tenía su cacique y en cada caserío reinaba "la miseria de sus poblaciones, la escasez de víveres y el poco progreso de las artes". Lo que denominaríamos el urbanismo se componía de pocas chozas, quizá, entre cuatro y cinco; y su estilo de convivencia consistía en "estar muchos bajo el mismo techo, o por temor a los enemigos, o por pereza de hacer las casas".

No había uniformidad en la construcción; los techos estaban cubiertos con hojas de palma y los más las cubren sólo a medias, es decir, "cuanto les basta para repararse del sol o del agua retirándose a un rincón". También las paredes se levantaban con hojas de palma y la puerta era una sola y muy baja "como para dar más seguramente golpes de macana a los enemigos que entren en sus guerras"[117].

Las chozas no tienen ninguna seguridad y por ello "cada uno puede fisgar a su placer las casas". No disponen de cajas especiales y sus pobres enseres los colocan en canastillas de palma que cuelgan de lo alto de las paredes, así como el arco y la macana al lado del lecho. El fuego arde perpetuamente en varias partes de la choza y cerca de él un trípode de piedra donde se colocan las ollas. Guardan el agua en algunas tinajitas[118].

---

116   GILIJ. *Ensayo de historia americana*, II, 185.
117   GILIJ. *Ensayo de historia americana*, II, 186-188.
118   GILIJ. *Ensayo de historia americana*, II, 192-193.

Finalmente, no había ni templos, ni hospitales, ni cárceles públicas, ni otros edificios que distinguen a los lugares civilizados"; pero alguna especie de plaza "donde triscar y danzar, se halla en todas partes"[119].

Los escritores jesuitas manifiestan que, en general, existe uniformidad en las costumbres diarias y civiles entre los orinoquenses. Mantienen las tres comidas al día y después de puesto el sol se cena y a continuación "se baila, se toca y se canta" hasta que cansados se meten en sus chinchorros para descansar[120].

La división civil del tiempo la realizan durante el día a través de la posición solar pero no sucede lo mismo por la noche pues apenas tienen conocimiento de las estrellas. Si la luna está clara también regula las horas: "estando allí la luna". Los meses son lunares pero "ninguna hasta ahora ha sido capaz de poner a cada luna un nombre particular y distinguir los meses" y por ello recurren a otros puntos de referencia como son las diversas ocupaciones del año como las frutas que se comen en ciertos tiempos (el mes de abril con la corova), los huevos de la tortuga (el mes de marzo) y otras cosas semejantes (el principio de las lluvias, el mes de mayo)[121]. El año no se regula por el número de lunas sino por sus dos estaciones: invierno y verano[122].

El ajuar. Los lechos ciertamente no son camas con colchones y sábanas sino que son semejantes "a los que usan los marineros, esto es, portátiles y colgados". Se utilizan chinchorros o hamacas: los primeros hechos con las fibras de la palma muriche y los segundos con un tejido finísimo de algodón[123].

Para sentarse utilizan tanto las hamacas como un taburete bajo de madera para los niños y las mujeres se sientan ordinariamente en el suelo en una estera de palma o en los chinchorros con las piernas extendidas. Los hombres se sientan en cuclillas, apoyando los brazos en sus rodillas[124].

Para las comidas se utiliza el suelo y los alimentos se colocan sobre la tierra o sobre cualquier estera. Los platos son groseros pero generalmente ponen en medio la olla "y cada uno saca lo que le place con las manos". Si

---

119 GILIJ. *Ensayo de historia americana*, II, 190.
120 GILIJ. *Ensayo de historia americana*, II, 193-194.
121 GILIJ. *Ensayo de historia americana*, II, 195-196.
122 GILIJ. *Ensayo de historia americana*, II, 196.
123 GILIJ. *Ensayo de historia americana*, II, 191.
124 GILIJ. *Ensayo de historia americana*, II, 192.

comen pescado ningún indio tira las espinas sino después de acabada la comida "pues las recogen todas a una parte de la boca, y comen entretanto con la otra. Pero terminada... la comida, cada uno escupe las suyas"[125].

Para la luz se contentan con la de las hogueras pero también ponen en los platos aceite de tortuga "con un pábilo de un hacecillo seco de palmera muriche clavado en un terrón de tierra"[126].

El pan orinoquense. Se puede afirmar que los dos panes más utilizados en el Orinoco fueron el cazabe y la arepa.

El pan de *yuca brava* proviene de unas raíces "a lo más del grosor de la muñeca y de la longitud de palmo y medio". Las mujeres las lavan y raspan su corteza "que es rojiza y de color oscuro". Después las rayan en ciertas tablas "a modo de queso" y tienen el rallador apoyado en el vientre y el producto cae en una concha de tortuga[127].

Pero como el jugo es venenoso tienen que procesarlo para evitar envenenamientos. Colocan la yuca rallada (que es sumamente flexible) en un sibucán (de ocho palmos de alto y no más de medio de diámetro) puesto en la cima de un horcón. Después el jugo comienza a gotear mas para que el proceso sea rápido hacen "desde la extremidad inferior del sibucán un anillo de la misma materia, y poniendo dentro de ella la extremidad de un palo, y la otra sobre un pequeño horcón, se sientan encima" y así el jugo se destila en pocas horas. Debajo del sibucán ponen un recipiente que recibe todo lo que escurre que es un licor "bastante semejante a un caldo grueso de macarrones, y es de color blanquecino" y es un veneno potentísimo[128].

Se cuece a continuación la *catara* (así se llama el jugo de la yuca brava) y así desaparece el veneno y se convierte en dulce "nada desemejante a nuestro mosto, tanto en el color como en el sabor". La pasta "queda estriada, a modo de requesón sacado de su cestillo, y con una ligera sacudida que le dan, sale enseguida del sibucán dividida a lo más en dos o tres trozos". Después hay que dejarla al aire para que se seque en zarzos altos. Cuando está en su punto se desmenuza en un cedazo "y llevándola con las manos se la hace pasar por los agujeros, quedando encima la materia más gruesa". Y esta nueva masa se llama *cativía*. Y para conseguir el pan hay que recurrir a un fogón en donde se extiende la cativía en forma avalada o alargada "y se aprieta por todas partes con una paleta de concha de tortu-

---

125 GILIJ. *Ensayo de historia americana*, II, 192-193.
126 GILIJ. *Ensayo de historia americana*, II, 193.
127 GILIJ. *Ensayo de historia americana*, II, 249-250.
128 GILIJ. *Ensayo de historia americana*, II, 250-251.

ga". Se cuece de un lado y de otro como una fritada y así nace el pan que de ordinario tiene un grosor del dedo meñique y un diámetro de dos palmos[129].

Dentro de este género podríamos incluir la *mandioca*. Se consigue desmenuzando muy bien la *catívia* y cerniéndola en un cedazo para después cocerla en cazuelas, agitándola continuamente. Y entonces "si se deshace primero en trozos finos, se hace bastante fina, y es buena para las menestras"[130].

Si la catara se echa en otra vasija ligeramente aclarada, queda en el fondo una materia blanca que se congela enseguida "y es en todo semejante al almidón de cereales". Este almidón puede decirse que es la "mejor sustancia de la yuca" y si se esparce por encima de la catívia "es tanto más sabroso y sustancioso"[131].

La *arepa* es un pan de maíz. La elaboración de las arepas de maíz cariaco consiste en mezclar la harina de maíz con agua y así convertirla en pasta; después la sacan de la totuma "y con las manos la aplanan a modo de hogazas redondas" que son del tamaño del dedo pulgar y como de medio palmo de diámetro. "Es ardiente y menos sabrosa, pero tolerable al menos si se come caliente". La de harina yucatán se cuece ligeramente y su muele a modo de cacao y se cuece como el cazabe. Da un pan fresco "y sabroso en tiempo de hambre"[132].

Aquí se puede incluir también la *hayaca* que es un panecillo alargado de harina de maíz que se suele hervir envuelto en hojas. "Caliente no es malo, y lo usan también muchos españoles"[133].

Se dan además varios tipos de pan. Los guahívos lo producen de ciertas raíces cocidas, llamadas *guapos*. La raíz de la *cumapana* cocida "merece verdaderamente este nombre". La raíz de la *yuca dulce* "tostada es muy buen pan". Es bueno también el que proviene de la *caróva*. Los tamanacos comen también el *tocóro* que proviene de una banana verde "endurecida al sol, majada en un mortero, reducida a hogazas y cocida en losas calentadas al fuego"; pero el pan dulce no agrada a todos. Es alabado por todos el proveniente de la banana verde llamada *artón*, "la cual pelada y tostada

---

129   GILIJ. *Ensayo de historia americana*, II, 249-253.
130   GILIJ. *Ensayo de historia americana*, II, 253.
131   GILIJ. *Ensayo de historia americana*, II, 253-254.
132   GILIJ. *Ensayo de historia americana*, II, 254.
133   GILIJ. *Ensayo de historia americana*, II, 254. Es muy parecido al paratí (GILIJ. *Ensayo de historia americana*, II, 245).

sobre brasas se pone blanda, no es repugnante"[134]. Los otomacos comen una "cierta greda olorosa mezclada con el fruto *nega*" de la que hacen unos panecillos que se comen con mucho gusto[135].

Las bebidas. Se daban dos clases de bebidas: las usuales que se podrían calificar como livianas y las fuertes.

Entre las no fuertes podemos señalar: La banana cocida o las batatas cocidas, maceradas en agua, no son desagradables. El cazabe machacado en agua "es bebida vulgar y villana, pero acidilla y fresca". Chichas que se hacen de calabaza cocida, o de algunas raíces, "que cocidas por la tarde u puestas en agua, se beben a la mañana siguiente". El árbol guásimo produce unas frutas duras parecidas a la mora; si se ponen en infusión "endulzan el agua, que es refrescante al beberla, y buena para los sanos y enfermos". El *amoivaré* es una bebida de viaje que se hace de yuca rallada y que se fermenta por largo tiempo en canastillos cubiertos con la hierba cachipo. "No es desagradable en los grandes calores. Pero si se bebe en abundancia relaja el estómago por su extremada frialdad"[136].

Las bebidas fuertes se llaman en general *chicha* y provienen "de semillas o de frutos, pero machacados o macerados en agua, nunca destilados, y nunca exprimidos, como en nuestros países"[137]. Y se dan dos clases de esta chicha: "la una buena, la otra no; la una apta para embriagar, la otra sólo para aplacar la sed"[138].

La *chicha* se hace de maíz. Las mujeres machacaban en morteros de madera el maíz para colarlo en los manares (cedazo de los indios) y así cocerlo en grandes ollas "a modo de polenta líquida, para después volverlo a poner en orzas destinadas a esto". La fermentación produce una masa líquida que se coloca en cántaros después de añadirle agua fresca. Mas, para hacerla agradable y de sabor picante hace falta una especie de levadura que es de dos clases: "una de ellas limpia y es usada también por los españoles de aquellos lugares. La otra es asquerosa y usada sólo por los indios". La levadura limpia proviene de cocer algunas batatas, que son dulces, y majarlas en un mortero de madera de forma tal que después que se enfría la polenta se mezclan "y le dan un sabor que muchos estiman, incluso europeos". Y no es inferior el que le comunica la levadura india

---

134 GILIJ. *Ensayo de historia americana*, II, 247.
135 GILIJ. *Ensayo de historia americana*, II, 254.
136 GILIJ. *Ensayo de historia americana*, II, 245.
137 GILIJ. *Ensayo de historia americana*, II, 242.
138 GILIJ. *Ensayo de historia americana*, II, 243.

"aunque sea muy asquerosa". Pero completa el proceso la siguiente operación: mientras se lleva a cabo la cocción se colocan dos mujeres jóvenes al lado "las cuales, a dos carrillos mastican granos de maíz para llenar una totuma, la cual se vacía después, y se mezclan dentro de la olla, como dijimos batatas cocidas y machacadas"[139].

Desde un punto de vista meramente social los indios ofrecían siempre la chicha y eran tenidos por viles "aquellos que rechazan sus regalos". En cuanto a sus efectos señala Gilij que "no es mala, pero no querría que se la elogiara tanto, al decir que esta bebida mantiene alejadas de los indios los cálculos, las arenillas y semejantes males"[140].

Los maipures, los cabres y los guaipunaves no beben casi nunca la chicha de maíz sino la de cazabe tostado, la cual "por su densidad puede llamarse el mismo tiempo alimento y bebida"[141].

El *yaraki*, es la bebida única de los maipures, guaipunavis y de otros indios del alto Orinoco y es más fuerte que todas las demás clases de chichas. Su proceso de fabricación es largo. La materia prima es hogazas de cazabe, "pero tostadas hasta el punto de que parecen carbón". Después las fermentan y las tienen un tiempo en maceración. Para transformarlas en bebida necesitan de agua que la vierten en los recipientes y con ello empañan las citadas hogazas. Pero dentro de la chicha hay duros trozos de *cativía* (masa de yuca rallada y exprimida) así como fibras de la raíz de la yuca no bien limpiadas y ello hace que sea molesto de beberlo así. Por ello concluyen su tarea de la siguiente manera: unos jóvenes ponen en alto un manare (cedazo indio) y así van colando las totumas de yaraki y sacando toda la suciedad y las totumas se las pasan a las mujeres y de inmediato la beben o la comen porque es una bebida densa[142].

Más perniciosa que la chicha fue el aguardiente tanto que Ulloa no duda en afirmar que su "uso debería ser tan seriamente prohibido como el del veneno, a fin de conservar a las gentes"[143].

---

139   GILIJ. *Ensayo de historia americana*, II, 243-244.
140   GILIJ. *Ensayo de historia americana*, II, 244.
141   GILIJ. *Ensayo de historia americana*, II, 244-245.
142   GILIJ. *Ensayo de historia americana*, II, 246.
143   Citado por GILIJ. *Ensayo de historia americana*, II, 313.

2. La sociedad indígena

En las naciones indígenas ciertamente se detecta una cierta estructura de gobierno en donde hay jefes, "ejercicios de paz y de guerra, conocimientos no despreciables de todo, y en suma tanto de bueno que se conoce bien por quien sabiamente reflexiona"[144].

Sin embargo, el cuerpo de la sociedad indígena era simple. La figura principal la representaba el cacique quien era acompañado de los nobles de la nación. La base de la sociedad la componía el pueblo y por debajo estaban los esclavos. Mas, también había una clase emergente que provenía del último estrato. Además, se debe destacar la figura emblemática del piache que gozaba de inmensos privilegios.

El cacique debía distinguirse por su inteligencia y su valor y por ello se le sumaban sus partidarios y así se hacía respetable entre sus connacionales[145].

En el Orinoco se llegaba al cacicazgo de dos formas. La primera es por herencia y así el cacique educa a sus hijos en "todo aquello que conviene a las costumbres de su estirpe" pero a ello hay que añadir las cualidades esenciales del cacicazgo. El segundo título es adquirido por aquellos jefes que "o por discordia con sus connacionales o por deseo de andar por el mundo, o por otro motivo semejante se internaron divididos de sus compañeros por cualquier sabana". Y a estos líderes naturales les conservan siempre "veneración y subordinación"[146].

Pero los jefes están acompañados de nobles y plebeyos y así se dibuja la verdadera realidad de la sociedad indígena. Y el gobierno de los caciques "en parte es monárquico, en parte aristocrático" y sólo sirve para los tiempos de paz. Si el cacique ofrece diversiones y chicha para solaz de sus vasallos es obedecido de inmediato pero si manda cosas que sean del provecho de la nación y exigen sacrificio "con gran trabajo halla quien los escuche". Además, todas las deliberaciones "son tumultuarias, aun las más importantes, y las decisiones más serias son tomadas entre borracheras y bailes"[147].

Cuando sienten la amenaza de los enemigos exteriores se reúnen todos los caciques dispersos en un lugar para establecer su consulta. Y en esta

---

144 GILIJ. *Ensayo de historia americana*, II, 170.
145 GILIJ. *Ensayo de historia americana*, II, 171.
146 GILIJ. *Ensayo de historia americana*, II, 170-171.
147 GILIJ. *Ensayo de historia americana*, II, 171-172.

asamblea tienen voto no sólo los caciques sino todos los nobles que están presentes. Y su conciliábulo termina eligiendo como jefe bien a un cacique presente bien a "otro que sea de la clase de los nobles". Pero esta especie de aristocracia sirve sólo para tiempos de guerra[148].

En resumen: la soberanía de los caciques "no es más que un débil comienzo de reino"[149].

Sin embargo, una vez que se integran a la vida misional los caciques conservan sus antiguos títulos y reciben el bastón de mando con pomo de plata y en la iglesia ocupaban bancos separados en las funciones religiosas. Pero también hay que señalar que poco a poco se iba abriendo paso un nuevo espacio para su dignidad. Su punto de partida consistía en lo heredado de la gentilidad pues seguían siendo monarcas de nombre y su mando era "en todo semejante al del padre de familia, pero de familia indisciplinada"[150]. Mas, en la medida en que la vida reduccional progresa, "crece en los que mandan el espíritu y la majestad de las actitudes, crece el respeto y la subordinación en los súbditos"[151].

Aquí debemos llamar la atención sobre un estamento social emergente en la mayoría de las naciones indígenas. De los esclavos orinoquenses no capturados por los caribes surge una nueva clase social, pues una vez libres "sirven a otro por la sola comida y vestido", es decir, de esclavos se han convertido en "sirvientes voluntarios". Y esta modalidad se da también con los españoles y "más raramente, entre los negros". Y confiesa Gilij que un indiecito se puede convertir en un excelente sirviente porque por su memoria mecánica "tiene cuidado de todas las reparaciones de la casa, es limpio, ágil en los servicios menudos, humilde, pendiente de la boca de los blancos, y con tal de que se le trate amorosamente, sumamente afecto a su amo"[152].

Otro estamento social que amerita un estudio es grupo de descontentos que no pactaban con la vida reduccional; estamos ante el fenómeno del cimarronismo, y se producía con las huidas de los indios de las reducciones. Entre las naciones cimarronas cita a los guahivos y chiricoas, los gamos, los otomacos, los mapoyes, los piaroas y los quaquas[153]. En muchas

---

148   GILIJ. *Ensayo de historia americana*, II, 171.
149   GILIJ. *Ensayo de historia americana*, II, 172.
150   GILIJ. *Ensayo de historia americana*, II, 172-173.
151   GILIJ. *Ensayo de historia americana*, II, 173.
152   GILIJ. *Ensayo de historia americana*, II, 288.
153   GILIJ. *Ensayo de historia americana*, II, 154.

oportunidades son los niños quienes ablandan el corazón de sus padres pues añoran la vida reduccional. Otros regresan y otros se internan de nuevo en las selvas[154].

En realidad había varias formas de huir de las misiones pero tres son las más habituales. La primera obedecía a la presión que ejercían los caribes sobre las naciones que les suministraban esclavos y de ello hablamos al tratar el tema de esta etnia. La segunda la constituía el nomadismo de la mayoría de las etnias llaneras y orinoquenses. La tercera era más "autóctona" y se fraguaba dentro propio territorio misional y se ubica en otra categoría distinta a la que hemos denominado "cimarronismo" y quizá podría interpretarse como un rechazo a las exigencias de la vida cristiana.

Y dentro de estas migraciones todavía diferencia el misionero de La Encaramada dos clases de fugitivos: los jefes de la rebelión "porque les desagrada la nueva vida profesada como cristianos" y los que no lo son quienes "casi por fuerza siguen las huellas ajenas"[155].

Para un misionero veterano era fácil detectar el modus operandi de los fugitivos. Si alguno trama la huida es difícil tener conocimiento de ella pues se trama de forma oculta y astuta.

Como primera medida vigilan a los que pudieran dar información al misionero o a los soldados. En una segunda etapa los jefes "parecen de rostro más triste durante algunos días" y se mantienen alejados del acto comunitario de la misa; y en los campos hacen provisión de cazabe y de herramientas para su futuro destino. A veces también los largos bailes son "preparativos a las fugas". En un tercer tiempo adoptan "enseguida un rostro más alegre de lo que acostumbran. Frecuentan más a menudo y más devotamente la iglesia. Tratan de buena gana de las cosas de la religión. Los magistrados castigan severamente a los culpables. Algunos, que nunca han tenido casa, se ponen entonces a fabricarla con tal empeño" que pareciera que las quisieran construir muy hermosas en poco tiempo. Y así otras medidas por el estilo. Y los días más propicios para abandonar la reducción son aquellos "en que se suele dar vacación en la escuela y en la doctrina". Y el éxodo puede ser de todo el boque disidente o poco a poco por familias. Y de noche los jefes "despiertan apresuradamente a los otros y se los llevan amenazándolos de muerte si no ceden". En conclusión el misionero queda "reducido a hacer el ermitaño contra su voluntad"[156].

---

154 GILIJ. *Ensayo de historia americana*, II,157.
155 GILIJ. *Ensayo de historia americana*, II, 158.
156 GILIJ. *Ensayo de historia americana*, II, 161-164.

Mas, en el interior de las sociedades indígenas el piache desempeñaba un papel primordial y por ello le dedicamos el siguiente apartado.

Hemos juzgado oportuno incluir aquí la visión que tiene Gumilla sobre la trama social de las comunidades indígenas pues clarifica ciertas preocupaciones raciales que se manejaban entre las sociedades llaneras y orinoquenses. El misionero establece el siguiente cuadro: si el indio casa con un europeo, las cuatro generaciones son así:

I. De europeo e india sale mestiza (dos cuartos de cada parte).

II. De europeo y mestiza sale cuarterona (cuarta parte de india).

III. De europeo y cuarterona sale ochavona (octava parte de india).

IV. De europeo y ochavona sale puchuela (enteramente blanca)[157].

Pero si la mestiza se casó con un mestizo "la prole es mestiza y se llaman vulgarmente *tente en el aire*". Si la mestiza se casó con un indio "la prole se llama *salta atrás*, pues vuelve de grado superior a inferior". También alerta sobre el concepto de indiano e indiana que no son sinónimos de indio e india[158]. A los que pasan de España al Perú les llaman *chapetones*; en la Nueva España, *cachupines*; a los descendiente europeos que se casan en América los denominan: ya blancos, ya españoles; y a los indios: naturales[159].

No pasa por alto el problema de los mulatos que pueden blanquear como blanquean las mestizas a la cuarta generación:

I. De europeo y negra sale mulata (dos cuartos de cada parte).

II. De europeo y mulata sale cuarterona (cuarta parte de mulata).

III. De europeo y cuarterona sale ochavona (octava parte de mulata).

IV. De europeo y ochavona sale puchuela (blanca totalmente)[160].

En todo caso, Agustín de Vega buen conocedor de los estamentos bajos de la sociedad orinoquense, observará que "la mezcla que resulta de Español, y Yndio, que por acá llaman mestizo, es aun mucho mejor así en genios, capacidad, y advertencia, pues salen advertidísimos, y capacísimos, especial para aprender todas artes, y ciencias, y los naturales muy al propósito para ser instruidos, el genio entre apacible, e iracundo, fuertes, y

---

157 GUMILLA. *El Orinoco ilustrado*, 84-85.
158 GUMILLA. *El Orinoco ilustrado*, 85.
159 GUMILLA. *El Orinoco ilustrado*, 85.
160 GUMILLA. *El Orinoco ilustrado*, 86.

robustos en salud, y fuerzas, muy aptos para los trabajos, y si logran tener buena crianza salen aventajados para todo"[161].

Brujos, curanderos y piaches

Una mención especial merece la persona y la acción de los piaches, brujos, curanderos o también mojanes en la literatura histórica hispanoamericana[162]. Según el sentir del jesuita italiano se encontraban en todas las naciones indígenas, pero recogerá que los más celebrados eran los de los aruacos y "sus piaches gozan de las mayores alabanzas". En contraposición señalará que los cabres y los guaipunaves, "como valerosísimos, aborrecen en extremo el arte oculta de dañar, y son acaso los únicos entre quienes no se cultiva" el arte de la piachería[163].

Pensamos que Gilij se esforzó por trazar la figura del piache lo más cercana a la realidad y por ello es fácil intuir a través de sus pinceladas su deseo de no traicionar la verdad a pesar de sus sentimientos encontrados.

El misionero de La Encaramada quiere dejar de forma taxativa su juicio sobre "el justo concepto" del piache. "Ninguno habla las lenguas mejor que ellos. Son elegantes de espíritu e ingeniosos en el decir. Si usaran bien de la ciencia que al cabo tienen, podrían servir de mucho para la conversión de los indios. Saben las tradiciones antiguas de los pueblos y otras cosas no despreciables. Pero instigados por el enemigo común, mezclan con ello increíbles inepcias"[164]. Para el misionero italiano serían dignos de alabanza si usaran bien las virtudes dadas por Dios[165].

---

161   GUMILLA. *El Orinoco ilustrado*, 663.
162   La literatura shamánica es extensísima. Sin embargo, para el lector moderno sugerimos una lectura fácil como es la de Ariel José JAMES y David Andrés JIMÉNEZ (Coord.). *Chamanismo. El otro hombre, la otra selva, el otro mundo*. Bogotá, Instituto Colombiano de Antropología e Historia, 2004.
163   GILIJ. *Ensayo de historia americana*, II, 91. Gilij recoge los nombres que le asignan en el Orinoco al piache:. Los maipures: *mariri*. Los parecas: *yachi*. Los tamanacos: *pchiachi*. Los españoles: *piache* y también *mojanes*" (GILIJ. *Ensayo de historia americana*, II, 89). Gumilla es menos explícito pues señala: "A los tales en una naciones llaman Moján, en otras piache, en otras Alabuqui, etc." (GUMILLA. *El Orinoco ilustrado*, 291).
164   GILIJ. *Ensayo de historia americana*, II, 95.
165   GILIJ. *Ensayo de historia americana*, II, 89. "Creen [los orinoquenses] que conocen no sólo las virtudes de toda hierba, y su nombre propio, sino las cosas aún más abstrusas y más ocultas a las miradas. Ninguno en efecto saber mejor que los piaches, que hacen un estudio particular de los vegetales, el nombre de las hierbas, y

Sentado este principio fundamental pasa el misionero a trazar la figura del piache. La profesión –afirma- la iniciaban desde niños bajo la dirección de algún piache famoso y su enseñanza se realizaba "en espesas selvas, lejos siempre de la vista de otro", y al cabo de algunos años, actuaban como profesionales del ramo[166]. Ninguno mejor que ellos conoce el nombre y las virtudes de todas las yerbas[167]. "No llevan insignias por las que se conozca su nuevo grado. Pero la mirada grave, la vida solitaria, la larga cabellera lo demuestra. Tienen un continente más severo que el común de los indios, y seguros de vivir a costa ajena, llevan vida ociosa y desocupada de ordinario"[168]. Presiden las reuniones de las naciones y en los bailes, con la maraca en la mano, conducen el coro de los hombres y las mujeres[169].

Por el contrario, a nuestro parecer, Gumilla parte del principio aceptado en aquellas regiones por los europeos de que el piache basaba su acción en el trato con el demonio y por ello se ubica en esa frontera conceptual que se mueve entre el curandero y el brujo y por ello califica al piache aruaco como "embustero que se introduce a médico". Según el jesuita valenciano hace creer el piache a los indígenas que trata con el demonio y por su medio sabe el futuro de la enfermedad. Las consultas las llevan a cabo en "casitas apartadas" y los piaches se pasan la noche con enorme escándalo tanto por sus gritos como por la maraca. De su diálogo con el demonio sacan las respuestas[170].

Para apoyar esta teoría, al parecer popular no indígena, se apoya el autor de *El Orinoco ilustrado* en la fuerza de la lingüística. Establece que los achaguas llaman al demonio *Tanasimi*; los betoyes y giraras: *Memelú*; los guajibos: *Duati*; los guaraúnos: *Jivo*. A ello añade el escritor que los guamos le atribuyen todas sus enfermedades; los mapoyes los daños ocasionados en sus sementeras; los guayqueríes lo consideran el autor de los pleitos y riñas; los betoyes creen que mata a todos los infantes que nacen y "les rompe el pescuezo con gran secreto para no ser oído"[171].

---

si, como tal vez acaece lo ignoran, no dudan, para no parecer ignorantes, en formar uno nuevo" (GILIJ. *Ibidem*).
166 GILIJ. *Ensayo de historia americana*, II, 91.
167 GILIJ. *Ensayo de historia americana*, II, 89.
168 GILIJ. *Ensayo de historia americana*, II, 91.
169 GILIJ. *Ensayo de historia americana*, II, 92.
170 Véase: GUMILLA. *El Orinoco ilustrado*, 137-138. Gumilla aduce testimonios de europeos. Para la opinión de Gilij nos remitimos a los párrafos siguientes.
171 GUMILLA. *El Orinoco ilustrado*, 291.

Asentado el principio no se introduce en el mundo que se esconde más allá de los hechos y por ello no trasciende más allá de lo conceptuado en su criteriología. Sin embargo, conoce los métodos de curación que describirá con más precisión Gilij[172].

En general la literatura moderna tiene el peligro de considerar al piache como un ser idealizado pero es evidente que se impone el estudiarlo en sus papeles en medio de la sociedad indígena.

Entre la categorización de los piaches hay que tener en cuenta diversos criterios. Pensamos que en sus funciones de médico se puede afirmar que cuando su curación estaba signada por los criterios de servicio a la comunidad con el mero fin de sanar al enfermo el misionero entendía que estaba haciendo un bien.

Su ritual en las curaciones se componía de versos y ensalmos "que ellos solos entienden". Después utilizan la maraca que siempre la hacen sonar día y noche. A continuación pasan a "los humazos de hoja de tabaco "con que apestan a los enfermos continuamente". Y finalmente, se acercan a la parte doliente de los enfermos y "fingen sacarles piedrecillas o espinas, y lo que antes de la cura tienen los piaches preparado en la boca, dicen que lo han sacado de los miembros" del enfermo. Y añade el misionero: "hay quien lo cree, y hay quien no"[173].

Otra metodología es la de las hierbas pues es "maravilloso" el conocimiento que tienen de los herbarios[174]. También recurren a tres medios para recuperar la salud: "los baños, las emisiones de sangre, el ayuno". La extracción de la sangre la llevaban a cabo "con navajas de afeitar o con huesos agudos de pez" y así efectuaban cortes perpendiculares sobre la superficie de las piernas, o de los brazos, o del pecho[175]. El ayuno lo practican en los estados febriles y a lo más "se les ve chupar caña de azúcar" o algún fruto. También desean "las bebidas de maíz cocido o de yuca"[176].

Sin embargo, en la apreciación de Gilij, no existía "ninguna coherencia del sonido de la maraca con las enfermedades" y de igual manera no entendía el significado de sus "cantos y saltos alrededor de los enfermos"

---

172   GUMILLA. *El Orinoco ilustrado*, 291-294.

173   GILIJ. *Ensayo de historia americana*, II, 92; 97-98.

174   GILIJ. *Ensayo de historia americana*, II, 98.

175   GILIJ. *Ensayo de historia americana*, II, 96.

176   GILIJ. *Ensayo de historia americana*, II, 96-97.

pero curiosamente deja abierto el campo para una posible "superstición"[177].

Los antropólogos modernos asignan significaciones simbólicas a los ritos chamánicos pues los utilizaban para ponerse en contacto con el mundo del más allá. Se trata de una medicina mágica que tenía un efecto psicológico en los pacientes pues pretendían revivir las fuerzas autocurativas.

En la actualidad –dice Angelina Pollak-Eltz- "sabemos que los chamanes indígenas o los curanderos espirituales mestizos tratan de curar la mente y el cuerpo simultáneamente y así tienen éxito cuando se trata de enfermedades psicosomáticas"[178]. En todo caso un sabio y respetado misionero de los pemones, Fray Cesáreo de Armellada[179], siempre afirmaba que cuando los ensalmes, los soplos y otros rituales no producían efecto había que recurrir a la aspirina.

Se puede, pues, asegurar que el misionero italiano nunca puso en duda de la capacidad médica autóctona que siempre desarrolló esta casta especial[180]. Pero al entrar en el terreno moral es donde el misionero entra en conflicto. "Si los piaches –dirá- usaran bien de las virtudes dadas por Dios a las hierbas, serían dignos de alabanza"[181]. Su incredulidad comienza por la ética que desarrollan como médicos y por ciertos métodos utilizados.

Pero cuando ingresaba el piache al terreno de la brujería –o al que el misionero creía que era brujería- surgían los fuertes antagonismos[182].

Y su primera precisión para los piaches del Orinoco es que no son sacerdotes sino médicos. Y su argumentación se debate entre la ausencia de religión y la presencia de cierto espíritu para-religioso. Si no practican ningún culto a ningún ser supremo es natural que no tengan ni ídolos, ni altares, ni sacrificios, ni ritos. Pero donde falla Gilij es a la hora de ubicar lo que hoy llamaríamos parapsicología o fenómenos preternaturales y su

---

177 GILIJ. *Ensayo de historia americana*, II, 99.

178 Angelina POLLAK-ELTZ. "Algunas observaciones acerca de Gilij y la medicina indígena". En: *Montalbán*. Caracas, 21 (1989) 155-156.

179 Ildefonso MEDEZ SALCEDO. "García Gómez, Jesús María". En: FUNDACIÓN POLAR. *Diccionario de Historia de Venezuela*. Caracas, II (1997) 457-458.

180 GILIJ. *Ensayo de historia americana*, II, 98: "... es maravilloso en los piaches el conocimiento de hierbas".

181 GILIJ. *Ensayo de historia americana*, II, 89.

182 GILIJ. *Ensayo de historia Americana*, II, 99.

correcta interpretación y por ello recurre a la brujería o al trato "con el enemigo común"[183].

En verdad es poco lo que Gilij dedica al capítulo de la brujería. Resalta, sin entrar en más consideraciones, que los piaches otomacos después que han absorbido "sin fin tabaco curan, profetizan y ven, o fingen ver, cosas maravillosísimas"[184]; y en otra parte es más explícito: "Qué bellos sueños tienen, embriagados y aturdidos con el largo sorber de la curuba"[185].

La existencia de una liturgia shamánica con acompañamiento rítmico de tamboriles de concha de tortuga y del yopado religioso no pasó desapercibida a fines del siglo XVII al P. Gaspar Pöeck, durante su estancia entre los sálivas orinoquenses. Observó el jesuita alemán el Yopo (Mimosa acacioides y Piptadenia peregrina) es el ingrediente shamánico de la visión y de la inspiración: "Por las narices, valiéndose de un instrumento cóncavo de madera beben y se embriagan y pierden el sentido, de tal manera que no pueden entrar, más aún, ni moverse, y cuando sueñan en esta borrachera hyópica o inspiración, lo toman por un oráculo"[186].

También debemos resaltar que es poco lo que se ha estudiado acerca de la posición del piache en medio de la comunidad indígena. Pues si bien es verdad que era la cabeza "intelectual" de la comunidad también es verdad que la sociedad lo miraba con respeto, recelo y también con temor[187].

Dos visiones del tema de este mundo preternatural ofrecen los escritores jesuitas tanto del siglo XVII como los del XVIII. La primera fuente escrita es la *Historia* del riobambeño Pedro de Mercado, concluida en 1684, la cual recoge una amplia información sobre el mundo indígena tanto del altiplano como del piedemonte llanero. Pero pensamos que Juan Rivero incorpora y pule en su *Historia* (1729) las visiones del XVII y se convierte en el puente de unión entre las mentalidades que responden a generaciones distintas.

---

183 GILIJ. *Ensayo de historia americana*, II, 98-99.
184 GILIJ. *Ensayo de historia Americana*, II, 101.
185 GILIJ. *Ensayo de historia americana*, I, 189.
186 BECK. *Misión del río Orinoco...*, II, 169.
187 GILIJ. *Ensayo de historia americana*, II, 90: En definitiva: "son mirados con veneración, o digámoslo justamente, con horror por los orinoquenses".

Rivero en un capítulo[188] traza el primer mapa conceptual del mundo preternatural: nos habla de agoreros, piaches, mojanes y hechiceros. La primera categoría la constituyen los "agoreros" y "adivinadores de los sucesos futuros". Se sirven del canto de los pájaros, de los peces que flechan en los ríos y, por citar un ejemplo, de los primeros flechados pronostican "el bueno o mal suceso de las pesquerías"[189]. También recurren a la *yopa* que la utilizan de la siguiente manera: la introducen por las narices "tomándolo a manera de tabaco, y es de tan grade fortaleza, que a breve rato los priva de juicio". A partir de este momento se inicia la etapa de los presagios. Si la evacuación "de la asquerosa viscosidad" es por la ventana derecha de la nariz "se pronostican buenos sucesos"; si es por la ventana izquierda es indicio de "sucesos infaustos"; y si por ambas a la vez "queda indecisa la materia". Y como suele acontecer que sea lo más frecuente siguen sorbiendo yopa durante todo el día. Lo curioso es que no se hablan entre sí pronuncian "recios y desentonados gritos" como de locos y cada uno pareciera mantener su diálogo consigo mismo[190].

Más breve es el retrato de la figura del *piache* a quien le asigna la función sacerdotal. Y ciertamente parece ser de su propia cosecha. Aparece en el rito de la *chaca*, es decir, la bendición del pescado al inicio del verano. En la noche cuecen una gran cantidad de peces e introducen en la olla uno pequeño llamado chaca "de quien toma nombre la función" y además le añaden bastantes hojas de tabaco y tortas de cazabe.

El historiador Rivero parece acoger bajo el mismo concepto a mojanes y hechiceros y así se desprende cuando habla del tunebo Donse, quebradero de cabeza del P. Antonio Monteverde en la reducciones de Tame y Tunebos[191]. Pero en general sólo conocemos alusiones generales que en sí no cualifican la información así como cuando vincula al envenenamiento que practican los Achaguas a través del *barbarí*, una culebra de cuarta y media de largo, "de pelo corto y bermejo" y de la se servían para envenenar a sus

---

188 Juan RIVERO. *Historia de las Misiones de los Llanos de Casanare y los ríos Orinoco y Meta*. Bogotá, Biblioteca de la Presidencia de Colombia, 1956. Capítulo VI del Libro II.

189 RIVERO. *Historia de las Misiones...*, 107-108. Está tomado casi al pie de la letra de Pedro de MERCADO. *Historia de la Provincia del Nuevo Reino y Quito de la Compañía de Jesús*. Bogotá, Biblioteca de la Presidencia de Colombia, II (1957)255-256.

190 RIVERO. *Historia de las Misiones...*, 108.

191 RIVERO. *Historia de las Misiones...*, 147, 148.

enemigos y "aunque el indio muera de otra cosa (...) han de decir que fue moján o hechicero el que lo mató"[192].

El H. Agustín de Vega, que escribe hacia 1760, al hablar de los yaruros, dice que "son los más agoreros y que sustentan adivinos" y añade que en cada pueblo o ranchería han de tener al menos uno y reserva el nombre de piache sólo para los otomacos[193].

La forma del rito es la tradicional. Primero despejan el rancho donde se va a celebrar el *Cacadi* (que así llaman "el rato que emplean con el Demonio), para averiguar lo futuro y recibir instrucciones suyas". Después le dan al adivino muchos tabacos y una calabaza grande con una abertura tal que pueda meter la cara y tan ajustada que no pueda respirar el aire por ningún sitio. Después enciende el primer trozo de tabaco y para poder tragar mejor el humo introduce la cara en la calabaza. Y así repite la acción hasta que cae "borracho a fuerza de aquel humo". Una vez que entra en trance los asistentes le formulan preguntas a las que "el adivino va respondiendo lo que se le antoja o lo que la borrachera le da lugar". Estas funciones las llevan a cabo durante la noche y suelen durar hasta el amanecer[194].

El misionero de La Encaramada hace alusión a dos cualidades típicas de los piaches orinoquenses como son sus "jactancias" y las "bribonerías".

Son diversas las anécdotas que recoge en cuanto al espíritu jactancioso el misionero. A veces presumían de que se transformaban en tigres y en otros animales feroces y como eran muchos en la época de las lluvias creían los tamanacos que venían de los guamos o de los otomacos. Otro se vanagloriaba de caminar bajo tierra desde las misiones jesuíticas hasta las bocas del Orinoco; y éste mismo decía que había visto la boca del infierno y que era tan estrecha que no cabía un hombre. Y el cacique de los maipures declamaba versos y decía que los piaches saltan "el infierno y pasan al otro lado"[195]. Un piache otomaco en el terremoto de 1766 "exhortaba a los indios a agarrarse a él para levantarse en el aire con él mismo"[196]. Un joven le comentó al P. Gilij que su cacique (piache areveriano) subía "todos

---

192   RIVERO. *Historia de las Misiones...*, 110.
193   Agustín de VEGA. *Noticia del principio y progresos del establecimiento de las Missiones de gentiles en la río Orinoco por la Compañía de Jesús.* Estudio introductorio: José del Rey Fajardo sj y Daniel de Barandiarán. Caracas, Academia Nacional de la Historia (2000) 665-668.
194   Agustín de VEGA. *Noticia del principio...*, 667.
195   GILIJ. *Ensayo de historia americana*, II, 95.
196   GILIJ. *Ensayo de historia americana*, II, 93.

los días al cielo". Y habiéndole preguntado el misionero qué veía allí, le replicó que Dios "da de comer sus alimentos a los tigres, como las mujeres echan maíz delante de sus gallinas"[197].

Otros levantaban más el vuelo y afirmaban que ellos herían la luna "y por eso enrojece y se pone sangrienta". También pretenden hacer creer que atraen y alejan a las lluvias y para ello dirigen sus soplos hacia las nubes. El mismo Gilj presenció a un pareca con un rosario del "que se servían para encantar las lluvias". Se lo cuelgan al cuello en las lluvias y les llega hasta las rodillas "y con él encima soplan a las nubes mientras las hay"[198]. Un piache tamanaco cuando murió uno de su nación pidió agua a los presentes para reavivarlo. De inmediato salió uno de los circunstantes en busca de ella y cuando se la entregó al piache, éste contestó: "Hemos perdido el intento. Si tu hubieras traído el agua del lago, el muerto hubiera vuelto a la vida"[199]. Un piache yaruro fugitivo, "atado por los suyos para volverlo a llevar a la reducción, les amenazó "con hacer temblar la tierra bajo sus pies si no lo soltaban prontamente"[200].

Pero es el capítulo de las briboneríasen el que entra en crisis el juicio del misionero. Su perversidad comienza cuando utilizan el lado oscuro de su ciencia para otros fines. Se manejan entre el bien y el mal y a veces por enemistad, a veces por otras finalidades es el pueblo indígena objeto de sus designios[201]. En oportunidades se aprovechan del arte de curar para escoger "las mujeres las más bellas, no perdiendo entretanto de vista a las ajenas"[202]. Y aduce Gilij el testimonio de don Simón Gotilla habitante de la Isla de Margarita quien le narró la siguiente historia. Un piache Aruaca fue a curar a una joven enferma de su nación pero "habiéndose enamorado fuertemente" de ella fingió la necesidad de una hierba muy especial. Así le solicitó al marido que la buscara en un monte que estaba lejano. No contó el piache con la velocidad del esposo de la enferma y habiendo regresado antes de lo previsto entró en la choza y "cogió al malvado en su delito". Y concluye el misionero: si fue capaz de darle una paliza no lo sé "pero dado el miedo que todos tienen a los piaches, apenas lo creo"[203].

---

197   GILIJ. *Ensayo de historia americana*, II, 94-95.
198   GILIJ. *Ensayo de historia americana*, II, 93-94.
199   GILIJ. *Ensayo de historia americana*, II, 96.
200   GILIJ. *Ensayo de historia americana*, II, 28.
201   GILIJ. *Ensayo de historia americana*, II, 90.
202   GILIJ. *Ensayo de historia americana*, II, 93.
203   GILIJ. *Ensayo de historia americana*, II, 93.

Un testimonio curioso es el proveniente de un humilde jesuita –no sacerdote y por ende sin estudios superiores- que formó parte del verdadero pueblo en las misiones del Orinoco de 1731 a 1750. A Agustín de Vega su condición de Hermano Coadjutor[204] le hizo convivir con las esferas más bajas de sociedad misional: soldados, indígenas, mulatos y negros[205] y por ende representa una visión no contaminada de los submundos misionales.

Y "para satisfacer la curiosidad" planeó con los soldados y los muchachos de la escuela verificar las afirmaciones del adivino en el pueblo de Burare. En una de las funciones del "Cacadi" se dijo que un Brujo de la nación otomaca venía de noche a la población en forma de tigre y como es natural espantaba sobre todo a las mujeres y además dejaba mucho "moján por las casas" para provocar la muerte. "A cosa de media noche" colocó estratégicamente a los soldados con su correspondiente pólvora. Después le cortó la cabeza a algunos patos y fue "regando sangre hasta donde alcanzó" por el camino donde estaban ubicados los soldados. A continuación descargó la escopeta y los yaruros vinieron alterados a preguntar qué había pasado y el jesuita les respondió "que ha ya había muerto al Brujo" y que podían dejar el Cacadi e irse a dormir. Pero la curiosidad les llevó a observar por dónde había corrido el tigre y con luminarias se percataron de la sangre y dedujeron que el piache había muerto. Uno de los soldados volvió a descargar el fusil y hacia el disparo corrían para ver al muerto y a continuación hacía su descarga el otro y hacia allí dirigían su carrera y así se pasaron toda la noche. Y como creyeron que Vega había matado al brujo siguieron la fiesta. Y la moraleja de Vega fue "para que vieran que embusteros eran sus padres, y cómo los engañaban, y les metían miedos y embustes[206].

Pero cuando la acción del piache penetra el campo de las acciones incorrectas o malas la opinión del misionero se torna adversa e incluso pugnaz. Dentro de su deontología médica estaba permitido "lo malo" y es cuando actúan con perversión[207].

---

204   Miembro de la Compañía de Jesús, no sacerdote, encargado de los oficios domésticos y colaborador de los sacerdotes en tareas administrativas, misionales o pedagógicas.

205   José DEL REY FAJARDO. "La crónica del Hermano Vega 1730-1750". En: Agustín de VEGA. *Noticia del principio y progresos del establecimiento de las Missiones de gentiles en la río Orinoco por la Compañía de Jesús..* Caracas, Academia Nacional de la Historia (2000) 7-118.

206   Agustín de VEGA. *Noticia del principio...*, 667-669.

207   GILIJ. *Ensayo de historia americana*, II, 90: "Confieso que saben lo bueno de las hierbas, pero saben también lo malo, y siendo gente perversa como son, por ene-

El misionero italiano cuenta cómo los maipures de su reducción le tenían declarada la guerra a un piache quirrupa y cómo se vio obligado a entregarlo a la custodia del cabo Juan de Dios Hernández para garantizar su seguridad. Al irrumpir en su choza encontraron en sus cestillos "ollitas y calabacitas llenas de ungüentos nunca vistos, y con ellas se hizo, con gusto de todos, una hoguera". No se contentaron con esto sino que tuvo que ser llevado a Cabruta y más tarde a San Miguel de Macuco en el Meta donde "dejando su arte de envenenador, se portó bien". Cuando falleció el P. Bernardo Rotella en Cabruta, en 1748, los cabres y los guaipunabis que estimaban mucho a este misionero creyeron que lo habían envenenado los piaches "y tocando enseguida al arma, quitaron de en medio a todo maipure sospechoso"[208].

En estudios de este tipo hay que tener sumo cuidado en no formular generalizaciones basadas en testimonios muy concretos que no afectan la totalidad del gremio.

Un primer marco de referencia lo ofrece el indígena de nuestro gran río que vivía obsesionado por el peligro que le suponían los venenos. En su mente estaba claro que eran la causa de todas las enfermedades[209]. Pero además esa actitud le generaba una desconfianza tanto de sus propios congéneres[210] como de los piaches[211].

El autor anónimo de la *Carta annua* de 1694-1698 narra un incidente que da pie a la reflexión. Cuando el P. Alonso de Neira residía en el Airico un famoso hechicero "con sus hechizos y malas artes" le provocó una enfermedad no conocida. "Diole a un oido un cortimiento con calentura continua, y creçimientos todos los días, estando el Padre todo un año, que duró la enfermedad, como insensato y sin ningún conocimiento". Murió el

---

      mistad o por otra finalidad suya se aplican voluntariamente a los simples que creen a propósito para sus designios".

208   GILIJ. *Ensayo de historia americana*, II, 90-91.

209   GILIJ. *Ensayo de historia americana*, II, 83: "Acostumbrados desde los más tiernos años a creer que viene de veneno toda enfermedad...".

210   GILIJ. *Ensayo de historia americana*, II, 86: "Pero el temor que los indios tienen no ya de los españoles, a los cuales saben muy bien que les es desconocido el vil oficio de quitar la vida por medios ocultos, sino a sus semejantes que conviven con ellos, los indios mismos, nunca supe comprenderlo".

211   GILIJ. *Ensayo de historia americana*, II, 90: "Temen todos en sus enfermedades haber sido soplados o de otra manera envenenados por los piaches, y aunque las verdaderas causas de las enfermedades existan demasiado, no saben sin embargo hallar otra sino el ánimo enemistado con ellos de los piaches".

hechicero y quemaron los indígenas el cadáver y desde ese tiempo comenzó el Padre a sentir alivio en su dolencia "arrojando de el oido dos huesecillos con unas puntas como de tierra, de el grandor de una abellana en lo grueso, y algo mas largos; con lo cual no solo quedo libre de el achaque, y de todos sus accidentes malignos sino con mucha mejoría en la vista, que con la hedad tenia muy consumida, y cassi acabada"[212]. Esta supuesta acción de los piaches no es recogida sino en forma general por los cronistas jesuíticos.

Un segundo círculo de desconfianza lo provocaban algunas de las acciones no correctas de las que hemos hablado más arriba. Un ejemplo ilustrativo nos lo ofrece el piache pareca Curucuríma. Acompañó al misionero de La Encaramada a la región de Túriva a fin de dialogar con la etnia pareca y considerar sus posibilidades de reducción. Antes de llegar a la población huyó Curucuríma y envenenó a sus connacionales contra el misionero pero como éste conocía su lengua los desarmó y echó por tierra todas sus prevenciones. Y después comenta: "me contaron cosas increíbles que les había dicho nuestro piache para inducirlos a matarme con mis compañeros". Lo curioso es que Curucuríma viendo el cambio de los suyos "estuvo entre los primeros besándome la mano". Y más llamativo es que "su esposa, mujer juiciosa y de garbo, me dijo infinito mal de él". Y cuando los parecas se redujeron en La Encaramada, terminó huyendo "y dando vueltas como un loco o poseído por las selvas"[213].

Al parecer eran caras las consultas pues según Gumilla a la muerte del enfermo sólo se salvaba "lo que la pobre viuda pudo esconder"[214].

Otro capítulo importante es la relación misionero-piache. Es lógico que la presencia del misionero no fuera mirada por los piaches con ojos benignos. Gilij habla incluso del "sumo odio"[215]. Es fácilmente deducible que no podían pactar con un nuevo estatus político en el que su poder casi absoluto quedaba desmoronado. Y en consecuencia debían defender todas las tradiciones que habían significado su poder. Así instigarán al principio que no les obligaría a ellos a abandonar "los antiguos bailes, la pluralidad de mujeres y nuestras inveteradas costumbres, de abrazar una religión ex-

---

212 APT. Leg., 26. *Letras annuas de la Provincia del Nuevo Reino de Granada de la Compañia de Jesus, desde el año 1694 hasta fines de 98...* fol., 276v.
213 GILIJ. *Ensayo de historia americana*, II, 101.
214 GUMILLA. *El Orinoco ilustrado*, 138: "... hurto manifiesto lo que cobra por su trabajo, después que muere el enfermo, y es todo lo mejor del difunto...".
215 GILIJ. *Ensayo de historia americana*, II, 99.

tranjera, que proponiéndonos premios que no vemos nos hace abandonar neciamente el presente"[216].

Este enfrentamiento costaba años el superarlo. El misionero llegará a escribir con cierto pesimismo: "Dios sabe cuáles de ellos son cristianos internamente". Pero los regalos "los ciegan provechosamente" y llegan a la reducción con la esperanza de regresar de nuevo a las selvas[217]. Pero, si a ello añadimos el significado de la seguridad colectiva contra las invasiones de naciones más poderosas que conllevaban la esclavitud es de pensar que en la mente del autóctono debía darse una batalla interna que concluía en la búsqueda de su supervivencia.

Matrimonio

Dentro de la visión de la familia indígena comenzamos por el matrimonio pero nos restringiremos a una visión general sin descender a las singularidades de cada una de las etnias.

Fuera de la solemnidad con que los guayqueríes celebraban sus casamientos las demás naciones gastaban muy pocas ceremonias. El principio general profesaba que "las hijas son vendibles y que el novio debe pagarlas a sus padres", aunque éstos se contenten con cosas de poca monta.

Son diversos los usos practicados en la gran Orinoquia. En algunas etnias antes de entregar el padre a su hija debían preceder algunos méritos positivos: el primero era demostrar que "era hombre en forma" y eso le evidenciaba matando un jabalí; y el segundo consistía en prevenir una sementera "en prueba de que ya puede mantener la familia". Otras naciones subían las exigencias y se requería disponer tanto de una sementera como de una casa en donde vivir y además cuidar de la sementera del suegro y hacerle una casa nueva si la que tenía era vieja, pero si estaba buena quedaba obligado a prepararle la sementera al año siguiente. En otras parcialidades recurrían al contrato en el que se decidía cuál era el precio de la novia y cumplido el pacto el novio se la llevaba; pero más problemático era el caso en que el pretendiente tuviera otras mujeres pues los padres subían el precio de la moza. Las viudas que eran casaderas contraían matrimonio con quien mejor les pareciera menos entre los caribes que la heredaba el hijo mayor del difunto y entre los otomacos cuyos capitanes entregaban la viuda a un joven. Más rara aparece la costumbre en la que el

---

216 GILIJ. *Ensayo de historia americana*, II, 100.
217 GILIJ. *Ensayo de historia americana*, II, 100.

matrimonio se ajustaba en el nacimiento del varón y la hembra "alegando que deben ser compañeros por haber venido a este mundo el uno en pos del otro"[218].

Es de notar que en algunas naciones no se casan "con parientes de primero ni segundo grado de consanguinidad" y entre los betoyes se observa "el no casarse hasta pasado el quinto grado". Con todo, los caribes y los chiricoas "tienen muy poco o casi ningún reparo"[219].

Aunque teóricamente la poligamia estaba aceptada por todos, sin embargo eran "pocos los que tienen muchas mujeres, no por falta de voluntad, sino porque no las hallan, o caso que las hallen, porque no tienen caudal para dar la paga que piden sus padres o no quieren obligarse a las pensiones" de las que hemos hablado en el párrafo anterior. Con todo, los caciques, capitanes, "algunos valentones que sobresalen en el valor o en la destreza y elocuencia en el hablar, y sus curanderos, médicos o piaches" o los que por sus enredos y embustes "consiguen dos o tres mujeres cada uno, y algunos de muy sobresaliente séquito consiguen hasta ocho y aún más"[220].

Es curiosa la forma de convivencia en los hogares poligámicos. No vivían todos en la misma casa sino que cada mujer tenía la suya donde habitaba con sus hijos. Todas debían trabajar en las sementeras de su marido pero respetando cada una la porción por él asignada. A la hora de la comida "le tienden en el suelo la estera, que es su mesa, y cada mujer le pone delante su plato de vianda, su torta de cazabe o caizú de maíz y se retira; coma o no coma nadie le habla palabra". Después cada una le pone la bebida de chicha y concluida esta función "cada cual se retira a su fogón a comer y beber con sus hijos, con el cual retiro se evitan pleitos"[221].

Poco dice Gumilla sobre el repudio y se contenta con anotar lo practican con o sin motivos "siguiendo el ímpetu de su depravado genio"[222].

En otro orden de ideas Gilij afirma que el dicho de que las mujeres sean "comunes" no se da en el Orinoco. En general, *puti* "es el nombre que significa la mujer destinada con ciertas formalidades a procrear los hijos

---

218   GUMILLA. *El Orinoco ilustrado*, 465. Los betoyes eran los únicos que tenían su rito. El padre de la novia le preguntaba al novio: ¿La cuidarás? Y el mozo respondía: La cuidaré.
219   GUMILLA. *El Orinoco ilustrado*, 468.
220   GUMILLA. *El Orinoco ilustrado*, 466.
221   GUMILLA. *El Orinoco ilustrado*, 467.
222   GUMILLA. *El Orinoco ilustrado*, 468.

con un solo hombre. *Nio* es el marido y no los maridos de ella". La firmeza de la adhesión del hombre con su mujer se confirma de diversas maneras. En primer lugar, la mujer siempre viaja con el marido y va delante tres o cuatro pasos y no la pierde de vista nunca. "Están dispuestas [a] las injurias del celoso marido y dispuestos los golpes". En segundo lugar, por cualquier sospecha "de que se ha faltado a la fe, se llaman mutuamente lujuriosos" y así se evidencia la distinción entre los verdaderos de los falsos[223]. Sin embargo "es voz comunísima en el Orinoco que las mujeres de un hermano son también mujeres de todos los demás"[224].

Repudio y poligamia. El repudio "está en vigor en todas las naciones del Orinoco" y en efecto, "una riña, unos celos, una paliza más fuerte de lo acostumbrado, produce enseguida un repudio". En su época de "gentilismo" no comprendían la perpetuidad del matrimonio. Sin embargo, si había hijos "son de larga duración y muchísimos duran hasta la muerte"[225].

Pero más allá del repudio se abren espacios que facilitan la poligamia. Recogemos algunos casos.

Un hecho suele ser el tener varias mujeres aunque sean hermanas. Y no las llaman cuñadas ni les aplican el tratamiento de vos pues como ellos dicen no son "personas que den vergüenza"[226].

A veces "eligen por mujer a las sobrinas de la hermana, las cuales dan a su tío materno el mismo nombre que se suele dar al suegro, esto es, *avo*, el cual nombre indiferentemente significa lo uno y lo otro". Con todo, no se da el caso de que una joven india tome por marido al tío paterno. *Papa* "significa padre y significa a la vez tío paterno"[227].

Es muy raro el hecho de que tomen como esposas a sus hijastras y los mismos indios "se maravillan de tales matrimonios"[228].

En otras oportunidades toman por mujer a las viudas de sus hermanos "y aun a aquellas de sus difuntos padres, exceptuada la que les dio la vida". Hay que resaltar que no respetan los grados de afinidad "pero en los grados de consanguinidad o en la unión con aquellas que les son próximas por la sangre, en el Orinoco al menos, no se nota desorden alguno". Sin

---

223 GILIJ. *Ensayo de historia americana*, II, 205.
224 GILIJ. *Ensayo de historia americana*, II, 216-217.
225 GILIJ. *Ensayo de historia americana*, II, 209-210.
226 GILIJ. *Ensayo de historia americana*, II, 211.
227 GILIJ. *Ensayo de historia americana*, II, 211.
228 GILIJ. *Ensayo de historia americana*, II, 212.

embargo, tienen gran estima por las personas de las que han recibido el ser, lo mismo que por las hijas y las nietas de sus hermanos[229].

Poligamia. Era una costumbre generalizada pero entre los yaruros, los cabres y los guaipunavis "son rarísimos los que tienen varias mujeres". En otras naciones había pocas mujeres y éstas parecían patrimonio de los caciques y los más viejos y los jóvenes tenían esforzarse en agradar al suegro para obtener su deseo. Pero si a alguna de las hermanas se le moría el marido, ésta se convertía en su mujer "junto con las hijas tenidas del primer matrimonio". Los caciques podían tener tres mujeres sin disgusto de sus suegros amén de las que cautivaban en las guerras, las huérfanas "y otras jóvenes de semejante situación"[230].

La convivencia de las mujeres si está presente el marido "están muy tranquilas y tan dispuestas en todo, que diríais que son una sola, que no ya hermanas"; pero cuando se aleja comienza la lucha pues se tachan mutuamente de feas, holgazanas y torpes. No siempre el primer puesto corresponde a la primera pues puede ser suplantada por otra más bella o cualificada con "otras dotes". Los tamanacos designan a la segunda y tercera mujer como "compañera de mi mujer" y los demás con el nombre de "enemigas"[231].

Todas estas situaciones explican por qué las mujeres desean abrazar el cristianismo. Así se casan con sus iguales "jóvenes con jóvenes, y con aquellos precisamente que quieren" y las que todavía formaban parte del harén le pedían a Gilij que los "desmujerare"[232].

Las mujeres casadas. Acerca de los hijos se dan dos posiciones. En algunas creen que "con los prontos y frecuentes partos se estropee su belleza, los evitan de propósito, incluso con bebedizos dispuestos para este fin"; y en ello colaboran los jóvenes maridos que desean su libertad y que las esposas estén ágiles en las tareas domésticas. Otras prefieren tenerlos pronto y en la juventud más fresca pues como dicen ellas mismas "quien da a luz pronto... no se estropea nunca"[233].

Con respecto a las mujeres embarazadas hay que señalar que ninguna sabe cuándo le toca dar a luz; en general siempre prefieren que la criatura

---

229　GILIJ. *Ensayo de historia americana*, II, 212.
230　GILIJ. *Ensayo de historia americana*, II, 213-214.
231　GILIJ. *Ensayo de historia americana*, II, 214-215.
232　GILIJ. *Ensayo de historia americana*, II, 215-216.
233　GILIJ. *Ensayo de historia americana*, II, 217.

sea varón por las ventajas futuras que representa; y también sienten caprichos que ellos las llaman "mentiras" y les salen unas manchitas "que se dice provienen de excesivo apetito de algún manjar o bebida"[234].

Los partos no constituyen ninguna dificultad pues en primer lugar las asisten las comadronas que gozan de mucha habilidad y en segundo término cuando el niño ha nacido "es lavado en agua fría y envuelto en sus pañales"[235]. Pero una vez que observan otras conductas en la reducción tratan de mejorar su vida y por eso piden reconstituyentes, caldos sustanciosos, y todo aquello que les parece adecuado para la necesidad[236].

Mucho costaba al misionero acabar con los prejuicios rancios. Si daban a luz dos criaturas, enterraba a una pues para el marido era signo de infidelidad. Si nace con algún defecto en el cuerpo "le tuercen enseguida el cuello y lo mandan a la otra vida" pero la culpable no es la joven madre sino que "las ejecutoras de tan enorme maldad son sus madres y las viejas"; y Gilij añade que "este gran mal es demasiado frecuente, sobre todo entre aquellas indias que con el dar a luz creen perder la juventud"[237].

Como es de suponer los niños no disponen de cuna donde reposar, ni de instrumentos para enseñar al niño a caminar, sin embargo "aprenden pronto a hablar; y también andan pronto"[238].

La principal virtud que debe adornar a una esposa orinoquense es la de tenerle al marido cuando llega a casa la comida preparada así como también la bebida y embijarlo de pies a cabeza. Pero si tiene varias mujeres cada una debe alimentar al marido de forma separada y el ritual consiste en presentarle la chicha en la mano y un plato de comida[239].

Vida familiar. Ciertamente en el Orinoco el sexo débil no gozaba de los cumplimientos que disfrutaba en el mundo occidental. "Son desusadas las reverencias y otras ceremonias comunes entre nosotros, y por el contrario, en especial entre personas casadas, reina indiferencia hacia sus mujeres, así como desdén y severidad; ni una india gobierna en ningún caso al marido o le manda imperiosamente a baqueta, si no es acaso la hija de

---

234   GILIJ. *Ensayo de historia americana*, II, 221.
235   GILIJ. *Ensayo de historia americana*, II, 217-218.
236   GILIJ. *Ensayo de historia americana*, II, 218.
237   GILIJ. *Ensayo de historia americana*, II, 218-219.
238   GILIJ. *Ensayo de historia americana*, II, 219-220.
239   GILIJ. *Ensayo de historia americana*, II, 220-221.

algún cacique, unida en matrimonio a uno inferior a ella". Y ni siquiera en los cantos "no tiene parte ninguna Cupido"[240].

Las fórmulas de la buena educación eran desconocidas y por ello les faltaban palabras para expresar una condolencia o para felicitar por los sucesos favorables de la vida. Todos son tratados de *tú* y como es natural no tienen nombres para la gama social que culmina en el rey. Sin embargo los tamanacos utilizaban el *vos* para con aquellas personas que eran sus parientes por matrimonio. El saludo se reducía a ¿tú? y la respuesta era un escueto "*u*, esto es, sí, yo soy"[241]. Ignoraban por completo el significado de besar la mano de personas honradas y "todos las huelen, y más que con los labios la tocan con la nariz como para olfatear" pues en sus lenguas no "adopta otra palabra a este acto de reverencia que la de oler"[242].

3. El trabajo

Teniendo como pórtico lo dicho anteriormente sobre la pereza de los orinoquenses pasamos a tratar de lleno el tema.

Entre los trabajos masculinos que se pueden considerar finos hay que hacer mención del *manare* y del *chamátu*.

El primero corresponde a la elaboración del *manare*, es decir, aquellos cedazos o cribas que sacan la túnica del tallo de esta caña y la dividen en tiras y con ellas producen el *manare*. Hay unas que son anchas y sirven para cerner la *cativía*, y otras son más apretadas y se utilizan para cernir el maíz para hacer arepas. Lo que logra atravesar los agujeros se llama harina y lo que queda encima es el salvado o afrecho.

El segundo es el *chamátu*, es un tejido de las tiras del manare con las que se hace una caja cuadrada sin tapa. Del mismo material es el carcaj que es cilíndrico, de medio palmo de diámetro y uno y medio de longitud, que porta las pequeñas flechas envenenadas[243].

Además, confeccionan unos canastos, toscos e improvisados, que los montan "con hojas de palma enteras sin separar ni una"[244].

Pesca y caza. En una panorámica general se podría decir que hay dos clases de naciones: unas, cuyo alimento "no es más que el pescado", y son

---

240 GILIJ. *Ensayo de historia americana*, II, 308.
241 GILIJ. *Ensayo de historia americana*, II, 176-177.
242 GILIJ. *Ensayo de historia americana*, II, 178.
243 GILIJ. *Ensayo de historia americana*, II, 260.
244 GILIJ. *Ensayo de historia americana*, II, 260.

las que habitan junto a los grandes ríos, como los otomacos y los guamos; y otros, los que se podrían conceptuar como montañeses, es decir, a los que "les agrada más que todo la carne de los animales terrestres, ciervos, puercos, dantas, etc.", como son los tamanacos, parecas, piaroas y otros semejantes[245].

Pesca. En la época de lluvias se sirven de las flechas para las funciones de pesca. Dos indios en una pequeña embarcación bogan por las selvas inundadas: uno lleva en la mano una varita a cuya extremidad está atada una cuerda de dos brazas de larga y al final pende un fruto del que les gusta a los peces. El piloto "alza la vara, golpea con el fruto pendiente de ella la superficie del agua e imita el ruido que haría si cayese entonces de los árboles". De inmediato acude el pez y el flechero, de pie y con el arco tendido en la proa, lo mata rápidamente; y de esta manera en poco tiempo se llena la canoa de peces[246].

Al concluir la etapa de las lluvias cierran con empalizadas las lagunas y canales que en invierno tenían comunicación con el Orinoco y así impiden a todos los seres fluviales el regreso a su antiguo lecho y "es increíble cuán numerosa pesca recogen"[247].

En tiempos de verano se recurre al anzuelo cuya magnitud la define el tamaño de los peces: para atrapar al *lauláu* debe ser bastante grande; los otros son unos medianos y otros pequeños "pero todos de hierro". La espina de la escorzonera orinoquense "puede hacer las veces de un anzuelo". De igual forma utilizan una pequeña red para los lagos que quedan cuando se retiran las aguas del gran río. Y en el Raudal de Atures los adoles utilizaban "nasas trepadoras" que las instalaban por la noche y volvían a la mañana siguiente para recoger la pesca.

Pero el método más fácil consistía en esparcir por el agua raíces o frutas machacadas, como por ejemplo el barbasco, y los peces atontados eran recogidos por los hombres. Y para la captura del manatí se servían de "una especie de hocinos dentados por uno de los lados o bien por los dos"[248].

Para la cacería de los animales nos circunscribiremos a los instrumentos con que las llevaban a cabo. Con las flechas mataban ciervos, jabalíes, dantas y otros cuadrúpedos. Para los pájaros utilizaban unas pequeñas flechas que disparaban con la cerbatana que se elaboraba "con el tallo vacia-

---

245 GILIJ. *Ensayo de historia americana*, II, 263.
246 GILIJ. *Ensayo de historia americana*, II, 263-264.
247 GILIJ. *Ensayo de historia americana*, II, 264.
248 GILIJ. *Ensayo de historia americana*, II, 264-265.

do de cierta palma, la cual es fina a modo de caña, pero sumamente fuerte y de color que tira a café". Las cerbatanas tienen de longitud de cinco a seis palmos y poseen una "boca de madera firme, que parece labrada con torno" y en ella colocan "una flechita aguda de la longitud de un palmo" untada con el veneno *curare*, la cual, cuando toca la sangre "mata infaliblemente casi repentinamente a cualquier ser viviente". Así matan a los monos y para que sus carnes sean comestibles las cuecen[249].

El trabajo de la tierra. Los terrenos que a primera vista parecieran muy adecuados para la siembra "no la sufren en absoluto por su esterilidad" pero sí son buenos para la hierba del ganado vacuno y caballar. Los rediles son de una maravillosa fecundidad sólo durante el invierno y en verano aparece de nuevo el terreno seco y arenoso. En los terrenos vecinos a las viviendas se dan bien los fréjoles y los pepinos y nada más. Una posibilidad no intentada serían los murichales los cuales, "aunque sumamente fértiles, quedan siempre incultos"[250].

La imagen del indio camino de sus campos era "con una hoz en la mano, y en la cintura un largo cuchillo"[251] pero además con hachas y podaderas; mientras que sus antepasados usaban ciertas pequeñas segures de piedra a las que acomodaban un mango[252].

El trabajo en los campos se denominaba *roza* y en definitiva se define como "cortar un trozo de selva, quemarlo a su tiempo y sembrarlo". Y las "cortas" eran de dos clases: las que se llevaban a cabo en los lugares secos y alejados de los ríos y las que se efectuaban en los sitios anegados de agua[253].

La "corta" se iniciaba en diciembre y solía ir indígena acompañado de muchos colegas porque todos gozaban de la chicha y sus labores se reducían a uno o dos días y se contentaban "en cortar únicamente los árboles sin quitarles las ramas". Después, a los cuatro meses, los quemaban, y se convertían en cenizas pues eran bastante resinosos y el ardiente sol los convertía en casi yesca[254].

---

249 GILIJ. *Ensayo de historia americana*, II, 265-266.
250 GILIJ. *Ensayo de historia americana*, II, 273-274.
251 GILIJ. *Ensayo de historia americana*, II, 274.
252 GILIJ. *Ensayo de historia americana*, II, 275.
253 GILIJ. *Ensayo de historia americana*, II, 274.
254 GILIJ. *Ensayo de historia americana*, II, 274-275.

También en terrenos secos se daba otro tipo de rozas. En las selvas sólo se recogía el maíz una vez al año a pesar de que se requerían cuatro meses para que diera fruto. Esta dificultad fue vencida por el P. Roque Lubián, "el cual aconsejó a los indios limpiar las selvas cortando las plantas pequeñas, sembrarlas de maíz, y derribar en tierra los árboles encima del sembrado". Y gracias a las hojas caídas y la penetración del sol y del agua brotó el maíz en "dos meses sólo de invierno" y así se pudo elevar a dos cosechas al año. Y "hubo quien halló modo de aumentarlas"[255].

Según Gilij nadie había pensado en el cultivo de los terrenos de selva y de las orillas del Orinoco y de sus islas que se inundan cíclicamente y "están privados de todo insecto dañino". Fue el misionero José María Forneri quien mostró el modo de cultivarlos. Al analizar el éxito del maíz de los yaruros en los meses de verano observó que se daba en "las parcelas de tierra que en los tiempos de lluvia se inundan". Y así dio la noticia a los demás misioneros. Profundizó en su descubrimiento y para ello mandó cortar los árboles el mes de diciembre (dos meses después de haberse retirado el río) y los quemó. Después vinieron las crecidas del Orinoco desde mayo o junio hasta septiembre y la tierra se enriqueció no sólo con las cenizas sino también por el cieno que arrastra el río. Al retirarse la corriente era el momento para sembrar, poner los granos, los frutos y raíces "que pueden nacer en el espacio intermedio entre una y otra inundación". En este orden de cosas se dio paso a una yuca agria que daba su fruto en seis meses y la dulce aún antes; el maíz *mapito* en dos meses; también se beneficiaban los pepinos, calabazas y fréjoles[256].

Con respecto al modo de sembrar los terrenos hay que comenzar diciendo que no utilizan el arado para remover la tierra. Los hombres utilizan la azada para plantar la yuca y para ello cavan "acá y allá, hacen pequeños montones de tierra donde clavan hasta la mitad tres o cuatro tallos maduros de yuca de la longitud de un palmo"; y germinan enseguida y así producen las raíces de las que se saca el cazabe[257].

A las mujeres les corresponde la siembra del maíz de forma tal que una se sirve de un palo con el que hace pequeños agujeros, dispuestos en filas y separadas entre sí "como tres palmos"; y otra mujer mete en cada concavidad cuatro o cinco semillas de maíz y las cubre con el pie y con eso

---

255 GILIJ. *Ensayo de historia americana*, II, 275-276.
256 GILIJ. *Ensayo de historia americana*, II, 276-277.
257 GILIJ. *Ensayo de historia americana*, II, 277.

se da por terminada la siembra. Como las tierras se fatigan pronto, "gustan de hacerlas nuevas cada año"[258].

Los trabajos de las mujeres. Amén de las labores domésticas habituales las orinoquenses se empleaban en varias ocupaciones.

En primer lugar hilaban muy finamente el algodón pero las tamanacas eran las mejores hilanderas. Mas no todas sabían hacer telas y este oficio lo realizaban en general las viejas. Sus telares consistían en "cuatro palos, dispuestos en figura cuadrada, corta o larga, según se requiera para la necesidad del momento". Así hilaban los taparrabos de los hombres que eran "de siete a ocho palmos de largo, y de dos de ancho"; y los de las mujeres eran "uno de anchura y dos de longitud". No son despreciables sus telas y, a veces, las hacen "con hilos de diversos colores, y variadas de color con mucha gracia"[259].

También fabricaban hamacas, pero no todas sino las que habían estado algún tiempo entre los caribes. Sin embargo, todas sabían fabricar el hilo de los chinchorros con las fibras de los retoños de la palmera muriche. Tampoco falta quienes supieran hacer cordones y sogas[260].

El ajuar doméstico se puede reconstruir por el trabajo de las mujeres. Los utensilios de cocina, buenos o malos, "los hacen por sí mismas". Para cocer la carne y el pescado hay ollas "todas bajas y de boca grande" pero desconocen las tapaderas y los pucheros. Para trasladar el agua a sus casas elaboran orzas o pequeños cántaros que llaman *múcure*; y a petición de los españoles también producen una tinaja para guardar el agua. Para la chicha de los bailes idearon el *chamacu* que es un gran vaso redondo y de más de seis palmos de alto. Los platos que confeccionan son toscos pero los de los caribes "son bastante lindos". En tiempo de Gilij se dirigían a la Encaramada para proveerse de ollas para cocinar; para las de cocinar aceite las buscaban entre los otomacos y las *chirguas* (instrumento redondo con dos picos que sirve para refrescar el agua) las conseguían entre los guamos[261].

Los artefactos de barro no eran barnizados con excepción de las copas y las escudillas de los guaipunavis y los platos pequeños de los caribes que estaban pintados con *chica* y barnizados por dentro con goma *chimirí* que no es muy duradera. Para hacer todo este instrumental se proveían de greda

---

258 GILIJ. *Ensayo de historia americana*, II, 277-278.
259 GILIJ. *Ensayo de historia americana*, II, 255-256. Las descripción de sus "máquinas" puede verse en estos textos de Gilij.
260 GILIJ. *Ensayo de historia americana*, II, 257.
261 GILIJ. *Ensayo de historia americana*, II, 257-258.

proveniente de las regiones del interior del Orinoco que era de color, tirando a ceniciento, y con muchas piedrecitas mezcladas. Una vez tenían el material lo masaban despacio e hilaban el barro para hacer tiras del grueso del dedo meñique. A continuación elaboraban la base del instrumento y para ello se servían del caparazón inferior de la tortuga que es planísima; alrededor del centro de la base se curvaban las tiras hasta obtener la anchura deseada. Para el levantamiento de los lados colocaban una tira encima de los límites de la circunferencia de la basa y así sucesivamente hasta alcanzar la altura prefijada. En este proceso se apretaban las tiras de tal manera que no se notaba nada. Después se le dejaba secar y al día siguiente lo alisaban bien con un piedra apropiada bien con el dedo mojado en agua. El color era libre y dependía del fabricante y de ordinario eran rojos[262].

Como no tienen hornos cavaban en la tierra unos hoyos donde colocaban la olla y la cubrían a todo alrededor de cortezas secas de árbol que las renovaban continuamente. El punto final o verificaban por el sonido, tocándolas con un palo. Al principio utilizaban cortezas del árbol *mapuíma* y después con *estiércol seco de vaca*[263].

Un capítulo interesante a la hora de estudiar los procesos de desarrollo llevados a cabo en la Gran Orinoquia es el que se deriva del estudio de la tecnología agrícola premisional y misional.

La siembra: primero debían cortar la maleza, derribar los árboles y quemar después uno y otro, para descubrir el terreno que había de recibir las semillas. Para esta acción utilizaban las macanas para tronchar la maleza, con las hachas[264] cortaban los troncos verdes y las mujeres iban quemando los palos secos. Con esta tecnología se demoraban "dos meses, cosa que un hacha ordinaria se hace en una hora". Y para formar los surcos en la tierra se valían de unas palas de macana formadas de palo durísimo; y con ellas cavan; "las fabrican con fuego, quemando unas partes y dejando otras, no sin arte, proporción y dispendio de largo tiempo"[265].

---

262   GILIJ. *Ensayo de historia americana*, II, 258-259.
263   GILIJ. *Ensayo de historia americana*, II, 259.
264   GUMILLA. *El Orinoco ilustrado*, 429: Estas hachas eran "de pedernal de dos bocas o de dos cortes, empatándolas por su medianía en garrotes proporcionados". Las labraban "con otras piedras picaban éstas y después, a fuerza de amolarlas en piedras más blandas, con la ayuda del agua, les daban figura y sacaban los filos de las bocas".
265   GUMILLA. *El Orinoco ilustrado*, 428-429.

Los productos de la siembra. En general cosechaban maíz, yuca o mandioca y otras raíces; mas, en todas partes cultivaban "gran cantidad de *pimiento*, que tienen muchas especies, y algunas demasiado picantes, de que gustan mucho, y es el único condimento de sus comidas"[266].

Los otomacos, paos, guamos y yaruros sembraban el "maíz de dos meses" porque madura en ese lapso de tiempo y podían recoger seis cosechas al año. El secreto consistía en utilizar las lagunas junto al Orinoco después que acababan las grandes riadas[267]. Y en esos privilegiados sembradíos sementaban "caña dulce, mucha variedad de raíces, gran diversidad de calabazas, y, sobre todo, inmensidad de melones de agua, que son sus delicias"[268].

La tecnología misional. Una vez incorporados a la población misional se introducen de inmediato las herramientas propias para el cultivo del campo; pero como la reducción es la nueva célula del futuro municipio surgen obligadamente las obras comunitarias.

Ya en el mes de enero se inicia el tiempo de desmontar y establecer las sementeras. Esta tarea se comienza por la sementera del cacique en donde concurren "de buena gana todos los indios"; después nombra el cacique "al capitán cuya labranza se ha de rozar al día siguiente"; siguen después las rozas de los indios casados, las de las viudas y finalmente trabajan para la iglesia, la cual lo destina "para sustentar los niños de la escuela y niñas huérfanas de la doctrina". Todas estas acciones acaban "en una comida decente"[269]. En las labores posteriores de la siembra que competían antes a las pobres mujeres, con el correr de los tiempos, se repartía proporcionalmente el trabajo entre marido y mujer[270].

También fueron mejorando progresivamente las técnicas agrícolas. Cuando la yuca "lleva una cuarta de retoño", entre sus matas siembran el maíz y entre estas dos plantas ponen "batatas, chacos, calabazas, melones y otras muchas cosas". En estos sembradíos no se da paso al arado ni a los azadones por las innumerables raíces que subsisten a la tala de árboles. Sin embargo, en las tierras limpias sí "hay bueyes y arados" para ayudar a los cultivos[271].

---

266 GUMILLA. *El Orinoco ilustrado*, 429.
267 GUMILLA. *El Orinoco ilustrado*, 430-431.
268 GUMILLA. *El Orinoco ilustrado*, 431.
269 GUMILLA. *El Orinoco ilustrado*, 434.
270 GUMILLA. *El Orinoco ilustrado*, 434-435.
271 GUMILLA. *El Orinoco ilustrado*, 435.

Agricultura. Los misioneros entendieron que la agricultura hacía sedentarios a los pueblos y los enriquecía en el desarrollo cívico, cultural y humano. Con toda razón escribe Fernando Arellano que todas las altas culturas americanas tuvieron como base la agricultura y ella les llevó "como de la mano al estudio de las estaciones del año, a la astronomía, a la observación de las fuerzas de la naturaleza, a la eventual deificación de las mismas, a la elaboración de un sistema religioso, y como consecuencia a la arquitectura religiosa y a una mejor organización sociopolítica"[272].

Comercio y moneda. A su manera todos los orinoquenses hacen comercio y "no hay cosa a que sean más aficionados que a adquirir cosas comerciando", pero en última instancia, se trata de "una permuta de las cosas que necesitan"[273].

Los precios no se fijan en dinero sino que, por ejemplo, a cambio de su cazabe, maíz y frutas "piden telas para hacer largos y ondulantes ceñidores"; por los loros, periquitos y otros pájaros exigen "los espejos y las tijeras"; y el "bálsamo copaiba" lo canjeaban "por hachas y cosas semejantes"[274]. Y este principio se aplicaba a todas las acciones comerciales: quien toma remeros para navegar, o busca quién labre sus campos, o cualquier otra acción laboral "establece el número de hachas, de varas de tela, de espejos y de todo lo demás que los indios piden por sus trabajos"[275].

El trueque era una costumbre casi genética y para la permuta se desplazaban a "las poblaciones ajenas" e incluso a "las naciones gentiles vecinas" pues en todas ellas hay amigos gustosos de hacer cambios. A ellas portaban "hierros, telas y cosas que allá no se encuentran, y traen en cambio curare y chica". También las selvas significaban un lugar privilegiado para el cambalache. Y así se establece un círculo cerrado en el que las mercancías van y vuelven con gran facilidad[276].

En conclusión, en el Orinoco "no hacen falta monedas para traficar, y que a tal fin bastan sólo las mercancías"[277].

---

272 Fernando ARELLANO. *Una introducción a la Venezuela Prehispánica.* Culturas de la Naciones Indígenas Venezolanas, 513.
273 GILIJ. *Ensayo de historia americana*, II, 266.
274 GILIJ. *Ensayo de historia americana*, II, 266.
275 GILIJ. *Ensayo de historia americana*, II, 268.
276 GILIJ. *Ensayo de historia americana*, II, 267-268.
277 GILIJ. *Ensayo de historia americana*, II, 268.

Juegos y bailes

Entre los orinoquenses, fuera del juego de la pelota de los otomacos, "son rarísimos".

Sin embargo hay que hacer alusión a varios. El primero es el de la *maraca* que las madres les tocan a los niños cuando lloran y lo curioso es que cuando llegan a mayores "en privado y en público, la tocan todos". Otro es el de la *cerbatana* que lo hacen los niños con madera de yuca y usan como estopa las hojas y esta diversión la practican por instinto natural. Para imitar a los españoles los niños "usan cañas para cabalgar". También se manejan con las *flechas pequeñas* con las que matan pajaritos pero además se sirven de ellas para el tiro al blanco. Los niños tamanacos juegan al *pepo* que son unas pelotas hechas con hojas de maíz "y se las tiran de uno a otro sosteniéndola graciosamente en el aire por largo tiempo"[278].

En la lucha orinoquense uno siempre está inmóvil con las manos en alto y el otro le pone las manos para derribarlo; al primero le corresponde mantenerse sobre la piernas y sostenerse sin tambalearse y al segundo le incumbe zarandearlo y derribarlo a tierra. Después se invierten los papeles y se sigue el mismo procedimiento y aunque parezca mentira este juego "se hace agradabilísimo a quien lo mira"[279].

Bailes. Bailan los hombres, bailan las mujeres y "no hay uno siquiera a quien no le sea agradabilísimo el baile", y además cada nación tiene sus distintas danzas "y sus modos particulares de caracolear"[280]. Pero Gilij también admite la evolución y lo que en tiempos de Gumilla tuvo su esplendor "con el tiempo ha cambiado, como acaece en todas las cosas de esta tierra"[281].

Supersticiones. Al misionero de la Encaramada tanto el canto como las ceremonias y los ritos le abrían la suspicacia de su contenido supersticioso. Dentro del campo de la sospecha contemplaba la variedad de los bailes "unos dedicados a lo muertos, otros para quitar el luto, otros para curar a los enfermos, otros para poner el nombre a los niños, otros para hacer la guerra, otros para otros fines muy necios"[282].

---

278   GILIJ. *Ensayo de historia americana*, II, 222-223.
279   GILIJ. *Ensayo de historia americana*, II, 223.
280   GILIJ. *Ensayo de historia americana*, II, 227.
281   GILIJ. *Ensayo de historia americana*, II, 228.
282   GILIJ. *Ensayo de historia americana*, II, 239.

4. Los conflictos intertribales e interétnicos

Las guerras. De entrada Gilij establece la diferencia entre las naciones del alto Orinoco en las que hay "bravísimos soldados" y las del bajo a las que considera que no son tan valerosas "aunque sean considerados feroces y traidores"[283].

Los motivos de las guerras las reduce Gilij a dos: la barbarie y el interés.

Su innata barbarie les lleva a mirar siempre con ojo amenazador a todos aquellos que no conviven con ellos. Y no es fácil hacerlos abandonar esta conducta pues aunque sean "uniformes en lo demás, es distinto en el hablar de otro, quiere insensatamente la sangre de éste". Y así se obsesionan por destruir a los países junto con sus habitantes sean enemigos o no. Y estas premisas le hacen a Gilij sacar la siguiente consecuencia: "creo que las naciones actuales orinoquenses no son más que míseros restos de la crueldad de sus enemigos, pero especialmente de los caribes y de los güipunaves"[284].

Las causas? Los vínculos de amistad se rompen aun por un disgusto ligero. Una vez que se han embriagado pasan a las palabras y a las obras y así termina la paz. Huyen los huéspedes y llevan la noticia a sus paisanos y así se ponen en armas y viene la guerra en la cual "además de matar a muchos también los atan para venderlos como esclavos"[285].

La segunda causa de las guerras orinoquenses es el interés. Una vez que se apoderan de una aldea, queman las cabañas, cortan la yuca y las bananas y se hacen con todo el botín; finalmente "se llevan atados a los hombres, y siguen llorosas y sueltas las mujeres con sus hijos". Y llegados a su casa los vencedores celebran el triunfo con bailes, chicha y también "reparten entre sí los prisioneros, y entre amigos y parientes, con el fin de que juntos no estén en condiciones de huir o vengarse del daño"[286].

Aquí comienza su vida de esclavos, es decir, de *póitos* para los caribes; *chinos*, para los incas; *macos*, para el Casanare y Meta; *mero*, para los maipures[287].

---

283 GILIJ. *Ensayo de historia americana*, II, 278.
284 GILIJ. *Ensayo de historia americana*, II, 278-279.
285 GILIJ. *Ensayo de historia americana*, II, 279-280.
286 GILIJ. *Ensayo de historia americana*, II, 287.
287 GILIJ. *Ensayo de historia americana*, II, 287-288.

En muchas naciones el trato hacia los esclavos, es "más bien amable; no les mandan sino aquellas cosas de que son encargados sus yernos"; y si los hallan industriosos y trabajadores "se aficionan a ellos hasta tal punto, que no tienen ninguna dificultad en darles por mujer a sus propias hijas"; y si logran aprender su lengua "no se distinguen en nada de los otros"[288].

En tiempos de Gilij tanto en el Casanare como en el Orinoco podían los españoles comprar algún póito "si les es ofrecido y es verdaderamente esclavo" y esta servidumbre duraba diez años y si se casaban al uso de los cristianos quedaban libres[289].

En contraposición tanto los guaipunaves como los caribes mantuvieron su política de hacer esclavos. Y el autor del *Ensayo de historia americana* culmina sus reflexiones: La adquisición de un póito lleva por consiguiente consigo la destrucción de muchos, y "las naciones, en parte muertas, en parte llevadas esclavas, se convierten en una sombra de lo que fueron"[290].

Sus armas nativas eran el arco para las distancias y la macana para las cercanías[291]. Las armas foráneas son fusiles, sables de hierro y de madera y también lanzas pero casi son de uso exclusivo de los caribes y de los guaipunavis. Como complemento también tienen tambores entre los que descuella el de los cabres y el resto "son sencillos y rudos"[292].

En el Orinoco se conocían tres clases de macanas.

La caribe que "es de una madera durísima, plana por ambas partes, adornada con hermosas líneas, larga de un palmo y medio, ancha como de uno y de grueso dos pulgadas"; además era muy lisa y para utilizarla se ata a la muñeca con cordones de algodón.

La de los oyes estaba hecha de madera de la palma arácu "y se toma en la mano a modo de cimitarra. Por la parte del mango es estrecha, pero se ensancha al medio alrededor de un palmo, y se reduce poco a poco en punta a modo de gran cuchillo".

La tercera la fabricaban los indios del alto Orinoco y "es una tabla de aracu de anchura de cuatro dedos y de cinco a seis palmos de longitud,

---

288 GILIJ. *Ensayo de historia americana*, II, 288.
289 GILIJ. *Ensayo de historia americana*, II, 289.
290 GILIJ. *Ensayo de historia americana*, II, 289-290.
291 GILIJ. *Ensayo de historia americana*, II, 281.
292 GILIJ. *Ensayo de historia americana*, II, 286-287.

plana en ambas partes, de corte obtuso, y que no termina en punta". Era de color negro y la usaban con ambas manos[293].

Los arcos se labraban con maderas fortísimas de color rojo y eran muy flexibles y elásticas. Las flechas eran de cierta "cañaheja que los tamanacos llaman *preu*" y es ligerísima. Estas cañas que no son salvajes sino plantadas por los indios tenían una longitud "de unos siete palmos". Las puntas de las flechas, antes de que conocieran el hierro, podían ser de varias clases: el hueso de la cola de la raya; espinas agudas de pescado; un trozo de madera de la palmera aracu o de otras semejantes. Las colocaban en una muesca hecha en el extremo de la cañaheja y las ataban con hilo fino y con pez de peramán. Y en el extremo le adaptaban "dos plumas cortadas por la mitad, y estas plumas son las alas, podríamos decir, que llevan velozmente la flecha". Pero hay que reconocer que el tiro de la flecha es débil "y con un palo y aun con un pañuelo en la mano, se amortigua del todo su fuerza"[294].

Armas de guerra. Sobre ese complejo mundo nos remitimos a lo específico de cada nación[295]. Es importante observar la evolución que se fue operando en el Orinoco en relación a los progresos técnicos. Antes de la llegada del misionero desconocían la existencia del hierro. Pero la presencia hispana, la cercanía a las zonas ya misionales o del ámbito caribe significaron un notable progreso en la asimilación de las nuevas tecnologías. Hasta entonces labraban sus "armas, tambores y embarcaciones con sólo fuego y agua"[296]. Es llamativa la observación de Gumilla en torno a las tácticas de guerra. En general, cuando ven caer muertos a los suyos "vuelven las espaldas y toman la fuga por asilo" pero con la excepción de los otomacos y caberres[297].

Para sus guerras practican la sorpresa. Previamente preparan a tiempo las macanas, las lanzas y las flechas envenenadas amén del cazabe y la chicha. La noche antes del asalto duermen cerca de la población que van a invadir y tratan de sorprender a sus enemigos durmiendo. Rodean las casas con los hombres armados y "los más animosos entran dentro y matan y

---

293   GILIJ. *Ensayo de historia americana*, II, 281.
294   GILIJ. *Ensayo de historia americana*, II, 281-282.
295   Véase: GUMILLA. *El Orinoco ilustrado*, 341-343.
296   GUMILLA. *El Orinoco ilustrado*, 342.
297   GUMILLA. *El Orinoco ilustrado*, 342.

atan a quien se les pone por delante". Pero si son detectados a tiempo, los que son tímidos huyen y los valerosos toman las armas[298].

Un segundo método de exterminio lo constituían los venenos.

El veneno *curare*. Aunque Gilij se remite a lo dicho por Gumilla, sin embargo añade algunas acotaciones. Su primera afirmación consiste en decir que no se produce en las reducciones sino en las naciones del interior y eran célebres los piaroas. Parece un ungüento de color negro y se "vende carísimo y pocos son los que lo tienen en cantidad"[299].

Sobre su elaboración se remite al testimonio de un joven pareca quien le explicó que primero se machaca bien, luego se cuece en un platillo encima de un budare y a la vez se mueve continuamente con una varita, "hasta que llegue a su punto y se coagule por sí mismo". Y añade: "La calidad de la raíz machacada, o no la sabía o no quiso decírmela"[300]. Y su informante se rió cuando el misionero le preguntó si lo hacían las viejas[301].

Por su experiencia introduce las siguientes observaciones. Su poder actúa en la masa de la sangre "que se cree se coagula inmediatamente". Para comer los animales matados con curare hay que cocerlos. Los orinoquenses desconfían del curare guardado pues "se dice que no tiene la fuerza que tiene el fresco". Si está mezclado con agua no hace daño o su potencia es muy débil. También la humedad del aire "embota su actividad" y por ello los indios, antes de disparar la flecha envenenada "se la ponen en la boca para calentarla con el aliento". Finalmente, el herido con curare no siempre muere al instante y por ello aplican varios remedios. Algunos "beben la sal disuelta en agua, y otros la orina misma, las cuales dos cosas tienen mucha semejanza con el agua del mar". Otros usan el mismo remedio con que se combate la catara, o sea, "jugo de la yuca agria". Y concluye: "fuera de que los [remedios] los tienen escondidos bajo profundísimo y nunca violado secreto"[302].

Posteriormente Gilij pudo informarse por un misionero jesuita de Mainas, Isidoro Losa, tanto de la variedad de este veneno como de su curación. Y para los remedios señala: "la miel de cañas dulces, la miel de las abejas, los plátanos maduros, y cualquier otra cosa dulce que se coma o se

---

298 GILIJ. *Ensayo de historia americana*, II, 285-286.
299 GILIJ. *Ensayo de historia americana*, II, 284.
300 GILIJ. *Ensayo de historia americana*, II, 283.
301 GILIJ. *Ensayo de historia americana*, II, 284.
302 GILIJ. *Ensayo de historia americana*, II, 284-285.

aplique a la herida, porque estas cosas desatan la sangre que se ha detenido con el veneno"[303].

La consecuencia inmediata de la conflictividad interna y externa de las naciones orinoquenses es el descenso poblacional continuado.

Al contraponer el gran número de naciones que habitan la Orinoquia y su escaso número de habitantes. Y se pregunta: ¿Qué hormigueros son éstos y de dónde tanta disminución?"[304]. Tres grandes causas encuentra Gumilla "en el corto gentío que contiene cada una de aquellas naciones del Orinoco".

La primera es la esclavitud a que sometieron los caribes a todas las etnias del gran río. Sintetiza esta realidad la contestación que le dio al misionero el cacique de los Guyqueríes: "No somos más, Padre, y los que vivimos somos los que han querido los caribes"[305].

La segunda es "el frecuente y cruel uso de darse veneno los de la misma nación". Y un veterano hombre de misiones como Gumilla no duda en escribir: "luego que muere uno de veneno, cuyas señas infalibles son, que unos se secan y mueren con sola la piel sobre los huesos; otros mueren dentro de breves días, rajándoseles las carnes, con lastimoso horror; otros se desatan en raudales de sangre por la boca y narices, según la malignidad de los venenos". Y como es natural la reacción sigue los mismos criterios y así "se eslabona una cadena y aun muchas de muertes, con que ellos mismos se destruyen, sin necesitar de enemigos externos[306].

La tercera causa de la ruina doméstica proviene, cuando la criatura que nace es hembra, la mujer "muda el oficio de madre en el de verdugo cruel, quitando la vida a su misma hija con sus propias manos". Tal era la terrible situación de la mujer que prácticamente servía como esclava en las sociedades indígenas[307].

Completa la causalidad de la disminución demográfica con otras de menor importancia, como son: "la ninguna piedad que tienen con sus enfermos; la voracidad con que comen cuando hallan ocasión; la desnudez y

---

303   GILIJ. *Ensayo de historia americana*, II, 314-316.
304   GUMILLA. *El Orinoco ilustrado, 313*.
305   GUMILLA. *El Orinoco ilustrado, 314*-315.
306   GUMILLA. *El Orinoco ilustrado, 315*-316.
307   GUMILLA. *El Orinoco ilustrado, 316*-317.

desabrigo; el arrojarse al río a lavarse aunque estén sudando, y otros usos todos contra su salud"[308].

También las viruelas dejaron su huella de muerte. Por citar un caso emblemático nos referiremos a los estragos que produjo esta enfermedad el año 1740. "En Nuestra Señora de los Ángeles había más de 800 almas, sin los que eran soldados, o criados, en el castillo que serian 300 almas; en Carichana pasaban de 600 almas, que todas hacían mas de 1600, y después que pasó este trabajo, o epidemia, no quedaron cabales, 400 almas, de lo que se compuso juntarlo los indios de los demás pueblos al de Carichana"[309].

Existe otra causa que en general citan de paso los cronistas jesuitas. Es el de la esterilización de las mujeres. Agustín de Vega observó que cuando los indios están descontentos en una reducción "y se quieren huir y es que las mujeres de ex profeso se esterilizan con yerbas que tienen para ello, y la razón que dan para esto es, que lo hacen para que las mujeres no tengan embarazo para caminar. Esto de tomar yerbas para esterilizarse las indias, lo dice el Padre Gumilla lo que, es muy ordinario en ellas y cuando quieren parir, y tener hijos, muy fácilmente lo consiguen, tomando unas yerbas que tienen, y conocen para este fin"[310].

En todo caso Gilij aduce una consideración digna de tenerse en cuenta. Al principio a muchos les parecieron infinitos y hoy "a cualquiera que tenga ojos deben parecerle poquísimos, como son en realidad. Pero esto debe entenderse en relación con el inmenso espacio que habitan"[311].

5. Ritos funerarios

En este acápite nos restringiremos a las ceremonias comunes a todas las naciones.

Inmediatamente fallece un ser querido acuden las mujeres "y unas batiendo palmas, otras golpeando, como para reanimar al difunto, la red en que yace, lloran inconsolablemente". Y lo hacen tan de corazón "que no dudo en afirmar que no se llora nunca tanto ni tan de verdad en Italia". Con las lágrimas mezclan el canto, en el cual se recuerda la pérdida sufrida, y no se oye sino el solo nombre del extinto; y para ello adoptan un ritmo musical en el que pronuncian "el nombre del difunto seis veces se-

---

308 GUMILLA. *El Orinoco ilustrado*, 318.
309 VEGA. *Noticia del principio y progresos*, 684.
310 VEGA. *Noticia del principio y progresos*, 688.
311 GILIJ. *Ensayo de historia americana*, I, 76.

guidas, y después de hacer una brevísima pausa, comienzan otra vez por el principio, sin cansarse"[312].

Existe una gran evolución del sepulcro escogido por cada nación para dar sepultura a los suyos hasta llegar al cementerio "que son menos perjudiciales a los vivos"[313]. La red en que expiró el difunto le sirve de caja y con sus cuerdas atan apretadamente al muerto y lo sepultan en la propia choza junto con su ajuar[314]. De igual forma, algunas etnias quemaban a sus finados "poniéndolos como en un lecho con mucha leña". El luto "es muy sagrado" pero no es igual en todas las naciones[315].

6. Religión

El punto de partida de Gilij es el P. Gumilla y afirma que en sus tiempos "se hicieron algunos descubrimientos que son muy considerables"[316].

Sobre el nombre de Dios los indígenas conocieron un ser del que dependen las cosas inferiores y el cual recibe diversas nominaciones: los tamanacos, *Amalivacá*; los parecas, *Amaruacá*; los caribes, *Amarrivacá* "y no es sino poco diferente el nombre que le dan los avaricotos, los guaiquires, los quiriquiripi, los maquiritares, y otros muchísimos, de que daremos en otra parte en el catálogo"[317]. Los maipures *Purrúnaminári*[318]; los sálivas, *Puru*; los otomacos, *Jivi-uranga*[319]. Los yaruros llamaban al dios del cielo, *Andé-conomé*; al de la tierra, *Dabú-conomé*; al de las selvas, *Yuai-conomé*; al de los prados, *Chirí-conomé*; y al de las aguas y de los ríos, *Ui-conomé*[320]. De los que no ha podido Gilij conseguir noticias exactas se remite a los puntos de referencia: los piaroas se inspiran en los sálivas "porque se asemejan bastante en el habla"; los quaquas, aunque de lengua sáliva aceptan por sus tratos con los tamanacos, *Amalivacá*[321].

---

312 GILIJ. *Ensayo de historia americana*, II, 102-103.
313 GILIJ. *Ensayo de historia americana*, II, 105.
314 GILIJ. *Ensayo de historia americana*, II, 104.
315 GILIJ. *Ensayo de historia americana*, II, 105.
316 GILIJ. *Ensayo de historia americana*, III, 28.
317 GILIJ. *Ensayo de historia americana*, III, 28. Los catálogos a que hace referencia Gilij se encuentran en GILIJ. *Ensayo de historia americana*, III, 283-316.
318 GILIJ. *Ensayo de historia americana*, III, 30.
319 GILIJ. *Ensayo de historia americana*, III, 31.
320 GILIJ. *Ensayo de historia americana*, III, 32.
321 GILIJ. *Ensayo de historia americana*, III, 32.

Sin embargo, aclara Gilij que a ese Ser supremo no le rinden ningún homenaje religioso. Este conocimiento "termina en la mente sola en la que comienza; queda de alguna manera instruido el intelecto, pero no llega a las obras". Y por ello distingue entre los actos intelectuales y morales: en última instancia bastan los primeros "para no contarlos entre los ateos"; y los segundos se refieren a las obras, "y son como efectos de los primeros, pero libres y voluntarios"[322].

Pero si nos mantenemos en el mundo supranatural habrá que hacer referencia a dos conceptos: los espíritus y el diablo.

La visión que tenían los tamanacos sobre la inmortalidad del alma, a juicio de Gilij, era "común a los caribes y a otros indios que tienen la lengua semejante a ellos"[323].

Al diablo le atribuyen "ingenio y soberbia" pero algunos confunden, como los tamanacos y maipures, el nombre del alma con el de demonio. La explicación que encuentra Gilij es que el nombre *Yolokiamo* con que designan al demonio sea "un nombre genérico, que signifique espíritu, y que pueda corresponder igual al demonio que a las ánimas separadas de los cuerpos"; pero también se abre a otra posibilidad, que los indígenas asignen a las almas de algunos difuntos "el nombre de demonio en el mismo sentido en el que los griegos y latinos los llamaron fantasmas o también lemures y manes"[324]. Ante esta disyuntiva el autor del *Ensayo de historia americana* optó por aceptar el concepto de *nande* para designar el alma, el de *Yolokiamo* para señalar al demonio y "el sin cuerpo" para el espíritu, "nombre de dificilísima inteligencia en sus lenguas"[325].

Dejamos para los estudiosos de la filosofía de la religión la síntesis que elabora Gilij sobre este punto[326].

Las supersticiones. Entre los misioneros existió un sentido especial para vislumbrar que tras muchos ritos se escondían fuerzas superiores aunque no pudieron explicarlas. Gilij recurrirá a la categoría de "superstición" pero aclarará de inmediato muy nítidamente que su concepto proviene de la filosofía natural pues para él no existía la relación requerida entre causa y efecto. Mentalmente lo explica basado en su concepción de la ciencia

---

322 GILIJ. *Ensayo de historia americana*, III, 33.
323 GILIJ. *Ensayo de historia americana*, III, 35.
324 GILIJ. *Ensayo de historia americana*, III, 36-37.
325 GILIJ. *Ensayo de historia americana*, III, 37.
326 GILIJ. *Ensayo de Historia americana*, III, 45-50.

pues su carencia hace que junto al vicio domine la ignorancia "madre fecundísima de las supersticiones" y prácticamente viene a decir que la superstición es una "inepcia"[327]. Y así aduce algunos ejemplos ilustrativos como atribuir a ciertas raíces olorosas "la potencia de conciliar"; a otras amatorias "aptas para expurgar todo corazón"; o a las mujeres en menstruación que imposibilitan la pesca con su paso y otras por el estilo; o el canto de los pájaros concebido como "una especie de instrucción dada desde lo alto a las gentes"[328]. Así pues, este concepto conviene desligarlo totalmente del meramente religioso que penetra campos como la idolatría, la adivinación, la magia y el maleficio.

---

[327] GILIJ. *Ensayo de Historia americana*, II, 123.
[328] GILIJ. *Ensayo de Historia americana*, II, 123-125.

Capítulo III

LOS DIFÍCILES CAMINOS DEL ENCUENTRO

Lo que podríamos denominar el "proceso del encuentro" consideramos que amerita unas consideraciones para poder entender el acceso del misionero al mundo real y simbólico del indígena.

La experiencia universal de la Compañía de Jesús creó un modelo que se basaba en la persuasión y en la simbiosis de las culturas y, en consecuencia, debía interpretar y asimilar el conocimiento de los particularismos locales, la maestría técnica de las lenguas y las reglas sociales[329].

La armonización y criollización de estos principios tuvo una epifanía en la República guaranítica del Paraguay con la consiguiente reinvención del paisaje y del espacio en medio de la selva, concretizado en una ciudad civilizadora y racional[330]. Por todo ello algunos comparan el régimen de la reducción con las abadías benedictinas de la Edad Media, sólo que el claustro era suplantado por la selva.

Estudiaremos cuatro pasos que a nuestro entender resumen el periplo que tuvo que recorrer el misionero desde el aprendizaje del idioma y la busqueda del indígena hasta logar la convivencia reduccional.

---

329 Claude BLANCKAERT. "Unité et altérité. La parole confisquée". En: Claude BLANCKAERT (Edit.). *Naissance de l'ethnologie?*. Paris, Les Editions du Cerf (1985) 15.

330 Archivo de la Provincia de Quito. Leg., 3. *Instrucción y órdenes dadas por el Padre Provincial Rodrigo Barnuevo para los Padres Andrés Ignacio y Alonso Fernández para la misión de la Guaiana donde son enviados por la santa obediencia en 4 de junio de 1646*. El documento ha sido publicado por José DEL REY FAJARDO. *Documentos jesuíticos relativos a la Historia de la Compañía de Jesús en Venezuela*. Caracas, II (1974) 153-156.

1. El aprendizaje del idioma

La primera exigencia para un encuentro entre el indígena y el misionero requería del dominio de la lengua para poder entenderse.

El punto de partida de esta descomunal empresa lo sintetiza un historiador de la Lingüística[331] de la siguiente manera. Escribir la gramática de una lengua trasmitida por tradición oral significa recorrer un camino tan inédito como arduo y supone un esfuerzo de proporciones "jamás conocidas en la historia de la lingüística". El misionero tenía que comenzar por identificar los diversos sonidos y hacer por primera vez la trascripción fonética. Después debía enfrentarse a la paciente tarea de ir formando un vocabulario y continuar su labor con la recopilación del mayor número de frases y modismos. Superada esta etapa se iniciaba la estructuración de la gramaticalidad y corrección del lenguaje y para ello tenía que recurrir a los indígenas conocedores de su propio idioma. Finalmente, del conjunto de locuciones correctas se llegaba a la morfología y la sintaxis[332].

¿Cómo enfrentaron este reto los jesuitas que asumieron el sueño de la Orinoquia?

En el ámbito de lo que fue la Provincia del Nuevo Reino de Granada (Colombia, Ecuador y Venezuela) los seguidores de Ignacio de Loyola se involucraron desde su llegada en 1604 con el mundo indígena y para preparar el encuentro con el "otro" crearon dos instituciones fundamentales: la Cátedra de Lengua Chibcha en la Universidad Javeriana (1613) y de forma paralela las Escuelas de Lengua en Cajicá, Fontibón y Duitama[333].

Pero en los espacios de la gran Orinoquia el planteamiento era totalmente inédito por la fragmentación de sus etnias y por la multiplicidad de lenguas habladas por las diversas naciones que integraban ese territorio misional.

Siempre que se entablaba un ensayo misional surgía paralelamente el consiguiente proceso filológico. Por parte del misionero: un desconocimiento total de la lengua; por parte del indígena: ignorancia del castellano

---

331   Fernando ARELLANO. *Historia de la Lingüística*. Caracas, Universidad Católica Andrés Bello, 1979, 2 vols.

332   Fernando ARELLANO. *Una Introducción a la Venezuela Prehispánica. Culturas de las naciones indígenas venezolanas*. Caracas, Universidad Católica Andrés Bello (1986) 526.

333   José DEL REY FAJARDO. *La Universidad Javeriana, intérprete de la "otredad" indígena (siglos XVII-XVIII)*. Bogotá, Pontificia Universidad Javeriana (2009) 26-50.

y carencia de todo tipo de escritura[334]. Así pues, la evolución del proceso filológico tuvo que ser lento y extremadamente dificultoso: el misionero debió aprender el idioma sin ninguna ayuda metodizada, estructurarlo en categorías gramaticales "nebrijanas", enseñárselo al indígena y crearle de esta forma los fundamentos de la Literatura indígena que hoy conocemos[335].

Consecuentemente, hubo que desechar la *Escuela de Lenguas y* recurrir a un sistema más primitivo —aunque no por eso menos eficiente. Todo novel misionero debía convivir con un Maestro experimentado y buen lenguaraz hasta hacerse dueño del nuevo idioma[336]. Es sintomático el que los grandes misioneros tanto del siglo XVII como los del XVIII fueran a la vez excelentes *lenguaraces*. Baste recordar los nombres más significativos: Alonso de Neira, Dionisio Mesland, Antonio Monteverde, José Cavarte, José Gumilla, Juan Rivero, Roque Lubián, José María Forneri, Manuel Román, Felipe Salvador Gilij y otros.

El autor de *El Orinoco ilustrado* nos ha detallado en la breve biografía que escribe sobre Juan Rivero ese primer contacto del jesuita recién llegado a las misiones con el aprendizaje de la lengua.

Destinado a san Javier de Macaguane[337] "se aplicó a estudiar (cosa rara) a un mismo tiempo dos lenguajes diferentes porque la mayor parte de aquella Misión habla la lengua *Ayrica* gutural, y por sus muchas consonan-

---

334 RIVERO. *Historia de las Misiones*,59: "... no saben estos la lengua castellana, como suele suceder por lo general, o si la saben es tan diminuta y corta, que en sacándolos de lo más común es como si les hablara griego".

335 RIVERO. *Historia de las Misiones*,61-62: "No había ni una palabra escrita sobre el idioma de estos indios, con que su primer cuidado fue la aplicación a estas lenguas, formando vocabularios y componiendo directorios para aprenderlos y enseñarlos". Cfr. Pedro PELLEPRAT. *Relato de las Misiones*,48. CASSANI. *Historia de la Provincia de la Compañía de Jesús*, 18-19.

336 Es inútil multiplicar los ejemplos. Escogemos tres al azar. 1. "Ordenó asimismo el P. Altamirano que en cada doctrina residieran dos sacerdotes: uno de ellos podría ser un joven para iniciarse en el manejo de las lenguas indígenas y en los métodos misionales" (PACHECO. *Los jesuitas en Colombia*, II, 400). 2. "... y en poco tiempo le industrió (Monteverde a Jaimes) y le dirigió en las lenguas y trato para con los indios" (CASSANI. *Historia de la Provincia de la Compañía de Jesús*, 111). 3. "... mas desentrañando sus raíces y principios, escribió sus artes (el P. Rivero) en que después, con gran celo y no menor prudencia, adiestró a muchos misioneros que hoy llevan el peso de las misiones sobre sus hombros y se precian de haber sido sus discípulos" (GUMILLA. *Breve noticia,* 27-28").

337 José DEL REY FAJARDO. *Los jesuitas en Venezuela*. Tomo III: *Topo-historia*. San Cristóbal, Fondo Editorial Simón Rodríguez, II (2011) 23-24.

tes difícil de pronunciar: de ésta tomó por maestro a Pedro Guitarra, indio, Fiscal de la doctrina, que sabía bien la española; lo restante de aquel gentío habla lengua *Jirara*, pero dividida en dos dialectos, que la vuelven bien desemejante a sí misma, tanto que en la boca de la Capitanía de los *Araucas* casi parece otra de la que habla la capitanía de los *Eles*, pero ella es una derivada de la lengua *Betoyana*; de esta lengua (digámoslo así) tripartita tomó el Padre Juan por maestro a un Padre Misionero, que distaba de allí siete leguas; del Fiscal tomaba lección mañana y tarde y la encomendaba a la memoria. A tomar lección de la lengua *Jirara*, hasta que se hizo capaz del arte de ella, iba todos los jueves, sin falta, a la Misión del otro Padre, y después ya eran menos los viajes que suplía enviando a su Maestro una carta en lengua *Jirara* que servía de composición; ésta volvía corregida y puesta en estilo y le añadía el Misionero vecino otra carta acerca del mismo asunto pero con otras frases y modos característicos de hablar. De las cartas corregidas hizo el Padre un Libro y de las de su Maestro otro, ambos de bastante cuerpo en que construía y se adiestraba cada día más. La tarea y tesón en el estudio de una y otra lengua, creo que no ha tenido ejemplar en aquellas misiones (...). En fin, a los nueve meses de aquel tan amargo estudio que sólo el amor de Dios y de los prójimos lo puede endulzar (...) explicó el Padre Rivero la Doctrina Cristiana y oyó confesiones de todos sus neófitos de una y otra lengua en aquella Cuaresma y sus escritos quedan en aquella Reducción para mucho alivio de los Padres que hoy asisten y para los que en adelante les siguieren"[338].

Y en un mundo tan variado como el de la Orinoquia este proceso se transformó en una exigencia cíclica, en una verdadera *conditio sine qua non*, para toda tarea misionera, "cosa tan necesaria, que sin ella no puede darse paso alguno en la conversión de los gentiles"[339]. Es decir, que la experiencia misionera de los Llanos y del Orinoco tuvo que enfrentar por una parte la multiplicidad de idiomas y dialectos inmersos en un medio geográfico amplísimo, poco poblado y muy disperso, y por otra la escasez del personal misionero.

---

[338] José GUMILLA. "Breve noticia de la apostólica y exemplar vida del angelical y V. P. Juan Ribero de la Compañía de Jesús, missionero de indios en los ríos de Cazanare, Meta y otras vertientes del gran río Orinoco, pertenecientes a la provincia del Nuevo Reyno". En: José GUMILLA. *Escritos varios*. Estudio preliminar y compilación del P. José del Rey S. J. Caracas, Academia Nacional de la Historia (1970) 37-38.

[339] RIVERO. *Historia de las Misiones*,59.

A veces la inadecuación del esfuerzo intelectual y humano del misionero para aprender un idioma y el número de personas tan reducido en posesión de esa lengua, debió provocar un conflicto interno en la psicología íntima del misionero: "No hay duda de que las lenguas del Orinoco son muchas, si se habla en general ya que no hay tribu salvaje que no tenga una lengua particular y distinta de las otras indias en muchas cosas. Es, por consecuencia, enormísima la fatiga que es necesaria para aprenderlas. Pero no es todo el mal. Cuando después de mucho esfuerzo se sabe finalmente una lengua, con ella no se puede servir sino a muy pocos salvajes que la hablan. De querer servir a otros, una vez aprendida la primera, es preciso volver a sudar para saber también otras"[340].

Pero la diversidad fluctuante de circunstancias hizo que la formación lingüística del misionero estuviera condicionada a un imprevisto devenir; mas, aun en estas circunstancias, juegan un gran papel dos factores humanos poco conocidos: los sirvientes del misionero que se procuraba supieran varias lenguas[341] y la convivencia al lado de indígenas ya reducidos y *bilingües* que eran fruto de las mezclas raciales de diversas naciones[342].

2. La búsqueda del indígena

Un segundo reto surgía a la hora de dar cumplimiento a la forma de dar cumplimiento a la búsqueda del indígena. En la gran Orinoquia no se dieron nunca grandes poblados de autóctonos sino una gran dispersión propia de aquellas geografías interioranas que constituyen la Región de los Llanos.

Amén de la conquista espiritual que suponía la esencia de la Misión la corona asentaba dos acciones fundamentales del imperio: la presencia administrativa del estado en esas incógnitas regiones y el establecimiento de

---

340 GILIJ. *Ensayo de Historia americana*, III, 170: "Es realmente una pena después de haber aprendido una lengua no verse uno delante sino de un puñado de personas que hacen para el misionero un círculo no menos privativo que pequeño. Tómese por ejemplo la nación de los voqueares. No eran en mi tiempo mas de una sesentena de almas... Perece con ellos su lengua, y el misionero se queda menos apenado que mudo".

341 GILIJ. *Ensayo de Historia americana*, II, 177: "... intervinieron como es costumbre los sirvientes de los misioneros, que por lo común son inteligentes y dueños de muchas lenguas".

342 RIVERO. *Historia de las Misiones*,199: "Hay muchos indios de madre sáliva y de padre achagua, y saben ambas lenguas; y así como lo voy ya estudiando, con facilidad podré escribir la dicha lengua, y en teniendo noticia pasar a su provincia".

una frontera efectiva hispana que avanzaba y se imponía frente a los enemigos bien indígenas, bien europeos.

A fin de lograr esos grandes ideales para la apertura geográfica, étnica y espiritual la Compañía de Jesús ideó en la Orinoquia una metodología singular: los denominados "misioneros volantes". Eran hombres dotados de una "salud robustísima" y de un buen conocimiento de las lenguas[343] y del país, y experimentados conocedores de la psicología indígena, quienes debían recorrer sistemáticamente toda la geografía lejana misional en busca de indígenas fugitivos o bien de naciones nunca conocidas ni reducidas antes a fin de entablar los primeros contactos con los gentiles y reclutar posteriormente neófitos para las reducciones[344].

En esta difícil categoría de misionalización el historiador Gilij hará mención expresa de los PP. Francisco del Olmo, José María Forneri[345], Blas de Aranda[346] entre otros; pero siempre quedaría el núcleo humano central que serviría de catalizador, grupo integrado por Manuel Román, Francisco del Olmo, Roque Lubián y Francisco González.

Gran parte de la vida misionera del P. Francisco del Olmo la absorbe la incesante búsqueda de los yaruros a lo largo del Sinaruco, Meta y "otros ríos que desaguan en el Orinoco"[347]. También el Ventuari catalizó varios de sus viajes con el afán de reducir los maipures[348], y todavía más allá entabló amistad con los guaipunaves y especialmente con su cacique Cuseru, quien prestaría más tarde tan buenos servicios a la Expedición de Límites[349]. Con mucha justicia escribía Gilij al narrar su muerte: "... con mucho disgusto mío murieron con él las muchas rarísimas noticias que habrían podido darme de sus viajes a los gentiles"[350].

La misión viajera y exploradora de José Mª Forneri significan un palmario testimonio de la puesta en acción de la nueva política expansionista

---

343   GILIJ. *Ensayo de Historia americana*, III, 97-98.
344   GILIJ. *Ensayo de Historia americana*, III, 90-97. (La jornada de camino estaba calculada en 30 millas. Ibidem). Sobre el modus operandi: GILIJ. *Ob. cit.*, III, 90-91.
345   GILIJ. *Ensayo de Historia americana*, III, 90-91.
346   GILIJ. *Ensayo de Historia americana*, I, 128.
347   GILIJ. *Ensayo de Historia americana*, III, 90. Otros detalles interesantes de la págs. 91 a 97. La jornada de camino estaba calculada en 30 millas (III, 105).
348   GILIJ. *Ensayo de Historia americana*, III, 90-91.
349   GILIJ. *Ensayo de Historia americana*, III, 104.
350   GILIJ. *Ensayo de Historia americana*, I, 129; III, 104.

aunque el cronista atestigüe que "no es mi intención aquí hacer la lista de todos los viajes de este misionero"[351]. Si excluimos los "muchos y fatigosos" que hizo a los yaruros, los demás de esta época se orientaron a los maipures del Tuapu, a los piaroas del Ventuari[352], a los parecas en 1751[353], a los guaipunavis del río Inírida[354] y al fortín de Cuseru en el Atabapo[355].

Hacia 1750 debió realizar su viaje al río Inírida a visitar a Cuseru[356], famoso cacique guaipunavi, quien entablaría una buena amistad con el P. Francisco del Olmo y sería más tarde uno de los fundadores de San Fernando de Atabapo[357]. Ello explicaría que el catálogo de la Provincia del Nuevo Reino lo reseñase en 1751 como Socio del P. Blas de Aranda en la reducción de San Juan Nepomuceno del Raudal de Atures[358], frontera de las poblaciones jesuíticas en el sur del Orinoco.

En el propio año de 1751 fue a los parecas para aumentar la reducción de La Encaramada. Sus tierras estaban a tres jornadas de La Urbana "hacia el mediodía" pero fueron recibidos hostilmente por sus habitadores y tuvieron que retirarse sin éxito[359].

En 1753 fue destinado a Patura, reducción de los piaroas, situada a la orilla derecha del Orinoco, tierra adentro unas seis millas, a fin de sustituir al P. Francisco González[360]. De este año data su viaje al Ventuari a las tierras de los piaroas[361].

---

[351] GILIJ. *Ensayo de Historia americana*, III, 103.

[352] GILIJ. *Ensayo de Historia americana*, I, 70.

[353] GILIJ. *Ensayo de Historia americana*, III, 104.

[354] GILIJ. *Ensayo de Historia americana*, III, 104-105.

[355] GILIJ. *Ensayo de Historia americana*, III, 109.

[356] GILIJ. *Ensayo de Historia americana*, II, 188-190.

[357] GILIJ. *Ensayo de Historia americana*, I, 72-73.

[358] ARSI. N. R. et Q., 4, fol., 299v. Catálogo Breve de 1751.

[359] GILIJ. *Ensayo de Historia americana*, III, 109. Una de las razones de la vuelta fueron los *paturos*. "Son los *paturos* ciertas estacas durísimas y agudísimas de madera de palma aracu, cuya punta se unta con el veneno llamado curare. Estos palos se ponen en hoyitos excavados a propósito en los senderos por los que se pasa, y después se recubren con hojas secas para quitar la sospecha de los extraños. En tamanaco se llaman *patucu* y son del tamaño del dedo meñique y de la longigud de unos dos palmos. Quien cae en estas trampas con los pies descalzos, es atravesado por las estacas con increíble dolor" (*Ibidem*).

[360] GILIJ. *Ensayo de Historia americana*, III, 105.

[361] La descripción del viaje: GILIJ. *Ensayo de Historia americana*, III, 104-109.

Pero en 1753, dentro de la categoría de "misionero volante", se instala con los yaruros de San Borja³⁶². El 6 de agosto de 1783 recordaba en una carta escrita en Loreto al P. Lorenzo Hervás y Panduro los siguientes pormenores de esta etapa biográfica:

> "Allí condujo el P. Olmo una colonia de Yaruros en las riberas del río Orinoco, y poco tiempo después de dicha transmigración, yo sucedí al Padre en el apostolado. En verdad encontré una nación dócil, tratable y fiel, que apenas conoce la poligamia, aunque el repudio se usa algunas veces, ni se dedica a embriagarse, ni a la costumbre feroz de comer carne humana. Pero su pereza es inmensa, por lo tanto estaban acostumbrados a no cansarse ni a trabajar para su sustento, que consistía en frutas silvestres, en la caza y en la pesca. Por esto, con mucha dificultad pude introducir entre los Yaruros el trabajo del campo y algunos otros oficios necesarios. El Señor quiso que mi dedicación tuviera recompensa de modo que después de pocos años, los Yaruros se aplicaron tanto a la agricultura que recogían abundantemente frutos como para vender y proveer a las necesidades. El trabajo se hacía en común, una vez para una familia y otra vez para otra"³⁶³.

Si permaneció en San Borja tres años llegaríamos al año 1756, fecha en que fue sustituido por el P. Miguel Angel Mellis³⁶⁴. En ese mismo año se interrumpe la vida misionera de Forneri porque es destinado a la fundación del colegio de Caracas.

Pero, la dialéctica misional se movía entre coordenadas de sedentarismo y movilidad. Un ejemplo lo tenemos en el P. Felipe Salvador Gilij quien nunca perteneció al grupo de "misioneros volantes" y siempre se mantuvo como cura residente en La Encaramada.

Sin embargo, lo incluimos aquí aunque su faceta exploratoria es posterior a 1757. No hemos podido precisar la fecha de la expedición al Río Túriba en busca de los areverianos³⁶⁵. En 1756 subió hasta el raudal de Cuituna (Maipures) y a otro que los indígenas llaman Saridá³⁶⁶. En 1757, al ir en busca de indios maipures, recorrió el río Tipapu (Sipapu) y después el de su afluente el Auvana, ya que esas regiones fueron patria de los maipures, avanes, quirrupas y algunos piaroas³⁶⁷.

---

362 ARSI. N. R. et Q., 4, fol., 301v. Catálogo Breve de 1753.
363 ARSI. *Opera Nostrorum*, 342. Hemos utilizado nuestra traducción: *Aportes jesuíticos a la filología colonial venezolana*, II, 279-280.
364 *Ibidem*.
365 GILIJ. *Ob. cit.*, II, 55.
366 GILIJ. *Ob. cit.*, I, 42-43.
367 GILIJ. *Ob. cit.*, I, 58-59.

En 1764, en funciones de Superior de las Misiones, llegó al Raudal de Maipures para visitar la acción del P. Francisco del Olmo[368]. En abril de 1766, por mandato del Superior, P. José M. Forneri, se dirigió Gilij al Suapure en busca de los areverianos que solicitaban hacer una reducción en ese río[369]. Y aunque no especifica fechas también dice Gilij haber navegado el Manapiare, el Guaya donde fundó La Encaramada, pero más arriba asume el nombre de Túriba y hacia su origen el de Maita. Y también confiesa haber llegado al Cuchivero[370].

Mas, todo este continuo trajinar de los misioneros por la Orinoquia no hubiera tenido resultados favorables en sus jornadas si no hubieran contado con el auxilio sincero de excelentes indígenas que poseían el conocimiento total de sus tierras y servían de guía a los misioneros para indicarles los mejores caminos, los pasos adecuados para el cruce de los ríos o la ubicación de otros miembros de su etnia[371].

La historia misional nos ha conservado estimulantes ejemplos.

El P. José Cavarte podrá explorar el Airico gracias a un indígena llamado Chepe Cavarte. Era hijo de un cacique sáliva pero el hecho de haber sido cautivado por los chiricoas y vendido después a un español de la ciudad de Guayana lo convertía en un viajero cualificado. "Hízose muy célebre este indio entre las demás naciones, que no le sabían otro nombre que el de Chepe Cavarte; así lo llamaban todos y su nombre era conocido entre los gentiles del Meta, Orinoco y Airico"[372].

Para el acceso al Airico de Macaguane se serviría el P. José Gumilla del cacique jirara Antonio Calaimi, personaje pintoresco, cantor del pueblo de Tame a quien Rivero lo describirá "sin más equipaje ni caudal para el

---

368 GILIJ. *Ob. cit.*, I, 72.
369 GILIJ. *Ob. cit.*, I, 60.
370 GILIJ. *Ob. cit.*, I, 60.
371 GILIJ. *Ensayo de Historia americana*, II, 143. Aquí explica Gilij la riqueza de información que supone el conocimiento geográfico de los indígenas. "Pero yo no terminaría sino muy tarde contando las muchas cosas curiosas que se oyen en los viajes de los orinoquenses. Quiero decir de todas maneras que así como ponen cuidado en observar de una parte a otra un país, saben después referir, aunque sea después de muchos años, sin confusión cada cosa... Dando vueltas por el mundo, nadie mejor que los indios sabrían dar razón de él. Notan cuidadosamente los grandes montes, y a falta de éstos, los grandes árboles, y subiendo a éstos observan con ojo curioso y atento todos los países que por cualquier lado ven".
372 RIVERO. *Historia de las misiones...* 35-36.

viaje que un clarín[373] pendiente del cinto" y no podrá decidir si fue "fugitivo o peregrino". Lo cierto es que llegó hasta la población de Pedraza y estableció contactos con los pueblos emplazados en la geografía comprendida entre Tame y esta población venezolana[374].

Uno de los personajes anónimos más destacados en la historia de las misiones del Orinoco fue Sarrio[375] a quien conocemos únicamente por la Crónica del H. Agustín de Vega. A este indígena se le encomendaron algunas de las tareas más difíciles llevadas a cabo en la reducción y pacificación de los guaypunabis y cabres del Atabapo e Inírida y de los maipures y mapoyos de los raudales de Atures y Maipures. Barandiarán llega a escribir: "Nadie que sepamos, hizo lo que éste hizo por Guayana"[376].

Lamentablemente, todo este acervo de experiencias viajeras que fueron dominio común del jesuita misionero y parte de su cotidianidad no encontró eco en los informes y escritos que hoy conocemos y el cual hubiera significado un rubro documental importante para el haber de la literatura geográfica misionera. Ahí radica la diferencia de actitud entre el misionero y el viajero.

Con el balance desarrollado en 6 años (de 1750 a 1756) en pro de la geografía venezolana podemos concluir con Daniel de Barandiarán: "Los jesuitas no solo descubrieron el Orinoco, sino toda la Orinoquia con todas sus redes de afluentes fluviales, algo que no realizó ninguna otra instancia gubernativa o religiosa. Tal es la idea clave por la que se debe a los jesuitas el honor de haber descubierto toda la geografía de la Orinoquia de hoy, considerada entonces como una faceta bipolar de un Orinoco Amazónico,

---

373 Para Calaimi el clarín fue un verdadero instrumento de guerra pues acosado por los indios Isabacos, echó mano del clarín y lo tocó con todas sus fuerzas de tal manera que los agresores huyeron despavoridos (GUMILLA. *Escritos varios*, 203).

374 RIVERO. *Historia de las misiones...* 346 y ss.

375 Agustín de VEGA. *Noticia del principio y progresos del establecimiento de las Missiones de gentiles en la río Orinoco por la Compañía de Jesús*. Estudio introductorio: José del Rey Fajardo sj y Daniel de Barandiarán. Caracas, 2000. Los caribes lo llamaban el Hermano Manuel (p. 708), los españoles: Sarrio (p. 711); Miaminare los guaypunabis (730)

376 Daniel de BARANDIARAN. "La crónica del Hermano Vega 1730-1750". En: Agustín de VEGA. *Noticia del principio y progresos del establecimiento de las Missiones de gentiles en la río Orinoco por la Compañía de Jesús*. Estudio introductorio: José del Rey Fajardo sj y Daniel de Barandiarán. Caracas (2000) 143.

tal como el mundo entero lo estimaba durante por lo menos dos largos siglos: desde 1580 hasta 1780"[377].

3. El "Mirray" o la cultura del contacto

Una vez aprendida la lengua de la etnia en la que debían laborar se imponía la convivencia y el diálogo tiempo imprescindible para que el misionero se hiciera partícipe del hábitat en que vivía inmerso y por ende llegar a convertirse en parte de su historia, de su geografía, de su literatura y de sus modos de ser y existir porque, en definitiva, el lenguaje interpreta la diversidad humana e ilumina la identidad exclusiva del ser humano. A la diversidad de idiomas siempre corresponde diversidad de corazones, escribirá Gilij[378] y por ello rechazaría todo parecido a la mentalidad reaccionaria de los que en este ámbito hablan de estructuras profundas y estructuras superficiales[379].

Sin embargo, un mundo todavía inexplorado es el que nos han legado los escritores coloniales jesuíticos con su información sobre el "mirray" que no es otra cosa que el primer "descubrimiento del otro". En el caso de las etnias llaneras consistía en un largo acto protocolar cuyo hecho central recogía el discurso de bienvenida del cacique al que respondía del mismo modo el huésped[380].

A veces también se interpreta el "mirray" como equivalente a un "razonamiento" pronunciado como discurso. Estamos ante un monólogo en el que solamente habla el protagonista y los demás escuchan. Una vez que los caribes infringieron una dura derrota sobre los chiricoas el jefe de éstos, Chacuamare, se dirigió a los suyos "con un mirray o razonamiento contra la nación Achagua (…) que despedía volcanes encendidos para abrasar la

---

377 Daniel de BARANDIARÁN. "los hombres de los ríos". [Mss. cedido gentilmente por el autor y que aparecerá en el libro *El legado de los jesuitas a Venezuela*.

378 Felipe Salvador GILIJ. *Ensayo de Historia Americana*. Caracas, Academia Nacional de la Historia, II (1965) 147. "Me parece a mi el corazón del hombre no diferente de la lengua que le tocó en suerte al nacer"

379 Jesús OLZA. "El Padre Felipe Salvador Gilij en la historia de la lingüística venezolana". En: DEL REY FAJARDO (Edit). *Misiones jesuíticas en la Orinoquia*. San Cristóbal, II (1992) 439. Para explicitar esta teoría: Susan SONTAG. *Kunst und Antikunst*. Reinbek bei Hamburg, 1968 y sobre todo el capítulo I: "Gegen Interpretation", pp. 9-18.

380 Un ejemplo puede verse en GUMILLA. *El Orinoco ilustrado*, 242.

tierra". Y el cronista añade que "... no era menester tanta retórica, ni tanto artificio de palabras..."[381].

En otras oportunidades se reduce a una mera información: al referirse a los guahivos y chiricoas cuando ingresan en una reducción se dividen en cuadrillas "y empiezan sus *mirrayes* a voz en cuello dando noticia a sus amigos de las novedades de tierra dentro, de lo que hay de lo que no hay y de cuanto les viene a la boca hablando a diestro y siniestro tarea en que consumen muchas horas sin acertar a callar"[382]. Aquí se permuta el protagonista individual por el colectivo pero se mantiene el discurso sin respuesta de los visitados.

También hay que considerar dentro de este concepto el método que utilizaban para las asambleas populares: "discurrían así los más del Pueblo en sus juntas, y *mirrayes* que para esto hacían"[383]. Se trata de un encuentro en el que los integrantes de una comunidad deliberan sobre la posibilidad de dar la bienvenida o no al misionero que desea instalarse en su población. En realidad en este episodio se dan dos partes. En la primera presenciamos un *mirray* deliberativo como expresión comunitaria de un pueblo y en él prevaleció el parecer del cacique "indio muy manso y de más discurso que los otros". En la segunda interviene el forastero, que es el misionero, y se entabla el verdadero *mirray*. Al escuchar la asamblea al P. Alonso de Neira hablar "con tanta propiedad y destreza el idioma achagua" y sobre todo al percatarse de los muchos trabajos que había padecido en su largo viaje "sosegó al pueblo" y así le dieron posada[384].

Y esta actitud comunicacional se aplicaba de igual forma al encuentro que se realizaba con naciones distintas. En una reunión de guahivos y amarizanes[385] se manejaron de la siguiente manera: "... hablando todos [más de 350] casi a una, hundían a gritos el monte". La argumentación de los guahivos hacia los amarizanes nos la ha conservado el misionero historiador[386]. La resulta de estos *mirrayes* fue el fracaso de la expedición.

---

381   Juan RIVERO. *Historia de las Misiones de los Llanos de Casanare y los ríos Orinoco y Meta.* Bogotá, Biblioteca de la Presidencia de Colombia (1956) 40.

382   RIVERO. *Historia de las Misiones*, 150.

383   RIVERO. *Historia de las Misiones*, 329.

384   RIVERO. *Historia de las Misiones*, 329-330.

385   Juan Rivero los considera achaguas (RIVERO. *Historia de las Misiones*, 329 y 427) mientras que Gilij como "un poco semejantes a los achaguas en el idioma" (GILIJ. *Ensayo de historia americana*, IV, 387).

386   RIVERO. *Historia de las Misiones*, 437-438: "Para que vais con esos blancos (les decían) mirad que os llevan engañados: mucho nos admiramos de vosotros que

Y dentro de este mismo contexto podemos extraer de una carta escrita por el P. Mateo Mimbela el 1º de abril de 1696 dos formas nuevas de contacto que se desarrollaron en corto período de tiempo: el primero es intertribal y el segundo entre la etnia visitada y un grupo mixto hispano indígena. El marco geográfico es el gran Airico.

En la primera oportunidad el encuentro fue casi imprevisto entre los autóctonos que por el "lenguaje parecen guagibos" y los achaguas. Como el cacique visitado entendía la lengua de los visitantes el diálogo fue más fácil. Luego que llegaron los huéspedes los indios de más autoridad se sentaron sobre un palo y el cacique hizo un "largo discurso como acostumbran todas estas naciones en los recibimientos de forasteros; hablaba en lengua achagua, pero se conocía que no era la suya propia, porque sólo usaba de los infinitivos e impersonales". El que fungía de jefe de la misión peroró "con las mismas frases e impropiedades con había hablado el cacique"[387].

En el segundo caso, realizado horas después, la reunión convocó a un pequeño grupo de españoles con su correspondiente comitiva indígena. La carta antes citada recoge la intervención inicial del hombre blanco así: "Luego empezaba a manotear ya con una mano ya con otra, escupía recio sin decir voz significativa, solo de cuando en cuando pronunciaba este vocablo *Camuniba* que quiere decir *caribes*. Los indios se persuadían que los sermoneaba en su lengua española porque cada nación sermonea en la suya, si no sabe la de aquella a quien ha de hacer semejante *Mirrai* o razonamiento; todos le atendían con silencio y cuidado, y luego le respondió un indio principal, a quien parecía que dirigía la plática con otro sermón mas largo"[388].

En conclusión: el "mirray" significó entre las etnias llaneras y orinoquenses un punto de encuentro tanto para las relaciones comerciales como para las amistosas. Pero ello no excluye la existencia de los lugares de desencuentro que tuvieron que vivir entre el afán de los "poderosos" bien fueran autóctonos, bien criollos, bien europeos.

---

siendo entendidos como lo sois y sabiendo la dura servidumbre que por su causa padecieron vuestros antiguos y contaron nuestros tíos y abuelos y con la libertad de vuestros hijos... éstos pasarán su vida en mísera esclavitud y los vivireis vosotros consumidos de penas sobre quitarnos las mujeres, si antes no entregan vuestros cuellos al dogal o al cuchillo".

387 RIVERO. *Historia de las Misiones*, 323.
388 RIVERO. *Historia de las Misiones*, 324.

4. El encuentro definitivo a través del cabildo y del municipio

La última fase del encuentro versa sobre la forma de tratar y convivir con el indígena para aculturarlo al sistema reduccional[389].

Sin embargo, no estará de más que el lector se pregunte antes de seguir adelante: ¿Cuáles eran las opciones de futuro que se les ofrecían a las naciones débiles del Orinoco ya mediado el siglo XVIII?

La primera consistía en mantenerse en su status ancestral ajeno a todos los avatares que vivía la Provincia de Guayana en su acelerada evolución política. Los cambios políticos demostrarían que era honestamente impensable.

La segunda opción venía dada por la realidad social violenta a que estaban sometidas las gentes de nuestro gran río: ser mercancía humana para el comercio caribe.

Y este comercio inhumano duró más de un siglo (de 1620 a 1750). En efecto, "puede fácilmente calcularse en más de 30 mil indios aniquilados y más de diez mil vendidos como esclavos por los caribes, con la complicidad de los holandeses, franceses, ingleses y hasta de los mismos españoles. ¡Cuarenta mil víctimas en solo la hidrografía del Orinoco, en solo 30 años (1696-1730) sin contar los doce años de la hecatombe que representó el episodio de Quirawera (1684 a 1696)"[390].

En realidad pareciera que la nación caribe estaba convencida que la gran Orinoquia era un verdadero semillero del mercado humano cuyo objetivo consistía en suministrar mano de obra esclava a los intereses europeos enquistados en las Guyanas.

Con todo, el regreso de la Compañía de Jesús al río Orinoco en 1731 obligó a esta etnia depredadora de seres humanos a cambiar sus tácticas de captura.

---

[389] En verdad se encuentra mucho material disperso en los cronistas de las misiones llaneras y orinoquenses. Sin embargo es necesario hacer alusión a dos tratados fundamentales. El primero pertenece al P. José Gumilla y se titula "Apóstrofe a los operarios de la Compañía de Jesús y Carta de navegar en el peligroso mar de los indios gentiles" (J. GUMILLA. *El Orinoco ilustrado*, 493-519). El segundo pertenece al P. Felipe Salvador Gilij: "De la introducción de la religión cristiana entre los orinoquenses" (Felipe Salvador GILIJ. *Ensayo de Historia Americana*, III, 53-123.

[390] Daniel de BARANDIARAN. "El Orinoco amazónico de las Misiones jesuíticas", 237-241. Demetrio RAMOS PEREZ. *Estudios de Historia venezolana*. Caracas (1988) 241.

Su primera respuesta fue declarar una verdadera guerra a muerte contra las misiones porque ellas significaban un final brusco e inesperado para tan fácil y pingüe negocio como era el de la esclavitud[391].

Mas, como con el correr de los acontecimientos exigiera a los miembros de la Compañía de Jesús tomar medidas cuasi militares como la fundación del fuerte de San Javier (1736) en Marimarota[392]. Hacemos nuestras las consideraciones de Daniel Barandiarán: "Su vocación estratégica no significa en absoluto 'una estrategia clérigo-militar en el proceso de colonización del Orinoco Medio durante el siglo XVIII': tal fue la reflexión de un equipo de sociólogos que trabajó en la arqueología de Marimarota en 1995. Se trata, reiteramos, de una abnegada y valiente resolución por parte del equipo jesuítico del Orinoco, resolución tomada tangencialmente a la responsabilidad dormida gubernativo-militar de Ciudad Guayana, con la única y exclusiva finalidad de acabar con las 'razzias' esclavistas de franceses y de holandeses por intermedio de una etnia caribe convertida en basura social, humana y cultural, por la sencillísima razón de que, a falta del número pautado de esclavos, tenían que entregar a sus propias mujeres e hijos"[393].

En resumen, la segunda opción que se ofrecía a las naciones de la gran Orinoquia era continuar la depredación esclavista que a nuestro juicio frenó y alteró el normal desenvolvimiento de la Provincia primigenia de nuestra Guayana porque las cacerías humanas, sistemáticamente llevadas a cabo por este terrible etnia, arrancó lo mejor de la vida útil de los indígenas guayaneses con la consiguiente eliminación de mujeres, niños y ancianos. Además, produjo no sólo inestabilidad territorial sino migraciones forzadas incompatibles con asentamientos durables misionales. Sin embargo son contados los investigadores que se adentran en esta cruel realidad negadora de todo horizonte de futuro.

La tercera opción consistía en la oferta jesuítica de poblarse en establecimientos misionales para convertirse en ciudadanos del imperio espa-

---

391 Esta historia puede verse en: José DEL REY FAJARDO. *Misiones jesuíticas en la Orinoquia*. Tomo I. Aspectos fundacionales. Caracas, Universidad Católica Andrés Bello (1977) 130-138.

392 GUMILLA. *El Orinoco ilustrado*, 202. Graciela HERNÁNDEZ. "El Fortín de San Francisco Javier: una estrategia clérigo-militar en el proceso de colonización del Orinoco Medio durante el siglo XVIII". En *Montalbán*. Caracas, 29 (1996) 29-53.

393 Daniel de BARANDIARAN. *Los hombres de los ríos*. (Los jesuitas y el Orinoco Amazónico). Mss. cedido gentilmente por el autor. pp., 24-25.

ñol, adoptar la lengua de los monarcas (aunque se respetaba el bilingüismo) y darles la fe religiosa católica.

El mejor intérprete de esta transición es el veterano misionero orinoquense José Gumilla quien de forma diríamos brutal ha trazado el difícil camino que había que recorrer en el proceso de transformación –según su terminología– de "indio bárbaro" en "indio reducido".

El autor de *El Orinoco ilustrado* describe el punto de partida de esta manera: "El indio en general (hablo de los que habitan las selvas y de los que empiezan a domesticarse) es ciertamente hombre; pero su falta de cultivo le ha desfigurado tanto lo racional que en el sentido moral me a trevo a decir que el indio bárbaro y silvestre es un monstruo nunca visto, que tiene cabeza de ignorancia, corazón de ingratitud, pecho de inconstancia, espaldas de pereza, pies de miedo, y su vientre para beber y su inclinación a embriagarse son dos abismos sin fin. Toda esta tosquedad se ha de ir desbastando a fuerza de tiempo, paciencia y doctrina..."[394].

Este texto ha producido innumerables críticas por parte de ciertos grupos indigenistas. Sin embargo, su genuina interpretación, dentro del género retórico, conlleva a ubicar los conceptos de "bárbaro" y "reducido" como antagónicos y en definitiva expresan dos momentos culturales distintos en la visión del indígena separados por un proceso diferenciador y aculturador. Y estos dos momentos culturales en la percepción del autóctono hay que tenerlos presentes cuando los cronistas se expresan del "indio" pues de lo contrario se podrá caer en un error de perspectiva histórica.

Así pues, la última opción era la respuesta jesuítica a las exigencias de la monarquía española de constituirse en las profundas soledades de la Orinoquia en los creadores de "Estado", es decir, debían convertir al indígena en súbdito del rey de España, en ciudadano de un municipio, en beneficiario de un futuro mejor y a la vez dotarlo de la lengua de Castilla y hacerlo hijo de la iglesia católica[395].

Era un reto gigantesco pasar de la prehistoria a la historia y suponía un cambio tan radical que era imposible poder ser asimilado de inmediato por la mentalidad del indígena. Se trataba de abandonar una autonomía casi

---

394   José GUMILLA. *El Orinoco ilustrado*, 103.
395   Juan RIVERO. *Historia de las Misiones de los Llanos de Casanare y los ríos Orinoco y Meta*. Bogotá (1956) 293: En 1692 describía el Consejo la acción de los jesuitas "... que no se contentan solamente con reducir a los gentiles y agregarlos a pueblos, sino que procuran también con toda solicitud enseñarlos a vivir vida social, política y económica, como también su educación en las buenas costumbres y su mayor aumento".

absoluta con sus ritos y ritmos muy específicos y adquirir una libertad totalmente distinta y condicionada por las exigencias de la ciudad misional.

Y de esta forma repentina el misionero se constituía en un auténtico alcalde de estas improvisadas poblaciones y como tal debía preocuparse de las necesidades divinas y humanas. Ciertamente debía tener muy claro el sentido de lo que es el municipio, el marco geográfico que definía su acción, la lengua como vehículo de cohesión, el éxito en la economía para fundamentar las bases del desarrollo social y humano, la mejora de la vivienda, el urbanismo como expresión de progreso, el sentido del arte, y sobre todo la educación. Y como una metaestructura debía promover la fe católica con todo su esplendor. Ciertamente que la vida cotidiana de un jesuita en la Orinoquia requería todo lo mejor de un ser que hubiera podido triunfar en el mundo civilizado pero optó por llevar progreso y modernización a las etnias encomendadas a la Compañía de Jesús en la Venezuela profunda.

Pero también debemos reseñar que la identidad del misionero tuvo que sufrir una remodelación por las imposiciones de la modernidad. Gobernar una ciudad "in fieri" suponía adquirir y poner en práctica una serie de labores gerenciales que las debía aprender in situ[396].

¿Y cómo se llevó a cabo este proceso? Mediante lo que David Block denomina la "cultura reduccional". Este concepto abarca el proceso que vivirían las reducciones en sus usos y costumbres hasta llegar a desarrollar formas de vida cada vez mejores. Algunas de ellas, y no las más importantes, fueron: el cruce y selección de modos de subsistencia europeos e indígenas, así como en su resultante híbrido que adoptó formas más eficientes para llevar a cabo las tareas tradicionales. De esta suerte las reducciones se convirtieron en centros urbanos en miniatura, poblados por indígenas que producían bienes para su propia subsistencia y para los mercados españoles[397] a la vez que cultivaban fórmulas de bienestar social.

---

396 Una imagen del misionero orinoquense la trazó el Provincial Mateo Mimbela al describir la acción del P. José Gumilla: "... porque olvidado de sus lucidos talentos que pedían ocupaciones de mayor lustre, valiéndose de sus buenas habilidades y tomando sobre si las ocupaciones de muchos oficiales, servía de carpintero, albañil, alarife, escultor, pintor, jugando con tal primor los instrumentos de cada arte, como si hubiera sido ese el único empleo de toda su vida". (AGI. *Santafé*, 298. *Relación formada por el P. Mateo Mimbela*).

397 David BLOCK. *La cultura reduccional de los Llanos de Mojos.* Tradición autóctona, empresa jesuítica & política civil, 1680-1880. Sucre, Historia Boliviana (1997) 32.

Estos ideales se concretaban en las siguientes fases.

La primera fase estuvo dedicada a educación de la juventud y la formación religiosa de la población. La Escuela y la Iglesia puestas al servicio del cambio. La segunda se centró en crear las infraestructuras que debían garantizar la subsistencia, el embellecimiento de la población con la construcción y dotación de la Iglesia y los edificios públicos, el progresivo mejoramiento de la sanidad y de la traza urbana, y la capacitación de los recursos humanos para el trabajo. La tercera etapa debía recoger el fruto de la Escuela y de la Iglesia para de esa forma formar en "policía" a los habitantes de la misión y convertirlos en súbditos de la corona española. Y la última propugnaba la adquisición de las formas de gobierno para garantizar el orden, la convivencia social, el trabajo y el descanso. Sólo a través de las generaciones jóvenes tratarían los misioneros de moldear una conducta social basada en el amor a lo propio y a fomentar las fuerzas verticales que insertan al hombre en la tierra con garantía de futuro.

Quizá uno de los retos más difíciles para el misionero fue el de conjugar la puesta en marcha del aparato productivo y la ruptura en la conducta del indígena del binomio falta de necesidades-ausencia de actividad.

La mayor inversión que realizó la Compañía de Jesús, amén de la formación religiosa de la población y de la educación de la juventud, se dirigió a crear aquellas tres estructuras sobre las que debía reposar la reducción: el aseguramiento de la subsistencia, la capacitación de los recursos humanos y la adquisición de la ciudadanía a través del nuevo concepto de municipio.

El punto de partida de esta ingente tarea misional y humana hay que fijarlo en la ausencia de conciencia histórica, familiar, social y nacional y por ende de un pronunciado estancamiento cultural y económico. Desconocían en pleno siglo XVII la utilización del hierro[398], del papel[399], del libro[400] y de las formas de transmisión de la cultura[401].

La primera preocupación era la subsistencia. Así se explica la insistencia en la intensificación y mejoramiento de la agricultura "que conduce al buen estado de las poblaciones"[402].

---

398 GILIJ. *Ensayo*, I, 79. GUMILLA. *El Orinoco ilustrado*, 344, 430.
399 GILIJ. *Ensayo*, II, 179.
400 GILIJ. *Ensayo*, II, 39.
401 GILIJ. *Ensayo*, II, 123
402 GILIJ. *Ensayo*, III, 67. Cada domingo, concluida la misa, el Misionero daba órdenes para los que habían ausentarse a sus sementeras, hacer de bogas, peones u otra

Con el tiempo el alejamiento de algunas naciones de su entorno selvático o sabanero era compensado por la introducción de tecnologías que observaban la rotación de cultivos, la cría de animales domésticos, el uso de arados de rastreo y de surco de suelos, frutales y en definitiva por la adopción de una alimentación proteínica con el pescado y la carne aunque la fertilidad de los conucos les obligara a hacer sus rozas lejos del mismo Orinoco[403].

De forma paralela se procedía a la creación del "hato" que debía satisfacer las necesidades comunes así como también ser subsidiario a la labor que suponían las tierras para sementeras de plátano y yuca generalmente[404]. De este modo se beneficiaban las viudas, se sustentaban los niños de la escuela, los huérfanos y los enfermos[405].

Un papel todavía no estudiado lo cumplen las cofradías y las congregaciones misionales en ese marco de referencia que indicaba Hegel de crear nuevas necesidades y con ellas el deseo y la voluntad de obtenerlas[406].

También la preocupación social requiere espacios importantes en la planificación misional. Las viudas, los huérfanos, los ancianos y los enfermos constituyen el otro rostro de la comunidad al que hay que sostener y atender. Esto explica la función social de las haciendas[407] y la sanitaria de las boticas[408] y la hospitalaria cuando los hombres, tiempos y lugares lo permitían[409].

---

    ocupación que le obligara a ausentarse del pueblo; las determinaciones quedaban registradas en unos cuadernillos, llamados *Diarios*, a través de los cuales se controlaba el trabajo y los jornales (ALVARADO. *Informe reservado*, 253).

403   Daniel de BARANDIARAN. "El Orinoco amazónico de las misiones jesuíticas", 318.

404   SAMUDIO, Edda O. "Las haciendas jesuíticas de las misiones de los Llanos del Casanare, Meta y Orinoco". En: José DEL REY FAJARDO (Edit.). *Misiones jesuíticas en la Orinoquia (1625-1767)*. San Cristóbal, I (1992) 748.

405   GUMILLA. *El Orinoco ilustrado...*, 514. ALVARADO. *Informe reservado*, 252.

406   G. W. F. HEGEL. *Vorlesungen über die Philosophie der Geschichte*. Werke 12. Frankfurt/M (1986) 108. PEREZ ESTEVES. "Hegel y América". En: *Analogía Filosófica*. México, año 8, n°. 2 (1994) 119-137.

407   Edda O. SAMUDIO A. "Las haciendas jesuíticas de las Misiones de los Llanos del Casanare, Meta y Orinoco". En: DEL REY FAJARDO (Edit.). *Misiones jesuíticas en la Orinoquia*. San Cristóbal, I (1992) 776-777.

408   Agustín VEGA. *Noticia*, 105. Refiriéndose al misionero dice: "... un amoroso Padre de familia, que tiene prevención de medicinas, quantas puede adquirir, y el libro de

La segunda gran preocupación se dirigía a la formación de los recursos humanos, a la capacitación de los indígenas en sus respectivos oficios y en dotar de una infraestructura económica al futuro de la reducción.

Por primera vez vivían el reto de saltar del utillaje a la herramienta y a la racionalización del trabajo. Los indígenas orinoquenses se iniciaron en las técnicas europeas mediante los talleres que suponían, en principio, la implantación de la fragua[410], la adquisición de telares[411] y el uso de la carpintería[412]. Sin embargo la hacienda de Caribabare –símbolo de la creatividad jesuítica neogranadina- tenía además la ramada del trapiche, otra de adobería y una con un horno de teja[413].

Y como es natural se fueron abriendo los caminos de la cultura tanto a través de la pintura[414], como de las artesanías derivadas de la carpintería[415] y otras similares.

---

mayor importancia despues de los necesarios, que nunca les falta, es alguno de medicina".

409   De la misma forma que contrataban maestro de música se esforzaban en conseguir, dentro de sus posibilidades, médicos. El P. Dionisio Mesland, cuando en 1653 llegó a Guayana se trajo consigo a Renato Xabier "... cirujano y médico y hace las más curas y medicinas con mucha /ilegible/ de interés y los pobres los cura de balde y aun los sustenta en su casa mientras los esta curando y que asimismo tiene una botica donde saca los recados para las medicinas necesarias sin ningún interés..." (Archivo Nacional de Chile. *Jesuitas*, 226. *Renato Xabier y el Sargento Guido Belile vecinos de la ciudad de Santa Maria de Rosa ante vuestra merced parecemos... y decimos que a nuestro derecho conviene que vuestra merced mande se nos saque un tanto autorizado...* [Pauto, marzo de 1678]).

410   GUMILLA. *El Orinoco ilustrado*, 515: "El atractivo más eficaz para establecer un pueblo nuevo y afianzar en él las familias silvestres es buscar un herrero y armar una fragua, porque es mucha la afición que tienen a este oficio, por la grande utilidad que les da el uso de las herramientas, que antes ignoraban".

411   GUMILLA. *El Orinoco ilustrado*, 515: "No importa menos buscar uno o más tejedores de los pueblos ya establecidos para que tejan allí el hilo que traen ellos, porque la curiosidad los atrae a ver urdir y tejer, y ver vestidos a los oficiales y a sus mujeres les va excitando el deseo de vestirse y se aplican a hilar algodón".

412   GILIJ. *Ensayo*, III, 65.

413   ANB. *Temporalidades*, t., 5. *Testimonio del cuaderno de inventario de Caribabare y deposito.* 7 de octubre de 1767, fol., 690v-691.

414   RIVERO. *Historia de las Misiones*, 449: "… los muchachos más hábiles de manos se aplican al oficio de pintor, uno de los cuales sabe ya buscar la vida con sus pinceles, vendiendo a los españoles varias imágenes de santos". Y GILIJ. *Ensayo*, III, 65: "… saben embellecer muy bien las iglesias, coloreándolas con varias tierras y con jugos de algunas plantas".

Así se iniciaba la época artesanal, por oficios, a la que seguiría casi inmediatamente la pre-mercantilista y consecuentemente nacía una nueva sociedad que necesariamente originaría patrones propios y particulares de ocupación de aquel vasto territorio llanero con el norte siempre presente de la "Reducción ordenada".

En ella tuvieron la primera pasantía los que posteriormente se convertirían en mayordomos, capataces, peones, punteros, conductores, pastores y también los incipientes jinetes, los cuales, gracias a la actividad ganadera, transformarían al indígena en experto vaquero[416].

También la reducción cobijaba mano de obra libre y esclava, indígenas forasteros y trabajadores no indígenas con quienes establecían compromisos laborales anuales bajo el sistema de concierto[417].

Asimismo fue surgiendo una nueva clase laboral como la de los trabajadores con distintas habilidades, desde los diestros maestros artesanos, quienes constituyeron mano de obra especializada, hasta la servidumbre que habitaba en las haciendas y concurría directamente a su trabajo. A ellos se unían otros artesanos, ya oficiales o aprendices, indígenas y no indígenas, quienes con sus diversos trabajos contribuían a la construcción de los recintos públicos y privados[418].

La tercera preocupación se centraba en levantar la "Reducción ordenada" tanto en sus espacios físicos, como en las exigencias de la nueva convivencia social, religiosa, laboral y cultural.

El punto de partida del municipio solía fundamentarse en el respeto a las jerarquías políticas de las naciones antes de reducirse. Los caciques gozaban de dignidad perpetua y hereditaria excepto en caso de rebelión

---

415   En el inventario de la Reducción de Betoyes se encontraron para la iglesia que se iba a construir: "... tallas doradas y dadas de mermellón... cinco portadas, en la misma conformidad que los altares, la una de tatozano, y las cuatro de la sacristía", así como las sillas, los candeleros, las jarras, los hacheros y los faroles (ANB. *Temporalidades*, t., 13. *Inventario de los bienes del Pueblo de San Ignacio de Betoyes*. 17 de octubre de 1767. Fols., 225v-226. Véase: Edda O. SAMUDIO. "Las haciendas jesuíticas de las misiones...", I, 774).

416   Véase: Edda O. SAMUDIO. "Las haciendas jesuíticas de las misiones...", I, 772.

417   ALVARADO. *Informe reservado*..., 244. RUEDA ENCISO, Eduardo. "El complejo económico administrativo de las haciendas...". *Boletín Cultural y Bibliográfico*, 7-8. Los concertados tributarios recibían un trato especial pues en esos casos era la hacienda la que tenía que pagar el tributo que se les descontaba del pago.

418   Véase: Edda O. SAMUDIO. "Las haciendas jesuíticas de las misiones...", I, 753.

contra su soberano[419]. En la misión usaban bastón de mando con pomo de plata y en la iglesia ocupaban un sitial de honor. Generalmente ni el misionero, ni los capitanes de la escolta, ni el gobernador decidían nada sin antes escuchar el parecer del cacique o caciques[420].

Pero la adaptación a los modelos indianos se iniciaba con los alcaldes a quienes correspondía el gobierno ordinario e inmediato del pueblo y eran elegidos anualmente. Y los fiscales, igualmente electos por un año, eran los encargados de celar por el cumplimiento de la justicia y los ejecutores de los castigos impuestos por las faltas cometidas[421].

Las funciones que hoy denominaríamos como policiales les estaban asignadas a la Escolta[422], es decir, la custodia del orden y de la ley entre los indígenas[423]. En poder de los capitanes de la escolta residió siempre el conocer las causas civiles y militares[424].

---

419 GILIJ. *Ensayo*, II, 331. Sobre los caciques en general (GILIJ. *Ensayo*, II, 169-176). "Respecto al gobierno civil de estas tribus: el *cacique*, al igual que un pequeño príncipe, las preside con la suprema autoridad y se sirve para la más cómoda administración de su pueblo de un *teniente*; a éste, como hay muchas parcialidades en estas tribus, el cacique agrega la misma cantidad de *capitanes* y éstos a su vez tienen sus lugartenientes llamados *alcaldes*. Los últimos cumplen con las órdenes dadas a ellos a través de otros oficiales menores llamados *alguaciles*, y a quienes pertenece preocuparse por que todo el pueblo asista diariamente..." (J. STÖCKLEIN. *Der Neue Welt-bott*. Carta nº 568. *Carta del P. José María Cervellini al P. Francisco Pepe*. Misión de los Llanos, 2 de julio de 1737).

420 GILIJ. *Ensayo*, II, 173. En el ámbito económico también aprovecharon las infraestructuras existentes. Nancy Morey ha estudiado la vigencia de redes comerciales indígenas, hecho que es muy importante a la hora de visualizar la acción misionera y su expansión (Robert V. y Nancy MOREY. *Relaciones comerciales en el pasado en los Llanos de Colombia y Venezuela*. Caracas, 1975).

421 GILIJ. *Ensayo*, III, 331. ALVARADO. *Informe reservado*, 253. ANB. *Temporalidades*, t. 5, fol., 788v: "... en este año [1745] pidió el P. Gumilla, superior de las Misiones, dos títulos uno de alguacil mayor y otro de notario...".

422 Para las Escoltas nos remitimos a: José DEL REY FAJARDO. "Las escoltas militares en la misiones jesuíticas de la Orinoquia (1661-1767)". En: *Boletín de la Academia Nacional de la Historia*. Caracas, t. LXXVIII, nº, 311 (1995) 35-69.

423 GILIJ. *Ensayo*, II, 305.

424 El 1º de julio de 1754 solicitaba el P. Salvador Quintana que se concediese a don Juan Antonio Bonalde, capitán de la escolta, "jurisdicción ordinaria" y título "como se ha concedido antes" (ANB. *Miscelánea*, t. 110, fol., 613). También conocemos una Real Provisión del Presidente don Diego de Córdoba, 1704, sobre dar jurisdicción criminal al cabo de la escolta de los Llanos para castigar los delitos (ANB. *Miscelánea*, t. 64, fol., 8).

También la instalación de los mecanismos que miran a la salud fueron preocupación del misionero, desde la prevención de las medicinas necesarias[425], hasta las boticas[426] y pequeños centros asistenciales que colaboraran a la beneficencia organizada, como el de Pauto[427]. Por ello no es extraño encontrar en las bibliotecas misionales obras como el *Florilegio medicinal* del H. Steynefer[428].

Tampoco se puede olvidar que los miembros de la Orden ignaciana practicaron la creación de un genuino sentido de frontera. Se enfrentaron a la guerrilla fluvial y selvática de los indios caribes al servicio del azúcar holandés y de los intereses foráneos. Colaboraron a contener las intenciones de dominio que sobre las "llaves" del Orinoco intentaron holandeses, franceses, suecos e ingleses. Manejaron con diplomacia la invasión portuguesa que había producido una sangría, todavía no estudiada, por sus razzias en las ignotas regiones sureñas con el consiguiente esclavizaje de tanto indígena venezolano. Y sobre todo enseñaron a los "reducidos" a amar y defender sus nuevas patrias.

De esta forma la corona española asentaba dos acciones fundamentales del imperio: la presencia administrativa del estado en esas incógnitas regiones y el establecimiento de una frontera efectiva hispana que avanzaba y se imponía frente a los enemigos bien indígenas, bien europeos.

---

425   El H. Agustín de Vega quien al describir al misionero dice: "... [es] un amoroso Padre de familia, que tiene prevención de medicinas, quantas puede adquirir, y el libro de mayor importancia despues de los necesarios, que nunca les falta, es alguno de medicina" (Agustín VEGA. *Noticia*, 105).

426   El P. Gilij, desterrado en Roma, recordará en 1780 la visita que le hizo al autor de *El Orinoco ilustrado* en su reducción de Betoyes el año 1749 y escribirá: "En su casa, o cabaña, tenía toda suerte de útiles medicinas caseras, y al primer aviso del fiscal, dedicándose como amorosa madre a cuidarlos, era todo agilidad, todo prontitud, todo alegría. Yo estaba a su lado sorprendido de sus dulces maneras. (...) Y movido del ejemplo de tan gran hombre, una vez que hube llegado al Orinoco me afané por imitarle en algo" (GILIJ. *Ensayo..*, III, 81-82).

427   AGI. *Santafé*, 249. *Testimonio de los Autos hechos a pedimiento del Padre Procurador General de la Religión de la Compañía de Jesús de la ciudad de Santa Fe... cerca de la escolta y lo demás que han pedido se de para el fomento de las misiones de la Provincia de Orinoco*, fol., 77v. Semejantes declaraciones aducen los otros testigos: José Ruiz Romero (fol., 62v-63); Salvador Esparza (fol., 52v).

428   Juan Herno. STEYNEFER. *Florilegio medicinal de todas las enfermedades, sacado de varios y clasicos Authores para bien de los pobres, en particular para las provincias remotas en donde administran los RR. Misioneros de la Compañía de Jhesus*. Mexico, 1712]. [Sommervogel, VII, 1537].

Pero, en la formación de la nueva identidad jugó un papel decisivo la Escuela aunque debemos reconocer que son muy pocas las noticias que sobre esta institución nos han legado los escritores jesuitas de la época.

La Escuela es el primer espacio de actuación pública en que se sumerge el niño porque allí afronta por vez primera el problema de la socialización que en definitiva es la cita con la sociedad, con los otros, con los extraños y de esa forma trasciende el cerrado círculo familiar. Como dice un educador moderno la escuela es "justamente el primer y continuo encuentro con lo no-familiar, el espacio y el tiempo para el destete de la matriz familiar y del aprendizaje para la convivencia social"[429].

La construcción del hombre y de la humanidad necesita de las herramientas del maestro y del aula de clase pues ningún lugar más idóneo para saber qué somos y a dónde se dirigen nuestros pasos como ciudadanos del mundo.

En la vida cotidiana de la reducción los jóvenes dedicaban lo mejor de su tiempo a las tareas escolares. La misión se encargaba del sustento diario pues además de que los padres se encontraban en las labranzas[430] era la mejor oportunidad para sembrar en las mentes juveniles las nuevas ideas y proyectos para diseñar un futuro mejor.

En las jóvenes Escuelas del Orinoco se enseñaba solamente a leer y escribir[431] y "no son instruidos en otras ciencias, como porque sabida la de leer bien y escribir, les parece que ya están bastante instruidos y que no tienen necesidad de más"[432].

Pero sin lugar a dudas la entidad educativa que más sintonía despertó en el alma de los indígenas orinoquenses fue la música. Gilij confiesa: "Y si he de decir libremente lo que siento, ninguna cosa fue jamás llevada de Europa a aquellos lugares que más les agradase, ninguna que imitaran mejor"[433].

---

429 Leonardo CARVAJAL. "La presunta nueva misión de la escuela y los valores democráticos". En: José Francisco JUAREZ (coord.). *Segundas jornadas de Educación en valores*. Caracas, Universidad Católica Andrés Bello (2003) 44.

430 ALVARADO. *Informe reservado*, 251.

431 GILIJ. *Ensayo de Historia americana*, III, 63.

432 GILIJ. *Ensayo de Historia americana*, III, 64.

433 GILIJ. *Ensayo*, III, 64.

El descubrimiento de un pueblo músico le lleva a concluir al autor del *Ensayo de Historia Americana* que se puede convertir en música una nación[434].

Este fervor misional por la música hizo que también hubiera que contratar maestros que canalizaran esta vocación de los orinoquenses y de esta forma el canto y la orquesta e incluso la fabricación de algunos instrumentos musicales que fueron fermento de transformación de las reducciones y de esta forma fueron abriendo su espíritu a opciones más altas de cultura[435].

La asidua instrucción hacía que en pocos años la reducción cambiase por completo[436]. Pero eran los niños los que polarizaban todas las esperanzas de una educación basada en la psicología del indígena y en las necesidades del país.

La rutina escolar diaria se interrumpía tanto con las vacaciones normales como con las extraordinarias y como es natural, siguiendo la costumbre de los colegios jesuíticos del mundo, todos los jueves eran día de asueto. Entre las vacaciones extraordinarias se contaba la celebración de la festividad de San Luis Gonzaga, patrono de la reducción, "que se extendía hasta ocho días". Estos asuetos se dedicaban a salir de excursión y acampar bien fuera a orillas del Orinoco bien "en las playas deliciosas del lago Guaya". Una vez instalados en el lugar del asueto "unos corrían, otros se subían a los árboles, otros se divertían de otros modos honestos". Además todos colaboraban a la alegría de la reunión pues debían buscar la leña, otros

---

434   GILIJ. *Ensayo*, III, 64.

435   GUMILLA. *El Orinoco ilustrado*, 515. A modo de ejemplo: en la Reducción de Betoyes existía un cajón en la Escuela para guardar los papeles de música: "... siete oficios de difuntos, cinco misas en música impresa, dos cuadernos de varias piezas puestas en música y otros varios anexos a la música" (ANB. *Temporalidades*, t., 13. *Inventario de los bienes del Pueblo de San Ignacio de Betoyes*. 17 de octubre de 1767. Fols., 135-136.

436   GILIJ. *Ensayo de Historia americana*, III, 78. En la pág. 84: "... la instrucción sea continua, aunque sea breve, los cambia del todo". GUMILLA. *El Orinoco ilustrado,* 180. RIVERO. *Historia de las Misiones*, 94-95: "Cantáronse las vísperas por la tarde y se encendieron luminarias por la noche y concurrieron con sus tamboriles y flautas los indios, para mayor celebridad al otro día, para celebrar la fiesta, cercaron la plaza con muchos y vistosos arcos, adornados todos ellos con variedad de frutas. Después de la procesión, a la cual asistieron con velas encendidas, como en la pasada, se celebró la misa con la mayor solemnidad que se pudo, de músicos instrumental es y la salva de arcabucería, con lo que alegraron la función algunos españoles de los que concurrieron este día. Lo que les llamó la atención fue una danza de los indios Tunebos, que danzaron a su usanza ese día, cargados de cascabeles, de lo cual quedaron más pagados, como cosa muy rara y nunca vista en su tierra...".

conseguir el agua para la comida que siempre era "abundantísima para tenerlos contentos". Y resume el misionero el día que era "de no pequeño placer para todos y los indios cada vez se aficionaban más a la reducción"[437].

El P. Gilij afirma categóricamente que "ni en tan numerosas naciones, varias en sus costumbres y lengua, se descubre una propensión particular a los juegos"[438] con excepción de los otomacos que tienen una gran pasión por el juego de la pelota[439].

El misionero de Mainas coincide con el del Orinoco en verificar la carencia de juegos y pasatiempos pero con todo recoge las siguientes formas de diversión: "Luchas, carreras, remedarse unos a otros, burlarse, darse puñetazos, saltar, reír a carcajadas y otros infantilismos semejantes"[440].

Es indudable que estas escuelas significaron el comienzo de la historia de la alfabetización en la Orinoquia. Y gracias al aprendizaje del castellano entraban a formar parte de la ciudadanía del imperio español aunque lugares tan ignotos como las selvas de nuestro gran río tardaran en asomarse a la verdadera cultura occidental. Y como anota Francisco Esteve Barba gracias al aprendizaje del alfabeto pudieron los indios americanos "liberar a su memoria de sus tradiciones y escribirlas, con plena posibilidad de hacerlo, en el idioma mismo en que habían sido formuladas"[441].

Todavía más, existe otra faceta interesante como es el hecho de que el mundo formativo que se iniciaba en la Escuela se complementaba en el trato social con el jesuita. La coexistencia niño-misionero durante todo el día tanto en la Escuela como en la Iglesia y en la Plaza principal de la reducción fue fundamental para fomentar el cambio mental y cultural que debía operarse en cada pequeña población de los Llanos o el Orinoco. El misionero de La Encaramada confesará que después de algunos años de vida reduccional "se mudan las costumbres y procedimientos de una reducción"[442].

---

437 GILIJ. *Ensayo de Historia americana*, III, 74.
438 GILIJ. *Ensayo de Historia americana*, II, 224.
439 GILIJ. *Ensayo de Historia americana*, II, 224-226.
440 Juan MAGNIN. *Descripción de la Provincia y Misiones de Mainas en el Reino de Quito*. Quito (1998) 213.
441 Francisco ESTEVE BARBA. "La asimilación de los signos de escritura en la primera época". En: Demetrio RAMOS(Edit.). *Estudios sobre política indigenista española en América*. Valladolid, Universidad de Valladolid, I (1975) 258.
442 GILIJ. *Ensayo de Historia americana*, III, 78.

El primordial objetivo consistía en implantar nuevas formas de convivencia social y así dentro del ámbito de la casa del misionero se iniciaba un proceso de socialización juvenil que iría progresivamente generando formas de vida más sanas y más educadas. El vestido, la dieta alimentaria, los buenos modales, el lenguaje correcto así como una actitud cada día más responsable definen el cambio no sólo de mentalidad sino de comportamiento social.

La lectura atenta del *Ensayo de Historia americana* nos conduce a una visión, hasta simpática y humorista de los cambios a que hacemos referencia[443].

Pero dentro de estos sutiles contextos la "razón de estado" les induciría a los jesuitas a superar la tensión entre los ideales religiosos de la evangelización y los procesos de mundanización que debía transformar las poblaciones misionales.

Cuando Berenson establece que la Iglesia católica ha sido dispensadora de "mundanidad", opinamos que interpreta el valor de su pedagogía cultural y espiritual como categoría integradora de los opuestos.

Este juicio de valor, que proviene de un crítico del arte, formula la última síntesis de lo que en realidad trataron de practicar los jesuitas en sus misiones: elevar los actos de los hombres a sacramentos salvando así el abismo que media entre las necesidades humanas y su satisfacción. Por eso, añade: "A través del rito acompaña la vida con un aparato que es esencialmente <mundano>, sin embargo, para quienquiera, tiene la capacidad espiritual de trascenderlo, llenándolo de significados misteriosos y <superiores>, de manera que concilia las ceremonias con ciertas difíciles aspiraciones del alma e infunde a las necesidades vitales cierto arrebato que parece trascenderlas y casi destruir su imperiosa necesidad"[444].

En la cosmovisión reduccional se cultiva una trilogía compuesta por liturgia, fiesta y trabajo y de esta forma la mundanidad alcanza un valor estético y así divorcia el utilitarismo de el ser que la practica.

Estamos ante la ritualización del tiempo y del espacio mediante los actos y contenidos litúrgicos. En este contexto la plaza mayor asume un significado idealizador y su cúspide se centra en la iglesia.

---

443   Puede verse un ejemplo en el capítulo que dedica a la instrucción extraordinaria. GILIJ. *Ensayo de Historia americana*, III, 78-81.

444   Humberto MORRA. *Coloquio con Berenson*. México, Fondo de Cultura Económica (1968) 213-214.

En ella todo debe ser majestuoso pues se ha convertido en el lugar sagrado para el intercambio entre la palabra de Dios y la respuesta del hombre.

En la forma asistimos a una socialización ritualizada. Guardando las debidas distancias se puede aseverar de la Orinoquia algo parecido a lo que expresa Lacouture para el Paraguay: que la religiosidad teatral de la Compañía de Jesús se entrelaza con el "barroquismo salvaje de los neófitos, con un resabio de militarismo español y de paganismo de la selva"[445].

El triunfalismo de las ceremonias religiosas se mueve entre el espectáculo y la oración, entre la vistosidad y el recogimiento interior, entre la nostalgia del pasado y el misterio del porvenir. Por esta razón se estudian al detalle los movimientos de masas y se someten a ritmos en los que alternan la fiesta con la devoción y por ello están envueltos en incienso, cánticos, chirimías, danzas, altares, arcos de triunfo y procesiones.

La monotonía de la cotidianidad debe ser continuamente rota por la fiesta y la liturgia. Lo religioso en un mundo no festivo equivalía a trivializar la vivencia superior y a despojarle del brillo que constituye su vida propia. Como apunta Jensen: "la representación sacra es algo más que una realización aparente, y también algo más que una realización simbólica, porque es mística. En ella algo invisible e inexpresado reviste una forma bella, esencial, sagrada"[446]. Por ello adquiere un gran relieve la estudiada periodización de la vida reduccional en la que los contenidos de los ciclos vitales de la etnia son asumidos, insertados, o refundidos, a través del culto y de la ritualización, en los ciclos litúrgicos cristianos de forma tal que el hombre y el tiempo se hagan festivos.

Mas, el proceso aculturador es muy lento. Los mayores añoran sus antiguos lares pero se sienten atrapados por el acoso circular de caribes, guahivos y chiricoas, guaypunabis y europeos. Cada vez más el retorno a la selva conlleva mayores problemas de seguridad y subsistencia. Y el misionero debe estar convencido de esta alternancia en la conducta social de su reducción. En última instancia es un abismo lo que separa la prehistoria de la historia.

Mientras tanto se intensifica la esperanza en la educación de los niños, conscientes de que habrá que esperar, por lo menos, hasta la tercera gene-

---

445 Jean LACOUTURE. *Jesuitas*. I. *Los conquistadores*. Barcelona-Buenos Aires-México, Ediciones Paidós (1993) 530.

446 A. E. JENSEN. *Mito y culto entre pueblos primitivos*. México, Fondo de Cultura Económica (1966) 65.

ración[447]. Sólo la convicción de esta realidad y la responsabilidad consiguiente se convierten en dogma para volver a comenzar de nuevo todo el proceso.

Todo ello cooperó para aceptar el hábitat de la reducción como el espacio idóneo para un nuevo orden social basado en la convivencia, el trabajo, la igualdad, el respeto a las tradiciones identitarias y la justicia. La tolerancia y la comprensión exigirían al misionero armarse de paciencia y resistencia pues ésta era la única clave para diseñar el paso de una civilización "sacral" a una "profana". Por ello, siempre llamó la atención la liberalidad con que los jesuitas actuaron frente a la población adulta a la que permitían ausentarse de los poblados durante cinco días a la semana para atender sus sembradíos[448].

En consecuencia, el objetivo fundamental de la Misión-ciudad eran los niños y los jóvenes, los cuales eran moldeados, sin interferencias, en los valores –viejos y nuevos- de la misión y como consecuencia fue surgiendo un folklore religioso en la Orinoquia que iba impregnando el acontecer diario de esas pequeñas reducciones-ciudades.

Todo se perdió tras la expulsión de los jesuitas de nuestro gran río en julio de 1767.

---

[447] Agustín de VEGA. *Noticia del Principio y progreso del establecimiento de las Missiones de Gentiles en el Rio Orinoco...* En: José del REY FAJARDO. *Documentos jesuíticos relativos a la Historia de la Compañía de Jesús en Venezuela*. Caracas, 11 (1974) 107.

[448] Eugenio de ALVARADO. "Informe reservado sobre el manejo y conducta que tuvieron los Padres Jesuitas con la expedición de la Línea Divisoria entre España y Portugal en la Península Austral y orillas del Orinoco [1756]". En: DEL REY FAJARDO. *Documentos jesuíticos relativos a la Historia de la Compañía de Jesús en Venezuela*. Caracas, Academia Nacional de la Historia (1966) 251-255.

Capítulo IV

LA REDUCCIÓN-MUNICIPIO (I)

El punto de llegada en el proceso de aculturación que se desarrolló en la gran Orinoquia era la construcción de la identidad y de la libertad en la reducción-municipio.

El estudio del municipio hispánico en Venezuela ha sido suficientemente analizado[449] aunque siempre se pueden descubrir facetas nuevas[450]. Con todo el que podríamos designar como "municipio indígena misional" espera todavía por su obra definitiva[451].

En las Indias hay que concebir el municipio como una verdadera encrucijada identitaria pues la peculiar manera de fundar ciudades y poblados en nuestra América hispana[452] da cuenta suficiente de la importancia que para el conquistador y el misionero representó el planteamiento de esta ecuación.

De facto tuvieron un marco geográfico conceptual que se circunscribía a la Plaza principal, la Iglesia, el Cabildo y el mercado. La buena armonía entre estas instituciones garantizaban el buen funcionamiento del munici-

---

[449] Ramón AIZPURUA AGUIRRE [R. A. A.]. "Municipios". En: FUNDACION POLAR. *Diccionario de Historia de Venezuela*. Caracas, III (1997) 270-275. La bibliografía en la pag., 278.

[450] Allan BREWER-CARÍAS. *La ciudad ordenada. Estudio sobre " el orden que se ha de tener en descubrir y poblar" o sobre el trazado regular de la ciudad hispanoamericana. Una historia del poblamiento de la América Colonial a través de la fundación ordenada de ciudades*. Caracas, Editorial Arte, 2006.

[451] Constantino BAYLE. *Los cabildos seculares en la América española*. Madrid, Sapientia S. A. Ediciones, 1952. Dedica al Cabildo indiano el capítulo XVIII (pp., 363-385.

[452] Véase Allan BREWER-CARÍAS. *La ciudad ordenada...*. Caracas, Editorial Arte, 2006.

pio. Pero esa geografía institucional estaba inspirada en valores más profundos como eran la cultura, el poder y el espacio territorial y su objetivo final consistía en tomar conciencia de la importancia de esta unidad política primaria sobre los cuales había que construir el proyecto modernizador del futuro.

Así pues, el Municipio fue una "institución instrumental" que facilitó aquello que la espada, el fortín y las tropas reales no pudieron forjar: otorgarle el estatus de "permanente" a cada una de las nuevas comunidades fundadas en la Orinoquia, facilitando, subsidiariamente, la construcción de las identidades locales.

Por ello nuestro *Municipio colonial indiano*, como lo bautiza el profesor R. Brewer, nace bajo las coordenadas del principio representativo para la atención de los intereses de la comunidad[453] más que la uniformidad en la división territorial como pretendía la corona española. Además, las enormes distancias que para el hombre de los siglos XVI y XVII representaban las soledades infinitas de la Provincia de Guayana y la débil población de Venezuela, favorecieron una descentralización que acumuló poder en los Municipios, desde su mismo acto de nacimiento[454].

En los orígenes del municipio venezolano podemos distinguir tres fórmulas distintas: la ensayada en la ranchería de perlas de la Isla de Cubagua ya en 1525; la segunda es la de Coro formada por un conquistador-gobernador (Alfinger) con los principales capitanes de sus huestes; y el tercero es el de Nueva Córdoba (Cumaná) a sugerencia de un religioso dominico, el P. Francisco Montesinos[455], que pretendió realizar una conquista pacífica a través de los labradores y desde el comienzo tuvo carácter electivo y en la elección participaban tanto españoles como indígenas.

Sin embargo, puede sonar inapropiado el hablar del "Municipio misional jesuítico" llanero y orinoquense y por ello es necesario hacer algunas precisiones a fin de ubicar al lector en las coordenadas precisas.

El objetivo misional radicaba en poner a los indios en "policía" para después ponerlos en cristiandad. En este sentido entendemos por "reducción" el proceso comprendido entre la captación inicial del indígena en su

---

453 Allan BREWER-CARÍAS. *Introducción general al régimen del Poder Público municipal.* En: AAVV. *Ley Orgánica del Poder Público municipal.* Caracas, Editorial Jurídica Venezolana (2007) 23.

454 *Ibídem.*

455 Alvaro GARCIA CASTRO. "Montesinos, Francisco". En: FUNDACION POLAR. *Diccionario de Historia de Venezuela.* Caracas, III (1997) 236-237.

hábitat y su consiguiente instalación y adaptación a las estructuras y leyes que regían una población misional.

Pero como es natural no todo pueblo implica un municipio entre otras razones porque los recién reducidos carecían de la capacidad para darse gobierno propio y formar "república" que representara el común y las diferentes exigencias de la comunidad.

En consecuencia, esa extensa zona temporal y conceptual que constituye el salto de la prehistoria a la historia es la que trataron de llenar los jesuitas en sus misiones en la Orinoquia y significaron la semilla que con el correr de los tiempos devendría en el municipio. Y para mejor entender este concepto lo designaremos como "Municipio jesuítico misional" (municipio sui generis) que viene a expresar todo el esfuerzo realizado en las selvas del Orinoco y en las sabanas llaneras hoy colombianas y constituirse en el germen de la municipalidad.

Varias etapas es preciso señalar para comprender el nacimiento de esta institución misional en la Orinoquia.

La primera gran dificultad fue comprender que el área geo-humana previa a la reducción como era la selva tropical conllevaba en su esencia dos elementos adversos per se difíciles de superar: el beduinismo y la dispersión.

En efecto, las poblaciones indias nunca eran estables aun en las naciones que se podrían considerar sedentarias. "Unos años los hallareis en un lugar, otros en otro; ora en los montes, ora en las llanuras, cuándo cerca de los ríos, cuándo junto a los arroyuelos. Así alternativamente, qué parte encontraremos en la que ellos, al menos por algún tiempo, no habiten?"[456].

Todavía más, el beduinismo en las etnias del Orinoco muestra una curiosa gama de opciones, desde la proverbial de los yaruros, guahivos y chiricoas[457] hasta las tribus de cierta estabilidad como los achaguas y sálivas[458].

---

456 GILIJ. *Ensayo de Historia americana*, II, 185.
457 GILIJ. *Ensayo de Historia americana*, II, 153: "La nación de los yaruros mudó en mi tiempo de reducción bastantes veces". RIVERO. *Historia de las Misiones,* 150: "Es esta gente [guahivos y chiricoas] muy numerosa; habitan desde los rincones más retirados del Orinoco, del río Meta y del Airico, hasta casi los últimos términos de San Juan de los Llanos; no se ha hallado gente en esta América más parecida a los gitanos de España; andan errantes y vagabundos, casi siempre en continuo movimiento, y por eso no tienen poblaciones, ni benefician tierras, ni hacen labranzas (...). Por esta causa son insignes y contumaces ladrones. . .". GILIJ. *Ensayo de His-*

Si a ello unimos un hábitat disperso en las ingentes soledades de las selvas orinoquenses, habitado por una variedad de etnias y lógicamente de lenguas se entenderá que los ignacianos se encontraban ante un mosaico de hombres con mundos simbólicos distintos expresados en idiomas diversos y ajenos a la existencia de un mundo torturado por los nuevos descubrimientos y en busca de mejores posibilidades de vida[459].

Frente a este abanico de dificultades los jesuitas tuvieron que diseñar los modos de integración y para ello fueron elaborando una psicología aplicada de adaptación misionera en la que se distinguen tres fases netamente diferenciadas: la planificación de la entrada en busca de nuevos ciudadanos; los diversos modos de integrar la embajada a tierras extrañas presidida por el misionero y compuesta de 12 ó 14 indios fieles y dos soldados[460]; y la promesa del cacique indígena que acepta trasladar su gente a una nueva población.

Una vez congregados en una experiencia para ellos inédita surgía un nuevo elemento adverso: el reducido número de futuros ciudadanos. La mayoría de las naciones orinoquenses son incapaces de formar por sí solas una pequeña reducción[461] y cuatro o cinco chozas componen una población india[462]. Y por citar un ejemplo en la reducción de la Encaramada su mi-

---

toria americana, 1, 134: "Semejaate a los guahívos, como en los usos, en la agilidad de la persona y en el innato valor son los yaruros...".

458 AGI. *Santo Domingo,* 634. *Concordia de* 28 *de noviembre de* 1736 *entre el Padre Gmnilla y Fray Salvador de Cádiz.* Caracas, 1736: "Que por cuanto los indios gentiles de las naciones que hay en el territorio mencionado entre las expresadas misiones de la Compañía de Jesús y Capuchinos son todos vagabundos que no tienen pueblo ni territorio prefijo pues viven more peducum mudándose fácilmente de unas partes a otras en donde abundan más las pesquerías y cacerías (...) incluyendo en estas dichas naciones la de los Salivas que habitan en la boca del río Meta". Modernamente se ha descubierto que muchos terrenos de la Orinoquia no son cultivables ni aptos para la agricultura fija; de ahí la necesidad de los cultivos rotativos. Consecuentemente habría que afinar, a la luz de este nuevo concepto, el pensamiento colonial acerca de que algunas naciones eran vagabundas.

459 GILIJ. *Ensayo de Historia americana*, 1, 76. DEL REY FAJARDO. *Aportes jesuíticos* a *la filología colonial venezolana,* 1, 108-154. (Ahí encontrará el lector el número detallado de cada una de las naciones misionadas por los jesuitas y en lo posible su número de habitantes).

460 Podríamos decir que el *Tratado de la entrada misionera* lo han analizado penetrantemente: GUMILLA. *El Orinoco ilustrado,* Parte 1, cap. XXIII y GILIJ. *Ensayo de Historia americana*, III, 90-115; II, 118.

461 GILIJ. *Ensayo de Historia americana*, II, 175.

462 GILIJ. *Ensayo de Historia americana*, II, 186.

sionero atendía a tamanacos, avaricotos, parecas, maipures, avanes, meepures y quaquas[463].

La segunda etapa era también riesgosa y lenta. Pasar de un mundo mítico a uno que comenzaba a regirse por las luces de la historia exigía sabiduría y paciencia. Así lo atestigua enfáticamente uno de los mejores misioneros como es el P. José Gumilla: "El afán y fatigas con que se buscan las familias gentiles por las selvas y bosques, el trabajo para unirlos entre sí y que formen un pueblo regular, el método, paciencia y prudencia que se requiere para irlos desbastando y reduciendo a vida civil para poderles enseñar la doctrina, no es materia de días, ni de meses, sino de años"[464].

Y es natural que la psicología del indígena se viera violentada de entrada por lo insólito de la nueva experiencia[465], por la añoranza de las tierras que abandonaron[466] y la inconstancia[467] que llevaban siempre en su

---

463 GILIJ. *Ensayo de Historia americana*, II, 175.

464 GUMILLA. *El Orinoco ilustrado*, 107.

465 GILIJ. *Ensayo de Historia americana*, III, 60: "Los orinoquenses, siendo para ellos no sólo cosa nueva, sino dificultosísima formar las reducciones, no saben decidirse a entrar en ellas sino movidos por regalos. Es necesario darles hierros con que corten madera, y si se puede, también la comida. Animados así, unos voluntariamente, otros por no contradecir a los demás, se ponen a la obra, escogiendo con sentimiento de los caciques un sitio oportuno para la reducción, cerca del agua, en llano, y no lejano de las selvas de donde cortar madera". RIVERO. *Historia de las Misiones*, 158: "Algunos discurren acerca del gobierno de estos indios, como lo harían de las doctrinas del Reino, sin reparar que mudadas las premisas no vale la consecuencia; para acertar se ha de suponer que vivimos entre indios bozales, cristianos en la apariencia, y en la realidad de verdad gentiles, ariscos, supersticiosos, indómitos y tales que no reconocen más ley que su voluntad propia. Qué fuerza o violencia puede hacer un pobre religioso entre estos bárbaros, estando como cordero entre lobos, careciendo de todo socorro, separado por tres ríos caudalosos y dos días de camino del más cercano pueblo a donde pueda recurrir, con unos indios cuyas resoluciones son tan repentinas y precipitadas, con tantos mojanes que secretamente nos hacen oposición y contradicen al evangelio (...) y son gentiles por vivir sin ley, en las supersticiones y barbaridades del más torpe gentío, desnudos, vagabundos, polígamos, sin cabeza que los gobierne y sin ley humana o divina que los contenga".

466 MERCADO. *Historia de la Provincia*, II, 276-277: "El tránsito de Ele a Tame era dificultosísima, lo uno porque a los indios se les hace durísimo el dejar los montes donde tienen sus labranzas, pareciéndoles que no las tendrán en otra parte, y como tienen ya beneficiadas sus tierras se les hace cima el desprenderse de sus montañas y mendigar las ajenas...".

467 GILIJ. *Ensayo de Historia americana*, II, 153: "La reducción que ahora les agrada no es nunca prudentemente de esperar que les haya de gustar a ellos más adelante. Si se atendiera a lo que es agradable, habrían de transportarse las casas a sitio que

psique, y en consecuencia ese impacto tan fuerte les sugería la huida de la misión.

Además, la política jesuítica de aceptar sólo temporalmente las poblaciones pequeñas[468] para proceder más tarde a crear reducciones grandes, llevó consigo un cercenamiento de la libertad individual de las pequeñas naciones en pro de la convivencia comunitaria exigida desde todos los puntos de vista[469]. También respecto a la ubicación de las reducciones había que hacer coincidir dos intereses a veces contrapuestos: las aspiraciones de los indígenas y las exigencias de la Compañía de Jesús que provenían de una concepción funcional de todas las misiones. "Hacen pues -dice Gilij- sabiamente los misioneros como una cadena de poblaciones a las orillas de los ríos, tanto para ventaja propia, pues en caso de invasión pueden huir en barca, como por común utilidad, sacando de las reducciones comida y remeros aquellos españoles que pasan por allí para sus negocios, o para el servicio del rey"[470].

A lo largo de los siguientes acápites intentaremos reconstruir todo el proceso recorrido por las reducciones para llegar a fundar los cimientos de la "Reducción-Municipio". Y comenzaremos por la estructura de gobierno.

Hasta el momento no conocemos ningún estudio que trate de reconstruir la estructura social y política de una reducción levantada por los igna-

---

les gustara más. Habría de formarse la reducción ora al lado de los ríos para tener pescado, ora en los montes más altos para encontrar a gusto de ellos jabalíes. En sus selvas nativas no habitan ordinariamente en un sitio sino poco tiempo. Si alguno, como es necesario, se muere, se ponen al hombro sus enseres y se van a morar a otra parte".

468 RIVERO. *Historia de las Misiones,* 164: "No pretendía el P. Neira lo que por ventura juzgaban muchos que era el formar poblaciones chiquitas, en las cuales sería más el ruido que las nueces, además de multiplicar los operarios que las cuidasen, con gastos más crecidos". Casi 80 años más escribía el P. Manuel Román al P. José Gumilla desde Cabruta el 11 de junio de 1741; "Estando los carives como están no me atrevo a estenderme, por las pocas fuerzas que tenemos: en haciendo las ciudades, que V.R. y yo deseamos en este Orinoco haremos muchos pueblos, mientras recogeremos la red y echaremos el anzuelo, y se pescará lo que se pueda" (AGI. *Santo Domingo,* 634).

469 GILIJ. *Ensayo de Historia americana,* 1, 74: "Al principio no tuve en la misión sino sólo a los tamanacos. Como éstos eran bastante pocos, fue necesario agregarles primero a los maipures, después a los avaricotos y finalmente, dos o tres años antes de mi partida, a los parecas". En el problema de la convivencia comunitaria misional también hay que tener presente la inadaptación del misionero, su falta de tacto, etc. sobre todo con las naciones más difíciles y belicosas.

470 GILIJ. *Ensayo de Historia americana,* II, 45-46.

cianos en los territorios llaneros pues sus cronistas quizá asumieron que el gobierno de una población era normal y no mereció ninguna alusión en sus escritos. Por el contrario el escritor orinoquense Felipe Salvador Gilij dedicó el Libro IV del *Ensayo e Historia americana* a lo "político de los orinoquenses"[471].

Gracias a una carta escrita el 2 de julio de 1737 por el P. José María Cervellini llegamos al conocimiento de la estructura política de una población llanera y como es el único documento de primera mano que poseemos la transcribimos textualmente: "Respecto al gobierno civil de esta tribus: el *cacique*, al igual que un pequeño príncipe, las preside con la suprema autoridad y se sirve para la más cómoda administración de su pueblo de un *teniente*; a éste, como hay muchas parcialidades en estas tribus, el cacique agrega la misma cantidad de *capitanes* y éstos a su vez tienen sus lugartenientes llamados *alcaldes*. Los últimos cumplen con las órdenes y disposiciones dadas a ellos a través de otros oficiales menores llamados *alguaciles*"[472].

Así pues, el gobierno general de las reducciones correspondía a los misioneros mientras los neófitos vivieran la infancia de la vida cristiana[473]. En la región de los Llanos, cuando ya estaban estructuradas las reducciones, residían dos jesuitas. El primero era el "Cura doctrinero" y estaba encargado de atender a los indígenas del poblado y presidía "a los cristianos reunidos en cierto ensayo de comunidad". El segundo se denominaba el "Cura misionero" y su misión consistía en buscar a los miembros de la etnia que estaban todavía dispersos por las montañas y debían poseer especial "virtud tanto real como espiritual" pues se exponen a "numerosos peligros y deben usar miles de artificios para sacarlos de sus cuevas y para atraerlos a sí'"[474].

En las Misiones del Orinoco a duras penas podían cumplir con esa dualidad aunque existía un grupo de "misioneros volantes" que cumplían también con los mismos oficios que los "Curas misioneros"[475].

---

471   GILIJ. *Ensayo de Historia americana*, II, 169-291.
472   *Carta del R. P. José María Cervellini al R. P. Francisco Pepe*. Misión de los Llanos el 2 de julio de 1737. En: DEL REY FAJARDO. *Documentos jesuíticos*, III, 342. [Pertenece a la carta n°., 568 del *Welt-Bott*.]
473   GILIJ. *Ensayo de Historia americana*, III, 122.
474   *Carta del R. P. José María Cervellini al R. P. Francisco Pepe*. Misión de los Llanos el 2 de julio de 1737. (En: *Documentos jesuíticos*, III, 339).
475   GILIJ. *Ensayo de Historia americana*, III, 90.

Por debajo se encontraban los caciques y todo el aparato que acabamos de mencionar. Mas cuando era requerido cualquier trabajo de los indígenas de la reducción por los forasteros la contratación dependía de los caciques y fiscales. Como si se tratara de un sindicato moderno había que escucharles sus razones, es decir, si gozan de la salud adecuada, si están en condiciones de prestar el servicio y si van de buena gana y si "dicen sin violencia alguna que sí, se pasa a establecer el precio de sus fatigas". Pero el misionero, oída la opinión favorable accedía o no pues se trataba de "mantener lejos de ellos los engaños de algunos forasteros, y tomar cuidado de su salud, de sus ventajas temporales y de la tranquilidad de las familias"[476].

En la misión del Orinoco la estructura de gobierno era más simple pero trataba también de respetar la organización indígena y significaba el primer paso de la representatividad ciudadana. Por debajo de los caciques estaban los alcaldes bajo cuyo nombre "se comprenden los magistrados anuales de los poblados y a ellos (si fueran capaces) les compete propiamente su inmediato gobierno". En un escalón inferior estaban los fiscales a quienes era encomendado "el cuidado de los muchachos de la doctrina, de castigarlos en sus pequeñas faltas y de mantenerlos dentro de su obligación". Y añade a continuación: "Estos también cambian cada año"[477].

Aunque no aparece muy claro el método de elección de estos cargos sin embargo por el testimonio del P. Gilij sabemos que esas autoridades eran "escogidas con el consejo de los caciques" y se mudaban "fijamente al comienzo de cada año, [y] son el objeto de sus deseos más ardientes"[478]. Y sobre las insignias añadirá que la pequeña vara que lleva el fiscal se distingue de la del alcalde que es más larga y "como si fuera insignia de soberanos, les parece un cetro"[479].

Al Gobernador español de la provincia correspondían las causas criminales y mayores[480] y a la escolta se le adjudicaba la de custodiar el orden y la ley entre los indios de la reducción[481] y conforme se iba avanzando en la vida cívica los mismos caciques, muchas veces, exigían soldados para su

---

476 GILIJ. *Ensayo de Historia americana*, III, 121.
477 GILIJ. *Ensayo de Historia americana*, III, 331.
478 GILIJ. *Ensayo de Historia americana*, III, 149.
479 GILIJ. *Ensayo de Historia americana*, III, 149.
480 GILIJ. *Ensayo de Historia americana*, III, 121.
481 GILIJ. *Ensayo de Historia americana*, II, 305.

reducción⁴⁸². Los detenidos pagaban su pena bien en el cuartel de los soldados o según las circunstancias eran mandados a otras reducciones "o castigados moderadamente al arbitrio de sus caciques"⁴⁸³.

En definitiva, todo indio reducido gozaba de libertad de acción, pero debía solicitar permiso del doctrinero: primero, cuando tuviera que abandonar algunas de las funciones o actividades acostumbradas, para evitar las fugas; segundo, cuando los forasteros solicitaban la contratación de los indígenas, para evitar el abuso de los extraños; y tercero, cuando sus faltas exigían un castigo moderado⁴⁸⁴.

Como principio general los jesuitas trataron de respetar las estructuras políticas y sociales que tenían las respectivas etnias antes de reducirse. Pues como observará el italiano Gilij tenían jefes a los que obedecían "de alguna manera", ejercicios de paz y de guerra así como "conocimientos no despreciables de todo"⁴⁸⁵.

Las sociedades indígenas que el misionero conoció en el río Orinoco todas estaban compuestas con una jerarquía que comenzaba por el cacique, seguía por los nobles y concluía en los plebeyos. Y sobre esa clase de nobles añadirá que "demuestra su progenie el aire civilizado y el color de la piel, ordinariamente más hermosa, la demuestra cierta natural superioridad en los concilios de la nación"⁴⁸⁶.

El gobierno de los caciques era "en parte monárquico y en parte aristocrático". Cuando el peligro de guerra se cernía sobre la comunidad los caciques "se unen todos en un lugar a consultar". En estas asambleas tienen voto también "todos los nobles que intervienen". Los plebeyos "están sometidos a su decisión" y la asamblea decide quién de los caciques presentes dirigirá la guerra u "otro que sea de la clase de los nobles" para que los mande a todos durante la guerra. Esta especie de aristocracia es "sólo para los casos de guerra". Y añade Gilij que estas asambleas "parece el mayor acto de la potestad legislativa de los orinoquenses". Pasado el peligro de guerra cada cacique se retira a su población y allí pasar sus días "en el trabajo de la tierra, en la caza y en la pesca y en otras pequeñas tareas,

---

482   GILIJ. *Ensayo de Historia americana*, II, 309.
483   GILIJ. *Ensayo de Historia americana*, III, 121.
484   GILIJ. *Ensayo de Historia americana*, III, 121.
485   GILIJ. *Ensayo de Historia americana*, II, 170.
486   GILIJ. *Ensayo de Historia americana*, II, 170.

cantando también él a sus tiempos y divirtiéndose en los bailes comunes y en los juegos de la nación"[487].

En tiempo de paz el gobierno del cacique "no es más que un débil comienzo de reino"[488]. Ciertamente es la cabeza de la comunidad. Cuando se trata de diversiones, por ejemplo, para tomar chicha "es puntualmente obedecido de todos" pero cuando la tarea se refiere a las labores de la población "con gran trabajo halla quien le escuche". Y podemos concluir que la gestión de estos mandatarios es débil pues no hay penas fijas para los transgresores. Y "todas las deliberaciones son tumultuarias, aun las más importantes, y las decisiones más serias son tomadas entre borracheras y bailes"[489].

Sin embargo no escapa a la perspicacia del escritor italiano que "cuanto más ruda y vagabunda es una nación, más perezosa y dada al ocio, más reina en ella todavía la libertad. En las naciones comerciantes y guerreras, descubro un aumento mayor en la política, una subordinación mayor hacia los caciques, un cierto aparato de majestad, un mandar más serio"[490].

Y cita el ejemplo de los guaypunabis, habitantes del alto Orinoco, cuyos jefes "tienen cierto aire de señorío". Macapu y Cuséru "sostuvieron con mucho decoro su cargo. Tuvieron sometida a ellos a gente valerosa, y castigando a tiempo a los desobedientes, vieron florecer de alguna manera tolerable su reino"[491]. Pero en su destierro de Roma todavía tenía un recuerdo vivo de Imu, comandante de los marapizanas quien "venció a todo cacique en el arte de mandar". Le impresionó la visita que le hizo Imu al P. Francisco del Olmo, misionero del Raudal de Atures, pues se presentó con una comitiva de 100 de los suyos "armados todos de mazas y de escopetas, mientras que él no llevaba sino el bastón de mando". Y mientras duró la visita dos marapizanas por turno, "con el fusil al hombro a modo de soldados, paseaban arriba y abajo en la casa del cacique y le hacían continuamente guardia"[492].

En las reducciones cristianas todo cacique "conserva sus antiguos títulos"[493] y gozaba de dignidad perpetua y hereditaria excepto en caso de

---

487 GILIJ. *Ensayo de Historia americana*, II, 171.
488 GILIJ. *Ensayo de Historia americana*, II, 172.
489 GILIJ. *Ensayo de Historia americana*, II, 171-172.
490 GILIJ. *Ensayo de Historia americana*, II, 173.
491 GILIJ. *Ensayo de Historia americana*, II, 174.
492 GILIJ. *Ensayo de Historia americana*, II, 174-175.
493 GILIJ. *Ensayo de Historia americana*, II, 173.

rebelión contra su soberano[494]. En la misión únicamente usaban bastón de mando con pomo de plata y en la iglesia ocupaban un sitial de honor[495]. Sin embargo, los jefes caribes portaban como insignia la "chaguala", ornamento confeccionado en madera plana y recubierta con una chapa de plata; se ataba al cuello con cordones de algodón "que penden graciosamente por las espaldas de quien la lleva"[496]. Generalmente ni el misionero, ni los capitanes de escolta, ni el gobernador decidían nada sin antes escuchar el parecer del cacique o caciques[497].

A los *alcaldes* correspondía el gobierno ordinario e inmediato del pueblo y eran elegidos anualmente. Y los *fiscales*, igualmente electos por un año, eran los encargados de celar por el cumplimiento de la justicia y los ejecutores del castigo por las faltas cometidas[498].

Otro punto interesante en la evolución jurídica de los pueblos misionales lo constituiría el proceso de transformación de reducción en curato y de curato en población municipal regida por la autoridad civil competente.

Ciertamente el régimen misional en Venezuela guardó sus características propias. Los religiosos dependían jurídicamente de forma directa de sus respectivos superiores religiosos y de forma indirecta del Obispo de la diócesis en donde laboraban. Por las Leyes de Indias, una vez integrada de forma estable la población misional la Orden religiosa le pasaba al clero secular la correspondiente reducción convertida en curato. Posteriormente, también el Estado fue exigiendo el control último de las poblaciones sobre todo cuando se fue incrementando el ritmo del nuevo estatismo a lo largo del siglo XVIII.

El coronel Eugenio Alvarado muestra claramente su deseo regalista de que el gobierno de cualquier pueblo –se refiere a los jesuíticos- pasase a beneficio del Soberano, "esto es, conforme a las leyes, se demorase a los diez años el pueblo de Misiones, y que entrase en él un Párroco y una Jurisdicción Real"[499].

Pero el espíritu insidioso del coronel calla que en diversas ocasiones los jesuitas habían pretendido entregar sus doctrinas a la mitra. En 1711,

---

494   GILIJ. *Ensayo de Historia americana*, II, 331.
495   GILIJ. *Ensayo de Historia americana*, II, 173.
496   GILIJ. *Ensayo de Historia americana*, II, 64; 172-173.
497   GILIJ. *Ensayo de Historia americana*, II, 173.
498   GILIJ. *Ensayo de Historia americana*, III, 331. Alvarado. *Informe reservado,* 253.
499   Eugenio ALVARADO. *Informe reservado,* 281.

por orden expresa del General de la Compañía de Jesús, obligó a las autoridades jesuíticas neogranadinas hacer entrega inmediata de las Misiones de Casanare pero ni el Protector de los naturales, ni el fiscal de la Audiencia, ni el arzobispo bogotano aceptaron la renuncia tanto por el peligro de que los indígenas se retiraran a las montañas como por carecer de sacerdotes que supiesen las lenguas de los indígenas[500]. Esta disposición se fue repitiendo a lo largo del siglo y la última perteneció al Provincial Manuel Balzátegui según se desprende de una comunicación escrita por el superior jesuita al Virrey el 31 de mayo de 1767[501].

Sin embargo, ya los jesuitas venezolanos sintieron la presión de las nuevas corrientes gubernamentales como veremos a la hora de tratar el problema de las escoltas. El propio Gilij es claro al afirmar que el gobierno misional "no era perpetuo" y si fue entregado a los religiosos es porque en los comienzos fueron considerados como los "más suaves gobernantes". Y a continuación añade que el control civil de las poblaciones misionales era un paso que tendría que darse y más si la persona elegida reunía las condiciones de ser "honrada, prudente y caritativa, amante no de la propia sin de la común utilidad?"[502].

La mayor inversión que realizó la Compañía de Jesús para sembrar el alma de la municipalidad en cada una de las nuevas poblaciones fue la educación de la juventud y la formación religiosa de la población. Un segundo paso se centró en crear aquellas tres estructuras sobre las que debía reposar la reducción-municipio: el aseguramiento de la subsistencia, la capacitación de los recursos humanos para el trabajo y la adquisición de la ciudadanía a través del nuevo concepto de población municipal.

La primera preocupación era la subsistencia. Así se explica la insistencia en la intensificación y mejoramiento de la agricultura[503]. Con el tiempo el alejamiento de algunas naciones de su entorno selvático o sabanero era compensado por la introducción de tecnologías que observaban la rotación de cultivos, la cría de animales domésticos, el uso de arados de

---

500   Juan M. PACHECO. *Los jesuitas en Colombia*, III, 488.

501   ANB. *Miscelánea*, 89, fol., 712. *Carta del P. Provincial, Manuel Balzátegui, al Virrey*. Del Colegio Máximo, 31 de mayo de 1767.

502   GILIJ. *Ensayo de Historia americana*, III, 122.

503   GILIJ. *Ensayo*, III, 67. Cada domingo, concluida la misa, el Misionero daba órdenes para los que habían ausentarse a sus sementeras, hacer de bogas, peones u otra ocupación que le obligara a ausentarse del pueblo; las determinaciones quedaban registradas en unos cuadernillos, llamados *Diarios*, a través de los cuales se controlaba el trabajo y los jornales (ALVARADO. *Informe reservado*, 253).

rastreo y de surco de suelos, frutales y en definitiva por la adopción de una alimentación proteínica con el pescado y la carne aunque la fertilidad de los conucos les obligara a hacer sus rozas lejos del mismo Orinoco[504].

De forma paralela se procedía a la creación del "hato" que debía satisfacer las necesidades comunes así como también ser subsidiario a la labor que suponían las tierras para sementeras de plátano y yuca generalmente[505]. De este modo se beneficiaban las viudas, se sustentaban los niños de la escuela, los huérfanos y los enfermos[506].

La segunda gran preocupación se dirigía a la formación de los recursos humanos, a la capacitación de los indígenas en sus respectivos oficios y a dotar de una infraestructura económica al futuro de la reducción.

De esta forma se gesta una nueva clase laboral de acuerdo con los diversos oficios que se generó desde el peonaje hasta la mano de obra cualificada. Asimismo se fue abriendo la reducción-municipio a indígenas forasteros y trabajadores no indígenas que se regirían por el sistema del concierto[507].

La tercera preocupación se centraba en levantar la "Reducción progresivamente ordenada" tanto en sus espacios físicos, como en las exigencias de la nueva convivencia social, religiosa, laboral y cultural. La formación integral del indígena en su entorno geosocial modificó la vida del nativo con nuevas pautas culturales que, tarde o temprano, hubieran tenido que adoptar.

El punto de partida de esta ingente tarea misional y humana hay que fijarlo en la ausencia de conciencia histórica, familiar, social y nacional y por ende de un pronunciado estancamiento cultural y económico.

Más adelante veremos cómo la estructura de gobierno se fundamentaba en el respeto a las jerarquías políticas indígenas previas a la reduc-

---

504 Daniel de BARANDIARAN. "El Orinoco amazónico de las Misiones jesuíticas". En: José DEL REY FAJARDO (Edit.). *Misiones jesuíticas en la Orinoquia*. San Cristóbal, II (1992) 318.

505 SAMUDIO, Edda O. "Las haciendas jesuíticas de las misiones de los Llanos del Casanare, Meta y Orinoco". En: José DEL REY FAJARDO (Edit.). *Misiones jesuíticas en la Orinoquia (1625-1767)*. San Cristóbal, I (1992) 748.

506 GUMILLA. *El Orinoco ilustrado*, 514. ALVARADO. *Informe reservado*, 252.

507 ALVARADO. *Informe reservado*, 244. RUEDA. "El complejo económico administrativo de las haciendas...". *Boletín Cultural y Bibliográfico*, 7-8. Los concertados tributarios recibían un trato especial pues en esos casos era la hacienda la que tenía que pagar el tributo que se les descontaba del pago.

ción[508] y en la progresiva adaptación a los modelos indianos de participación y representatividad[509]. Las funciones policiales estaban asignadas a las Escoltas[510], así como la salud se convirtió en una dura preocupación de los misioneros pues trataron de llevar a cabo desde la prevención de las medicinas necesarias[511], hasta las boticas[512] y pequeños centros asistenciales que colaboraran a la beneficencia organizada, como el de Pauto[513].

Quisiéramos concluir este apartado del gobierno de las reducciones con un juicio del autor del *Ensayo de Historia Americana:* "Un río donde antes no dominaba sino la barbarie y donde no se podía viajar más que con el fusil en la mano y el gatillo levantado, se recorre ahora por todos, indios y españoles, con seguridad"[514].

---

508   GILIJ. *Ensayo*, II, 173. En el ámbito económico también aprovecharon las infraestructuras existentes. Nancy Morey ha estudiado la vigencia de redes comerciales indígenas, hecho que es muy importante a la hora de visualizar la acción misionera y su expansión (Robert V. y Nancy MOREY. *Relaciones comerciales en el pasado en los Llanos de Colombia y Venezuela.* Caracas, 1975).

509   GILIJ. *Ensayo*, III, 331. ALVARADO. *Informe reservado*, 253. ANB. *Temporalidades*, t. 5, fol., 788v: "... en este año [1745] pidió el P. Gumilla, superior de las Misiones, dos títulos uno de alguacil mayor y otro de notario...".

510   Para las Escoltas nos remitimos a: José DEL REY FAJARDO. "Las escoltas militares en la misiones jesuíticas de la Orinoquia (1661-1767)". En: *Boletín de la Academia Nacional de la Historia.* Caracas, t. LXXVIII, n°, 311 (1995) 35-69.

511   El H. Agustín de Vega quien al describir al misionero dice: "... [es] un amoroso Padre de familia, que tiene prevención de medicinas, quantas puede adquirir, y el libro de mayor importancia despues de los necesarios, que nunca les falta, es alguno de medicina" (Agustín VEGA. *Noticia*, 105).

512   El P. Gilij, desterrado en Roma, recordará en 1780 la visita que le hizo al autor de *El Orinoco ilustrado* en su reducción de Betoyes el año 1749 y escribirá: "En su casa, o cabaña, tenía toda suerte de útiles medicinas caseras, y al primer aviso del fiscal, dedicándose como amorosa madre a cuidarlos, era todo agilidad, todo prontitud, todo alegría. Yo estaba a su lado sorprendido de sus dulces maneras. (...) Y movido del ejemplo de tan gran hombre, una vez que hube llegado al Orinoco me afané por imitarle en algo" (GILIJ. *Ob. cit.*, III, 81-82).

513   AGI. *Santafé*, 249. *Testimonio de los Autos hechos a pedimiento del Padre Procurador General de la Religión de la Compañía de Jesús de la ciudad de Santa Fe... cerca de la escolta y lo demás que han pedido se de para el fomento de las misiones de la Provincia de Orinoco*, fol., 77v. Semejantes declaraciones aducen los otros testigos: José Ruiz Romero (fol., 62v-63); Salvador Esparza (fol., 52v).

514   GILIJ. *Ensayo de Historia americana*, I, 77.

La situación del indígena en el momento de ingreso de los jesuitas

La visión del autóctono en el momento del contacto con la Compañía de Jesús es ciertamente deprimente: no había en el Llano blanco, ni mestizo que no se sirviese de los achaguas para las tareas más penosas[515]. Todavía más, el pueblo achagua no sólo había sido condenado al servicio personal, sino a ser vendido como esclavo "y hacían sacas muy cuantiosas para proveer a todo el reino, como es notorio"[516].

El conflicto social se había consagrado como una expresión obligada de la injusticia, del desprecio de la ley y de la impunidad ante todo tipo de desafueros cometidos por representantes del estatus y de privilegiados que nunca faltan en la forzada convivencia entre vencedores y vencidos.

Y el clima de opresión y esclavitud se mantenía casi inflexible a la llegada de los jesuitas a los Llanos. En 1729 escribía el P. Juan Rivero: "Todavía están vivas las memorias, aún en lo más retirado del Airico, de las tiranías y opresiones que ejecutaron con los indios estos establecedores de la paz, no obstante haber pasado más de ciento veinte años. En su fantasía creen oír los estallidos de la pólvora y el estruendo militar, y ver las argollas y dogales, pues todo esto se imprimió de tal manera en su cortedad y pequeñez de ánimo, que aún en los arcabucos y malezas les parece no estar seguros de los antiguos invasores; los troncos se les figuran soldados, las ramas arcabuces y lanzas, y el ruido de los árboles al soplo de los vientos les parece el de un ejército que se acerca. Tal fue el terror de estos pobres bárbaros, producido por la tiranía de los conquistadores"[517].

Ciertamente que el primigenio ensayo de implantación de las instituciones hispanas en el hábitat llanero y en las estructuras sociales indígenas se realizó bajo el signo de la codicia: "Esta fue la que desde el principio de la conquista de los Llanos precipitó a muchos hasta perder el respeto a Dios y a sus Ministros, a la justicia, a la razón y a los buenos consejos, todo lo cual debían haber atendido y profesado los que, apropiándose el título de conquistadores, faltaban a las obligaciones de tan honroso título, para conseguir sólo un fin que estaba envuelto en el polvo de la tierra y de

---

515   RIVERO. *Historia de las Misiones...*, 32. Y en la página siguiente explicita: "... apenas había mestizo en estos Llanos, por pobre que fuese, que no se sirviese de *Macos* Achaguas y se consideraban más ricos los que tenían mayor número de ellos a su servicio".

516   RIVERO. *Historia de las Misiones...*, 33.

517   RIVERO. *Historia de las Misiones...*, 23

su interés personal, olvidando sus deberes de caballeros y de cristianos que eran los que debían atender"[518].

Dos alusiones interesantes para la historia social del Llano se desprenden de los textos jesuíticos de la época: la presencia de achaguas en las minas[519] y en la industria del algodón. La primera referencia no especifica lamentablemente el lugar pero suponemos que se refiere a los establecimientos de la cordillera; la segunda estaba radicada en Santiago de las Atalayas y por su vigor y colorido la transcribimos íntegramente: "Era mucho el obraje que había entonces sobre beneficiar el algodón: para eso tenían ramadas muchas y capaces, y en ellas, como si fueran cárceles o mazmorras, de Berbería, tenían encerradas a estas gentes, atareadas todo el día en desmotar e hilar el algodón, más oprimidos y sujetos que si fueran esclavos. No perdonaban sexo ni persona semejante ejercicio, pues no solamente las mujeres, para quienes es más propia esta ocupación, se empleaban en ella, sino hasta los varones para quienes es indigna la operación de hilar, la cual desdeñan aun los bárbaros; y hasta los niños tiernos, cuya delicadeza y edad pedía dispensación en el trabajo; todos sacaban fuerzas de flaqueza para hilar el día entero y cumplir su tarea, sobreponiéndose a la falta de vigor, el temor del castigo, y la crueldad de los amos"[520].

En el ámbito de las "entradas" se remonta a las acciones del capitán Alonso Jiménez llevadas a cabo hacia 1606, las posteriores del Capitán Lázaro de la Cruz y las de un capitán desconocido hacia 1661; todas ellas acaban con el exterminio de los achaguas[521]. Este capítulo lo concluye Rivero: "Sería nunca acabar si hubiera de contar por menudo todas las extorsiones y molestias padecidas por estos miserables indios, no entre los alarbes africanos, ni entre los alfanjes de Turquía, sino entre hombres católicos, nacidos y criados en los brazos de la iglesia romana; basta por ahora lo dicho para que se vea la tiranía e insolencia con que eran tratados estos pobres, como si fueran brutos, y no criaturas racionales hechas a semejanza de Dios como los demás hombres"[522].

---

518 RIVERO. *Historia de las Misiones...*, 22-23.
519 RIVERO. *Historia de las Misiones...*, 24.
520 RIVERO. *Historia de las Misiones...*, 32.
521 RIVERO. *Historia de las Misiones...*, 23-26.
522 RIVERO. *Historia de las Misiones...*, 27.

Las relaciones indígenas-escolta militar

Otro capítulo es el relativo a las relaciones que debían regir entre la escolta y los indígenas pues en las causas criminales era el capitán del ente militar el facultado para aplicar la ley.

No son muy explícitas las fuentes jesuíticas en recoger este tipo de información pero nos ha quedado un relato sumamente interesante del Hermano Agustín de Vega, jesuita no sacerdote que ayudaba a los sacerdotes en las tareas misionales, quien escribe una interesante Crónica de la vida en las reducciones orinoquenses cuyo valor primordial proviene del hecho de que se trata de una historia narrada por los de abajo y al margen de las categorías oficiales[523].

Vega refiere cómo se presentaron en el Raudal de Carichana dos portugueses y varios indios cabres que provenían del alto Orinoco. Noticiado el Superior de esta sospechosa visita envió la escolta para verificar la información. Una vez capturados fueron llevados presos a Pararuma. El capitán los condenó a muerte "alegando que aquella gente era comedora de carne humana y el portugués (principal, don Agostinhos) porque había andado mucho tiempo con ellos [los cabres]..."[524].

Por pura coincidencia pasaba por Pararuma el Hermano Agustín de Vega y habiéndose enterado del asunto se presentó ante el Superior de la Misión que no era otro sino el P. Manuel Román quien posteriormente realizaría su viaje por el Casiquiare y llegaría hasta Barcelos.

Pero dejemos que sea el propio protagonista quien narre la escena. Preguntado el Superior de las razones que habían motivado tan brutal decisión, le contestó: "El Padre me dijo que porque habían destruido muchas gentes y porque comieron sus carnes. Yo le dije que no era ese motivo bastante, porque los unos eran gentiles y no se les había puesto ni menos explicado la Ley de Dios, sin haberse criado bajo el Señorío ni recibido ley alguna que les obligara a nada. Los otros, esto es los Portugueses, tampoco se les podía castigar, pues eran de otro Dominio y en ninguna parte se castiga a los que son de otros Reinos, y más cuando vienen buscando la Cristiandad como nos dicen, por no perecer entre los gentiles, y que una sospecha no era bastante para quitar la vida a nadie. Además que aunque la sos-

---

523 Agustín de VEGA. *Noticia del principio y progresos del establecimiento de las Missiones de gentiles en la río Orinoco por la Compañía de Jesús*. Estudio introductorio: José del Rey Fajardo sj y Daniel de Barandiarán. Caracas, Academia Nacional de la Historia, 2000.

524 VEGA. *Noticia...*, 698.

pecha fuera bien fundada, ya se había falsificado, con haber el Portugués rendido las armas y haberse dejado aprisionar. El Padre Superior quedó suspenso a mis razones y antes de que me dieran respuesta alguna, le añadí: "Yo voy con su licencia a que el Capitán me entregue los dos de Portugal cuanto antes, pues es un absurdo el que iba a cometer contra el Derecho de las Gentes. Y diciendo esto me salí. Dicho Padre Superior, al salir yo, me dijo: ¡Vaya y pida los Portugueses, que yo sacaré a los Indios!"[525].

Y califica la trascendencia de este acontecimiento el historiador guayanés, Daniel de Barandiarán: "¡Un hermano auxiliar dando lecciones de derecho natural y de hombría de bien a sus Padres Superiores y al Oficial superior militar español del área! ¡Algo nunca visto en ninguna Crónica americana![526].

Y concluye nuestro cronista: "A estas ignorancias estamos sujetos en estas partes de caer en manos de estos más brutos que los mismos Indios, revestidos de los fueros de jueces..."[527].

En verdad es necesario ubicar este juicio de valor que da el jesuita sobre el Capitán de la escolta. El aludido era Felizardo de Almazán quien realizó papeles bien pobres en la lucha con los caribes y además lo pinta Vega como hombre mezquino y cobarde[528]. En general los capitanes de escolta fueron hombres honestos y valientes hasta derramar su sangre por defender a las misiones como por ejemplo el Capitán Domingo Zorrilla[529].

La libertad reduccional

Después de haber recorrido los espacios en que se desarrollaba la vida de los indígenas bien frente a los hombres fuertes de la conquista, bien también ante la autoridad militar que servía de policía y a veces de juez

---

525   VEGA. *Noticia...*, 698-699.
526   Daniel de BARANDIARAN. "La crónica del Hermano Vega 1730-1750". En: Agustín de VEGA. *Noticia del principio y progresos del establecimiento de las Missiones de gentiles en la río Orinoco por la Compañía de Jesús*. Estudio introductorio: José del Rey Fajardo sj y Daniel de Barandiarán. Caracas (2000) 132.
527   VEGA. *Noticia...*, 698.
528   VEGA. *Noticia...*, 753.
529   GUMILLA. *El Orinoco ilustrado*, 138: "... el capitán don Domingo Zorrilla, riojano honrado y de gran valor, que no tanto como jefe principal de aquellas Misiones cuanto como operario insigne en ellas por más de dieciocho años, en continuados y arduos viajes a pie, ya por lagunas, ya por montes inaccesibles, librándolos de las asechanzas de los gentiles y aun de la muerte repetidas veces".

nos resta todavía responder a la pregunta ¿qué libertad dejaban atrás en su historia de vida estas naciones y qué libertad adquirían una vez constituidos habitantes del municipio hispano?

En ningún momento pretendemos introducirnos al sugerente mundo del concepto de libertad que gozaban los nativos de las selvas ni cómo concebían la que les ofrecía la Misión pues sería penetrar en el mundo de las conjeturas ya que ni siquiera la Europa de mediados del siglo XVII había hallado un concepto claro sustitutivo sobre la misma, heredada de la escolástica. Mucho menos podríamos exigirle al nuevo mundo carente de la perspectiva que genera la responsabilidad individual y del llamado miedo al futuro sobre las biografías personales y sociales.

Ha sido el jesuita italiano Felipe Salvador Gilij quien ha penetrado el dilema que vivía el indígena ya reducido en pueblos misionales: su propensión para regresar a sus montes o seguir a disgusto en su nueva vida[530].

El autor del *Ensayo de Historia americana* distingue dos tipos de naciones: las de carácter "cimarrón y huidizo" cuyo estudio ocuparía todo un extenso e interesante volumen; y las no tan "cimarronas" entre las que cita el misionero, entre otras, a los maipures quienes por "su afición al comercio con los indios reducidos y la utilidad que de ello redunda en su beneficio" los hace no propicios a la huida[531].

Y dentro de estas migraciones todavía diferencia el misionero de La Encaramada dos clases de fugitivos: los jefes de la rebelión "porque les desagrada la nueva vida profesada como cristianos" y los que no lo son quienes "casi por fuerza siguen las huellas ajenas"[532].

Sin embargo no siempre las huidas tenían éxito porque en muchos casos eran los hijos los que añoraban la escuela y solicitaban el regreso a la Misión y añade el escritor que el amor que profesan éstos al misionero es vital, "pues esta inclinación es no raras veces el más poderoso motivo para frenar en parte el corazón voluble de los padres"[533].

Con todo los jesuitas eran conscientes de que la raíz de esta actitud radicaba en la "inconstancia" del indígena ya que hasta "en sus selvas nativas no habitan ordinariamente en un sitio sino poco tiempo". Ligeros de

---

530 GILIJ. *Ensayo de Historia americana*, II, 154-158.
531 GILIJ. *Ensayo de Historia americana*, II, 155.
532 GILIJ. *Ensayo de Historia americana*, II, 158.
533 GILIJ. *Ensayo de Historia americana*, II, 157. En este mismo texto explica Gilij los medios que debía utilizar el misionero para poder hacer regresar a los fugitivos.

equipaje, si alguno de ellos fallece "se ponen al hombro sus enseres y van a morar a otra parte". Por ello no es de extrañar que sugieran que debe levantarse "la reducción ora al lado de los ríos para tener pescado, ora en los montes más altos para encontrar a gusto de ellos los jabalíes" y alternativas por el estilo. Y la conclusión es obvia pues "llegados a las reducciones no se despojan de este genio que les es demasiado querido"[534].

Ciertamente que la "inconstancia" de nuestro indígena nos asoma a esa cosmovisión nativa en la que no existe todavía la capacidad de entender la linealidad pasado, presente y futuro en la búsqueda de mejores aspiraciones, ni tampoco hay clarividencia en las opciones que se podrían abrir en sus horizontes de vida porque en lo personal no se da ninguna vinculación a la responsabilidad que conllevan sus acciones.

En este contexto cabe preguntarse: ¿Cuáles eran las opciones de futuro que se les ofrecían a las naciones débiles del Orinoco?

Es lógico pensar en la primera, a saber, en mantener su status ancestral ajeno a todos los avatares que vivía la Provincia de Guayana en su acelerada evolución política. Honestamente es impensable.

La segunda opción venía dada por la realidad social violenta a que estaban sometidas las gentes de nuestro gran río: ser mercancía humana para el comercio caribe.

Y este comercio inhumano duró más de un siglo (de 1620 a 1750). En efecto, "puede fácilmente calcularse en más de 30 mil indios aniquilados y más de diez mil vendidos como esclavos por los caribes, con la complicidad de los holandeses, franceses, ingleses y hasta de los mismos españoles. ¡Cuarenta mil víctimas en solo la hidrografía del Orinoco, en solo 30 años (1696-1730) sin contar los doce años de la hecatombe que representó el episodio de Quirawera (1684 a 1696)"[535].

En realidad pareciera que la nación caribe estaba convencida que la gran Orinoquia era un verdadero semillero del mercado humano cuyo objetivo consistía en suministrar mano de obra esclava a los intereses europeos enquistados en las Guyanas.

Con todo, el regreso de la Compañía de Jesús al río Orinoco en 1731 obligó a esta etnia depredadora de seres humanos a cambiar sus tácticas de captura.

---

534 GILIJ. *Ensayo de Historia americana*, II, 153.
535 Daniel de BARANDIARAN. "El Orinoco amazónico de las Misiones jesuíticas", 237-241. Demetrio RAMOS PEREZ. *Estudios de Historia venezolana*. Caracas (1988) 241.

Su primera respuesta fue declarar una verdadera guerra a muerte contra las misiones porque ellas significaban un final brusco e inesperado para tan fácil y pingüe negocio como era el de la esclavitud[536].

Mas, como con el correr de los acontecimientos exigiera a los miembros de la Compañía de Jesús tomar medidas cuasi militares como la fundación del fuerte de San Javier (1736) en Marimarota[537]. Hacemos nuestras las consideraciones de Daniel Barandiarán: "Su vocación estratégica no significa en absoluto 'una estrategia clérigo-militar en el proceso de colonización del Orinoco Medio durante el siglo XVIII': tal fue la reflexión de un equipo de sociólogos que trabajó en la arqueología de Marimarota en 1995. Se trata, reiteramos, de una abnegada y valiente resolución por parte del equipo jesuítico del Orinoco, resolución tomada tangencialmente a la responsabilidad dormida gubernativo-militar de Ciudad Guayana, con la única y exclusiva finalidad de acabar con las 'razzias' esclavistas de franceses y de holandeses por intermedio de una etnia caribe convertida en basura social, humana y cultural, por la sencillísima razón de que, a falta del número pautado de esclavos, tenían que entregar a sus propias mujeres e hijos"[538].

En resumen, la segunda opción que se ofrecía a las naciones de la gran Orinoquia era continuar la depredación esclavista que a nuestro juicio frenó y alteró el normal desenvolvimiento de la Provincia primigenia de nuestra Guayana porque las cacerías humanas, sistemáticamente llevadas a cabo por este terrible etnia, arrancó lo mejor de la vida útil de los indígenas guayaneses con la consiguiente eliminación de mujeres, niños y ancianos. Además, produjo no sólo inestabilidad territorial sino migraciones forzadas incompatibles con asentamientos durables misionales. Sin embargo son contados los investigadores que se adentran en esta cruel realidad negadora de todo horizonte de futuro.

La tercera opción consistía en la oferta jesuítica de poblarse en establecimientos misionales para convertirse en ciudadanos del imperio espa-

---

536   Esta historia puede verse en: José DEL REY FAJARDO. *Misiones jesuíticas en la Orinoquia*. Tomo I. Aspectos fundacionales. Caracas, Universidad Católica Andrés Bello (1977) 130-138.

537   GUMILLA. *El Orinoco ilustrado*, 202. Graciela HERNÁNDEZ. "El Fortín de San Francisco Javier: una estrategia clérigo-militar en el proceso de colonización del Orinoco Medio durante el siglo XVIII". En *Montalbán*. Caracas, 29 (1996) 29-53.

538   Daniel de BARANDIARAN. *Los hombres de los ríos*. (Los jesuitas y el Orinoco Amazónico). Mss. cedido gentilmente por el autor. pp., 24-25.

ñol, adoptar la lengua de los monarcas (aunque se respetaba el bilingüismo) y darles la fe religiosa católica.

Era un reto gigantesco pasar de la prehistoria a la historia y suponía un cambio tan radical que era imposible poder ser asimilado de inmediato por la mentalidad del indígena. Se trataba de abandonar una autonomía casi absoluta con sus ritos y ritmos muy específicos y adquirir una libertad totalmente distinta y condicionada por las exigencias de la ciudad misional.

Era aceptar el hábitat de la reducción como el espacio idóneo para un nuevo orden social basado en la convivencia, el trabajo, la igualdad, el respeto a las tradiciones identitarias y la justicia. La tolerancia y la comprensión exigirían al misionero armarse de paciencia y resistencia pues ésta era la única clave para diseñar el paso de una civilización "sacral" a una "profana". Por ello, siempre llamó la atención la liberalidad con que los jesuitas actuaron frente a la población adulta a la que permitían ausentarse de los poblados durante cinco días a la semana para atender sus sembradíos[539].

En este sentido, en 1692, describía el Consejo la acción de los jesuitas "... que no se contentan solamente con reducir a los gentiles y agregarlos a pueblos, sino que procuran también con toda solicitud enseñarlos a vivir vida social, política y económica, como también su educación en las buenas costumbres y su mayor aumento"[540].

¿Eran capaces las etnias débiles orinoquenses de valorar el dilema que se establecía entre las alternativas que ofrecían los caribes y los jesuitas y su idílico sentimiento secular que producían sus selvas?

No era fácil asumir de pronto la conciencia de lo que significaba asegurar la seguridad étnica, la alimentación planificada y la educación de los hijos pero el deseo innato de progreso y el peligro de autoeliminación fue abriendo luces en aquellas mentalidades primitivas.

Por ello la semilla del porvenir la sembraron los seguidores de Ignacio de Loyola en la promesa de la educación y ella fue abriendo las mentes a nuevas posibilidades que se truncaron en 1767 con la expulsión decretada por el rey Carlos III.

---

539   Eugenio de ALVARADO. "Informe reservado sobre el manejo y conducta que tuvieron los Padres Jesuitas con la expedición de la Línea Divisoria entre España y Portugal en la Península Austral y orillas del Orinoco [1756]". En: DEL REY FAJARDO. *Documentos jesuíticos relativos a la Historia de la Compañía de Jesús en Venezuela*. Caracas, Academia Nacional de la Historia (1966) 251-255.

540   RIVERO. *Historia de las Misiones...*, 293.

Educación

En la construcción de una identidad reformada y enriquecida de las etnias de la Orinoquia misionadas por los miembros de la Compañía de Jesús tuvo su mejor inspiración en la educación de los jóvenes indígenas, única solución para un futuro nuevo.

Desde los comienzos de la presencia hispana en tierras americanas los monarcas españoles insistieron en su legislación a favor del indígena en un doble objetivo: la evangelización y la "policía cristiana"[541]. Y un jesuita de la Amazonia lo sintetizaría de la siguiente manera: "Después de haberlos hecho hombres, se procura hacerlos, por fin, cristianos, objeto principal de los sudores de los misioneros"[542].

Analizar el tránsito de una mentalidad proveniente de un mundo ágrafo, sin tradiciones escritas, con un pasado demasiado frágil a una cultura escrita e insertada en otro mundo totalmente distinto como era el occidental supone el reto de superar en pocos años la diferencia de siglos.

Es unánime entre la opinión de los misioneros que dedicaron su vida al servicio espiritual, educativo y material de los indígenas que sólo la educación podía transformar la mentalidad ancestral que portaba cada uno en el decurso de sus generaciones.

Pronto tomarían conciencia de la magnitud de este reto todos los misioneros que laboraron con los indígenas en todo el continente americano. Hoy se nos hace imposible imaginar la importancia que significó el proceso educativo entre otras razones porque no es medible a la ciencia moderna sin disponer de documentos que perecieron en la soledad de las mismas selvas. Desconocemos los métodos utilizados por los maestros así como también cómo se desarrolló la adecuación de los niños a los signos alfabéticos de la grafía castellana.

---

541 Así rezaba una Real cédula de 14 de agosto de 1531 dirigida a la Audiencia de Nueva España: "… uno de los principales medios que se podría tener para que los naturales desa tierra viniesen en conocimiento de nuestra santa fe católica y fuesen industriados en ella, y *también para que tomasen nuestra policía e orden de vivir…*". En: *Colección de documentos inéditos relativos al descubrimiento, conquista y colonización de las antiguas posesiones españolas de Ultramar*. Madrid, X, 132-133. Citado por: Lino GOMEZ CANEDO. *La educación de los marginados durante la época colonial*. Escuela y colegios para indios y mestizos en la Nueva España. México, Editorial Porrúa, S. A. (1982) 40.

542 Juan MAGNIN. *Descripción de la Provincia y Misiones de Mainas en el Reino de Quito*. Quito (1998) 217.

Para poder apreciar el trayecto que debió recorrer el proceso de aculturación es necesario trazar la trayectoria abarcada entre el punto inicial de contacto de las naciones indígenas con la cultura, y el momento concreto en que los ubican los historiadores jesuitas dentro de la integración misional.

La ubicación cultural de todas estas naciones era ciertamente protohistórica[543]. En el área misionada por los jesuitas no existía ningún testimonio, ningún documento que abriese la historia de los indígenas[544]. El autóctono que entra en contacto con el misionero desconoce las ricas conexiones que debería mantener su sociedad, e incluso la comunidad con su pasado. Constituye para ellos una novedad la "realidad" de sus antepasados, la genealogía de su pueblo, sus gestas[545], e incluso no existe "memoria alguna de dónde se pueda saber de dónde descienden"[546].

Gilij confirma esta experiencia con los tamanacos y maipures; a duras penas podía conseguir el nombre del padre difunto y acaso del abuelo[547]. Por eso no es de extrañar que se despreocupasen hasta de sus vecinos más inmediatos[548].

No tenían nombres gentilicios y todos usaban el propio[549] y esto llegó a ser una fuente continua de confusión entre las familias y a la vez prueba clara de su protohistoricismo[550].

Un misionero de Mainas, misión hermana de la del Orinoco, anota a este respecto: "No se puede lograr que tomen nombres para distinguir las familias entre sí, esto es para ellos demasiado difícil. Tienen dos nombres, uno, el que les han dado sus padres, de ordinario, el de algún animal o flor que se les ha ocurrido; otro el nombre cristiano que han recibido en el bautismo, muchos de ellos acaban por olvidarlos por completo"[551].

Junto a esta ausencia de conciencia histórica, familiar y nacional se desarrolló lógicamente un estancamiento cultural. Desconocían en pleno

---

543   GUMILLA. *El Orinoco ilustrado*, 108.
544   GILIJ. *Ensayo de Historia americana*, II, 199.
545   GILIJ. *Ensayo de Historia americana*, II, 178.
546   GILIJ. *Ensayo de Historia americana*, II, 179.
547   GILIJ. *Ensayo de Historia americana*, II, 178-179.
548   GILIJ. *Ensayo de Historia americana*, II, 142.
549   GILIJ. *Ensayo de Historia americana*, II, 179.
550   GILIJ. *Ensayo de Historia americana*, II, 178.
551   Juan MAGNIN. *Descripción de la Provincia y Misiones de Mainas en el Reino de Quito*. Quito (1998) 212.

siglo XVIII la utilización del hierro[552], del papel[553], del libro[554] y de las formas institucionales de transmisión de la cultura[555].

Para una mejor intelección de esta etapa cultural la aguda observación de un misionero alemán, Gaspar Beck, en el alto Orinoco captó la importancia de los "*quipos*" para la transmisión de mensajes y este hecho, en el fondo, plantea a la antropología el problema de si nuestros indígenas orinoquenses conocían métodos de escritura. Por su importancia transcribimos íntegramente el texto de Beck: "Los salvajes emplean otra manera de manifestar sus conceptos: envían una cuerda unas veces suelta sin nudos, otras veces con pocos, otras con muchos trabados entre sí y ocultando las uniones, otras envían series de cuerdas de tal manera atadas entre sí como para que se note fácilmente dónde comienza la unión y dónde termina; pero esas, para confesar la verdad, no las he aprendido aún a leer"[556].

Igualmente merece singular atención el testimonio de la percepción de la escritura por un pueblo ágrafo como era el sáliva.

Dice el misionero orinoquense: "En verdad estos indios no pueden entender cómo leo el libro, cómo conozco por una carta lo que haya sucedido en otras partes donde nunca he estado. Sino que creen que los libros y el papel hablan conmigo, pero con voz muy baja, ya que no son tan grandes. Y no falta uno que otro que ha oído algo, y que me ha visto inclinando mi cabeza al libro del misal y que yo escuchaba avidísimamente cuando en la Santa Misa recitaba en voz baja lo que requiere silencio. (...) Esta carta postrera la entregó a ciertos indios [el P. Rield] para que la trajeran, y ellos me la entregaron abierta, rotos el papel y el sello. Pregunté la causa por qué y por quién fue abierta la carta. Como respuesta dijeron que ciertos indios Mesivas [Maibas ?] la habían abierto para ver, diría más bien para oír cómo habla el papel a los padres, pues quizá a ellos mismos también les hable de igual manera: ya que los padres mismos conocen por medio de las cartas lo que sucede en otras partes, en que ellos mismos no han estado nunca, ni de que nadie les haya hablado. Esta respuesta la oyeron mis indi-

---

552   GILIJ. *Ensayo de Historia americana*, I, 79. GUMILLA. *El Orinoco ilustrado*, 344, 430.
553   GILIJ. *Ensayo de Historia americana*, II, 179.
554   GILIJ. *Ensayo de Historia americana*, III, 39.
555   GILIJ. *Ensayo de Historia americana*, II, 123.
556   Gaspar BECK. *Misión del río Orinoco en el Nuevo Reino. 1684.* En: J. DEL REY FAJARDO. *Documentos jesuíticos relativos a la historia de la Compañía de Jesús en Venezuela.* Caracas, II (1974) II, 188.

os... Con esto se levantó una gran disputa. La tesis propuesta era la siguiente: si el papel habla o no. Y la disputa era que sí hablaba pero con los hombres blancos solamente, puesto que el papel era blanco. Otros opinaban que habla a todos y a uno solo, a saber, el primero que la abriera y no callara, etc. Por fin se separaron y no se concluyó nada[557].

Esta ausencia de escritos, jeroglíficos y otros signos culturales se compensaba entre los orinoquenses con los viejos[558] y los piaches[559].

No todos los ancianos eran "sacerdotes" de la cultura indígena; sólo los más nobles[560]; ellos constituyeron la biblioteca viviente de las tradiciones indígenas y los más celosos conservadores de las noticias de su nación; por eso su muerte supone una sensible pérdida para la cultura[561] y con su muerte se sepultaban muchos conocimientos útiles[562].

El momento en que los ancianos relataban las tradiciones venía a ser casi un acto ritual: el tiempo prefijado era siempre la aurora. Existen tres tipos de relatos: serios (creación del mundo, dispersión del género humano, etc.), frívolos y didácticos[563].

Más culto es el aporte de los piaches[564]; expertos conocedores de las lenguas, eran también sabedores de las tradiciones antiguas de sus pueblos y "otras cosas no despreciables"[565]. Estas fueron las fuentes que pudieron utilizar los misioneros para estudiar el pasado de las naciones por ellos misionadas.

Este es el punto inicial en donde se inserta la educación de los misioneros jesuitas. Si toda la Compañía de Jesús se regía en su filosofía educativa por la *Ratio Studiorum*[566] es lógico que de una manera más o menos proporcionada actuara en la enseñanza de los indígenas la cosmovisión

---

557   Gaspar BECK. *Misión del río Orinoco en el Nuevo Reino. 1684*, 187-188.
558   GILIJ. *Ensayo de Historia americana*, III, 31.
559   GILIJ. *Ensayo de Historia americana*, II, 95.
560   GILIJ. *Ensayo de Historia americana*, III, 39.
561   GILIJ. *Ensayo de Historia americana*, II, 198.
562   GILIJ. *Ensayo de Historia americana*, III, 31.
563   GILIJ. *Ensayo de Historia americana*, III, 39.
564   GILIJ. *Ensayo de Historia americana*, II, 95.
565   GILIJ. *Ensayo de Historia americana*, II, 95.
566   Para el texto, véase: José DEL REY FAJARDO. *La enseñanza de las humanidades en los colegios jesuíticos neogranadinos (1604-1767)*. Bogotá (2005) 267-403.

humanística que se insertaba en la esencia misma de la formación del jesuita.

La Escuela y la Iglesia son los dos polos que van a generar simultáneamente la educación de la juventud, no como factores antagónicos, sino como dos principios subsidiarios empeñados en crear un hombre nuevo y orinoquense. Toda la vida espiritual, cultural y social de la misión se moverá en torno a ese eje que en la arquitectura de la reducción está enmarcado en la plaza principal.

En la formación de la nueva identidad jugó un papel decisivo la Escuela aunque debemos reconocer que son muy pocas las noticias que sobre esta institución nos han legado los escritores jesuitas de la época.

La Escuela es el primer espacio de actuación pública en que se sumerge el niño porque allí afronta por vez primera el problema de la socialización que en definitiva es la cita con la sociedad, con los otros, con los extraños y de esa forma trasciende el cerrado círculo familiar. Como dice un educador moderno la escuela es "justamente el primer y continuo encuentro con lo no-familiar, el espacio y el tiempo para el destete de la matriz familiar y del aprendizaje para la convivencia social"[567].

La construcción del hombre y de la humanidad necesita de las herramientas del maestro y del aula de clase pues ningún lugar más idóneo para saber qué somos y a dónde se dirigen nuestros pasos como ciudadanos del mundo.

En la vida cotidiana de la reducción los jóvenes dedicaban lo mejor de su tiempo a las tareas escolares. La misión se encargaba del sustento diario pues además de que los padres se encontraban en las labranzas[568] era la mejor oportunidad para sembrar en las mentes juveniles las nuevas ideas y proyectos para diseñar un futuro mejor.

En todos los inventarios de las misiones que se levantaron en 1767 con motivo de la expulsión siempre aparece la Escuela con su respectiva dotación[569].

---

567   Leonardo CARVAJAL. "La presunta nueva misión de la escuela y los valores democráticos". En: José Francisco JUAREZ (coord.). *Segundas jornadas de Educación en valores*. Caracas, Universidad Católica Andrés Bello (2003) 44.

568   ALVARADO. *Informe reservado*, 251.

569   Para el lector que desee precisar cómo era el espacio dedicado a la Escuela nos remitimos a: Felipe GONZALEZ MORA. *Reducciones y haciendas jesuíticas en Casanare, Meta y Orinoco ss. XVII-XVIII. Arquitectura y urbanismo en la frontera oriental del Nuevo Reino de Granada*. Bogotá (2004) 89-153.

Aunque Iglesia y Escuela se complementaban a la hora de impartir "formación" para los jóvenes, sin embargo cada una respetaba los horarios establecidos. Por la mañana, después de los actos religiosos, los varones debían acudir a la Escuela y a arreglar las dependencias "públicas" de la reducción[570]. Por la tarde se reanudaban las tareas educativas a las 2; a las 4,30[571].

Es de lamentar que no dispongamos de ninguna cartilla de las utilizadas en las escuelas misionales[572] para haber podido apreciar los métodos de enseñanza. Con todo, debemos dejar sentado que la Provincia jesuítica del Nuevo Reino aceptó en varias ciudades colegios de primeras letras que estaban a cargo de Hermanos coadjutores. En las dos ciudades neogranadinas donde se preparaban los jesuitas en su formación espiritual y académica existía esa capacitación de enseñanza primaria para niños: en Bogotá data la escritura de donación el 8 de abril de 1687[573] y en Tunja el documento correspondiente está fechado el 23 de octubre de 1690[574].

En las jóvenes Escuelas del Orinoco se enseñaba solamente a leer y escribir[575] y "no son instruidos en otras ciencias, como porque sabida la de leer bien y escribir, les parece que ya están bastante instruidos y que no tienen necesidad de más"[576]. Paralelamente ejercieron una gran atracción las artes manuales sobre todo la fragua[577], los telares[578], aunque este oficio no parece que gozó de la atención de los orinoquenses[579], la carpintería[580],

---

570   ALVARADO. *Informe reservado*, 257.

571   ALVARADO. *Informe reservado*, 258.

572   En San Miguel de Macuco se reseñan en el inventario "Diez Catones" (DEL REY FAJARDO. *Las bibliotecas jesuíticas en la Venezuela colonial*. Caracas, Academia Nacional de la Historia, II (1999) 326).

573   ANB. *Colegios*, III, fol., 775. Ver: PACHECO. *Los jesuitas en Colombia*, II, 124-125.

574   ANB. *Temporalidades*, 23, fols., 749v y ss. Ver: PACHECO. *Los jesuitas en Colombia*, II, 166.

575   GILIJ. *Ensayo de Historia americana*, III, 63.

576   GILIJ. *Ensayo de Historia americana*, III, 64.

577   GUMILLA. *El Orinoco ilustrado*, 515: "El atractivo más eficaz para establecer un pueblo nuevo y afianzar en él las familias silvestres es buscar un herrero y armar una fragua, porque es mucha la afición que tienen a este oficio, por la grande utilidad que les da el uso de las herramientas, que antes ignoraban".

578   GUMILLA. *El Orinoco ilustrado*, 515: "No importa menos buscar uno o más tejedores de los pueblos ya establecidos para que tejan allí el hilo que traen ellos, porque la curiosidad los atrae a ver urdir y tejer, y ver vestidos a los oficiales y a sus mujeres les va excitando el deseo de vestirse y se aplican a hilar algodón".

579   GILIJ. *Ensayo de Historia americana*, III, 64-65: "No pude nunca conseguir, dados

la pintura[581], etc. Y por parte de los misioneros vino la insistencia en la intensificación y mejoramiento de la agricultura "que conduce al buen estado de las nuevas poblaciones"[582].

Pero los resultados de la educación no fueron los mismos en la extensa área encomendada a los jesuitas en la amplia Orinoquia. Por brevedad nos fijaremos solamente en las reducciones casanareñas.

En varias oportunidades hemos hecho referencia al desarrollo cultural que obtuvo la misión de San Salvador del Puerto de Casanare. El teatro y la poesía, el canto y los bailes folklóricos, la iniciación musical, el gusto por la lectura y el ansia de aprender a escribir circunscriben la tenacidad del P. Alonso de Neira, que sin lugar a dudas fue el mejor misionólogo práctico del siglo XVII[583].

Quizá San Salvador del Puerto sea la cristalización de los ideales humanistas neiranianos. El principio fundamental de su actuación se encauzaba a "atraerlos [los indios] por este medio a la enseñanza cristiana, racional y política"[584]. Y la meta final aspiraba a que sus indios "supiesen de todo". De esta suerte se instituyó y formó un pueblo en el cual, a expensas de sus trabajos, aplicación incansable y singularísima introducción con los indios, tuvo modo de instruidos para carpinteros, herreros, sastres, zapateros, pintores y escultores[585].

La cristianización y la aculturación del indio llanero germinaron no sólo amónica sino unitariamente; de ahí la fecundidad productiva y el ansia de plastificar los conceptos -religión y cultura- en el teatro, la poesía, el canto y el folklore populares.

---

los cambios de los tiempos, introducir la de tejer, que por lo demás se halla en todas las antiguas reducciones".
580 GILIJ. *Ensayo de Historia americana*, III, 65.
581 RIVERO. *Historia de las Misiones*, 449: "... los muchachos más hábiles de manos se aplican al oficio de pintor, uno de los cuajes sabe ya buscar la vida con sus pinceles. vendiendo a los españoles varias imágenes de santos".
582 GILIJ. *Ensayo de Historia americana*, III, 67.
583 RIVERO. *Historia de las Misiones*, 124: "No se puede negar haber sido el P. Alonso uno de los más activos y eficaces misioneras que conocieron estos llanos". A ello habría que añadir el capítulo 12 del Libro 3°. MERCADO. *Historia de la Provincia*, II, 328-331. Cfr. Juan M. PACHECO. *Los jesuitas en Colombia*, II, 325.
584 RIVERO. *Historia de las Misiones*, 344.
585 RIVERO. *Historia de las Misiones*, 343.

En el género teatral sobresalen las *Comedias de Vidas de Santos* y los *Autos Sacramentales*[586]. El capítulo catequético-doctrinal merecería una atención especial: partiendo del *Catecismo y Doctrina Cristiana*[587] habría que remontarse a un verdadero tratado de Teología pastoral indígena recopilada en los *Tratados varios de espiritualidad*[588]. Incluso lo poético polarizó una gran parte de su obra literaria pues cultivó ampliamente los más variados temas; nos quedan referencias de una *Historia Sagrada*[589], de unos cuantos *Libros de devoción*[590] y de una colección de *Poesías* en verso achagua[591]; su producción poética se complementa con algunos *Cánticos sagrados para las principales festividades de entre año*[592].

La asidua instrucción hacía que en pocos años la reducción cambiase por completo[593]. Pero eran los niños los que polarizaban todas las esperanzas de una educación basada en la psicología del indígena y en las necesidades del país.

La rutina escolar diaria se interrumpía tanto con las vacaciones normales como con las extraordinarias y como es natural, siguiendo la costumbre de los colegios jesuíticos del mundo, todos los jueves eran día de asueto. Entre las vacaciones extraordinarias se contaba la celebración de la festividad de San Luis Gonzaga, patrono de la reducción, "que se extendía hasta ocho días". Estos asuetos se dedicaban a salir de excursión y acampar bien

---

586 Matías de TAPIA. *Mudo Lamento*, 198. RIVERO. *Historia de las Misiones*, 344.

587 RIVERO. *Historia de las Misiones*, 165. Joseph CASSANI. *Historia de la Provincia de la Compañía de Jesús*, 122. TAPIA. *Mudo Lamento*, 198.

588 RIVERO. *Historia de las Misiones*, 254.

589 TAPIA. *Mudo Lamento*, 198.

590 Archivo inédito Uriarte-Lecina. Papeletas: NEIRA, Alonso de.

591 TAPIA. *Mudo Lamento*, 198.

592 Archivo inédito Uriarte-Lecina. Papeletas: NEIRA, Alonso de.

593 GILIJ. *Ensayo de Historia americana*, III, 78. En la pág. 84: "... la instrucción sea continua, aunque sea breve, los cambia de! todo". GUMILLA. *El Orinoco ilustrado*, 180. RIVERO. *Historia de las Misiones*, 94-95: "Cantáronse las vísperas por la tarde y se encendieron luminarias por la noche y concurrieron con sus tamboriles y flautas los indios, para mayor celebridad al otro día, para celebrar la fiesta, cercaron la plaza con muchos y vistosos arcos, adornados todos ellos con variedad de frutas. Después de la procesión, a la cual asistieron con velas encendidas, como en la pasada, se celebró la misa con la mayor solemnidad que se pudo, de músicos instrumentales y la salva de arcabucería, con lo que alegraron la función algunos españoles de los que concurrieron este día. Lo que les llamó la atención fue una danza de los indios Tunebos, que danzaron a su usanza ese día, cargados de cascabeles, de lo cual quedaron más pagados, como cosa muy rara y nunca vista en su tierra...".

fuera a orillas del Orinoco bien "en las playas deliciosas del lago Guaya". Una vez instalados en el lugar del asueto "unos corrían, otros se subían a los árboles, otros se divertían de otros modos honestos". Además todos colaboraban a la alegría de la reunión pues debían buscar la leña, otros conseguir el agua para la comida que siempre era "abundantísima para tenerlos contentos". Y resume el misionero el día que era "de no pequeño placer para todos y los indios cada vez se aficionaban más a la reducción".[594].

El P. Gilij afirma categóricamente que "ni en tan numerosas naciones, varias en sus costumbres y lengua, se descubre una propensión particular a los juegos"[595] con excepción de los otomacos que tienen una gran pasión por el juego de la pelota[596].

El misionero de Mainas coincide con el del Orinoco en verificar la carencia de juegos y pasatiempos pero con todo recoge las siguientes formas de diversión: "Luchas, carreras, remedarse unos a otros, burlarse, darse puñetazos, saltar, reír a carcajadas y otros infantilismos semejantes"[597].

Es indudable que estas escuelas significaron el comienzo de la historia de la alfabetización en la Orinoquia. Y gracias al aprendizaje del castellano entraban a formar parte de la ciudadanía del imperio español aunque lugares tan ignotos como las selvas de nuestro gran río tardaran en asomarse a la verdadera cultura occidental. Y como anota Francisco Esteve Barba gracias al aprendizaje del alfabeto pudieron los indios americanos "liberar a su memoria de sus tradiciones y escribirlas, con plena posibilidad de hacerlo, en el idioma mismo en que habían sido formuladas"[598]. Todo se perdió tras la expulsión de los jesuitas de nuestro gran río en julio de 1767.

Otra vertiente distinta fue la formación religiosa que se basaba fundamentalmente en la enseñanza de la doctrina cristiana y en los sermones y pláticas con que el misionero debía completar la visión de la nueva sociedad.

Al amanecer las campanas despertaban a la población con el toque del Ave María y media hora después se daba la señal para la doctrina de los

---

594 GILIJ. *Ensayo de Historia americana*, III, 74.
595 GILIJ. *Ensayo de Historia americana*, II, 224.
596 GILIJ. *Ensayo de Historia americana*, II, 224-226.
597 Juan MAGNIN. *Descripción de la Provincia y Misiones de Mainas en el Reino de Quito*. Quito (1998) 213.
598 Francisco ESTEVE BARBA. "La asimilación de los signos de escritura en la primera época". En: Demetrio RAMOS (Edit.). *Estudios sobre política indigenista española en América*. Valladolid, Universidad de Valladolid, I (1975) 258.

niños, quienes se dividían en grupos para repetir la doctrina cristiana. Duraba media hora, se hacía frente a la casa del misionero y era en lengua vernácula[599]. Concluida la catequesis se dirigían en procesión a la iglesia cantando algunas oraciones[600].

Después del acto religioso se iniciaban las tareas del día pregonadas en el umbral de la iglesia; las mujeres, según sus edades, se consagraban al aseo del pueblo y al cuidado de sus casas[601].

Por la tarde se reanudaban las tareas educativas a las 2; a las 4,30 se repetía la doctrina cristiana en castellano[602] "para acostumbrar a los niños desde el principio a la lengua de sus monarcas"[603]. La pedagogía misionera insistía en que la "instrucción... sea frecuente, sea incluso cotidiana, pero sea breve"[604]. Al oscurecer se recitaba o se cantaba el rosario en la iglesia y a continuación los músicos y los cantores se reunían por separado tanto para ensayar como para tocar los instrumentos[605].

El coronel Alvarado observará que "a las criaturas se les enseña a persignar, y que poco a poco vayan aprendiendo las primeras oraciones" pero también añadirá que según las edades "hay para todos sus azotes y castigos proporcionados para enderezar la juventud"[606].

Más difícil resultaba la educación religiosa de los adultos, a quienes sus obligaciones les exigían permanecer en sus labranzas casi toda la semana[607]. El sábado a las 4,30 se reunían en la plaza junto a la casa del misionero; el acto comenzaba con la actuación del Fiscal de Justicia[608].

---

599   GILIJ. *Ensayo de Historia americana*, III, 73. En la pág. 72 dice: La asistencia era total "tanto por la novedad, que aman sumamente los indios, como por los regalitos con que los misioneros los atraen, vienen con gusto a oírla".
600   ALVARADO. *Informe reservado*, 257. GILIJ. *Ensayo de Historia americana*, III, 73.
601   ALVARADO. *Informe reservado*, 257.
602   ALVARADO. *Informe reservado*, 257. GILIJ. *Ensayo de Historia americana*, III, 74.
603   GILIJ. *Ensayo de Historia americana*, III, 72.
604   GILIJ. *Ensayo de Historia americana*, III, 78.
605   GILIJ. *Ensayo de Historia americana*, III, 74.
606   ALVARADO. *Informe reservado*, 257.
607   ALVARADO. *Informe reservado*, 251.
608   ALVARADO. *Informe reservado*, 253.

Es necesario hacer referencia al modo como el jesuita cumplía con su obligación de catequista en una reducción integrada por varias etnias con lenguas distintas como era el caso de La Encaramada.

El sábado por la mañana asistían a la Misa únicamente aquellos que se encontraban sin tareas en la reducción. A continuación "recitaba yo con ellos en alta voz las oraciones de la doctrina, y sin entretenerlos más (...) los volvía a enviar a sus casas"[609].

Por la tarde se convocaba a los tamanacos, parecas y avaricotos "indios que no se diferencian mucho entre sí en el habla". Se iniciaba la sesión como en la mañana y la lengua utilizada era el tamanaco con la versión en ese idioma que había realizado el misionero. Y en menos de un cuarto de hora recitaban el Catecismo brevísimo del Concilio de Lima. Después se retiraban los jóvenes y seguidamente los presentes hacían algunas preguntas y con base a la temática planteada concluía el Padre con un sermón[610]. Terminada la función de los "tamanacos y de sus aliados" se volvían a tocar las campanas y venían a la iglesia "los maipures, los soldados, sus familias y otras personas españolas" y todos juntos rezaban el rosario y así concluía la función del sábado.

El domingo por la mañana la tarea era mucho más pesada. El primer toque convocaba a los maipures y avanes "a los cuales, dada primero la doctrina en su lengua y después el sermón al modo dicho" se volvía tañer la campana para el resto de las naciones. Y en este acto solemne se utilizaba el latín en la misa y el castellano en la predicación para "acostumbrar a los neófitos a esta lengua"[611]. Seguidamente se celebraba la misa; los días ordinarios tocaban flautas y violines; los domingos y demás festividades el sacrificio eucarístico era solemnizado además por los músicos de la escuela[612].

El mismo Gilij se preguntaba si no era demasiada instrucción: "Es cosa un poco dura –contesta– pero necesaria. Los indios nuevos necesitan de instrucciones frecuentes... Pero además, este es un método, sabiamente introducido para tener a esta gente, de por si voluble, ocupada de varias maneras, o para extinguir o para santamente burlar su nostalgia de las antiguas selvas"[613]. El canto, la música, las procesiones, las funciones litúrgicas, los diversos tipos de diversión, y sobre todo la amabilidad del misio-

---

609 GILIJ. *Ensayo de Historia americana*, III, 74.
610 GILIJ. *Ensayo de Historia americana*, III, 76.
611 GILIJ. *Ensayo de Historia americana*, III, 77.
612 ALVARADO. *Informe reservado*, 258.
613 *Ibidem*.

nero y el cambio que visiblemente se opera en los hijos atrae y vincula poco a poco a los adultos a la reducción[614].

Concluida la misa dominical el Padre daba órdenes para los que habían de hacer de bogas, peones u otra ocupación que los ausentase del pueblo; las determinaciones quedaban registradas en unos cuadernillos, llamados *Diarios,* a través de los cuales se controlaba el trabajo y los jornales[615]. Pero también "el Padre les distribuye la ocupación del día, esto es, que los varones vayan a la escuela, cargar agua, barrer los aposentos y casa de Procuraduría, y a las mujeres según sus edades el aseo del Pueblo, limpieza y entretenimiento de sus pobres casas"[616].

Ningún escritor ha incursionado hasta el momento en el mundo formativo que se iniciaba tanto en la Escuela como en el trato social con el jesuita. La coexistencia niño-misionero durante todo el día tanto en la Escuela como en la Iglesia y en la Plaza principal de la reducción fue fundamental para fomentar el cambio mental y cultural que debía operarse en cada pequeña población de los Llanos o el Orinoco. El misionero de La Encaramada confesará que después de algunos años de vida reduccional "se mudan las costumbres y procedimientos de una reducción"[617].

Un primer objetivo consistía en implantar nuevas formas de convivencia social y así dentro del ámbito de la casa del misionero se iniciaba un proceso de socialización juvenil que iría progresivamente generando formas de vida más sanas y más educadas.

La lectura atenta del *Ensayo de Historia americana* nos conduce a una visión, hasta simpática y humorista de los cambios a que hacemos referencia[618].

---

614 GUMILLA. *El Orinoco ilustrado,* 124-125: "Y cuando después de reducidas aquellas familias, esparcidas en muchas leguas de selvas, a población regular, escoge el Padre Misionero los chicos para la escuela y los que dan muestras de más hábiles para la música, este es un favor que ata últimamente a sus padres, y estiman y aprecian y hacen gala de que su hijo sea cantor, como si se le hubiera dado la mayor dignidad del mundo". Y en la página 127: "En fin, una de las principales cosas que domestica mucho a los indios silvestres (...) la causa accesoria más eficaz es ver la buena crianza que los ministros del evangelio dan a sus hijos, y como ellos se han criado sin educación alguna, les cae muy en gracia ver a sus hijos humildes y rendidos a sus mandados...".

615 ALVARADO. *Informe reservado,* 253.

616 ALVARADO. *Informe reservado,* 257.

617 GILIJ. *Ensayo de Historia americana,* III, 78.

618 Puede verse un ejemplo en el capítulo que dedica a la instrucción extraordinaria. GILIJ. *Ensayo de Historia americana,* III, 78-81.

El vestido, la dieta alimentaria, los buenos modales, el lenguaje correcto así como una actitud cada día más responsable definen el cambio no sólo de mentalidad sino de comportamiento social.

Muchas veces se ha criticado la actitud del misionero frente al desnudo del indígena como si el problema fuera meramente moral, sin embargo el misionero italiano de La Encaramada palpará que un cuerpo perpetuamente desnudo y expuesto a todas la inclemencias del tiempo "es necesario que sea la cuna de mil extrañísimas enfermedades"[619].

En este contexto hay que mencionar cómo los niños recién reducidos se presentaban a la doctrina "pintados de pies a cabeza" y los mayores hacían acto de presencia en la Iglesia con los más extraños adornos: unos amarillos, otros rojos, y otros con los más diversos colores. "Es peor aún que muchos llevan hasta las armas"[620].

Posteriormente, el vestido de los varones consistía en un calzón de lienzo que "llaman Palma" y era elaborado en los propios Llanos y una camiseta de tejido de algodón "de una vara de ancho y vara y media o dos de largo, que abierto por el centro entra la cabeza como una casulla y quedan honestamente cubiertos". Las mujeres se visten con el lienzo de Palma y sus enaguas "en lugar de atarlas por la cintura quedan pendientes del cuello con los brazos desnudos, que salen por las dos divisiones de los costados y les llegan a media pierna cubriendo así el pecho y los dos tercios del cuerpo"[621]. Cuando llevan varios años en la población y han asumido las costumbres cristianas cambian muchas veces el maíz y el cazabe para vestirse mejor[622]

En uno de los interesantes análisis de su comunidad Juan Magnin llega a la conclusión de que era "imposible lograr que tomen sus comidas de otro modo que acurrucados en tierra o que tengan algún cuidado de sus calabazas, platos y ollas"[623]. En contraposición la "cuadrilla del rezado" tuvo que aprender a comer a sus horas y de acuerdo con las normas de la misión porque era vigilada por el misionero.

Poco conocemos de la dieta que seguía la Escuela para con sus alumnos. El coronel Alvarado escribió en su *Informe Reservado* que "algunos

---

619 GILIJ. *Ensayo de Historia Americana*. Caracas, II (1965) 68.
620 GILIJ. *Ensayo de Historia americana*, III, 78.
621 ALVARADO. *Informe reservado*, 252.
622 GILIJ. *Ensayo de Historia americana*, II, 134.
623 Juan MAGNIN. *Descripción de la Provincia y Misiones de Mainas en el Reino de Quito*. Quito (1998) 212.

días les distribuyen tasajo de carne y cazabe"[624]. Gilij afirma que los jóvenes que laboraban para la iglesia se contentaban con la ración ordinaria que "le es suministrada tres veces al día". Pero también observó que recién llegados "no se sacian nunca" pero una vez que "se ha quitado el hambre, está más que satisfecho"[625].

También el resto de la población cambiaría progresivamente sus hábitos alimenticios. Antes de reducirse los orinoquenses "comen alimentos vilísimos" pues, si se exceptúan los sálivas y los maipures, su comida son frutas salvajes, o bien las raíces de los bosques y de los prados; también son devotos de los huevos de tortuga y los frutos de las palmas. Los tamanacos esperaban con ilusión los frutos de la palmera "corova" y más si los hombres logran llevar una tortuga como complemento. Más llamativo es el caso de los maipures pues como agricultores se contentan con menos "pues no comen ordinariamente sino un poco de cazabe empapado en el ají cocido, y es bien rara la vez que a esta mísera comida añadan algún pececillo ahumado"[626].

Cómo le cuesta al misionero enseñarles a cocer el pescado, la salvajina o cualquier otro alimento[627] así como también en quemar el pescado que les sobra de sus comidas extraordinarias y evitar su putrefacción[628], es decir, ponerlo en parrillas con fuego lento por debajo para secarlo y conservarlo bueno durante varios días[629].

Una vez asentado el hato de la Misión e instalados en la vida reduccional se abrirán a nuevas fórmulas alimenticias como la carne de res, o la del manatí[630], o de otros peces.

Con respecto a otros formalismos sociales anotará el misionero de Mainas "saludar a alguno, despedirse de él, convidarle a beber a su salud,

---

624 ALVARADO. *Informe reservado,* 252.
625 GILIJ. *Ensayo de Historia americana,* II, 116.
626 GILIJ. *Ensayo de Historia americana,* II, 114-115.
627 GILIJ. *Ensayo de Historia americana,* II, 136.
628 GILIJ. *Ensayo de Historia americana,* II, 138.
629 GILIJ. *Ensayo de Historia americana,* II, 139.
630 El H. Agustín de Vega escribe a este propósito: "… es de advertir que la carne del Manatí, es muy saludable y no enferma como sienten algunos, y la tortuga es mejor que el carnero, y una o otra vianda de mucho y gustoso sustento, por que la de la mantí fesco no se diferencia del puerco muy gordo, y con otra propiedad, que por mucho que se coma no hace daño ni fastidia" (VEGA. *Noticia del principio y progresos…* (2000) 594).

lo aprenden tarde, mal o nunca". Asimismo "entran en una habitación ajena sin decir palabra como si fuera en su propia casa"[631].

Asimismo, al hablar Gilij de los niños recién llegados a su población se presentaban a la doctrina "pintados de pies a cabeza, se ríen intempestivamente, alborotan entre ellos como cigarras. Miran a todas partes, y si ven algo nuevo, se van a donde la curiosidad los trasporta"[632]. Y las excentricidades de los mayores eran de otro calibre pues adoptaban las posturas más ridículas[633].

En fin, educar a los indígenas a vivir en sociedad fue una de las tareas fundamentales para instaurar el sentido de reducción-municipio del que hemos hablado más arriba.

La formación en valores fue la tarea más larga y difícil pues consistía en ofrecer una nueva cosmovisión de percepciones del hombre, la sociedad y del mundo ajenas por completo a su modo tradicional de pensar y de ser. Había que crear desde la base la realidad de esa trilogía fundamental en cualquier tipo de educación: la familia, la escuela y la iglesia. En las personas mayores es lógico que esta trinidad de instituciones fuera totalmente ajena y de muy lenta asimilación. En los niños sólo el aula escolar y el templo cooperarían a estas nuevas concepciones del futuro.

¿Cómo pensar en un hogar si apenas existía la casa? Aunque existía el concepto de familia pero el medio ambiente no permitía esos intercambios y enriquecimientos recíprocos que se fundamentan en el amor responsable y en el cultivo de una proximidad cada día más fructificante.

Para poder profundizar en el punto de partida sobre el que había que iniciar la construcción del edificio de los valores es imprescindible acudir al primer estudio orgánico que conocemos sobre el tema: nos referimos a los libros III y IV del *Ensayo de Historia americana* donde el autor reflexiona con mucha serenidad sobre "lo moral" y "lo político" de los orinoquenses[634].

Entre otros temas Gilij considera que hay dos casi imposibles de superar: la mentira y la embriaguez[635].

---

631 Juan MAGNIN. *Descripción de la Provincia y Misiones de Mainas en el Reino de Quito*, 214.
632 GILIJ. *Ensayo de Historia americana*, III, 78.
633 GILIJ. *Ensayo de Historia americana*, III, 78.
634 GILIJ. *Ensayo de Historia americana*, II, 109-2091.
635 GILIJ. *Ensayo de Historia americana*, II, 311.

Nuestro analista abre el capítulo de la mentira con esta sentencia: "No creo que existan naciones más mentirosas naturalmente y más fingidas que los indios". Y entre las primeras palabras que aprenden los niños "están sin duda aquellas que valen para ocultar sus cosas y ocultarse ellos mismos". Ante cualquier pregunta la inmediata respuesta es "quién sabe"[636]. Pero lo que más le preocupa al misionero es la frialdad con que se sirven de fórmulas lacónicas y astutas para traicionar la verdad y concluye que "para los indios es casi un arte mentir".

¿Pero cuáles son los medios para poder llegar a la verdad? La primera, según los entendidos, resulta de la siguiente consideración. Cuando se le interroga al indio sobre algo y responde "quién te lo ha dicho" hay que concluir que "es muy verdadera la cosa sobre la que se interroga a un indio". La segunda es "no preguntar nunca si hay tal o cual cosa, sino suponer o dar por seguro que la hay" y afirmar de inmediato el hecho o la petición[637].

Pero la reflexión final del misionero no deja de ser preocupante pues pontifica diciendo que "aquí sí que fracasan las más cuidadosas industrias de los misioneros para estirparla [la mentira] pues a los indios, más que todos los vicios, les es demasiado querido y demasiado connatural el mentir"[638]. Y más adelante confiesa que cuando el indígena es sorprendido en la mentira no queda confuso sino que se "le hace hasta un honor"[639].

Otro vicio tan arraigado como la mentira es la embriaguez y de ella tratamos al tocar el tema de los bailes. Nuestro cronista distingue dos etapas en el tratamiento de este vicio. Una vez llegados al poblado es natural que porten consigo todas sus antiguas costumbres y a esta etapa se adscriben los "muchos desórdenes, las peleas, los libertinajes que en tales ocasiones suceden" y en el misionero "se requiere paciencia increíble" para no perderlo todo en un momento[640]. Esta fase se mueve en el tiempo "antes de que conozcan lo bello de la virtud y lo feo del vicio". La segunda etapa se caracteriza por utilizar medios que remedien los abusos. Les es permitido beber ordinariamente "en sus casas y en su familia" pero en "cantidad no excesiva". Conforme se van civilizando se someten a las normas de convi-

---

636 GILIJ. *Ensayo de Historia americana*, II, 127.
637 GILIJ. *Ensayo de Historia americana*, II, 129-130.
638 GILIJ. *Ensayo de Historia americana*, II, 129.
639 GILIJ. *Ensayo de Historia americana*, II, 130.
640 GILIJ. *Ensayo de Historia americana*, II, 130-131.

vencia y las van adoptando en cuanto al "bailar, hacer ruido, cantar y tocar sus instrumentos *de noche*"[641].

También la pereza puede considerarse como una conducta congénita a los habitantes de nuestro gran río pero "no ha encontrado igual acogida por todas partes". Y adelanta nuestro misionero observador de la vida de sus feligreses que la pereza "decide los asuntos más importantes, y todos obran, aunque con alguna diferencia, al dictado de ella". Pero también capta una imagen que la transcribimos de seguidas. "Helos aquí a todos bailando, jugando, acicalándose, tocando la flauta, sentados o tendidos en sus redes. Aquel acomoda las flechas, pero no se cansará en ello mucho tiempo. El otro teje una red, pero si no se termina este año, ya se acabará el que viene, dentro de dos o cuando le plazca..."[642].

Sin embargo, el misionero les enseña a enfrentar esta desidia y "se convierten también en trabajadores buenos". Y a su costa van aprendiendo "a procurarse la comida con su trabajo". Y así entienden que deben trabajar para proveerse de vestidos, de herramientas y laborar en sus campos[643].

Conexo con la pereza es el de la inconstancia pues no son los indígenas "duraderos en el bien una vez emprendido, y por la innata ligereza de ánimo mudan fácilmente de pensamiento y de deseos"[644]. Pero esta inestabilidad la demostraban también en su rechazo, casi inconsciente, a vivir fijos en un mismo lugar y ésta era una prueba de fuego para cualquier misionero. Ante la variedad de argumentaciones provenientes de su "carácter inquieto" el misionero tenía que estar preparado para dar respuestas no lógicas sino adecuadas a sus razonamientos. Así aprendió Gilij a contestarles que "por todas partes se muere, que son insanos los sitios nuevos y que sería de mucha fatiga rehacer desde el principio una reducción"[645].

Para entrar en el mundo religioso debemos establecer, al menos, tres planos que constituyen la atalaya desde donde podemos mirar a Dios. El primero es el dogma, o verdades que debemos asimilar y creer. El segundo es la moral, o leyes que debemos observar. Y por último el culto que viene a ser la praxis real del acercamiento del hombre a Dios. De todo esto trataremos en el tomo dedicado a los Indígenas.

---

641 GILIJ. *Ensayo de Historia americana*, II, 134.
642 GILIJ. *Ensayo de Historia americana*, II, 135-136.
643 GILIJ. *Ensayo de Historia americana*, II, 136-137.
644 GILIJ. *Ensayo de Historia americana*, II, 151.
645 GILIJ. *Ensayo de Historia americana*, II, 153.

Capítulo V

LA REDUCCIÓN-MUNICIPIO (II)
URBANISMO, ARQUITECTURA Y ARTES

La arquitectura, la escultura, la pintura, la música y el teatro fueron parte esencial del discurso plástico que desarrollaron los jesuitas en todo el mundo[646]. Pues, en la memoria, los símbolos y los lenguajes formales de cada pueblo residen los instrumentos que nos permiten analizar e imaginar, creer y crear, decidir, amar y resistir[647].

El arte que los jesuitas neogranadinos propiciaron a través de sus artistas y el consiguiente mecenazgo representa una corriente fundamental de nuestra historia que fue capaz de integrar en una nueva matriz simbólica y estética un conjunto sorprendente de pueblos, estratos sociales y tradiciones. El mexicano Alfonso Alfaro llegará a conceptuar: "El lenguaje estético de Pozzo, Gracián y Zipoli es el mismo de Rubens y Bernini, el de Sor Juana y Calderón"[648].

Los jesuitas –como el resto de las Ordenes religiosas que laboraron en Hispanoamérica- consideraron que el arte debía estar al servicio de la evangelización porque en última instancia era la "Biblia de los pobres" y en terrenos misionales la forma de llegar mejor al alma del indígena. Cómo explicarle al aborigen ese algo inefable que está por encima de lo que ven sus ojos, ese poder sagrado ante el que siente "la necesidad de dar forma

---

646   Heinrich PFEIFFER. "Arte en la CJ". En: Charles E. O'NEILL y Joaquín Mª DOMINGUEZ. *Diccionario histórico de la Compañía de Jesús*. Roma-Madrid, 1 (2001) 246-252.

647   Alfonso ALFARO. "Una tradición para el futuro". En: Ana ORTIZ ISLAS (Coord..). *Ad maiorum Dei gloriam. La Compañía de Jesús promotora del arte*. México (2003) 15.

648   Alfonso ALFARO. "Una tradición para el futuro", 17.

sensible a los sentimientos que lo invaden y así surge la adoración, el culto, la representación material o simbólica del poder divino, la morada del dios y la imagen del mundo"[649].

Esta obra de los ignacianos santafereños adquiere el valor de prototipo y su finalidad es netamente espiritual. Como acertadamente apunta Max Dvorak el arte "es también, siempre y en primer término, expresión de las ideas que preocupan al hombre, y la historia del arte es, en no menor grado que la historia de la filosofía, de la Religión o de la Poesía, una parte de la historia general del espíritu"[650].

En este contexto se debe explicar toda la obra artística desarrollada por los miembros de la Compañía de Jesús tanto en Tierra Firme como en la gran Orinoquia. Pero también es verdad que la inspiración que ilumina el proyecto artístico javeriano, –Santafé de Bogotá siempre fue la capital académica y cultural de la Provincia del Nuevo Reino de Granada de la Compañía de Jesús- es indiscutiblemente la Iglesia santafereña de San Ignacio de la que dice Enrique Marco Dorta: "... es el mejor edificio religioso que se construyó en Bogotá durante el siglo XVII"[651]. Construida por manos indígenas, expresa "la evolución de un pasado nacido recientemente, que niega el pasado y el tiempo de las tierras en que fue construido. Tierras que tienen un nuevo presente y un nuevo tiempo"[652].

Cada jesuita que tras su formación intelectual en la Universidad Javeriana abandonaba su claustro y partía bien fuera para las ciudades donde laboraba la Compañía de Jesús, bien fueran las misiones de los Llanos o del Orinoco llevaba en su mente esa biografía de la Iglesia de San Ignacio[653] en la que no sólo se dieron cita arquitectos, pintores, escultores, músicos, fundidores y artes afines sino que además convocó todo un movimiento religioso con su alud de oradores sagrados, congregaciones, de-

---

649   Fernando ARELLANO. *El arte jesuítico en la América española*. San Cristóbal (1991) 11.

650   Max DVORAK. *Kunstgeschichte als Geistesgeschichte*. München, 1924. Citado por Fernando ARELLANO. *El Arte Jesuítico en la América Española (1568-1767)*. San Cristóbal (1991) 17.

651   Enrique MARCO DORTA. "La arquitectura del siglo XVII en Panamá, Colombia y Venezuela". En: Diego ANGULO IÑIGUEZ. *Historia del arte hispanoamericano*. Barcelona-Buenos Aires, II (1941) 80.

652   Patricia RENTERIA SALAZAR. *Arquitectura en la Iglesia de San Ignacio de Bogotá*. Modelos, influjos, artífices. Bogotá, CEJA (2001) 133.

653   Una síntesis puede verse en: Fernando ARELLANO *El Arte Jesuítico en la América Española (1568-1767)*. San Cristóbal (1991) 87-96.

vociones y una sociedad que buscaba beber el deber ser como parte vital de una cultura que pugnaba por edificar la arquitectura de una identidad espiritual mestiza.

Mas, dentro del imaginario jesuítico adquiere también gran importancia el colegio de Tunja, capital espiritual del ignacianismo en el Nuevo Reino de Granada. En primer lugar fue la escuela de formación ascética para los jesuitas nacidos en el Nuevo Reino pues durante dos años tenían que asimilar el alma de la espiritualidad ignaciana, es decir, el modo de proceder como miembros de la Orden fundada por Ignacio de Loyola en 1540. En segundo término, la mayoría de los sacerdotes que laboraron en tierras colombianas tuvo que dedicar un año al estudio y praxis de la ascética trazada por el fundador a sus seguidores. En otras palabras: debían regresar a Tunja después de concluir sus estudios universitarios para revalidar el espíritu genuino de su vocación jesuítica. Si Bogotá significaba el binomio arte-teología, Tunja proporcionaba la síntesis de arte-espiritualidad

1. Urbanismo reduccional

Es un hecho aceptado hoy por muchos arquitectos que las misiones jesuíticas en la América hispana intentaron poner por obra un modelo alternativo al hispano[654] ya que en definitiva tuvieron que enfrentar en gran escala la reorganización poblacional y territorial de grandes regiones del continente descubierto por Colón. Y por ende, los miembros de la Compañía de Jesús se vieron forzados a buscar con ahínco ese nuevo modelo urbano dentro de un proyecto de sociedad solidaria y personalizante, pero a la vez respetuosa de los valores esenciales de las culturas indígenas[655].

Sin embargo, para la gran Orinoquia ese desideratum tuvo que enfrentar una serie de retos que exigían respuestas a los planteamientos que surgían de los nuevos paisajes geográficos y humanos, de los climas tropicales y por el mosaico de etnias que lo componían.

---

654 Ramón GUTIERREZ. "Las reducciones indígenas en el urbanismo colonial. Integración cultural y persistencias". En: Ramón GUTIERREZ (Coord.). *Los pueblos de indios. Otro urbanismo en la región andina*. Quito. Biblioteca Abya-Yala, n°., 1 (1993) 13-46.

655 Ramón GUTIERREZ. "Las reducciones indígenas en el urbanismo colonial...", 42.

Un primer elemento conceptual lo ofrecía el hábitat geopolítico de las misiones jesuíticas del río Orinoco[656] enmarcado dentro de la agresividad del clima tropical lluvioso de sabana con bosques de todo tipo y ríos con mucha fauna ictiológica. Toda la región llanera está sometida a dos cíclicos intervalos anuales de sequía y pluviosidad que oscila entre 800 y 2.800 mm., y con temperaturas medias superiores a los $28°$[657].

Un segundo factor digno de consideración era el de la demografía. Este tema lo hemos analizado detenidamente en los capítulos anteriores.

Un tercer punto de meditación para el urbanista era la dispersión geográfica de sus habitantes, el laberinto de sus lenguas y las consiguientes rivalidades étnicas. Este hecho nos lleva a concluir que la reducción ordenada no pudo comenzar a gestarse sino en los bordes del año 1750 cuando los guaypunabis arrojaron a los caribes de las reducciones orinoquenses y la paz y el progreso comenzaron a hacer historia en esas latitudes[658].

En consecuencia, a la hora de diseñar la población misional en la primera mitad del siglo XVIII hay que tener muy presente además la inseguridad política que se impuso en el gran río venezolano debido a los efectos de la guerrilla fluvial y selvática de los indios caribes, la cual, dejaba prácticamente el campo abandonado para una doble estrategia contradictoria: la misionera evangelizadora y la caribe depredatoria y esclavizadora[659].

Si a todo ello añadimos la psicología del terror a que fueron sometidas las naciones débiles por la inmolación étnica del libre imperio caribe en el Orinoco produjo no sólo inestabilidad territorial sino migraciones forzadas incompatibles con asentamientos durables misionales. En efecto, "puede fácilmente calcularse en más de 30 mil indios aniquilados y más de diez mil vendidos como esclavos por los caribes, con la complicidad de los holandeses, franceses, ingleses y hasta de los mismos españoles. ¡Cuarenta mil víctimas en solo la hidrografía del Orinoco, en solo 30 años (1696-

---

656   Para una visión histórica: José DEL REY FAJARDO. "Introducción al estudio de la historia de las misiones jesuíticas en la Orinoquia", 197-682.

657   Pedro CUNILL GRAU. *Geografía del Poblamiento Venezolano en el siglo XIX*. Caracas, Ediciones de la Presidencia de la República, I, 1987.

658   Felipe Salvador GILIJ. *Ensayo de Historia Americana*. Caracas, I, 62. Al referirse a las regiones dominadas por los caribes, escribe: "ahora es a modo de quemada Troya humeante memoria de sus triunfos sobre las naciones orinoquenses, si dejando a los valerosos se hubieran contentado con subyugar a los más débiles".

659   Daniel de BARANDIARAN. "El Orinoco amazónico de las Misiones Jesuíticas". En: José DEL REY FAJARDO (Edit.). *Misiones jesuíticas en la Orinoquia*. San Cristóbal, II (1992) 317.

1730) sin contar los doce años de la hecatombe que representó el episodio de Quirawera (1684 a 1696)"[660].

Este es el marco conceptual e ideológico que iría definiendo el urbanismo de las reducciones jesuíticas en la gran Orinoquia.

Los arquetipos misionales jesuíticos neogranadinos

Para el estudioso del mundo misional de la Compañía de Jesús en el área llanero orinoquense es necesario saber interpretar el significado de dos puntos geográfico-históricos del altiplano como fuente inspiradora de la organización misionera: los pueblos de Fontibón y de Tópaga.

Fontibón[661], desde el punto de vista geográfico, significó la puerta de entrada a Santafé para los que transitaban la vía del río Magdalena. Era el primer recibimiento que impactaba a los jesuitas que venían de Europa en el marco de un hábitat tan favorecido por la naturaleza y dentro del colorido folklórico de la mejor población indígena que dirigían los seguidores de Ignacio de Loyola en el Nuevo Reino.

Su excelente iglesia diseñada por el P. Juan Bautista Coluccini (1569-1641)[662], la presencia de los mejores lenguaraces de la Compañía de Jesús y todo el movimiento cultural que se llevaba a cabo en su territorialidad significaba una imagen viva para los que después laborarían en las denominadas Misiones de los Llanos de Casanare y de los ríos Meta y Orinoco. (Figura, 1)

Si Fontibón era la puerta de entrada a la capital santafereña, Tópaga significaba la puerta de salida del altiplano y la de entrada a los Llanos casanareños; ello explica el influjo ejercido en la segunda mitad del siglo XVII en las misiones que se irían fundando allende de la cordillera[663]. (Figura, 2).

---

660 Daniel de BARANDIARAN. "El Orinoco amazónico de las Misiones jesuíticas", 237-241. Demetrio RAMOS PEREZ. *Estudios de Historia venezolana*. Caracas (1988) 241.

661 Roberto VELANDIA. *Fontibón pueblo de la Real Corona*. Bogorá, Imprenta Distrital, 1983.

662 Juan M. PACHECO. *Los jesuitas en Colombia*. Bogotá, I (1959) 578-581. Juan M. PACHECO. "COLUCCINI, Juan Bautista". En: Charles E. O'NEILL y Joaquín Mª DOMINGUEZ. *Diccionario histórico de la Compañía de Jesús*. Roma-Madrid. I (2001) 868.

663 Felipe GONZALEZ MORA. "La doctrina jesuita de Tópaga: Antecedente espacial de las capillas posas en las reducciones del Casanare, ss. XVII-XVIII". En: Allan R. BRWER-CARIAS et alii (Coords.). *Libro homenaje al P. José del Rey Fajardo*

Pero ya en el Llano infinito se irían perfilando con personalidad propia todas las reducciones. Sin embargo, conviene de entrada resaltar las más simbólicas por su inspiración: el Puerto de Casanare con el P. Alonso de Neira (1635-1706)[664], San Ignacio de Betoyes con el P. José Gumilla (1686-1750)[665], San Miguel de Macuco con el P. Roque Lubián (1707-1781)[666] y Carichana en el Orinoco con el P. Manuel Román (1696-1766)[667].

En todo caso, San Salvador del Puerto de Casanare fue la primera experiencia reduccional llevada a cabo por los jesuitas neogranadinos en las sabanas llaneras. Y ciertamente que su fundador, el P. Alonso de Neira supo imprimirle su sello de originalidad y de arquetipo visionario pues allí se conjugó la audacia en la traza de la Iglesia como la organización social y cultural de la población.

La traza reduccional y su funcionamiento

La reinterpretación de los espacios urbanos americanos tiene como punto de partida la meditación sobre la génesis histórico-jurídica de *La ciudad ordenada*[668] ya que como asienta Luciano Parejo "la trascendencia de tal concepto es clara pues sin él no se entiende ni el inmediato florecimiento en suelo americano de una intensa vida cultural y política propia, ni el edificio de gobierno político-administrativo capaz de articular tan vastos y diversos territorios"[669].

Sin embargo, los códigos sociales y las relaciones de poder que se daban en la ciudad hispana no pasaron en su totalidad a las reducciones jesuíticas a pesar de que en cierto sentido tenían que imitar las esencias fundamentales. Sospechamos que el proyecto urbano de las misiones jesuíticas

---

sj. Caracas-Valera, Fundación de Derecho Público-Universidad Valle del Momboy, I (2005) 113-139.

664 J. DEL REY FAJARDO. *Bío-bibliografía...*, 443-447.
665 J. DEL REY FAJARDO. *Bío-bibliografía...*, 289-298.
666 J. DEL REY FAJARDO. *Bío-bibliografía...*, 348-350.
667 J. DEL REY FAJARDO. *Bío-bibliografía...*, 546-550.
668 Allan R. BREWER-CARIAS. *La ciudad ordenada.* (Estudio sobre -el orden que se ha de tener en descubrir y poblar- o sobre el trazado regular de la ciudad hispanoamericana, en particular, de las ciudades de Venezuela). Madrid, Instituto Pascual Madoz. Universidad Carlos III de Madrid. Boletín Oficial del Estado, 1997.
669 Luciano PAREJO ALFONSO. "Prefacio: sobre el Autor y la Obra". En: Allan R. BREWER-CARIAS. *La ciudad ordenada.*, 21.

llaneras y orinoquenses buscó el criterio jesuítico de la "Reducción progresivamente ordenada", es decir, una versión analógica de la traza hispana pero con muchas matizaciones.

Las modalidades de asentamiento propuestas por los jesuitas para el establecimiento de poblados estables o "reducciones" para las distintas etnias llaneras y orinoquenses requirió de un proceso lento y no fácil de entender.

Llama la atención la desproporción que se establece entre las fundaciones misionales llevadas a cabo en los terrenos que estudiamos y la realidad de las que sobrevivieron a los avatares históricos que les tocó afrontar. Para ello nos remitimos a nuestro libro *Topohistoria misional jesuítica llanera y orinoquense*[670]. Por ello no podemos aventurar la existencia de un patrón rígido que regulara la formación y organización espacial de los pueblos misionales.

Asimismo, el número de habitantes que configuraba una población misional era muy variable y podríamos establecer como índice demográfico medio entre 100 y 900 pobladores por reducción.

La "reducción" imponía cambios radicales para el sistema de vida llevado por los indígenas en la libertad absoluta en las sabanas o en las selvas. La nueva cultura imponía al urbanismo misional el diseño de áreas de uso religioso, público, educacionales, laborales, sociales, de vivienda y también de aspectos sanitarios.

El diseño fundamental era siempre similar: una plaza de forma cuadrangular alrededor de la cual se situaba la iglesia, la casa del misionero, la garita de los soldados y a veces la escuela, la carpintería, otras dependencias similares, las viviendas de los indígenas y también la Cruz Atrial.

Llama poderosamente la atención cómo el espacio reduccional de las Misiones de Mainas diferían de las orinoquenses pues la traza contaba con "dos calles que se intersectaban en forma de cruz, con el brazo más corto de dicha cruz, dispuesto en forma paralela al curso del río. El cuerpo principal del poblado debía edificarse alineado con la calle perpendicular al río y al centro... Al centro de la plaza se colocaba un reloj de sol, rodeado de plantas y flores"[671].

---

670 José DEL REY FAJARDO. "Topohistoria misional jesuítica llanera y orinoquense". En: J. DEL REY FAJARDO y Edda SAMUDIO. *Hombre, tierra y sociedad,* San Cristóbal-Bogotá (1996) 7-158.

671 Sandra NEGRO. "Maynas, una misión entre la ilusión y el desencanto". En: Sandra NEGRO y Manuel M. MARZAL. *Un reino en la frontera. Las misiones jesuitas en*

La iglesia solía estar ubicada en el costado principal de la plaza pero como la sacralización del ámbito urbano de la plaza inspiraba el lugar de encuentro de toda la población, el templo se complementaba con las capillas "posas" –pequeñas ermitas en los cuatro ángulos de la plaza- que servían para "posar" al Santísimo Sacramento en las procesiones del Corpus Christi y las de Semana Santa. A ellas habría que añadir los arcos triunfales de gran vistosidad para los movimientos de masas en los actos religiosos.

El historiador Juan Rivero reeditó el documento que encontró para la descripción de una festividad de Tame en los comienzos de la reducción. "Mandaron para este efecto que levantasen cuatro ermitas en los cuatro ángulos de la plaza; así lo ejecutaron los indios y las pintaron por dentro a su modo con variedad de colores; pusieron en ella cruces, y levantaron sus altares (…) y se encendieron luminarias por la noche, y concurrieron con sus tamboriles y flautas los indios (…) para celebrar la fiesta, cercaron la plaza con muchos y vistosos arcos, adornados todos ellos con variedad de frutas. Después de la procesión, a la cual asistieron con velas encendidas, como en la pasada, se celebró la misa con mayor solemnidad que se pudo, de músicos instrumentales, y salva de arcabucería, con lo que alegraron la función algunos españoles de los que concurrieron ese día"[672].

La plaza era lugar privilegiado para la adquisición de un nuevo orden cultural. Era el corazón de la nueva vida en el que se destacaban los nuevos símbolos y donde se socializaba a través de las reuniones públicas y marcaba la cotidianidad de la nueva población. En definitiva, era el ente estructurador de los espacios de la reducción.

La casa del misionero se integra junto con la Iglesia para resaltar el núcleo principal de la reducción. En general la residencia del jesuita se localizaba o bien a uno de los costados del templo o enfrente de él como es el caso de La Encaramada "no es tampoco de pequeño decoro la casa del misionero. Mi última habitación (…) estaba casi enfrente de la iglesia. Entre los dos edificios había una comodísima plaza"[673].

Dentro del ámbito de la sanidad debemos también destacar la importancia asumía la botica en las áreas misionales pues podríamos conceptuar-

---

    la América colonial. Lima, Pontificia Universidad Católica del Perú (1999) 284. El croquis de la reducción puede verse en la página 287.

672   Juan RIVERO. *Historia de las Misiones…*, 94.
673   GILIJ. *Ensayo…*, III, 63.

las como incipientes "centros de salud". Pero de ellos trataremos en el capítulo dedicado a la sanidad en las reducciones jesuíticas.

2. La arquitectura

Ya desde sus orígenes se reglamentó dentro de la Compañía de Jesús la construcción de edificios: primero con directrices dadas por la I Congregación General (1558) y en la Segunda (1565) mediante un decreto expreso que imponía el enviar a Roma para su aprobación los planos de los grandes edificios. El proceso era largo pues amén de los estudios locales existía el dictamen final dado por "Consiliarius aedificiorum" (generalmente el profesor de matemáticas del Colegio Romano) y un grupo de arquitectos no jesuitas. Y desde 1632 Roma exigía dos juegos distintos de planos: uno que se quedaba en la ciudad eterna y otro que era devuelto al lugar de origen[674].

En la América hispana existe como es natural una gran diferencia entre los edificios levantados tanto en las grandes ciudades como en las más provincianas y de una forma analógica podríamos decir lo mismo en las denominadas misiones de infieles, es decir, entre las Reducciones del Paraguay y las de los Llanos y el Orinoco[675].

No son muy detalladas las ordenanzas que conocemos para las Misiones del Nuevo Reino de Granada. En unas disposiciones del Provincial P. Hernando Cavero de 1668 se recomienda que haya "gran cuidado en que las iglesias estén decentes y con el mejor adorno que se pudiere" a la vez que recuerda la importancia de la limpieza en los altares[676]. Más explícitas son las Ordenes del P. Gaspar Vivas sobre la edificación de iglesias en terreno misional. Deberán los misioneros "dar parte" al Superior cuando

---

[674] Heinrich PFEIFFER. "Arte en la C[ompañía de] J[esús]", 248. Este autor dice más adelante que el poder central fue perdiendo influjo con el tiempo y "lo que se tenía que enviar a Roma para un cuidadoso control de la curia generalicia se refería menos a los aspectos artísticos de los edificios que a la distribución de los diversos espacios según su función y la adaptación de los edificios al terreno y entorno" (p. 248).

[675] José Luis SAEZ. "América hispana. X. Arquitectura y arte". En: Charles E. O'NEILL y Joaquín Mª DOMINGUEZ. *Diccionario histórico de la Compañía de Jesús*. Roma-Madrid, 1 (2001) 136-139.

[676] Hernando CAVERO. "Disposiciones varias de los Superiores de la Compañía sobre las Misiones del Marañón. Quito, 8 de julio de 1668. En: José JOUANEN. *Historia de la Compañía de Jesús en la antigua Provincia de Quito 1570-1774*. Quito, I (1941) 621.

las paredes sean "de adobes y de madera labrada". Cuando las paredes o cercas sean "de tablazón de guaduas se harán medidas a la gente". Y continúa, como la caducidad es rápida no las levanten "tan a su gusto que sean cargosos a los indios"[677].

Con estas premisas es lógico deducir que debía existir algún patrón fundamental para la construcción de iglesias sobre todo en las regiones tropicales. Se deja en manos del misionero la utilización de los materiales corrientes e intervine el Superior cuando tienen que servirse de materiales más nobles. En consecuencia, se debía requerir de la anuencia del Provincial para la construcción de toda la Iglesia.

Desde los inicios los jesuitas confrontaron la violenta feracidad del Llano frente a las estructuras firmes del altiplano pero también tuvieron que asumir que el clima y los elementos constructivos diferían mucho por su caducidad de los de clima frío.

Así pues, era evidente que los arquetipos arquitectónicos de Fontibón y de Tópaga eran irrepetibles en las ardientes sabanas llaneras y en las selvas orinoquenses.

Sobre los monumentos públicos observará el autor del *Ensayo de Historia americana* las dificultades que engendra la poca vida útil de las construcciones en la selva tropical: y recordará que es "muy rara la construcción que sobrepasa el decenio"[678]. Con lo cual el enriquecimiento progresivo de las instalaciones quedaba coartado ante un hecho que en aquel entonces no supieron encontrarle solución técnica.

Al recinto de la iglesia procuraron darle su carácter sagrado –majestuoso y respetuoso- a la vez que lo acercaban a la conciencia e imaginación del indígena con abundante imaginería. Así lo confirma el testimonio de un observador crítico como era el misionero de La Encaramada: "Baste sólo saber que siendo los indios de un genio en el que la externa magnificencia de las cosas les hiere increíblemente en la fantasía, yo puse todo el cuidado en embellecerla, incluso con alguna reducción del propio sustento necesario"[679].

---

[677] Gaspar VIVAS. "Ordenes del P. Provincial Gaspar Vivas con que los Nuestros se gobiernan en las Misiones". En: José JOUANEN. *Historia de la Compañía de Jesús en la antigua Provincia de Quito 1570-1774*. Quito, I (1941) 625. El Provincialiato del P. Vivas corrió de 1668 a 1672.

[678] GILIJ. *Ensayo...*, III, 62.

[679] GILIJ. *Ensayo...*, III, 62.

Dadas las características similares de la arquitectura religiosa llanera describiremos lo que podríamos denominar el patrón general aunque existan diferencias menores que no afectan para nada la visión general. Y para ello apelaremos a la reconstrucción llevada a cabo por el arquitecto Felipe González Mora para algunas reducciones ubicadas en el río Meta[680] cuyas visualizaciones se podrían señalar como la primera introducción al "arte jesuítico misional llanero".

La planta de las iglesias era rectangular y alargada. Las dimensiones que se han logrado rescatar eran: para Casimena (63,5 varas × 13v); para Surimena (55v. × 15v) y para Pauto (31v. × 9v). Toda esta estructura se rompía para la iluminación y la ventilación con ventanas que en la Iglesia de Tame eran (20), en Macaguane (16), en Betoyes (15), en Casimena (12) y en Surimena (6).

El cerramiento perimetral se iniciaba siempre con materiales constructivos perecederos: vegetales y tierra (bahareque). Sin embargo en 1767 las paredes de cerramiento habían evolucionado a piedra y tapia en Pauto, San Salvador del Puerto, San Miguel de Macuco y Cabruta lo que nos evidencia que el desarrollo tecnológico iba adquiriendo vigencia en la medida de las posibilidades de los misioneros.

Como es natural el altar mayor siempre estaba centrado en el muro testero plano lo que significaba una enorme ventaja para resaltar el retablo principal y para los movimientos litúrgicos exigidos por las grandes solemnidades.

En principio todas las iglesias conocidas, a excepción de la de San Salvador del Puerto, tenían el coro ubicado sobre la parte trasera de la nave central frente por frente al altar mayor. Existía una escalerilla y una barandilla de balaústres torneados. Allí se ubicaban los músicos y cantores. En términos numéricos sólo conocemos las dimensiones del coro de Casimena (5 varas × 4v).

Como las iglesias eran parroquia también debían cumplir una función sacramental y por ello el baptisterio se ubicaba a uno de los costados de la puerta principal, o sea, a los pies del templo.

En general existe un atrio o pórtico que equivale al lugar de transición entre la plaza y la iglesia como se evidencia por los informes de que disponemos de los templos de Tame, Macaguane y Macuco.

---

680   Felipe GONZÁLEZ MORA. *Reducciones y haciendas jesuíticas en Casanare, Meta y Orinoco ss. XVII-XVIII...*, 175-180.

Dentro de la pobreza de los materiales de construcción la fachada de la iglesia contaba bien con una sola puerta de acceso (Casimena y Macaguane), bien con una portada principal y dos puertas auxiliares que permitían la entrada directa a las dos naves laterales del recinto sagrado.

Asimismo, frente a las construcciones religiosas del altiplano no encontramos, por motivos evidentes, la espadaña que alegra tantas iglesias de las zonas altas y sólo observamos una torre simple en Macuco; en las otras iglesias las campanas "se colgaban de un dintel de la estructura portante de madera, situada sobre el atrio"[681].

Tres modalidades se descubren con respecto al desarrollo espacial de las sacristías. En primer lugar las denominadas sacristías colaterales, o doble sacristía, que se situaban a ambos lados del presbiterio con dos puertas de acceso (Tame y Pauto). La segunda modalidad es la "transversal" que estaba localizada detrás del presbiterio (Macaguane, Betoyes, Surimena, Macuco y Casimena). Pareciera ser una solución a las incomodidades que planteaba la dualidad espacial. Y la "compuesta" que viene a resultar como una fusión de las dos modalidades anteriores. Sin embargo exigía cuatro puertas. Es la que se estaba construyendo en 1767 en Betoyes.

Con respecto a los techos –anotará Felipe González- y "partiendo de una estructura portante (pilares, dinteles, riostas, tirantes y cuadrales) y la utilización de pares en madera para construir las dos aguas, se remataba la cubrición con paja (Surimena); con palma (Casimena, Macaguane, Tame, Betoyes, Cabruta, La Encaramada, La Urbana, San Borja y el Raudal) o con teja de barro cocido (Macuco, Pauto)"[682].

Las iglesias llaneras

Es una lástima que los cronistas jesuíticos no nos hayan conservado, fuera de la descripción de la iglesia de San Salvador del Puerto, otras similares del resto de las poblaciones indígenas fundadas por los misioneros.

Con todo, aunque son escuetas las descripciones que realizaron los funcionarios regios a la hora de levantar los inventarios en 1767 a causa de la expulsión de los jesuitas de España y América, trataremos de recoger las noticias que nos suministran esas informaciones acerca de las Iglesias con excepción de Patute.

---

681 GONZÁLEZ MORA. *Reducciones y haciendas jesuíticas…*, 179.
682 *Ibidem.*

Sospechamos que el más iluminado de los jesuitas que fundaron la Misión de los Llanos en 1661, el P. Alonso de Neira, intuyó de inmediato la necesidad de crear un modelo distinto para el nuevo hábitat y se lanzó a construir una iglesia en San Salvador del Puerto de Casanare realmente original y autóctona.

En este contexto la reacción de Alonso de Neira fue una primera respuesta para el gran proyecto misional que se iniciaba en pleno Llano. El templo "muy capaz y curioso, y de una fabricación bien rara" lo construyó "en mes y medio". Pensamos que se inspiró en las viviendas de los Achaguas pues se valió "de la habilidad de sus indios, curiosos sobremanera, y prolijos en la fábrica de sus casas". Se componía de cuatro naves "en cuadro, largas y anchas, a proporción, en medio de las cuales sobresalía la Capilla mayor, a manera de media naranja[683], que estribaba y se mantenía sobre doce vistosas columnas de madera, en el espacio de cincuenta pies de ancho y otros tantos de longitud; en lo alto de la media naranja colocó por fuera una bien alta y curiosa cruz, la cual daba a la obra mayor realce"[684]. El historiador Cassani añade que "toda la obra era de madera, aunque en la parte exterior se vistió de tapias de tierra; en lo interior, así las columnas, como las paredes las pintó todas con aquellos su barnices, que ellos usaban para pintarse los cuerpos"[685].

Su planta regular de tres naves -en cuadro- y esquinas ochavadas, realzaban el carácter centralizado y jerárquico de su organización espacial[686].

Nuestra Señora de Tame disponía de "una iglesia grande con dos sacristías de madera, bahareque y palma; dos puertas de tablazón; veinte

---

[683] La propuesta espacial de cúpula de media naranja sobre crucero, se evidencia en varias de las iglesias de las reducciones entre los guaraníes. Ver: Fernando ARELLANO. *El arte jesuítico en la América española*. San Cristóbal (1991) 119-123.

[684] Juan RIVERO. *Historia de las Misiones...*, 124. Joseph CASSANI. *Historia de la Provincia de la Compañía de Jesús del Nuevo Reyno de Granada en la América*. Estudio preliminar y anotaciones al texto por José del Rey, s. J. Caracas, Biblioteca de la Academia Nacional de la Historia (1967) 152: "Su disposición era ochavada, y con tres naves, en medio de las cuales levantó doce columnas, sobre las cuales estribaba la techumbre, que era de madera, y defendía de las aguas".

[685] Joseph CASSANI. *Historia de la Provincia...*, 152.

[686] Felipe GONZÁLEZ MORA. *Reducciones y haciendas jesuíticas en Casanare, Meta y Orinoco ss. XVII-XVIII. Arquitectura y urbanismo en la frontera oriental del Nuevo Reino de Granada*. Bogotá, Editorial Pontificia Universidad Javeriana, Biblioteca del Profesional, Bogotá 1a.edición, 2004.

ventanas con balaústres torneados sin puertas; un coro con barandillas torneadas en el presbiterio y atrio"[687].

El pueblo de Pauto (Manare) gozaba de "una iglesia nueva de calicanto, tapia, ladrillo y teja, toda de arcos, con dos sacristías de los mismos materiales, baptisterio, cuatro capillas en las esquinas de la plaza, y una casa para meter trastes de la iglesia y todo de los mismos materiales que ella, en la iglesia su coro de madera, balaústres torneados, en la misma sacristía, capillas y casa; las puertas y ventanas correspondientes nuevas y primorosas". También se recensaron dos pilas de agua Bendita de piedra grandes, con los pies de lo mismo y otra dicha pila más grande de lo mismo en el baptisterio. (…) y veintitrés bancos grandes, para sentarse de madera labrados y con espaldar"[688].

El templo de San Francisco Javier de Macaguane tenía su "sacristía y baptisterio de madera, bahareque y palma, con puerta principal y otra en la sacristía con diez y seis ventanas de balaústres torneados con su coro de madera y balaústres, barandilla de balaústres torneados en el comulgatorio y otra en el atrio de la iglesia"[689]. La iglesia contaba con seis altares de los que cinco laterales "de madera y talla dorada". El mayor tenía tres cuerpos con el sagrario incluido; estaba dedicado a Nuestra Señora de la Concepción que era de "bulto cuerpo entero" ubicada en su camarín "guarnecido de espejos". Es curioso que el púlpito tuviera debajo un confesionario de madera "con las pinturas de San Ignacio, San Francisco Javier y San Francisco de Borja". Y en el cuerpo de la iglesia había 29 cuadros "pinturas de varios santos con sus marcos de madera dorada"[690].

---

[687] ANB. *Conventos*, 32, fol., 411. Gregorio SANCHEZ MANGANEQUE. "Informe sobre el estado de la Provincia de Santiago de las Atalayas", 402. Tame "La iglesia es de bahareque y palma y está grandemente alhajada y ornamentada; tiene el padre en su misma casa escuela para que aprendan los niños a leer y varios instrumentos de música". Basilio Vicente de OVIEDO. *Cualidades y riquezas del Nuevo Reino de Granada*…., 224: "… tiene buena iglesia y bien ornamentada".

[688] ANB. *Fábrica de Iglesias*, 17, fol., 96. Entre los folios 98 y 104 continúa el inventario de los muebles de madera como el púlpito, confesionarios, lámparas y la descripción de los altares, barandillas del comulgatorio. Y finaliza: "en el cuerpo de la iglesia, cuatro altares de un cuerpo de madera, columnas y talla los dos dorados".

[689] ANB. *Conventos*, 34, fols., 778-804v.

[690] ANB. *Conventos*, 34, fols., 778-791. Gregorio SANCHEZ MANGANEQUE. "Informe sobre el estado de la Provincia de Santiago de las Atalayas", 402. Macaguane: "La iglesia es de bahareque y palma y está grandemente alhajada y ornamentada. Hay en este pueblo escuela donde asisten los niños y aprenden a leer y varios instrumentos de música". Basilio Vicente de OVIEDO. *Cualidades y riquezas del*

En el pueblo de San Ignacio de los Betoyes se estaba construyendo la nueva iglesia y la antigua era "mediana de bahareque y palma, con un tramo que hace de sacristía, con dos puertas la de la Iglesia y sacristía, con quince ventanas de balaústres torneados, el coro de madera con balaústres torneados y barandillas de comulgatorio de lo mismo, que ni uno ni otro está puesto por ser iglesia pequeña y estarse por construir otra"[691]. La dotación artística se guardaba bien en la vieja, bien en otros depósitos y albergaba cinco altares –el mayor y cuatro colaterales- y otro para el monumento de Jueves Santo "todos de maderas y tallas doradas y dados de bermellón". Asimismo, "cinco portadas en la misma conformidad que los altares, la una del altozano, y las cuatro de la sacristía". A esto se añadía una serie de imágenes de bulto como Nuestra Señora del Buen Viaje, Nuestra Señora de la Conquista, dos de San Ignacio, una de San Francisco Javier y otras más. Y se completaba el tesoro artístico con 9 cuadros grandes y 70 medianos "pinturas de varios santos, marcos de madera pintados"[692].

Del pueblo de los tunebos, Patute, no hemos encontrado la descripción de su iglesia y por ello nos remitimos a la escueta noticia que nos dan Gregorio Sánchez Manganeque y Basilio Vicente de Oviedo[693].

Aunque la hacienda de Caribabare, en principio, era el fundamento económico y comercial de las Misiones del Casanare, sin embargo, la incluimos en esta breve revisión del arte religioso llanero por su importancia.

Nuevo Reino de Granada..., 223: "... y su iglesia está muy bien ornamentada y sus cofradías corrientes".

691   ANB. *Temporalidades*, 13, fol., 225.

692   ANB. *Temporalidades*, 13, fols., 226v-234v. También habría que incluir lámparas, candelabros, campanas, vasos sagrados de plata, coronas de santos, ornamentos exigidos por la liturgia y vestidos para las imágenes de los santos. Gregorio SANCHEZ MANGANEQUE. "Informe sobre el estado de la Provincia de Santiago de las Atalayas", 403. Betoyes: "... tiene el padre misionero en su misma casa escuela donde aprenden los niños a leer y tocar varios instrumentos de música a que son los indios muy inclinados y aprenden con perfección. La iglesia de esta misión es de bahareque y está bien alhajada y ornamentada". Basilio Vicente de OVIEDO. *Cualidades y riquezas del Nuevo Reino de Granada...*, 223: "... y está su iglesia muy bien ornamentada y con buena música, y sus hatos de la iglesia".

693   Gregorio SANCHEZ MANGANEQUE. "Informe sobre el estado de la Provincia de Santiago de las Atalayas", 402. Patute. "La iglesia es de bahareque y palma y está medianamente ornamentada". Basilio Vicente de OVIEDO. *Cualidades y riquezas del Nuevo Reino de Granada...*, 224: "Tiene buena iglesia y bien ornamentada, a expensas de los Reverendos Padres jesuitas, porque los indios no contribuyen cosa alguna...".

En 1767 estaba en plena remodelación y en los inventarios se recoge que en la ramada de tejería había "como de seis a siete mil tejas cocidas y el horno de cocer teja y ladrillo". A ello había que añadir "seiscientos ladrillos cocidos y cuatro mil y quinientos sin cocer" y "trece cargas de cal a ocho arrobas"[694].

Ello explica la situación de la capilla que era de bahareque y palma, puerta de tablazón, "cinco ventanas de balaustres torneados sin puertas, una barandilla de balaustres torneados en el atrio y otras en el comulgatorio"[695].

El altar mayor se componía de "tres cuerpos de madera y talla, dorado, de bermellón, y otros colores, con su sagrario en la misma conformidad". El retablo contenía 4 pinturas: una de Santa Bárbara "con su velo de angaripola", San Pablo, Santa Lucía y San Ignacio; y en el remate del altar un San Juan Nepomuceno. En el sagrario una "lámina con su vidriera de nuestra Señora de los Dolores, marco y copete de plata realzada", una crucecita con un Santo Cristo de plata y 19 candelabros torneados de madera. En otros dos altares de madera se visualizaban las figuras de San Francisco de Borja y San Francisco Javier. A ello se anexaba dos cuadros: uno de San Estanislao y otro de San Luis Gonzaga con "marcos dorados y dados de bermellón", así como también un cuadrito sin marco de San Antonio de Padua[696].

Después de detallar los ornamentos litúrgicos, vasos sagrados, e instrumentos requeridos para los oficios divinos, hace alusión a una capilla "con su división de sacristía, un arco y pilares para otro, que está dicha capilla sin cubrir ni enmaderar, sólo con todas las paredes a las dos tercias partes de alto que deben tener, toda es de cal y canto, adobe, tapia y ladrillo, cuya obra ha poco que paró"[697].

San Miguel de Macuco ya tenía Iglesia "nueva fabricada de tapia y piedra, cubierta de teja, con su sacristía, con sus puertas y cerraduras nuevas, con todas las ventanas torneadas y aldabas por dentro"[698]. El misione-

---

694   ANB. *Temporalidades*, 5, fols., 703-703v.
695   ANB. *Temporalidades*, 5, fol., 679. Basilio Vicente de OVIEDO. *Cualidades y riquezas del Nuevo Reino de Granada...*, 224: "... tienen allí los padres una iglesia muy aseada y ricamente adornada de costosos ornamentos...".
696   ANB. *Temporalidades*, 5, fol., 679-680.
697   ANB. *Temporalidades*, 5, fol., 683
698   ANB. *Conventos*, 34, fol., 813-819. Gregorio SANCHEZ MANGANEQUE. "Informe sobre el estado de la Provincia de Santiago de las Atalayas", 403-404. San Miguel de Macuco. "La iglesia es de tapia y teja y está bien ornamentada. Los días

ro-escritor Felipe Salvador Gilij la conoció en 1749 y en su memoria todavía tiene vigencia "su bellísima iglesia", la cual fue construida de "piedra caliza dura, pegada con una nueva especie de argamasa" y cubierta de teja por el P. Roque Lubián[699].

San Luis Gonzaga (Casimena) se servía de una "iglesia de bahareque, doble cubierta de quitebe con sesenta y tres y media varas de largo y trece de ancho, con diez y ocho pilares de cedro, una puerta grande con su cerradura en el altozano, y su sacristía con otra puerta más chica y cerradura, con su coro de madera torneada, escaleras nuevas y baptisterio de barandillas torneadas con su pila labrada de madera, con doce ventanas grandes torneadas..."[700].

San Francisco de Regis (Surimena) había construido la "iglesia cubierta de paja y bahareque, con su media nave cubierta de barro blanco, de cincuenta varas de largo y quince de ancho, con su puerta grande con llave y cerradura y dos dichas que sirven de colaterales sin cerradura. Item, una sacristía de dos piezas, la una ocupada con un retablo viejo deshecho dos puertas. Item, seis ventanas grandes voladas y torneadas de madera en el cuerpo de la iglesia. Item, otros pilares de madera sobre los cuales se mantiene dicha iglesia. Item, un coro de tablazón de cinco varas de largo y cuatro de ancho de madera con su escalera y escaño arriba. Item, un baptisterio de palo torneado con su puertas de los mismo y pila labrada en madera..."[701].

---

más festivos se celebra misa solemne con muchos instrumentos en que son estos indios muy diestros, y se continúa enseñando a los pequeños a tocar los referidos instrumentos, y hay en la misma casa del padre misionero escuela para enseñar a leer a los niños". Basilio Vicente de OVIEDO. *Cualidades y riquezas del Nuevo Reino de Granada...*, 224: "... con buena iglesia, alhajada de todo lo necesario, como acontece en todas las de los Reverendos Padres Jesuitas".

699   GILIJ. *Ensayo...*, IV, 390. A continuación describe las piedras porosas que los españoles llaman arrecife que es muy abundante en las orillas del Meta. El misionero descubrió que "esa tierra mezclada con estiércol seco de buey, la encontró tan buena para pegar una piedra con otra, que sin mucho trabajo pudo servirse de ella para construir las dos citadas fábricas" (Gilij., *Ensayo*, IV, 391).

700   ANB. *Conventos*, 34, fol., 837r-837v. Gregorio SANCHEZ MANGANEQUE. "Informe sobre el estado de la Provincia de Santiago de las Atalayas", 403. Casimena. "La iglesia es de bahareque y palma y está bien alhajada y ornamentada. Hay escuela donde aprenden los niños a leer y a tocar varios instrumentos de música". Basilio Vicente de OVIEDO. *Cualidades y riquezas del Nuevo Reino de Granada...*, 224: "... iglesia, que la tienen buena y bien ornamentada".

701   ANB. *Conventos*, 34, fol., 856. Gregorio SANCHEZ MANGANEQUE. "Informe sobre el estado de la Provincia de Santiago de las Atalayas", 403. Surimena. "La

Las iglesias orinoquenses

En el caso del área orinoquense no se han podido hasta el momento encontrar los inventarios que se levantaron en 1767 con motivo de la expulsión pues ellos nos habrían dado mucha luz para la reconstrucción de la arquitectura de sus respectivas iglesias.

Antes de ingresar a describir las construcciones levantadas sobre las denominadas Reducciones del Orinoco conviene hacer algunas observaciones previas.

Y la primera y principal que debe ser tenida en cuenta es el modo de actuar el misionero frente a las edificaciones que se deben levantar en la nueva población pues desde los principios "es necesario acomodarse, tener calma, contemporizar, y sufrir prudentemente lo aquella trabajosa vida exige"[702].

Sobre los detalles de construcción el autor del *Ensayo de Historia americana* ofrece notas curiosas e interesantes. Los techos que cubren las edificaciones orinoquenses –anota– que todos se elaboran con ramos secos de palma "y estando puestos dobles y bien apretados, resguardan del sol, impiden la entrada de las lluvias, y hacen una vista no despreciable"[703]. Sin embargo, cada siete años es necesario renovar los ramos de palma de las iglesias[704].

Terminado el techo le toca el turno a las paredes en las que "no se necesita ni cal ni arena ni ningún cemento, sino que basta un poco de tierra con paja". Se sirven de unos palos plantados en el suelo con el fin de sostener la cubierta y por una cara "se atan cuerdas, o cañas abiertas formando como un cañizo ralo, las cuales están separadas entre sí cuatro o cinco dedos". Para esta hechura no emplean clavos sino la "brionia", una trepadora con que cierran las paredes y el techo. Y el vano que se produce entre las cuerdas lo llenan con tierra apisonada "mezclada con los pies, remojada a menudo con agua, y bien empastada con paja". Dentro del cañizo la

---

iglesia está bien alhajada y ornamentada... tiene escuela para enseñar los niños a leer y en esta misma se les enseña solfa y varios instrumentos de música". Basilio Vicente de OVIEDO. *Cualidades y riquezas del Nuevo Reino de Granada...*, 229: "...y lo demás tocante a su iglesia: está buena y ornamentada, como acostumbre el celo y devoción de dichos Reverendos Padres".

702   GILIJ. *Ensayo...*, III, 62-63.
703   GILIJ. *Ensayo...*, III, 61. Sin embargo añadirá que en estos techos anidan las serpientes y murciélagos y mil nocivos insectos.
704   GILIJ. *Ensayo...*, III, 62.

aprietan con la mano y de la misma forma la alisan. La anchura de estos muros "no sobrepasa la de un palmo". De igual forma la cabaña puede dividirse en varias piezas. Finalmente los pisos no tienen ladrillos pero los hacen sólidos apisonando la tierra con mazos[705].

Mas para lograr que "sean bonitas y arregladas" las colorean con diferentes tierras[706]: puede ser tierra blanca "tan linda que se tomaría por yeso" y aunque se dan dos especies la mejor es aquella "que tira al turquí"; las amarillas son más variadas y la roja "no se encuentra más que a las orillas del Orinoco, y no es muy buena"[707]. De esta forma se les va induciendo poco a poco con este tipo de casa mejorada a generar en los indígenas "un amor más constante a la reducción"[708].

Todavía más, el misionero de La Encaramada escribirá desde Roma en 1783 que sus indígenas eran muy atraídos "por la belleza de sus iglesias y si se pudieran hacer de mayor duración, en no mucho tiempo se volverían hermosísimas (...) Y si atendemos a la calidad de los lugares, era no sólo grande, sino hermosa. No creo que merezca la pena hacer demasiado minuciosamente la descripción"[709].

Pero viniendo ya a la descripción de los recintos sagrados es poca la información hemos podido recopilar de la iglesia de Cabruta. Según Alvarado se encontraba en la plaza junto a la casa del misionero y la describe como "un bello cañón de Yglesia, bastante claro y elevado, formando en su fondo en figura oval, la sacristía"[710]. Más explícito es Gilij sobre esta edificación. Durante la estancia del P. Francisco Riberos (1718-1767)[711] en Cabruta levantó un nuevo templo con paredes "hechas con formas, o digamos cajas de madera, dentro de las cuales la tierra que allí se pone se apisona bien con mazos". Tenían dos palmos de ancho y estaban blanqueadas. El techo estaba cubierto con hojas de palma. Y concluye el misionero-historiador: "Pero por falta de artesanos y de dinero esta era la única iglesia construida así" [se refiere al Orinoco][712].

---

705   GILIJ. *Ensayo...*, III, 61.
706   GILIJ. *Ensayo...*, III, 62.
707   GILIJ. *Ensayo...*, II, 24.
708   GILIJ. *Ensayo...*, III, 62.
709   GILIJ. *Ensayo...*, III, 62.
710   ALVARADO. "Informe reservado...", 306.
711   J. DEL REY FAJARDO. *Bío-bibliografía...*, 518-519.
712   GILIJ. *Ensayo...*, III, 60-61.

En la visita que dispensó el obispo Mariano Martí a Cabruta en 1780 halló el pueblo "todo destruido" y describe así la iglesia: "sus paredes colaterales de tapias; el frontispicio y la testera son nuevos, de bajareque. A más de la principal tiene una puerta colateral a cada lado. Cerca de la puerta principal tiene dos Capillas, una a cada lado cerca del Presbyterio, con sus arcos bien fundados. Está cubierta de palma. La Sacristía está al lado de la Epístola, en el Presbyterio"[713].

De San Luis Gonzaga de La Encaramada, fundada en 1749 por el P. Felipe Salvador Gilij, sabemos que tuvo tres construcciones entre su fundación y la salida de los jesuitas en 1767. La primera "era pequeñísima y de un solo altar". La segunda tuvo tres altares y la tercera cinco y como dice su misionero "no solo era grande sino hermosa". Todas sus puertas, ventanas y confesonarios eran de cedro[714].

Sobre Nuestra Señora de la Concepción de La Urbana tenía pobre impresión el Coronel Alvarado. Reseña en el centro de la plaza "el cañón de su Yglesia" y califica de mala la "fábrica" pues tanto la Iglesia como la casa cural "son de bahareque [y] es poca su elevación y tienen muchos defectos"[715].

Nuestra Señora de los Angeles de Carichana se había fundado en 1732 y cuando llegó Alvarado la Iglesia se había quemado dos veces. La fábrica era "más que competente y cómoda" y se reducía a "un suntuoso Cañón que remata en media campana para desahogo de la sacristía". El altar mayor disponía de un presbiterio con 4 grandes ventanas "balaustradas que dan mucha luz al cuerpo de la Yglesia". El templo disponía de cinco altares "embebidos en la pared" y como tenía "mucha fuga" la fábrica estuvo a punto de "rendirse" de forma tal que se vieron obligados los misioneros a levantar "otra contra-pared de estantillos de madera para que recibieran la Cumbrera"[716].

---

713 Mariano MARTI. *Documentos relativos a su visita Pastoral de la Dócesis de Caracas (1771-1784)*. Tomo II: Libro personal. Caracas, Biblioteca de la Academia Nacional de la Historia, (1998) 143. También dice que visitó Cabruta el 29 de diciembre de 1765.

714 GILIJ. *Ensayo…*, III, 62-63.

715 ALVARADO. "Informe reservado…", 313-314.

716 ALVARADO. "Informe reservado…", 316-317.

San Borja había sido fundada en 1738 por el P. Francisco del Olmo y el Comisario regio Alvarado se reduce a comentar que la "fábrica es mala" y que la Iglesia consiste en "un Cañón, todo de bahareque"[717].

La segunda construcción en importancia era la "Casa del misionero" pues en realidad significaba la autoridad religiosa que se confundía a la hora de la verdad con la civil y por ello es necesario considerarla como el edificio público –no religioso- más significativo y simbólico en la concepción misional.

Siempre se construye en la plaza principal y unas veces se localiza junto a la iglesia y otras al otro lado de la plaza. Su planta era rectangular y solía dividirse en varias dependencias como aposentos, cocina y otras. De las dimensiones sólo conocemos las de Casimena, (60 varas × por 12.5 v) y con un corredor de 3 varas de ancho, y Macuco (30 varas × 7 v) con un corredor de 2.5 varas de ancho. El número de aposentos fluctuaba entre 3 y 7 piezas.

En cuanto a los materiales de construcción todas siguen el mismo patrón que se fue utilizando en las iglesias, es decir, tapias de bahareque y techo de palma. Sólo nos consta el uso de la piedra y tapial para los cerramientos así como los techos de teja de barro en Macuco y Pauto[718].

La plaza

La fisonomía urbana que nos han legado los cronistas misionales sobre las misiones del Casanare y del Meta son bastante parcas[719].

En este punto es necesario entender que para cambiar la mentalidad del indígena acostumbrado a los espacios sin límites de la selva requería de tiempo y paciencia. En principio los aborígenes se mostraban reacios a "reducirse"; sólo con los regalos y la opinión favorable del cacique se lograba escoger "un sitio oportuno para la reducción, cerca del agua, en llano, y no lejano de las selvas de donde cortar madera"[720].

---

717 ALVARADO. "Informe reservado...", 320.
718 GONZÁLEZ MORA. *Reducciones y haciendas jesuíticas...*, 181.
719 Para una visión general nos remitimos a: Felipe GONZALEZ MORA. *Reducciones y haciendas jesuíticas en Casanare, Meta y Orinoco ss. XVII-XVIII. Arquitectura y urbanismo en la frontera oriental del Nuevo Reino de Granada*. Bogotá, Universidad Javeriana (2004) 169-173.
720 GILIJ. *Ensayo...*, III, 60.

En una etapa posterior la planta de la reducción se va arreglando por las sugerencias de los misioneros. Y Gilij describe así la reducción de los otomanos: "Las casas estaban todas tiradas a nivel; había una iglesia bastante hermosa; había plazas y sitios públicos para el juego de la pelota; y sobre todo, estando la reducción a la orilla del río, desde lejos hacía una vista bastante linda para quien llegaba allí por agua"[721].

El 22 de enero de 1665 relataba el Superior de las Misiones al Real Acuerdo la primera visión de los pueblos recién fundados. El difícil pueblo de Patute de los indios tunebos se le describe con "doce caneyes, todos nuevos y grandes, su iglesia, su plaza, sus calles y pueblo en forma, no solamente por lo material, sino también por lo formal"[722]. San Salvador del Puerto habitado por los achaguas presenta "una de las mejores iglesias que hay en la comarca, linda plaza, y todos los caneyes nuevos, más largos y más altos que nunca lo habían sido"[723].

En 1756 el coronel Eugenio de Alvarado fue redactando su *Informe reservado* del que se serviría más tarde el Conde de Aranda como documento para probar su actitud frente a la Orden fundada por Ignacio de Loyola en tierras orinoquenses.

Sobre la polémica reducción de Cabruta dirá que "la figura del pueblo no guarda orden fuera de lo que corresponde a la plaza que es un cuadrilongo formado por la casa del Padre y algunas casas de españoles, haciendo forma de fachada la puerta de la Iglesia, las demás de las habitaciones están salpicadas por el espacio del pueblo"[724].

Sobre La Encaramada observará que "la figura del pueblo, como es moderno, se reduce a una anchurosa plaza en figura oval, cuyos externos se forman de la pequeña iglesia, y de la casa-fuerte en que aloja la tropa, y los respectivos costados, uno con el frente de los grandes caneyes que llena su espacio, y otro con la casa del Padre que termina a la mitad, sin embar-

---

721 GILIJ. *Ensayo*..., III, 60.

722 Juan RIVERO. *Historia de las Misiones*..., 204.

723 Juan RIVERO. *Historia de las Misiones*..., 205.

724 Eugenio ALVARADO. "Informe Reservado sobre el manejo y conducta que tuvieron los Padres Jesuitas con la expedición de la Línea Divisoria entre España y Portugal en la Península Austral y orillas del Orinoco". En: José DEL REY. *Documentos jesuíticos relativos a la historia de la Compañía de Jesús en Venezuela*. Caracas, Academia Nacional de la Historia (1966) 305-306. Ciertamente que el Comisario de la Expedición de Límites tiene una "interesante" descripción de todas las reducciones a las que servían los jesuitas en esa fecha (pp., 304-332).

go es una buena planta, pues las habitaciones de los indios son Norte-Sur, iguales en su alto y tirados a cordel"[725].

Más curiosa es la descripción de La Urbana: "La figura del pueblo es mala porque no lleva orden. Hay un escampado que sirve de plaza y en su centro el cañón de su iglesia; a poca distancia de ésta, están a la parte del Este, haciendo barrio separado unas pocas casas en que viven los indios Cabres; por la del Oeste se hallan las chozas o sombrajos de los Otomanos (…) y a su frente sobre la orilla del río la garita que es cuartel de los soldados"[726].

Carichana fue la capital de las misiones jesuíticas orinoquenses y fue durante muchos meses la residencia obligada del coronel Alvarado. De ella escribirá: "La figura que guarda el pueblo es irregular, pues las casas de los indios están si orden ni simetría, unas cerca y otras distantes entre sí. Con todo, hay un cuadrilongo que sirve de plaza, cuyos extremos son la fachada de la iglesia, y la casa de los Padres inclusa la Procuraduría, y los dos costados con que se prolonga esta figura son una cerca para que el ganado que es familiar con las gentes no entre en la iglesia y Procuraduría"[727].

Los edificios públicos y privados

Pero la plaza también se enriquece con otros componentes arquitectónicos que sirven para dar futuro al naciente municipio. Nos referimos a los servicios comunales como la escuela, los talleres de carpintería y herrería así como también a los espacios de carácter militar como fueron la garita o cuartel de los soldados, y, aunque no tengamos referencias directas, queda abierta la duda sobre el Reloj de sol y la Cruz Atrial así como también sobre el cementerio, el huerto, la casa del cabildo y la comunal.

También las nuevas instituciones que nacían para el progreso espiritual y material de las reducciones lucharon por conseguir su adecuado espacio.

La primera fue la Escuela que la encontramos como siembra de futuro en todas las poblaciones misionales[728]. Pero el plantel educativo abarcaba dos grandes vertientes: una, la netamente pedagógica, que intentaba la

---

725   Eugenio ALVARADO. "Informe Reservado…", 310.
726   Eugenio ALVARADO. "Informe Reservado…", 313-314.
727   Eugenio ALVARADO. "Informe Reservado…", 316-317.
728   GILIJ. *Ensayo…*, III, 63-65.

enseñanza de las primeras letras entre los indígenas; y otra, que contemplaba la "escuela de música" la cual conllevaba la presencia de arpas, flautas, violines, clarines e instrumentos musicales utilizados en las actuaciones del coro.

Hasta el momento sólo hemos podido reconstruir las informaciones sobre la escuela en Tame que estaba integrada a la casa del misionero[729] así como en Macaguane[730]. En Macuco se encontraba en la plaza y era una casa regular cubierta de teja con dos aposentos grandes: "el uno que sirve de escuela y el otro de telar"[731]. En Casimena la escuela se hallaba en la "casa grande" del misionero[732]. En Surimena se hermanaban en una edificación aunque con su debida individualidad la "escuela, carpintería y herrería"[733].

La segunda fue tanto la herrería como la carpintería aunque también se dieron los telares y otras industrias derivadas; pero a decir verdad la mayoría de éstas últimas funcionaban en las haciendas. Eran establecimientos básicos en la programación de cualquier nuevo poblado misional y se le adjudicaba un espacio en la plaza porque se convertía en un símbolo del trabajo y del progreso.

Si en las misiones del Orinoco por su juventud biográfica la carencia de buenos artesanos impedía hacer obras más refinadas[734] no sucedía lo mismo en las viejas de Casanare donde tanto carpinteros como herreros se convirtieron en excelentes colaboradores de la incipiente arquitectura llanera.

En Tame la "Fragua" ocupaba una casa de bahareque y palma. A ella seguían 3 casas de bahareque y palma que sirven de "cocina, despensa y velero y en el velero lo siguiente: un fondo o paila grande de cobre como de treinta y tantas libras de peso"[735].

En Pauto es rica la dotación de la carpintería en donde se incluyen las gaveras para la fabricación de adobe y ladrillo y lo mismo se puede decir

---

729   ANB. Conventos, 50, fol., 89-96.
730   ANB. *Conventos*, 34, fol., 787.
731   ANB. *Conventos*, 34, fol., 809.
732   ANB. *Conventos*, 34, fol., 833.
733   ANB. *Conventos*, 54, fol., 852v y ss.
734   GILIJ. *Ensayo*..., III, 60-61.
735   ANB. *Conventos*, 32, fol., 421.

de la fragua[736]. También se hace mención de dos ramadas para labrar "teja, ladrillo y adobe, de todo lo que hay bastante pero sin cocer"[737].

En la hacienda de Caribabare, capital económica de las reducciones casanareñas, existían ramadas "de trapiche, la de carpintería, la de adobes, la de horno de teja con sus correspondientes puertas de tablas, menos la de adobes y tejas que no tienen"[738].

En Macuco conocemos una casa regular cubierta de teja con dos aposentos y uno de ellos era el telar[739] y la herrería se componía de dos aposentos cubiertos de teja[740]; sin embargo, la carpintería era una ramada. Hay que destacar que es la única población donde encontramos el hospital[741].

Y la tercera novedad en el urbanismo reduccional es la "garita" de los soldados o lo que equivaldría hoy al cuartel policial. Su origen proviene de la necesidad de seguridad urbana pues en las regiones del Meta y en las del Orinoco se necesitaron muchos años para lograr la convivencia social. En el mundo interno eran sobre todo los guahivos y chiricoas los que sembraban el terror en las sabanas llaneras. Y en el gran río venezolano serían los caribes por el norte y después los gujaypunabis por el sur los que adelantarían la industria de la esclavitud.

La arquitectura militar requería espacios para el alojamiento de la escolta (La Urbana y El Raudal); la "garita" que tiene una doble función: las de vigilancia y las de aposento (La Encaramada y San Borja); así como también la casa o casas de los soldados y la casa del Capitán compuesto por dos plantas con tres aposentos incluida la sala (Carichana). En el Meta tenían garita Casimena y Macuco.

Sobre los edificios públicos de los que disponemos escasa información nos referiremos en primer lugar a la casa municipal y a la comunal. La municipal estaba radicada en uno de los costados de la plaza y únicamente tenemos referencia a la del cabildo de Casimena que disponía de dos aposentos y un corredor[742] y la que existió en Betoyes[743]. Su construc-

---

736   ANB. *Fábrica de Iglesias*, 17, fol., 106.
737   ANB. *Fábrica de Iglesias*, 17, fol., 107v-108.
738   ANB. *Temporalidades*, 5, fol., 689.
739   ANB. *Conventos*, 34, fol., 809.
740   ANB. *Conventos*, 34, fol., 811.
741   ANB. *Conventos*, 34, fol., 806-807.
742   ANB. *Conventos*, 34, fol., 844v.

ción era de bahareque y techo de palma. Cuando Imu "el gran comandante de los marepizanas", vino a hacer una visita al P. Francisco del Olmo en la reducción de San Juan Nepomuceno del Raudal de Atures iba acompañado por cien de los suyos y el misionero "les asignó una casa para alojarse"[744]. Deducimos que la casa fue la comunal para albergar a 100 visitantes.

También es lógico que existiera el huerto pues ¿dónde se criaban los animales domésticos a que hace alusión el P. Gilij?[745]. El cementerio fue un espacio nuevo para la mentalidad de los indígenas y en el Orinoco los cristianos eran enterrados bien en la Iglesia bien en el cementerio anexo sobre todo cuando eran víctimas de grandes epidemias pues "como están expuestos a la ventilación del aire, son menos perjudiciales a los vivos"[746].

Acerca del reloj de sol, que en las Misiones de Mainas se destacaba en la plaza[747], sólo tenemos noticia de que el P. Juan Rivero fabricaba relojes de sol y de agua[748]. Y de la Cruz atrial únicamente disponemos de la información expresa de la reducción de Pauto en que se verifica la existencia de "una cruz de fierro con su veleta de hoja de la lata y uno y otro sobre una pirámide de piedra"[749].

Y el proyecto urbano se completaba con las viviendas de los indígenas. Se distinguen dos tendencias de traza urbana: las "tiradas a cordel" como se verifica en Patute, San Salvador del Puerto y La Encaramada; y las "espontáneas" donde las viviendas se encontraban dispersas sin orden ni simetría en torno a la plaza como en Cabruta, Carichana y San Borja[750]. No deja de llamar la atención que en las últimas siempre hay presencia de españoles y además diversas etnias que conviven en la reducción pero que tratan de conservar su identidad.

---

743   A la existencia de la Casa del Cabildo llegamos por el Inventario del año 1775 cuando la reducción ya estaba en manos de los PP. Dominicos (ASNB. *Conventos*, 50, fol., 101v.).

744   GILIJ. *Ensayo...*, II, 174-175.

745   GILIJ. *Ensayo...*, I, 251-253.

746   GILIJ. *Ensayo...*, II, 105. Sobre el rito del funeral puede verse: GUMILLA. *El Orinoco ilustrado*, 171-172.

747   Sandra NEGRO. "Maynas, una misión entre la ilusión y el desencanto", 287.

748   GUMILLA. *Escritos varios*, 46: "... aun allá en las Missiones hizo reloxes de sol para distribuir el tiempo del día; Reloxes de agua, con mucho ingenio para distribuir y ocupar bien las horas de la noche".

749   ANB. *Fábrica de Iglesias*, 17, fol., 104v.

750   Felipe GONZALEZ MORA. *Reducciones y haciendas jesuíticas en Casanare, Meta y Orinoco ss. XVII-XVIII*, 173.

Las casas eran los caneyes, volúmenes rectangulares construidos con materiales perecederos donde habitaban los indígenas. Cada caney contaba con sus corredores perimetrales o aleros para protección climática. Aunque en los inicios eran comunales, con todo, con el correr de los tiempos los misioneros fueron fragmentando los espacios para formar aposentos individuales y familiares[751]. (Figura, 8).

3. Las artes

Escultura y pintura

La iconografía cristiana fue exuberante en las iglesias latinoamericanas pues siempre pretendió que fuera una imagen como instrumento pedagógico. En verdad, el último objetivo de toda actividad artística iba dirigida a hablarle al alma del indígena y a ubicarlo en un mundo espiritual que se interpretaba a través de las diversas manifestaciones artísticas.

Una dificultad seria entre los cronistas jesuitas llaneros radica en el hecho de que sus historias son principalmente fundacionales y por ende su literatura histórica es lineal y rara vez miran hacia atrás para hacer un balance de lo ya realizado. Nuevos retos abrían sugerentes perspectivas y al prescindir de ese seguimiento les impidió hacer historia de los pueblos que ya comenzaban a tener historia.

Una segunda dificultad proviene de la ausencia de un fenómeno que se dio en la mayoría de las reducciones americanas encomendadas a la Compañía de Jesús. Nos referimos al hecho de la presencia de Hermanos Coadjutores europeos artistas que crearon sus propias escuelas en todo lo referente a las diversas artes como en el Paraguay[752], Mojos, Chiquitos[753] o Chile[754]. Sin embargo, en el Nuevo Reino se quedaron en las grandes ciu-

---

751   Felipe GONZALEZ MORA. *Reducciones y haciendas jesuíticas en Casanare, Meta y Orinoco ss. XVII-XVIII*, 173.

752   Pablo HERNANDEZ. *Organización social de las doctrinas guaraníes de la Compañía de Jesús*. Barcelona, I (1913) 354-361.

753   Félix Alfred PLATTNER. *Deutsche Meister des Barok in Südamerika*. Basel-Freiburg-Wien, Editorial Herder, 1960.

754   Walter HANISCH ESPINDOLA. *Historia de la Compañía de Jesús en Chile (1593-1955)*. Buenos Aires-Santiago de Chile (1974) 109-151. Gauvin Alexander BAILEY. "The Calera De Tango of Chile (1741-67): The last Great Mission Art Studio of the Society of Jesus". En: *Archivum Historicum Societatis Iesu*. Roma-Cleveland, 147 (2005) 175-212.

dades dedicados a la construcción de las grandes iglesias[755] y colegios como Santafé[756], Tunja[757], Cartagena[758], Popayán[759] y otras.

La tercera debe investigar a los misioneros de visión que pudieron hacer prosperar las manifestaciones artísticas vinculadas a la arquitectura como fueron la pintura y la escultura. Conocemos algunos ejemplos y los aduciremos para abrir caminos para ulteriores estudios.

Sin lugar a dudas fue San Salvador del Puerto de Casanare un centro activo de cultura gracias a la acción de su fundador el P. Alonso de Neira como lo demuestra su biografía en la que de pasada se dice que, gracias a la "singularísima introducción" con que gozó con los achaguas, "tuvo modo de instruirlos para carpinteros, herreros, sastres, zapateros, *pintores y escultores*"[760].

Sería el P. José Gumilla otro prototipo de creatividad artística e industrial. Su primer cronista lo define como hombre de "buenas habilidades" de forma tal que servía "de carpintero, albañil, alarife, escultor, pintor, jugando con tal primor los instrumentos de cada arte, como si hubiera sido ese el único empleo de toda su vida". Y añade: "adornó el templo [de Betoyes] de pinturas de su mano"[761].

Otra veta investigativa la ofrece el misionero-escritor Juan Rivero. Mientras era estudiante de Filosofía en la Universidad de Alcalá "hizo más aprecio de la Música y su ejercicio que de las Letras" situación que lo redujo al último lugar en la evaluación de los estudios filosóficos[762]. Un incidente estudiantil que casi le produjo la muerte le llevó a estudiar con

---

755 Puede verse una información sucinta sobre cada iglesia en: PACHECO. *Los jesuitas en Colombia*, III, 383-391.

756 Patricia RENTERIA SALAZAR. *Arquitectura en la Iglesia de San Ignacio de Bogotá. Modelos, influjos, artífices*. Bogotá, CEJA, 2001.

757 Enrique MARCO DORTA. "La arquitectura del Renacimiento en Tunja". En Boletín de Historia y Antigüedades. Bogotá, 30 (1943) ---

758 Tulio ARISTIZABAL. *El templo de San Pedro Claver en Cartagena*. Cartagena, 1999.

759 Santiago SEBASTIAN. *Arquitectura colonial en Popayán y Valle del Cauca*. Cali (1965) 99-108.

760 RIVERO. *Historia de las Misiones…*, 343. [El subrayado es nuestro].

761 Mateo MIMBELA. "Relación de la entrada a las Naciones Betoyes y su cristianización (1725)". En: José GUMILLA. *Escritos varios*. Caracas (1970) 211-212.

762 GUMILLA. *Breve noticia de la apostolica, y exemplar vida del angelical, y V. P. Juan Ribero…* 1739. En: GUMILLA. *Escritos varios*, 24. [Citaremos siempre por el tomo de *Escritos varios*].

pasión la carrera de Medicina "a la que le tiraba su genio" y en la que prosiguió hasta el "tiempo de entrar a Practicante"[763]. Llegado al Nuevo Reino y residiendo en el colegio de Pamplona se "hizo discípulo de un Pintor" que le enseñó a "mezclar colores y a pintar, Arte con que después enriqueció y adornó las nuevas Missiones"[764]. Y una vez en territorio misional inició al H. Agustín de Vega en este arte[765].

También hay que reconocer que cada etnia tenía su propia idiosincrasia y sus habilidades artísticas. En las Misiones hermanas de Mainas artistas indígenas decoraban las paredes de las iglesias con figuras sacras las cuales coloreaban "mezclando tierras de colores con leche de Palo"; asimismo se servían de una técnica pictórica denominada "barniz de Palo", noticias que conocemos gracias a los científicos españoles Jorge Juan y Antonio Ulloa[766].

De los aborígenes del Orinoco observará su misionero Gilij que "... saben embellecer muy bien las iglesias, coloreándolas con varias tierras y con jugos de algunas plantas"[767].

En 1729 anotaba Juan Rivero que en su reducción se habían introducido "muchos oficios útiles para el común" y añade que los muchachos más hábiles de manos "se aplican al oficio de pintor" y uno de ellos ya se había abierto camino en la vida con sus pinceles "vendiendo a los españoles varias imágenes de santos"[768].

Las inversiones que depositaron los jesuitas en todas sus Iglesias misionales fueron altas y constantes y por ello contrastan con las de su entorno. Es útil verificar dos testimonios ajenos a los jesuitas y muy próximos al año 1767. Nos referimos tanto al libro *Cualidades y riquezas* de Basilio Vicente de Oviedo, escrito en 1761[769] como al Informe del gobernador

---

763   GUMILLA. *Breve noticia...*, 25.
764   GUMILLA. *Breve noticia...*, 30.
765   GUMILLA. *Breve noticia...*, 30.
766   Sandra NEGRO. "Maynas, una misión entre la ilusión y el desencanto", 291. La autora se remite a Jorge JUAN y Antonio ULLOA. *Noticias secretas de América*. Buenos Aires, Mar Océano (1953) 145.
767   GILIJ. *Ensayo*, III, 65.
768   RIVERO. *Historia de las Misiones...*, 449.
769   Basilio Vicente de OVIEDO. *Cualidades y riquezas del Nuevo Reino de Granada*. Bogotá, 1930.

Gregorio Sánchez Manganeque[770]. Sin embargo, los inventarios levantados en 1767 con motivo de la expulsión son muy escuetos[771] a la hora de interpretar los valores artísticos.

La pintura dentro de la pedagogía jesuítica tuvo en muchas ocasiones finalidad didáctica y espiritual. Ya hemos visto genéricamente como describen a las iglesias misionales como "bien ornamentadas".

En la actualidad puede contemplarse en la pequeña población boyacense de Tobasía la imagen de Nuestra Señora del Amparo. Según Hipólito Jerez es una réplica modificada del la tabla central del antiguo retablo de la Casa de Contratación de Sevilla pintada por Alejo. En el original el manto de la Virgen cobija a navegantes y algunos personajes famosos que pasaron a América. En el cuadro de la población boyacense el manto cobija a algunos santos de la Compañía de Jesús según la visión del P. Martín Gutiérrez[772].

Es de suponer que la imaginaría religiosa que se contempló en las iglesias llaneras y orinoquenses provenía de las escuelas ya acreditadas de Tunja y Bogotá y no es de descartar la presencia de los obradores quiteños que pronto desplazaron en los mercados locales a los sevillanos y murcianos[773]

Igualmente pensamos que muchas de las pinturas provenían de Santafé aunque también algunas debían tener su origen en México[774] e incluso la Península ibérica. De igual forma, en las reducciones de Casanare y

---

770 Gregorio SANCHEZ MANGANEQUE. "Informe sobre el estado de la Provincia de Santiago de las Atalayas". En: *Revista Cespedesia*. Cali, n°. 45-46 (1983). Suplemento n°. 4. 401-404.

771 J. DEL REY FAJARDO. *Documentos jesuíticos relativos a la Historia de la Compañía de Jesús en Venezuela*. Caracas, III (1974) 61-73.

772 Hipólito JEREZ. *Los jesuitas en Casanare*. Bogotá,. Es una lámina colocada entre las páginas 126 y 127. A finales del siglo XIX pasó a Tobasía el excelente cuadro que perteneció a la iglesia de Tópaga porque un tal doctor Blanco la donó como fruto de un pago que le hizo el mayordomo de fábrica de la iglesia de Tópaga por deudas con el Municipio. Sobre el P. Martín Gutiérrez véase: Manuel RUIZ JURADO. "Gutiérrez, Martín". En: Charles E. O'NEILL y Joaquín Mª DOMINGUEZ. *Diccionario histórico de la Compañía de Jesús*. Roma-Madrid, 2 (2001) 1852-1853.

773 Luis Alberto ACUÑA. *Las artes en Colombia*. Tomo 3. *La escultura*. Bogotá, Historia Extensa de Colombia, Ediciones Lerner (1967) 119 y ss.

774 Existe un interesante estudio de Mónica DOMINGUEZ. *Aproximación historiográfica a la pintura colonial del Estado Zulia*. (Mss.) en donde estudia la presencia de pintores mexicanos en los haberes artísticos del colegio de Maracaibo.

Meta, es presumible que artistas locales ayudaran a labrar tribunas, retablos, hornacinas y otros tipos de acabado.

La Música

No fue muy propicia la opinión del fundador de la Compañía de Jesús con respecto a la función de la música en la nueva orden religiosa que nacía en 1540. Sin embargo, aún en vida, fue percibiendo la importancia de esta forma de llegar al alma de los oyentes y sobre todo al verificar que las mejores informaciones provenían de los campos de misión allende de los mares y las más apremiantes de la propia Roma. Por eso no es de extrañar que la "música" adquiriera tan gran impulso tanto en los grandes colegios de Europa como en las misiones asiáticas y americanas[775].

Ya en tiempos de Ignacio de Loyola el P. Manuel da Nóbrega (1517-1570)[776] desarrolló un audaz proyecto para la evangelización del Brasil. Aceptó que siete niños voluntarios del hospicio real de Lisboa pasaran a América, en 1550, con el fin de ayudar como catequistas a los jesuitas. Su intuición radicó en adiestrarlos en la música y en el uso de los instrumentos indígenas de forma tal que así se inició en suelo americano una tradición musical[777]. Tres años más tarde fundaban en Sao Vicente "la primera escuela de música del hemisferio occidental"[778].

También en el colegio de Goa (India) desarrollaron rápidamente los ignacianos la pasión corporativa por la música. En el acto académico que se celebró en esa institución educativa en 1558, amén de la misa cantada, estuvo enriquecida con la música instrumental producido por las chirimías, timbales, trompetas, flautas y violines[779].

---

[775] John W. O'MALLEY. *Los primeros jesuitas*. Bilbao-Santander (1995) 200-204. José I. TEJON. "Música y danza". En: Charles E. O'NEILL y Joaquín Mª DOMINGUEZ. *Diccionario histórico de la Compañía de Jesús*. Roma-Madrid, 3 (2001) 2776-2789.

[776] José VAZ DE CARVALHO. "Nóbrega, Manuel da". En: Charles E. O'NEILL y Joaquín Mª DOMINGUEZ. *Diccionario histórico de la Compañía de Jesús*. Roma-Madrid, 3 (2001) 2826-2827.

[777] Serafim LEITE. *Monumenta Brasilae*. Roma, 1 (1956) 357-366.

[778] Thomas D. CULLEY y Clement J. McNASPI. "Music and the Early Jesuits (1540-1565)". En: *Archivum Historicum Societatis Iesu*. Roma, 40 (1971) 213-245.

[779] Josef WICKI. "Gesang, Tänze und Musik im Dienst der alten indischen Jesuitenmission en (ca. 1542-1582)". En: *Missionskirche im Orient: Ausgewählte Beiträge über Portugiesisch-Asien*. Immensee, Neue Zeitschrift für Missionswissenschaft, (1976) 138-152.

Y en el corazón de la cristiandad el papa Pío IV encomendó a los jesuitas la dirección del Seminario de Roma y al poco tiempo contrataron al gran maestro Giovanni Pierluigi Palestrina como "maestro di capella"[780].

Dentro del ámbito hispano parece que tuvo una gran influencia, entre otras, la opinión del controvertido P. Juan de Mariana (1536-1624)[781]. En su "Tratado sobre los juegos públicos" resalta el poder de la música no sólo para deleitar sino incluso para "despertar los afectos del alma"; asimismo en su controversial libro *De Rege et Regis Institutione*[782] plantea el problema de fondo analizando las ventajas y desventajas de que la música forme parte del plan de estudios del príncipe (Felipe III)[783].

La temprana inclusión en los métodos misionales de la música por parte de los miembros de la Compañía de Jesús le lleva al catedrático alemán Johannes Meier a establecer que "la historia del éxito de las misiones jesuíticas es impensable sin la música"[784]. Ciertamente, ya en 1783 el autor del *Ensayo de Historia Americana* manifestaba su descubrimiento acerca de que un pueblo amante de Orfeo puede convertir en música una nación[785].

La actividad musical de las reducciones jesuíticas americanas ha sido bastante estudiada en las regiones sureñas y sobre todo en las del Paraguay, Mojos y Chiquitos[786]. Mas el material sobre las misiones casanareñas y orinoquenses es escaso[787].

---

[780] Ricardo GARCIA VILLOSLADA. "Algunos documentos sobre la música en el antiguo seminario romano". En: *Archivum Historicum Societatis Iesu*. Roma, 31 (1962) 107-138. T. Frank KENNEDY. "The Musical Tradition at the Roman Seminary during the Firts Sixto Years (1564-1621)". En: *Bellarmino e la Controriforma: Tai del simposio internazionale di studi*. Sora, Centro di Studi Sorani "V. Patriarca" (1990) 631-660.

[781] Nazario GONZALEZ. "Mariana, Juan de". En: Charles E. O'NEILL y Joaquín Mª DOMINGUEZ. *Diccionario histórico de la Compañía de Jesús*. Roma-Madrid, 3 (2001) 2506-2507.

[782] Toledo, 1599.

[783] Citado por José I. TEJON. "Música y danza", 2777.

[784] Johannes MEIER. "La importancia de la música en las misiones de los jesuitas". En: José Luis HERMANDEZ PALOMO y Rodrigo MORENO JERIA (Coord.). *La misión y los jesuitas en la América española, 1566-1767: Cambios y permanencias*. Sevilla, Consejo Superior de Investigaciones Científicas (2005) 72.

[785] GILIJ. *Ensayo*, III, 64.

[786] Puede verse en: Johannes MEIER. "La importancia de la música en las misiones de los jesuitas", 72-86. Piotr NAWROT. *Indígenas y Cultura Musical de las Reducciones Jesuíticas, Guaraníes, Chiquitos y Moxos*. Bolivia: Verbo Divino, I, 2000.

Llegados a la sabana bogotana los ignacianos –mal llamados teatinos– en 1604, el 10 de junio de 1608 mandaba el P. Claudio Aquaviva (1543-1615)[788], General de la Compañía de Jesús, que en el primer ensayo misional que se llevaba a cabo en tierras neogranadinas se observase que hubiera "maestro de escuela que enseñe a los hijos de los indios más capaces a leer y escribir *y cantar y tañer diversos instrumentos*... todo lo cual enseñarán otros indios prácticos, como lo han hecho en el Perú, Méjico y Filipinas"[789].

La preocupación musical podemos afirmar que sido siempre innata dentro de las mentalidades de los pueblos y también de la Iglesia.

La cultura musical en el Nuevo Reino de Granada pronto adquirió la impronta religiosa y también calidad pues, según lanzaba en 1961 el musicólogo Robert Stevenson, la capital colombiana "pudo enorgullecerse de una cultura musical colonial en ningún caso inferior a otra alguna en Sur América"[790]. Los interesantes descubrimientos del musicólogo antes citado en los archivos de la catedral santafereña permiten seguir la altura que adquirió la arquidiócesis bogotana. En efecto, el interés por la música religiosa lo evidencia una fábrica de órganos, de apellido Rico, que existió en

---

Víctor RONDÓN. "Música y Evangelización en el cancionero Chilidúgú (1777) del padre Havestadt, misionero jesuita en la Araucanía durante el siglo XVIII". En: Manfred TIETZ. (Edit.). *Los jesuitas españoles expulsos. Su imagen y su contribución al saber sobre el mundo hispánico en la Europa del siglo XVIII*. Madrid-Frankfurt, Vervuert. Iberoamericana (2001) 557-579. Víctor RONDON. "Música jesuita en Chile en los siglos XVII y XVIII: primera aproximación. En: *Revista Musical chilena*. Santiago de Chile (1997) 7-39.

787 Alfred E. LEMMON. "Jesuits and Music in the Provincia del Nuevo Reino de Granada". En: *Archivum Historicum Societatis Jesu*. Roma, XLVIII (1979) 149-160. Ignacio PERDOMO ESCOBAR. "Cultivo de la música y las artesanías en las Misiones y Reducciones de los Jesuitas en la Colonia". *Revista Javeriana*. Bogotá, nº. 419 (1975) 383-385.

788 Mario FOIS. "Aquaviva, Claudio". En: Charles E. O'NEILL y Joaquín Mª DOMINGUEZ. *Diccionario histórico de la Compañía de Jesús*. Roma-Madrid, 2 (2001) 1614-1621.

789 ARSI. N. R. et Q., 1. *Epistolae Generalium*. Carta fechada en Roma el 10 de junio de 1608.

790 Robert STEVENSON. *La Música colonial en Colombia*. Traducción de Andrés Pardo Tovar. Cali. Publicaciones del Instituto de Popular de Cultura de Cali. Departamento de Investigaciones Folklóricas. Edit. América Limitada, 1964. Andrés PARDO TOVAR. *La cultura musical en Colombia*. Bogotá, Historia Extensa de Colombia, Ediciones Lerner (1966) 41. Véase: Egberto BERMUDEZ. *Historia de la música en Santafé y Bogotá*. Con la participación de Anne Duque. Bogotá, Fundación de Música, 2000.

Bogotá en el siglo XVII. Su dueño Pedro Rico, organista y organero, debió distinguirse por la calidad de su producción pues a él pertenecía el órgano llamado de "Los Angeles" que se estrenó el 8 de diciembre de 1693 en la catedral de Santa Fe[791].

Con la fundación del Colegio-Seminario de San Bartolomé en 1605 adquiría la Compañía de Jesús dos compromisos en el mundo de la música: formar a los futuros sacerdotes y en el campo indígena el ensayo de Fontibón. En el primer caso los jesuitas neogranadinos asumieron la obligación de formar en este arte a los estudiantes que seguían el camino del sacerdocio a fin de que aprendieran "el canto de la Yglesia, así el llano como de órgano, para lo cual se les señalará tiempo y maestro..."[792]. En el segundo caso, el pueblo de Fontibón gozaba de un enclave geográfico ideal pues se había convertido en la ruta obligada para los viajeros del río Magdalena que se dirigían a Bogotá. Era el primer recibimiento que impactaba a los jesuitas que venían de Europa en el marco de un hábitat tan favorecido por la naturaleza y dentro del colorido folklórico de la mejor población indígena que dirigían los jesuitas en el Nuevo Reino. El P. Cristóbal Rüeld (1648-1682)[793] marrará que tras las angustias del viaje recordará que al llegar a Fontibón los recibieron los indígenas a caballo "con flautas y trompetas" y ya en el pueblo hubo "alegre música"[794].

La cultura musical nace primero como "traslación" y luego como "transculturación" de la española y su temática fundamental es religiosa y litúrgica, y las manifestaciones más importantes fueron el resultado de la actividad creadora o adaptadora de chantres, maestros de capilla y también de clérigos; mas no se deben olvidar los religiosos que habían fabricado en sus conventos llamativas iglesias en las que trataban de competir a través las grandes ceremonias[795].

A la hora de buscar una interpretación temática a este movimiento es lícito observarla desde los siguientes ángulos de vista. a) Música conven-

---

791   Andrés PARDO TOVAR. *La cultura musical en Colombia*, 62. José Ignacio PEDOMO ESCOBAR. *Historia de la Música en Colombia*. Bogotá, Popular de Cultura Colombiana [1963] 39.

792   José Ignacio PEDOMO ESCOBAR. *Historia de la Música en Colombia*, 24.

793   José DEL REY FAJARDO. *Bío-Bibliografía...*, 557-558.

794   *Carta del P. Cristóbal Rüeld al P. Pedro Wagner*. Tunja, 8 de septiembre de 1681. En: Mauro MATTHEI. *Cartas e informes de misioneros jesuitas extranjeros en Hispanoamérica*. Primera parte: 1680-1699. Santiago, Universidad Católica de Chile (1969) 170.

795   Andrés PARDO TOVAR. *La cultura musical en Colombia*, 57.

tual desarrollada por las comunidades religiosas. b) Música parroquial, propia de las iglesias de poblaciones criollas de importancia secundaria o de pueblos de indios cuasi insertos en la cultura criolla. c) La música misional nacida de la obligante necesidad que brotaba de la aculturación religiosa de los indígenas o de los seminarios que preparaban misioneros. d) Y la música eclesiástica propiamente dicha que era la litúrgica y ritual utilizada en las catedrales e iglesias importantes[796].

La denominada música conventual dispuso desde sus inicios de dos clases de repertorios: el gregoriano y el polifónico. Ambos se conjugaban en las ceremonias cultuales y trataban de interpretar los diversos ciclos litúrgicos. De esta forma las iglesias de los franciscanos, dominicos, agustinos y jesuitas formaron sus propias escuelas de música de donde egresaron numerosos cantores, instrumentistas y organistas[797].

En el caso concreto de la Compañía de Jesús en Bogotá sólo conocemos el esplendor de todos sus actos litúrgicos hecho que nos lleva a concluir que adquirió idénticos niveles a los de las otras corporaciones religiosas.

Asimismo, este criterio de cultura musical fue trasplantado como preocupación a las poblaciones misionales.

El estudio de los documentos antiguos y de los cronistas nos lleva a la conclusión de la pasión por la solemnidad y por el espectáculo. Es usual encontrar expresiones como "parecía aquella [Tópaga] en sus festividades una catedral"[798]. En la nochebuena de Cajicá se "hizo muy célebre la novedad nunca oída y nunca hasta entonces vista y fue oír cantar maitines con mucha variedad de instrumentos"[799].

La "hibridación" de los repertorios hispanos con los criollos y con los aborígenes debió darse con prontitud en las interpretaciones misionales pues era la expresión de una comunidad en la mayoría de las veces indígena.

La presencia del órgano lo verificamos en muchas de las iglesias llaneras y orinoquenses[800].

---

796 Andrés PARDO TOVAR. *La cultura musical en Colombia*, 57-58.
797 Andrés PARDO TOVAR. *La cultura musical en Colombia*, 58-59.
798 Juan RIVERO. *Historia de las Misiones...*, 69.
799 Pedro de MERCADO. *Historia de la Provincia...*, I, 101-102.
800 Véanse los inventarios de las reducciones llaneras en: Felipe GONZALEZ MORA. *Reducciones y haciendas jesuíticas en Casanare, Meta y Orinoco ss. XVII-XVIII. Arquitectura y urbanismo en la frontera oriental del Nuevo Reino de Granada*. Bogotá, Universidad Javeriana, 2004.

En el ámbito jesuítico, volvemos a repetir una vez más, Fontibón se convirtió en la matriz inspiradora de las fundaciones misionales ignacianas porque en esta población laboraron en el siglo XVII lo más florido de los jesuitas indigenistas y lograron otorgarle su característica identidad.

Uno de los protagonistas más impactantes fue el ecuatoriano José Hurtado (c.1580-1660) a quien uno de sus biógrafos lo describe "… como tan diestro en ella [en la música], compuso muchas obras para celebrar con toda solemnidad las fiestas y oficios divinos, y a este celo y primera enseñanza del P. José Hurtado (c. 1580-1660) *debe todo este Reino las músicas de que hoy goza en todos los pueblos*"[801].

Es fundamental para entender la vida de una reducción jesuítica llanera u orinoquense el sentido que otorgaban los jesuitas a la institucionalidad y a la complejidad de la reducción-municipio pues de lo contrario se corre el peligro de deformar de modo unilateral cualquiera de los sectores que debían integrar la nueva concepción de "ciudad misional".

Educación, trabajo, religiosidad, pertenencia al municipio y fiesta eran los principales instrumentos de transformación social y a ellos hay que apelar a la hora de interpretar los cambios.

En el diseño de la población misional la Escuela significaba un elemento renovador dentro de la concepción de la plaza central. El nuevo orden cultural se iniciaba en la Escuela y la plaza era el lugar de encuentro para fabricar los nuevos valores religiosos, educacionales, laborales, sociales y culturales. Y a través de la educación se debía dar respuesta a la "razón de estado" pues de esa forma se armonizaban los ideales religiosos de la evangelización y los necesarios procesos de mundanización, puerta obligada de la modernidad en un mundo que comenzaba a asomarse a la cultura a través del libro escrito. Y dentro de la educación revistió una importancia radical la música.

Constituye un error de perspectiva circunscribir la enseñanza de la música únicamente para garantizar la solemnidad de los actos religiosos y

---

801   Juan RIVERO. *Historia de las Misiones*…, 75. [El subrayado es nuestro]. En las Cartas annuas del año 1638-1643 el P. Sebastián Hazañero anotará "… porque en un coro bien artificiado tiene un sonoro órgano, una capilla de ocho y más indios cantores, que a este título tiene reservados del tributo el señor presidente del reino, sin las chirimías y bajones y cornetas y muy buenos tiples". Sebastián HAZAÑERO. *Letras anvas de la Compañía de Iesvs de la Provincia del Nuevo Reyno de Granada*. Desde el año de mil y seyscientos y treinta y ocho, hasta el año de mil y seys cientos y quarenta y tres. Zaragoza (1645) 154.

olvidarse de los ámbitos educativos y mundanos que debían coexistir en la reducción.

Dos consideraciones conviene tener presentes a la hora de reflexionar sobre la función de la música en una comunidad indígena reducida. En primer lugar, el espíritu de la *Ratio Studiorum* también tenía vigencia en la Venezuela profunda pues el ideal consistía en juntar virtud con letras, es decir, valores morales y valores culturales[802]. En segundo término, cómo iban a desaprovechar los misioneros la propensión innata del indígena para la música –alma selecta de su identidad- restringiéndola sólo para su función religiosa?.

A ello hay que añadir la reflexión sobre el poder metodológico que proporcionó el espíritu musical en la juventud indígena. De la misma forma que se dejaban impresionar por la música deducía el jesuita la "aptitud increíble para cualquier oficio" y la prontitud con que aprenden las artes[803].

La propensión por la novedad y su inclinación a imitar usos extraños hicieron que se introdujesen sin dificultad y desde el primer momento tanto la Escuela de primeras letras como la Escuela de música[804]. Y el misionero italiano Felipe Salvador Gilij llegará a confesar: "Y si he de decir libremente lo que siento, ninguna cosa fue jamás llevada de Europa a aquellos lugares que más les agradase, ninguna que imitaran mejor [como la música]"[805]. Gumilla aconseja que en la fundación de un pueblo nuevo es muy importante conseguir "un maestro de solfa de otro pueblo antiguo" para sí entablar la escuela de música[806].

En consecuencia, es preciso aclarar que la Escuela de Música no era para todos los jóvenes del poblado sino para los más selectos y por ello, uno era el maestro de la escuela y otro el maestro de música[807].

---

802 Véase: José DEL REY FAJARDO. *La enseñanza de las humanidades en los colegios jesuíticos neogranadinos (1604-1767)*. Bogotá, 2005.

803 GILIJ. *Ensayo de Historia americana*, III, 55.

804 GILIJ. *Ensayo*, III, 63-64.

805 GILIJ. *Ensayo*, III, 64. LEMMON, Alfred E. "Jesuits and Music in the Provincia del Nuevo Reino de Granada". En: *Archivum Historicum Societatis Jesu*. Roma, XLVIII (1979) 149-160.

806 GUMILLA. *El Orinoco ilustrado*, 515.

807 RIVERO. *Historia de las Misiones*, 389. Hablando del P. Gumilla, dice: "procuró con todas sus fuerzas fundar una escuela de música, para lo cual escogió a los niños más hábiles y de mejores voces, y les buscó maestro a su costa para que les enseñase". GUMILLA. *El Orinoco ilustrado*, 124-125: "Y cuando (...) escoge el Padre Misionero los chicos para la escuela, y los que dan muestras de más hábiles para la

Gracias a un "Memorial" del P. Matías de Tapia[808], presentado en 1715 al Consejo de Indias mientras se desempeñaba como Procurador de la Provincia del Nuevo Reino en Madrid y Roma, podemos precisar una buena parte de las labores educativas y musicales en cada reducción.

El Misionero-Procurador plantea la forma de institucionalizar una tradición misional jesuítica. En los pueblos de Fontibón, Pauto y Casanare la liberalidad real –dice el P. Matías de Tapia- mantiene 4 cantores pero ya resultan insuficientes y solicita aumentar su número para formar un "seminario de doce, y catorce muchachos reducidos (dentro de las mismas casas a sus expensas de los Párrocos) a escuela de leer, escribir y contar, sirviendo de Maestros..."[809]. Lo que solicita el jesuita neogranadino de las autoridades españolas es que no paguen tributo para de esta forma atender mejor a la feligresía "gentil" y preparar buenos maestros y ciudadanos para el futuro.

Además, la Escuela de música, según el P. Matías de Tapia, requería de "cinco o seis muchachos tiples, organista, bajón, y cornetilla con otros quatro o cinco que tocan sacabuche, y chirimías, y otros con caxa, y clarín..."[810].

Es de lamentar que los documentos contemporáneos, hasta el momento, no nos hayan suministrado la correspondiente información sobre el influjo del mundo musical en la reducción, ni los nombres de los profesores que naturalmente eran indígenas. Sólo tenemos noticia del cacique jirara Antonio Calaimi, personaje pintoresco, cantor del pueblo de Tame a quien Rivero lo describirá "sin más equipaje ni caudal para el viaje que un clarín[811] pendiente del cinto" y no podrá decidir si fue "fugitivo o peregrino" pero se convertiría en el artífice del pueblo de Betoyes.

Este fervor misional por la música hizo que el canto y la orquesta e incluso la fabricación de algunos instrumentos musicales fueran fermento de

---

música, éste es un favor que ata últimamente a sus padres, y estiman, aprecian y hacen gala de que su hijo sea cantor, como si se le hubiera dado la mayor dignidad del mundo".

808   AGI. *Santafé*, 403. *Memoriales del P. Matías de Tapia (1714-1715)*. Han sido publicados en: *Documentos jesuíticos*..., II, 266-279.

809   J. DEL REY FAJARDO. *Documentos jesuíticos*..., II, 274. Lo que solicitaba el P. Tapia era que les fuera indultado el tributo que debían pagar estos cantores.

810   J. DEL REY FAJARDO. *Documentos jesuíticos*..., II, 274.

811   Para Calaimi el clarín fue un verdadero instrumento de guerra pues acosado por los indios Isabacos, echó mano del clarín y lo tocó con todas sus fuerzas de tal manera que los agresores huyeron despavoridos (GUMILLA. *Escritos varios*, 203).

transformación de las reducciones y de esta forma fueron abriendo su espíritu a opciones más altas de cultura[812]. En definitiva debemos llegar a la conclusión que cada población misional contaba con su grupo musical y con los respectivos coros.

José Ignacio Pedomo Escobar cree encontrar el origen de la "retreta" en la "chirimía de Fontibón". Este conjunto "era formado por el cuarteto de chirimías, especie de oboes renacentistas, clarines y bajones" y añade que la banda era muy solicitada en las exequias de los criollos ilustres, tanto en la Iglesia como en las posas[813].

Gracias a los inventarios levantados 1767 con motivo de la expulsión de los jesuitas nos abren ciertas ventanas al contenido musical de que disponían las reducciones llaneras.

En la Reducción de Betoyes existía un cajón en la Escuela para guardar los papeles de música: "... siete oficios de difuntos, cinco misas en música impresa, dos cuadernos de varias piezas puestas en música y otros varios anexos a la música"[814]. En Pauto reposaban 22 villancicos de Nuestra Señora de los Dolores[815]. Y casi se puede afirmar que la dotación era similar en todas las poblaciones misionales.

No era fácil para las diversas etnias de la gran Orinoquia asumir el proceso transformador a que estaban sometidas las nuevas poblaciones indígenas que se "reducían" en los poblados misionales. Si bien es verdad que en general los jesuitas fueron muy tolerantes con los cambios profundos que debían llevarse a cabo casi de la noche a la mañana también es cierto que en última instancia era pasar de la libertad absoluta a la vida ciudadana, hecho que suponía muchas renuncias.

Para superar las "nostalgias de las antiguas selvas" y poder romper la monotonía de la vida ciudadana se sirvieron los misioneros de muy diversas ayudas; pero si venimos al tema que nos ocupa ellos recurrieron a un punto de encuentro como era el de la música cuyo repertorio abarcaba el canto, el baile y la utilización de los más diversos instrumentos.

---

812   GUMILLA. *El Orinoco ilustrado*, 515.

813   Ignacio PERDOMO ESCOBAR. "Cultivo de la música y las artesanías en las Misiones y Reducciones de los Jesuitas en la Colonia". *Revista Javeriana*. Bogotá, n°. 419 (1975) 384.

814   ANB. *Temporalidades*, t., 13. Inventario de los bienes del Pueblo de San Ignacio de Betoyes. 17 de octubre de 1767. Fols., 135-136.

815   ANB. *Fábrica de Iglesias*, 17, fols., 98-104: Inventario de los instrumentos musicales.

La primera experiencia reduccional llevada a cabo por los jesuitas neogranadinos en las sabanas llaneras se desarrolló en San Salvador del Puerto de Casanare. Y ciertamente que su fundador, el P. Alonso de Neira supo imprimirle su sello de originalidad y de arquetipo visionario pues allí se conjugó la audacia en la traza de la Iglesia como la organización social y cultural de la población. Un testigo presencial escribiría años más tarde: "Instituyó cantores de punto y órgano; llevó todo género de instrumentos, harpas, rabeles, chirimías, baxones, trompetas, y clarines, que consiguió tocasen con eminencia dichos indios"; y más adelante añade que en las fiestas cantaban romances en verso achagua[816]. A la escuela de música hay que añadir la de danza pues en ciertas ocasiones los niños "engalanados con sus camisetas muy vistosas y labradas" danzaron con "tan linda gracia y donaire... que causaron admiración"[817].

Y como es lógico suponer este ensayo fue uno de los arquetipos que debieron copiar los misioneros en aquellos inmensos territorios.

Liturgia y folklore son los dos polos en que se movió todo el ámbito misional en las reducciones de Casanare y del Orinoco. La liturgia fue el alma de la pedagogía espiritual misionera pues la tradición de la Iglesia católica –y también la americana- aceptó como fórmula válida la "lex orandi, lex credendi". Y el folklore viene a ser la inspiración de la religiosidad popular pues es la interpretación que una sociedad adopta ante el diálogo que el hombre desea entablar con Dios.

En las misiones observamos una doble liturgia: la sacramental, solemne en la que todo lo mejor y más creativo debe iluminar las funciones religiosas que fundamentalmente giran en torno a la Eucaristía; y la parasacramental, alegre, plástica, activa que pretende ser expresión de los sentimientos más nobles del indígena. A ellas hay que añadir la música escolar y la folklórica.

Las funciones estrictamente religiosas eran cuidadas con gran esmero y su vistosidad era llamativa tanto para los residentes como para los extranjeros que transitaban por las diversas poblaciones misionales. Llama a reflexión el testimonio de un oficial regio, don Pascual Martínez Marco, quien en su *Diario* anotaría sobre el Jueves Santo de 1749 que presenció en Carichana: "Vimos el monumento que se hace muy precioso y celebran

---

816   Matías de TAPIA. *Mudo lamento...*, 198. En: J. DEL REY FAJARDO. *Documentos jesuíticos relativos a la historia de la Compañía de Jesús en Venezuela*. Caracas (1966) 198.

817   Juan RIVERO. *Historia de las Misiones...*, 125.

todas las funciones de iglesia como en cualquiera catedral por tener una capilla y cuerpo de música muy crecido y diestro"[818].

Pensamos que el aporte más completo musical lo ofrecía la iglesia, síntesis ideal de la nueva visión y del lugar privilegiado del encuentro entre Dios y el hombre. Como en las poblaciones más adelantadas del altiplano el templo revestía la grandeza de la divinidad. La dialéctica virtud-vicio es una tarea moral que debe enfrentar toda sociedad, comunidad y persona humana concreta y por ello la religión pretende educar en los valores de las virtudes para que no sean los vicios los que dominen al hombre y siempre en el marco que fijan convivencia y solidaridad ciudadanas.

En la misa diaria se tocan siempre instrumentos músicos y muy a menudo se canta también en las misas "con pompa de hermosas voces"[819].

Pero también se dan otras prácticas que por un lado guardan su inspiración religiosa pero por otro buscan la forma de expresión popular pues era necesario adquirir formas más elevadas de cultura y entretenimiento. Así, el lunes por la mañana era interpretado el responso de los muertos como una fórmula de memoria activa y su canto era "según el uso español"[820]. Los viernes los achaguas de San Salvador del Puerto se juntaban en la Iglesia para cantar el Miserere y con el correr de los años se introdujo el ejercicio de la Buena Muerte[821]. Los sábados los músicos cantaban las letanías y cuando era posible se formaba una procesión que recorría las calles de la reducción "cantando el rosario al uso de los españoles"[822].

De igual forma las grandes solemnidades del año litúrgico eran celebradas con "magníficas funciones"[823]. Aquí tanto la Iglesia como la Plaza dialogan a través de un nuevo lenguaje. El paisaje se hace presente por medio del simbolismo y el indígena pretende acceder al mundo espiritual cristiano con su mente abierta tanto al pasado como al futuro. Aquí nace el folklore religioso que después acabará en mundano.

---

818 Jean-Paul DUVIOLS. "Pascual Martinez Marco. Viaje y derrotero de la ciudad de Cumaná a la de Santa Fe de Bogotá (1749)". En: *Cahiers du monde hispanique et luso-brésilien*. Toulouse, 26 (1976) 27.

819 GILIJ. *Ensayo de Historia americana*, III, 77.

820 GILIJ. *Ensayo de Historia americana*, III, 76.

821 RIVERO. *Historia de las Misiones*, 255.

822 GILIJ. *Ensayo de Historia americana*, III, 77.

823 GILIJ. *Ensayo de Historia americana*, III, 77.

La Semana Santa así como las fiestas de Corpus Christi se vestían las calles de flores y de alegría[824] y la navidad trabajaba por tener su identidad propia.

La devoción mariana tan arraigada en los pueblos americanos tenía su aplicación también en Betoyes pues en los días de fiesta cantaban el rosario por las calles "con mucha solemnidad como en las ciudades de cristianos". Al parecer había una Virgen a la que acudían en romería los blancos y también a sus novenas[825]. Estamos en la etapa del mestizaje cultural.

Del baile denominado *camo* se las ideó Gumilla para entablar la "doctrina cantada" en la que se dan cita la música utilizada en las "procesiones de doctrina" de España y la música del baile denominado *camo* en el que el maestro entona un tono y todos responden al eco del director de forma tal que en la rueda de hombres hay "tenores y bajos escogidos", en la de las mujeres "contraltos con abundancia" y en la de los muchachos "tiples a montones". De esta suerte se tenía pronta a la población para "cantar la santa doctrina por la mañana, y antes de su baile a la tarde"[826].

Asimismo, toda la estructura comunitaria como eran las cofradías y las congregaciones pronto arraigaron en el imaginario de los indígenas y sus celebraciones revestían feria, competencia y sabor popular. Y de esta suerte, pensamos, que las fiestas patronales de cada población comenzaron a diseñar lo que sería su folklore popular. Los habitantes de San Regis (población del Meta) celebraban las fiestas de su patrón con gran esmero y para ello se nombrada una comisión compuesta por dos concejales los que debían encargarse de preparar los eventos del año[827].

Esta evolución progresiva comprendía –al decir del jesuita italiano Gilij- las "varias diversiones honestas" que se practicaban tanto en las grandes solemnidades como "en otras ocasiones semejantes"[828].

Si la música era parte de la vida del llanero también lo que podríamos denominar la "fiesta" era parte integral de la cotidianidad de sus habitantes. Y quizá lo mejor sea denominar a todo como "folklore".

De gran importancia para la historia del folklore es la descripción de las danzas de los indígenas de la gran Orinoquia recogidas por los escrito-

---

824   RIVERO. *Historia de las Misiones*, 447.
825   RIVERO. *Historia de las Misiones*, 389.
826   GUMILLA. *El Orinoco ilustrado*, 150.
827   RIVERO. *Historia de las Misiones*, 448.
828   GILIJ. *Ensayo de Historia americana*, III, 77.

res jesuitas coloniales. Y es curioso resaltar que la información suministrada por estas crónicas es mucho más rica a la hora de describir la etapa premisional que la misional propiamente dicha. En consecuencia, toda la literatura jesuítica llanera y orinoquense trata de recoger el mundo indígena al momento del contacto pues como reiterará el italiano Gilij que lo que tiene valor es el dato indígena no contaminado.

Y comenzaremos por los instrumentos. Llama la atención el espíritu de observación que generalmente muestran los misioneros al describir su longitud, tamaño, tipo de sonido, material con el cual se construye y la manera como se tañe[829].

A la hora de establecer un balance general Gumilla hace alusión a cajas, tambores, ¿furrucos?, curupainas como instrumentos musicales usuales en nuestro gran río[830]. Sin embargo, al recorrer los territorios de las diversas etnias indígenas recoge su riqueza folklórica.

Le causa admiración el instrumental de que servían los sálivas para sus ritos mortuorios y recopila en su libro tres clases de artefactos. La primera clase ofrecía un sonido oscuro y profundo y estaba constituido por "unos cañones de barro de una vara de largo, tres barrigas huecas en medio, la boca para impeler el aire angosta, y la parte inferior de buen ancho". La segunda clase era también de barro y de la misma hechura "pero con dos barrigas, y mayores huecos en las concavidades intermedias" y producía un eco mucho más "bajo y nocturno, y a la verdad horroroso". Y la tercera se componía de unos "cañutos largos, cuyas extremidades meten en una tinaja vacía de especial hechura" y producían "un funesto murmullo". Y todos "funcionaban de dos en dos"[831].

Al hablar de los guayqueríes hace mención de las flautas y timbalotes así como también de las sonajas "con que siguen el compás o descompás de las flautas". Las flautas tienen "mas de dos varas de largo" y están fabricadas de una caña negra que llaman *Cubarro*[832] y suenan "como dos acordes violines"[833].

---

[829] El lector erudito podrá encontrar una versión moderna y completa de los instrumentos en: Isabel ARETZ. *Instrumentos musicales de Venezuela*. Cumaná, Universidad de Oriente-Colección La Heredad, 1967.
[830] GUMILLA. *El Orinoco ilustrado*, 165.
[831] GUMILLA. *El Orinoco ilustrado*, 162-163.
[832] GUMILLA. *El Orinoco ilustrado*, 141.
[833] GUMILLA. *El Orinoco ilustrado*, 163.

Los betoyes acompañaban los entierros con unos bajones. Para su fabricación se servían de una caña de 2 varas de largo; después rompían todos los nudos internos menos el último en el que formaban una lengüeta "sutil de una astilla del mismo cañuto, sin arrancarla de su lugar, y tan adelgazada la astilla, que da fácil salida al aire". El sonido provenía de la lengüeta pero el tono dependía del tamaño de un calabazo "que encajan en el último cañuto por dos agujeros que le hacen por medio, que calafatean y tapan con cera". También dejan un respiradero para que salga el aire impelido en el "pezón del calabazo". Si el calabazo que ajustan a la caña es grande "la voz es muy semejante a la de un bajón escogido"; si es mediano "se parece mucho a la de un tenorete"; y si es pequeño "resulta un contralto muy bueno"[834].

Entre los que todavía tienen vigencia debemos referirnos a la maraca. Según Gumilla fueron los aruacas los inventores de este instrumento musical que "se ha introducido también en otras Naciones"[835].

Los giraras alegraban sus celebraciones etílicas con música y estaban tan bien organizados que señalaban "por horas a los ministriles que las han de tocar". En la fiesta, que podía durar 8 días con sus noches, unos tocaban ciertos "fotutos" que describe el misionero como a manera de trompetas que elaboran de unos calabacillos a los que ajustan una cañas huecas de dos varas de largo; al soplar por ellas el calabacillo recoge el sonido y lo lanza al exterior en un tono muy ronco; otros acompañan el compás con los tambores cuyo estruendo podía escucharse a 4 y 6 leguas de distancia. Su hechura era una caja de dos varas de circunferencia y tres de longitud y su materia "unos árboles muy gruesos y durísimos" que socavaban un poco con fuego lento. Los palillos con que los tocan son "dos mazas a mera de pértigas" con un peso de alrededor de una arroba cada uno y cuyo estruendo "se les sube más presto la bebida a los cascos"[836].

Y por otro lado verificará Felipe Salvador Gilij, quien escribe en Roma entre 1780 y 1784, la ley inexorable del tiempo "como acaece en todas las cosas de esta tierra" pues tanto los instrumentos como los bailes descritos en *El Orinoco ilustrado* ya en su tiempo "estaban abandonados"[837].

---

834 GUMILLA. *El Orinoco ilustrado*, 170.
835 GUMILLA. *El Orinoco ilustrado*, 155.
836 Juan RIVERO. *Historia de las misiones...*, 118.
837 GILIJ. *Ensayo de Historia americana*, II, 228.

El *Ensayo de Historia americana* mantiene el criterio de no repetir lo dicho por sus antecesores y por ello sólo hace alusión a las diversas clases de flautas que tocan los orinoquenses.

Los tamanacos utilizan el *botuto*, una especie de flauta larga, la cual, además "del agujero grande del cuello" no tiene sino dos sencillos orificios; pero más melodiosa es la que denominan *addéi-naterí*. También se servían para "la diversión privada", y sólo fuera del baile una *zampoña* compuesta por cuatro o cinco tubos desiguales y planos pero atados por el medio "exactamente como las de los sátiros". Su sonido era "agradable y alegre" y no muy adecuado a la seriedad de los bailes de los indígenas. La llamada *uruc-ché* se elabora con caña de guadua y lanza una voz "oscura e ingrata". Y la más armoniosa es la que "usan los parenes y los guaypunabis y algunas otras naciones del alto Orinoco". Completa la descripción unos "pequeños tambores" así como unas "ollas centro de las cuales tocan con una caña pequeña" [838].

Los maipures utilizan en el baile de las serpientes dos clases de instrumentos. Unas flautas, de cinco a seis palmos y de grosor similar al del brazo. Las fabrican del tronco de la palmera *arácu* y en su interior tienen una caña pequeña "para modular la voz" y su "concierto es suavísimo". De igual forma se sirven de unas trompas, formadas con corteza de *márano*, a manera de embudo, las cuales, "como son de tamaños diversos, son de sonido vario, pero siempre rudo"[839].

Podemos afirmar que la danza y el baile forma parte de la cultura, entendida como "un sistema de concepciones heredadas expresadas en formas simbólicas por medio de las cuales los hombres se comunican, perpetúan y desarrollan su conocimiento de la vida y sus actitudes con respecto a ésta"[840].

En un primer intento de clasificación podríamos establecer la norma que imponen los grandes ciclos de la vida del indígena. Sin embargo, la prudencia nos lleva a tomar con mucho cuidado el aporte de cada historiador pues sus observaciones obedecen a territorios distintos y a fechas diferentes: Pedro Mercado (1683) y Juan Rivero (1729) para los Llanos de Casanare y del Meta; José Gumilla (1741) (para los Llanos y el Orinoco) y Felipe Salvador Gilij para el Orinoco (1780-1784).

---

838   GILIJ. *Ensayo de Historia americana*, II, 227-229.
839   GILIJ. *Ensayo de Historia americana*, II, 236-237.
840   Clifford GEERTZ. *La interpretación de las culturas.* Barcelona, Gedisa (1987) 89.

En realidad, la danza y el canto solían interpretar el mundo en que se movía la vida de una nación: bien fuera la fecundidad, la guerra, la alegría o la tristeza, los eclipses, los terremotos, los casamientos o muertes[841].

En el caso concreto de la gran Orinoquia es difícil de reconstruir el ámbito total del universo de bailes que allí se practicaban. Los historiadores locales dejan entrever un mundo inédito aún hoy para nosotros y tan sólo conocemos algunas pinceladas. Juan Rivero se contentará con enumerar entre las etnias achaguas los referentes a los dioses de las labranzas, de las riquezas, del fuego, del causador de los temblores y otros más que omite el cronista[842]. Y en nuestro gran río Gilij hará referencia a la "variedad misteriosa" de bailes: unos dedicados a los muertos, otros para quitar el luto, otros para curar a los enfermos, otros para poner nombre a los niños, otros para hacer la guerra y otros para "fines muy necios"[843]. En este apartado señalaremos los más significativos descritos por los cronistas jesuíticos.

Mas, antes de entrar de lleno en materia conviene tener presente algunas indicaciones generales que ayuden a la mejor comprensión del tema.

Si bien es verdad que el baile, la música y la bebida, en principio, funcionaban como canales de comunicación e identificación de las poblaciones indígenas también es verdad que en la Orinoquia estos principios fracturaban la supuesta simetría y equilibrio entre ellos por el predominio de la bebida.

Es verdad que existen estudios modernos en los que se le atribuye a la bebida un carácter sagrado en las celebraciones rituales pues se constituye en el lugar de inconsciencia donde se obtiene una "declaración de confianza en la comunión de las almas, vivas y muertas"[844] ya que en última instancia es una forma simbólica en la que la embriaguez colectiva equivale a depositar la voluntad individual en el espíritu colectivo. Sin embargo, es muy discutible en qué forma pueda aplicarse este principio a los orinoquenses.

La primera intención de los bailes –dirá el jesuita italiano Gilij- es para beber, embriagarse y divertirse "desenfrenadamente" con lo que en poco

---

841 Véase: Lourdes TURRENT. *La conquista musical de México*. México, Fondo de Cultura Económica (1993) 101.

842 Juan RIVERO. *Historia de las misiones...*, 117.

843 GILIJ. *Ensayo de Historia americana*, II, 239.

844 Sergio NAVARRETE. "El Bien y el Mal: música, alcohol y mujeres". En: *Latin American Music Review*. Texas, 22/1 (2001) 69.

tiempo pierden la cabeza[845]. Y aquí comienza la primera gran consecuencia: los desórdenes, las peleas y los libertinajes[846]. Y éste es el origen de muchas precauciones que tienen los mismos autóctonos: no se emborrachan "los que por riña reciente temen que les den veneno" y los que "teniendo una mujer tentadora" se controlan para evitar las competencias rivales[847]. Pero el misionero fija claramente su criterio: "En el beber y en el bailar en sí no hay mal más que en el abuso"[848].

Pero viniendo al estudio concreto del mundo de la danza y baile debemos comenzar diciendo que el único que hace referencia a la danza religiosa es Juan Rivero pues describe a la etnia achagua como practicante del baile llamado *chuway*, que venía a ser una especie de danza en honor de sus dioses "en que se disfrazaban todos a manera de matachines"[849]. En todo caso el misionero precisa que reconocían otros dioses "de menor jerarquía, no para adorar en ellos, sino como una pura tradición y fábula que le contaban sus viejos"[850].

Opinamos que el piedemonte era un lugar privilegiado donde se daban cita las etnias del altiplano y con las llaneras y estos bailes pudieran ser el resultado del encuentro de diversas naciones porque todos los escritores jesuitas insistirán en que los Achaguas no practicaban ningún tipo de religiosidad.

Mas a la hora de poder presentar el tema deberemos distinguir en primer lugar los bailes comunes de los extraordinarios y en segundo término los referidos a los grandes acontecimientos como los matrimonios y las defunciones.

Los "bailes comunes" eran diarios entre los orinoquenses y "demasiado sobrios" porque no siempre podían disponer de la chicha, razón por la cual podían conservar sano el cerebro. Se trata de un género que es de sólo diversión. Dos de los mejores músicos se sentaban en el chinchorro y comenzaban a tocar sus flautas. De inmediato se formaba el círculo de los bailarines y "cogiéndose el uno al cuello del otro por ambos lados" se movían alrededor. En esta modalidad no cantaba nadie pero en las pausas "dan aullidos horribles". Antes de la vida reduccional el círculo lo integra-

---

845 GILIJ. *Ensayo de Historia americana*, II, 234.
846 GILIJ. *Ensayo de Historia americana*, II, 131.
847 GILIJ. *Ensayo de Historia americana*, II, 132.
848 GILIJ. *Ensayo de Historia americana*, II, 133.
849 Juan RIVERO. *Historia de las misiones...*, 109.
850 Juan RIVERO. *Historia de las misiones...*, 117.

ban indistintamente hombres y mujeres pero una vez reducidos "cambiaron la moda por sí mismos" y formaban tres círculos: uno para los hombres, el segundo para las mujeres y el tercero para los muchachos[851].

De los bailes extraordinarios el misionero italiano podrá escribir: "Les he visto bailar, beber y cantar varios días sin interrupción alguna, ni siquiera de noche"[852].

Los tamanacos dejan de lado en estas celebraciones el botuto y "bailan al son de la maraca". No se disponen en círculo sino en forma de media luna y danzan siempre alrededor y tratan de conservar siempre la misma figura. Su vestuario consiste en lo siguiente: Se pintan de varios modos y llevan un penacho en la cabeza y con el "ceñidor más vistoso y largo" y además de atarse "plumas de diversos y graciosos pájaros" se amarran en los pies unos sonajeros. Completan su uniforme con una caña gruesa de guadua de cuatro palmos con la que golpean el suelo[853].

Abre la danza un bailarín que es el cacique o el piache quien conduce el coro, con el cuerpo un poco encorvado, a paso grave, "y con una seriedad increíblemente afectadas". Sigue al cabeza del baile el resto de los danzantes, serios y graves pero derechos, "y se mueven tan bien que produce asombro mirarlos". Es admirable cómo van al unísono la maraca, las sonajas, el golpear la tierra con la guadua y el movimiento de los pies. El piache canta primero y después los otros repiten sus palabras y la voz de las mujeres se levanta sobre la de los hombres "pero se levanta con gracia" y todo el conjunto es tan armonioso que parece que cante uno solo. Y el P. Gilij confesará que "me gustó la armonía y me deleitó el ritmo"[854].

Un capítulo aparte ameritaría la lengua que utilizaban los tamanacos en sus bailes. A veces se servían de las voces modernas (yo, el río Guanaíma he bajado); otras sólo se diferenciaban por la terminación (por este tabaco) y otras ininteligibles para el misionero a pesar de que las apuntaba acabado el baile y preguntaba después su significado mas nunca consiguió respuesta de los iniciados. Pero desde Roma llegó a la conclusión que "las

---

851 GILIJ. *Ensayo de Historia americana*, II, 229-230. Y cierra su comentario el P. Gilij de esta manera: "Esto es el ordinario y casi diario baile de los tamanacos, y de esta manera son por lo general también los de los otros oninoquenses".

852 GILIJ. *Ensayo de Historia americana*, II, 229.

853 Para la indumentaria de las indias véase: GILIJ. *Ensayo de Historia Americana*, II, 67-68.

854 GILIJ. *Ensayo de Historia americana*, II, 230- 231.

voces del canto tamanaco son adivinanzas o cuentos de sus antepasados"[855].

Muy distintas se nos presentan las danzas de los maipures pues en el fondo prima la alegría sobre la rigurosidad tamanaca. Bailan unos frente a otros y de vez en cuando van alternativamente al encuentro y "se enfrentan graciosamente". En definitiva "ríen al mismo tiempo, bailan y dirigen el rostro a todas partes". La letra es muy fácil de entender y tres palabras son suficientes para divertir a los maipures "no sólo muchas horas, sino muchos días" como por ejemplo "hemos comido, como tú las sobras"[856].

Los parecas recién llegados a la Misión de La Encaramada y amigos de los tamanacos realizaron una exhibición de su folklore y más allá de los gestos de los danzantes y de los movimientos de los pies sobresalieron por "la novedad del canto, nasal, oscuro, y hecho todo en tono del miserere"[857].

Los otomacos se distinguieron asimismo por su baile llamado *maéma* o el baile del tigre. Un indio, sentado en medio de un círculo, finge defenderse del temido animal. Ocho o diez danzantes bien apretados bailan cantando alrededor. De forma sorpresiva surgen de las cuatro partes del círculo bailarines quienes, con la lanza en la mano en actitud de herir, se dirigen hacia los asistentes. El encanto de la danza radica en saber imaginar el temor del indio sentado en el medio, la preocupación de sus compañeros por salvarle la vida, la ligereza en voltearse con la lanza y en la velocidad en correr de nuevo a su puesto[858].

El misionero de La Encaramada hace también alusión a dos bailes "singularísimos" llamados de las serpientes.

El primero pertenece a los maipures y se llama *cueti*. Existe una creencia entre estos indígenas según la cual las serpientes vienen de vez en cuando a sus aldeas y traen consigo sus bebidas y "se divierten en bailar junto con los hombres". Las mujeres se horrorizan de tal baile y los hombres se sirven de esta "creencia tan ciega" para "decir que tales serpientes se comen a las mujeres". Comienzan a hacer sonar unas flautas especiales cuando ya se encuentran a una milla de la población y al poco tiempo llegaba al puerto una canoa llevada por jóvenes que venía del monte Paurari y de allí se dirigieron a casa del cacique. El baile no es "nada rítmico" pues

---

855   GILIJ. *Ensayo de Historia americana*, II, 231-232.
856   GILIJ. *Ensayo de Historia americana*, II, 232-233. A todo esto se exceptúa el canto *Marié marí-ye-ya* que se dice fue tomado de los guaypunabis.
857   GILIJ. *Ensayo de Historia americana*, II, 233.
858   GILIJ. *Ensayo de Historia americana*, II, 233-234.

los danzantes saltan sin orden alguno pero lo que tiene valor es el concierto que formalizan las flautas (una de voz grave y otra de voz aguda) y anotará el misionero "comparo su sonido al de las trompas llamadas de la condesa Matilde". Mientras tanto dos jóvenes repartían chicha entre los presentes pero de la que se elabora "con el fruto de la palmera muriche remojado en agua" que era dulce "y no tiene nada de fuerte". Y para que el sexo débil siga creyendo que la traen las serpientes la preparaban con sumo secreto los hombres[859].

El segundo lo practican los tamanacos y un joven ayudante del misionero lo sintetizó de la siguiente manera: "que aquellas nuevas flautas no eran instrumentos de hombres, sino voces de serpientes especiales". El baile lo designan con el nombre de *akkéi-naterí*, esto es, las flautas de las serpientes y son de una sola voz "pero finísima y graciosa". Además se sirven de una ollita en que una mujer pone dentro una caña "y toca de acuerdo con los hombres" y su sonido es "hórrido y oscuro"[860].

Como en el tomo IV de esta obra bajaremos a la descripción detallada de cada una de las naciones indígenas nos restringiremos ahora a señalar un modelo que recoja tanto los ritos matrimoniales como funerarios y remitimos al lector al tomo citado para encontrar una amplia información sobre cada etnia.

Las ceremonias matrimoniales no eran "ni largas ni singulares"[861] a excepción de los guayqueríes cuya geografía residía en el Caño Uyapi[862].

El ritual común en las comunidades indígenas del Orinoco era el siguiente. El novio se presenta ante el futuro suegro y con voz modesta le pide por esposa a su hija. Y la fórmula entre los tamanacos es la siguiente: "Tomo a tu hija" y el padre de la novia responde: "Tómala, ¿es que la tengo en mis manos?" (que equivale a decir: "No está guardada para mi, sea tuya"). Al oscurecer el día el nuevo esposo lleva comida a su casa y "se come y se bebe alegremente" y después de un tiempo abandonan todos la choza y quedan solos los esposos[863].

Más solemne es el rito matrimonial entre los guayqueríes. La etapa preparatoria exigía que la novia debía guardar ayuno durante 40 días antes

---

859 GILIJ. *Ensayo de Historia americana*, II, 235-237.

860 GILIJ. *Ensayo de Historia americana*, II, 237-238. Esta mujer tamanaca debe guardar secreto de toda la ceremonia y de su significado.

861 GILIJ. *Ensayo de Historia americana*, II, 207.

862 GUMILLA. *El Orinoco ilustrado*, 140-142.

863 GILIJ. *Ensayo de Historia americana*, II, 207.

de contraer las nupcias. Su ración diaria eran "tres frutas o dátiles de muriche y tres onzas de cazabe con un jarro de agua". La víspera se gasta "en untarse todos, pintarse y emplumarse" y sobre todo la novia.

La ceremonia la abre el cacique y se inicia al salir el sol con una "danza bien concertada con flautas y timbaletes" que sale del bosque y da vueltas y revueltas en torno a la casa de la novia. De pronto sale una anciana con un plato de comida y se la da a uno de los danzantes quienes se regresan al bosque a toda velocidad y arrojando la dádiva dice uno de ellos: "Toma, perro demonio, esa comida y no vengas a turbar nuestra fiesta". A continuación los bailarines se ponen coronas de flores, un ramillete en la mano izquierda y en la derecha unas sonajas "con que siguen el compás o descompás de las flautas". Así se presentan ante la puerta de la casa de la novia en donde les esperan otros danzantes "de otra librea, pero de la misma tela de plumas" y unas flautas "emplumadas a todo coste". Todos inician una nueva danza a la que se suma el novio "con plumas de especial divisa". Seguidamente hace su aparición la novia acompañada "de una espantosa vieja a cada lado" quienes van llorando y cantando unas coplas alternativamente. Canta la primera: "Ay, hija mía, y si supieras las pesadumbres que te ha de dar tu marido, no te casaras" y responde la segunda: "Ay hija mía, y si supieras lo que son los dolores del parto, no te casaras". Y de este modo "los hombres danzando, las viejas llorando, y las novias aturdidas" dan la vuelta a todo el pueblo. Finalmente se inicia el banquete que es amenizado por los jóvenes quienes con sus flautas y sonajas remedan las danzas "y los enredos que han visto ejecutar"[864].

Un punto de reflexión para la aculturación nos lo frece el misionero de betoyes a la hora de cambiar los ritos fúnebres. No se trata de una imposición, como suelen aducir muchos autores modernos, sino una transacción con el cacique a fin de experimentar una fórmula nueva que adopta la simbología cristiana pero todavía con formas propias.

El hecho histórico lo sitúa *El Orinoco ilustrado* en la reducción de San Ignacio el año de 1719[865]. Con ocasión del fallecimiento de Florentina, hija del cacique, narra el autor los ritos que solían llevarse a cabo en la sepultura de un difunto. Se sentaban junto al sepulcro los jóvenes de un lado y del otro las muchachas y detrás de ambos los hombres y las mujeres respectivamente. La función se iniciaba con la voz entonada del padre de

---

864 GUMILLA. *El Orinoco ilustrado*, 140-142.
865 GUMILLA. *El Orinoco ilustrado*, 172. Ciertamente se trata de un error de imprenta cuando habla de San Ignacio de Chicanoa y ciertamente es San Ignacio de Betoyes.

la víctima que con lágrimas clamaba: "Ay de nosotros, que ya se nos murió". "Ay de nosotros". A continuación respondía todo el coro lo mismo con el mismo tono "haciendo acorde consonancia los tenoretes y contraltos con las voces de las mujeres y muchachos y dando un fondo muy proporcionado a la música los bajones". Y el cronista concluye diciendo que era una armonía tan triste y melancólica "que no tengo frase genuina con que explicarme"[866].

Después de pactar con el cacique la nueva ceremonia ésta se desarrolló de la siguiente manera. El misionero convocó a sus músicos y revestido con la "capa negra de coro" salió de la iglesia con la cruz en alto y sus acompañantes, en procesión, mientras las campanas doblaban a muerto. Una vez en la casa del cacique entonó el primer responso "con el lleno de la música, acompañada de bajón, tenorete, contralto y un añafil", instrumentos que acababa de adquirir el jesuita en Puebla de los Angeles (México) "donde se fabrican con primor". La procesión retornó a la iglesia portando el cadáver no sin hacer "varias pausas con los correspondientes responsos". Llegados a la iglesia se cantó el *Benedictus* "en fabordón" y el último responso con toda solemnidad y como consecuencia "creció la ternura y lágrimas de los indios" y por supuesto la satisfacción del cacique. Y en el cementerio, después de sepultada Florentina, el Padre mandó sentar a todos los presentes "hizo una larga exhortación"[867].

También la música tuvo su vigencia en el ámbito de las guerras. Con todo, es conveniente hacer la distinción que establece *El Orinoco ilustrado* a la hora de hablar de los pueblos guerreros del gran río venezolano. Para el autor, si se exceptúan los otomacos, los caberres y los caribes, todos los demás "toman la fuga por asilo" cuando ven caer a sus primeros muertos. Y aclara "ni acometen jamás, si no es notoria su ventaja, y así todas sus guerras se reducen a emboscadas, retiradas falsas, asalto nocturno y otras inventivas"[868]. Y añade el P. Gilij: No son tan valerosos los indígenas del bajo Orinoco "aunque sean considerados feroces y traidores"[869].

Si en el arte militar los instrumentos musicales se utilizan para "el gobierno de las marchas y para excitar los ánimos al ardiente manejo de las

---

866   GUMILLA. *El Orinoco ilustrado*, 171.

867   GUMILLA. *El Orinoco ilustrado*, 171-172. Y concluye el relato: "En buena hora se propuso el contrato, porque en adelante jamás se oyó lamentación al uso de las selvas, a trueque de lograr entierro más honroso".

868   GUMILLA. *El Orinoco ilustrado*, 341-342.

869   GILIJ. *Ensayo de historia americana*, II, 278.

armas" también en tierras orinoquenses se servían de curiosos tambores, de "una gritería infernal para avivarse y excitarse mutuamente en sus batallas" y sobre todo en pintarse todo el cuerpo[870].

Pero las cajas de guerra adquirían un valor protagónico en aquellas latitudes pues su "ruido y estrépito" junto con su formidable eco "se percibe a cuatro leguas de distancia"[871]. Gumilla, al redactar *El Orinoco ilustrado* en Madrid en 1741, recordará el asalto que pretendieron llevar a cabo en 1737 los caribes a la Misión de Nuestra Señora de los Angeles. Organizadas como estaban las reducciones jesuíticas en artes militares, el cacique Pacari tocó a rebato con su caja al percatarse de la presencia enemiga y de inmediato no sólo se dieron cuenta en las poblaciones de San Ignacio y Santa Teresa sino que los indígenas del pueblo asaltado, "que estaban en sus pesquerías, a gran distancia" oyeron el toque de aviso y los siguientes que informaban de la batalla que acabó con la muerte de 60 caribes y más de 100 heridos[872]. (Figura, 10).

Estos tambores, por su tamaño y peso, son fijos y por ende no se trasladan al campo de batalla pero servían para alertar a todos los de la nación de la presencia ofensiva de enemigos[873] y también se constituían en "aliento a los combatientes"[874]. Las mejores cajas de guerra las atribuye Gumilla a los caverres y los tambores del resto de los orinoquenses eran sencillos y rudos, esto es, "de un trozo de madera vaciado y recubierto a los lados con pieles sin curtir de ciervo"[875].

Entre los misioneros existió un sentido especial para vislumbrar que tras todos estos ritos se escondían fuerzas superiores aunque no pudieron explicarlas. Gilij recurrirá a la "superstición" pero aclarará de inmediato muy nítidamente que su concepto proviene de la filosofía natural pues para él no existía la relación requerida entre causa y efecto. Mentalmente lo explica basado en su concepción de la ciencia pues su carencia hace que junto al vicio domine la ignorancia "madre fecundísima de las supersticiones" y prácticamente viene a decir que la superstición es una "inepcia"[876].

---

870 GUMILLA. *El Orinoco ilustrado*, 341.
871 GUMILLA. *El Orinoco ilustrado*, 344.
872 GUMILLA. *El Orinoco ilustrado*, 346.
873 GUMILLA. *El Orinoco ilustrado*, 352-353.
874 GUMILLA. *El Orinoco ilustrado*, 346.
875 GILIJ. *Ensayo de historia americana*, II, 287. Para la elaboración de estos tambores, véase: GUMILLA. *El Orinoco ilustrado*, 342-344.
876 GILIJ. *Ensayo de Historia americana*, II, 123.

Y así aduce algunos ejemplos ilustrativos como atribuir a ciertas raíces olorosas "la potencia de conciliar"; a otras amatorias "aptas para expurgar todo corazón"; o a las mujeres en menstruación que imposibilitan la pesca con su paso y otras por el estilo[877]. Así pues, este concepto conviene desligarlo totalmente del meramente religioso que penetra campos como la idolatría, la adivinación, la magia y el maleficio.

En este contexto no es de extrañar que el "canto, el son, las ceremonias, los ritos" todo le parezca supersticioso y le hace penetrar en el campo de las dudas y explicaciones. Pero en último término el medidor gilijiano era el elemento perturbador de las borracheras[878]. Y a continuación expone sus razones.

El segundo elemento de la duda misionera se mueve en el ámbito de la sospecha. En qué consiste la superstición del baile tamanaco de las serpientes, se preguntará. Y su respuesta es "la terquedad con que quieren mantener lejos del baile a todas [las mujeres] excepto sólo a aquella que admiten de común acuerdo"[879]. Y a continuación narra su discurso para convencerles de la mentira social que representaba esa actitud. Y según confiesa el jesuita italiano los convenció y de esta suerte se presentaron después ante su residencia "acompañados también de sus mujeres"[880]. Y lo mismo cuenta de los maipures.

En conclusión, tenemos que reconocer que el estudio de la música en las Misiones jesuíticas está todavía por realizarse pero es evidente que los síntomas del progreso y de la presencia en el gran Orinoco de tantas etnias y extranjeros europeos dio como resultado un ritmo de progreso que el mismo jesuita italiano Felipe Salvador Gilij reconocerá que los bailes y los instrumentos musicales descritos en *El Orinoco ilustrado* ya en su tiempo habían caído en desuso. Ese hecho deberá ser tema de las investigaciones futuras.

---

877   GILIJ. *Ensayo de Historia americana*, II, 123-125.

878   GILIJ. *Ensayo de Historia americana*, II, 239: "... cuando de improviso aparecieron aquellos que he descrito [el cueti y eñl akkéi-naterí, o el baile de las serpientes]. Y como en ellos no había ningún bailarín borracho, como en los otros...".

879   GILIJ. *Ensayo de Historia americana*, II, 239-240. Y para explicar este fenómeno se remonta a los sacrificios femeniles nocturnos de la llamada por los romanos la Buena Diosa que fueron descritos por Clodio y Ovidio. Y concluye: "Quizá me equivoco, pero me equivoco en gracia a la honestidad".

880   GILIJ. *Ensayo de Historia americana*, II, 240-241.

Teatro y danza

La religión introdujo el nuevo espacio del templo y en él la representación de la palabra divina a través de la plástica, de las oraciones en la iglesia, de las grandes ceremonias, de los cantos y de un gran aparato musical. Lacouture sintetiza este sentido de fiesta al verificar que "se entrelaza la religiosidad teatral de la Compañía y el barroquismo salvaje de los neófitos, con un resabio de militarismo español y de paganismo de la selva"[881].

El tema del teatro se ha convertido en un constante enigma dentro de la historiografía jesuítica neogranadina. La mayoría de las informaciones de que disponemos provienen de documentos colaterales pero su existencia fue real[882].

En las misiones volvemos a percibir el mismo problema y sólo disponemos de los datos que ofrece la acción del P. Alonso de Neira en San Salvador del Puerto. Según el P. Matías de Tapia, testigo presencial, "compuso muchas comedias de vidas de santos y autos sacramentales que habían de representar los indios, con lo que los tenía embelesados, aficionados y cautivos"[883].

Es necesario insistir en la actitud de los hombres fundantes de las misiones casanareñas en 1661. Ya a los seis meses, con motivo de la inauguración de la iglesia, Alonso de Neira preparó "ciertas danzas" que ejecutaron los indiecitos de San Salvador de Casanare "engalanados con sus camisetas muy vistosas y labradas". Y danzaron "con tan linda gracia y donaire" que causaron admiración entre sus habitantes[884].

Este espíritu de teatralidad, ritmo y esplendor en las ceremonias religiosas se reitera también en las misiones del Orinoco. Tan sólo llevaba trece años de existencia Carichana -capital de las Misiones del Orinoco- cuando el Maestre de Plata, don Pascual Martínez Marco, se vio obligado a vivir el día de Jueves Santo de 1749 en la mencionada población. En su *Diario* anotaría estas lacónicas líneas: "Vimos el monumento que se hace

---

[881] Jean LACOUTURE. *Jesuitas. I. Los Conquistadores.* Barcelona-Buenos Aires-México, Ediciones Paidós (1993) I, 560.

[882] José DEL REY FAJARDO. *Jesuitas, libros y política en el Real Colegio Mayor y Seminario de San Bartolomé.* Bogotá (2004) 22-24.

[883] Matías de TAPIA. *Mudo Lamento.* En: José DEL REY. *Documentos jesuíticos relativos a la Historia de la Compañía de Jesús en Venezuela.* Caracas (1966) 194. Trascribe el texto: RIVERO. *Historia de las Misiones...*, 344.

[884] RIVERO. *Historia de las Misiones...*, 125.

muy precioso y celebran todas las funciones de iglesia como en cualquiera catedral por tener una capilla y cuerpo de música muy crecido y diestro"[885].

4. Las boticas, la salud, las enfermedades y sus remedios

El estudio de la medicina y la salud en las misiones jesuíticas de la Orinoquia (1661-1767) es un capítulo de la historia misional que todavía está por escribirse[886].

Mas, dentro de ese inmenso tema de la salud queremos circunscribirnos a dos grandes áreas: las boticas que tuvieron vigencia en las poblaciones llaneras y orinoquenses bajo la jurisdicción de la Compañía de Jesús y al estudio de las enfermedades y sus remedios descritos por los cronistas jesuíticos.

Desde sus orígenes mostraron los jesuitas honda preocupación por las boticas[887] no sólo por el mandato de sus Constituciones[888] sino porque así lo evidencia la historia de la Compañía de Jesús en todo el mundo[889]. Aduciremos solamente el testimonio de unos expertos quienes resumen así su estudio: "La Compañía de Jesús tuvo en España una gran importancia como difusora de la cultura y entre esa cultura estaba la ciencia y dentro de ella la medicina y los medicamentos y, como es lógico, tenían botica en muchas de sus Casas, y eran llevadas con garantías científicas más que suficientes como lo demuestran la Bibliografía farmacéutica de que disponían en sus Boticas, y también en sus inventarios"[890].

---

885 Jean-Paul DUVIOLS. "Pascual Martinez Marco. Viaje y derrotero de la ciudad de Cumaná a la de Santa Fe de Bogotá (1749)". En: *Cahiers du monde hispanique et luso-brésilien*. Toulouse, 26 (1976) 27.

886 Ello no excluye la presencia de valiosos estudios parciales como el de José Rafael Fortique sobre los aportes médicos en la obra del P. José Gumilla. José Rafael FORTIQUE. *Aspectos médicos en la obra de Gumilla*. [Caracas] 1971.

887 J. L. VALVERDE. *Presencia de la Compañía de Jesús en el desarrollo de la Farmacia*. Granada, Universidad de Granada, 1978.

888 Ignacio de LOYOLA. *Constituciones de la Compañía de Jesús*. En: *Obras de San Ignacio de Loyola*. Madrid, Biblioteca de Autores Cristianos (1991) Parte III, capítulo 2°, nn. 303, 304, 305 en donde insiste: "... y es bien que los Coadjutores temporales, si no los saben, aprendan estos oficios...".

889 Véase por ejemplo: Guillermo FURLONG S. J. *Historia social y cultural del Río de la Plata 1536-1810. El trasplante cultural: Ciencia*. Buenos Aires, Tipográfica Editora Argentina (1969) 303-352. Para los boticarios véase: p. 322 y ss.

890 Rosa María BASANTE POL y Ramón GRACIA ADA. "La botica del Colegio Imperial de Madrid". En: *Boletín de la Sociedad Española de Historia de la Farmacia*, 33, 132 (1982) 219-221.

Expresamente dejamos de lado temas ínsitos más allá de la frontera temática que nos hemos propuesto y también la polémica del cumplimiento o incumplimiento de las disposiciones canónicas y legales que esgrimieron durante esos siglos los boticarios laicos frente a los religiosos[891].

Y desde un punto de vista metodológico pensamos que puede iluminar futuras investigaciones la tesis doctoral de M. E. Del Río Hijas quien ha realizado un decisivo y valioso aporte para el estudio de las boticas que funcionaban en Madrid entre los siglos XVII y XIX[892].

Como punto de partida tenemos que hacer referencia obligada a la botica de la Universidad Javeriana. Y es natural porque para los jesuitas neogranadinos esa fue su Academia y su arquetipo ideal como punto de referencia en su conciencia ideal, simbólica o imitativa. En sus acogedoras e inmensas instalaciones funcionaba no sólo la Universidad Javeriana sino también tuvieron sede propia dos instituciones muy ligadas a la salud: la enfermería y la botica.

No hemos podido precisar la fecha de su inicio pero, según Esteve Barba, habría comenzado a funcionar hacia 1618 y "fue la única autorizada -según el mencionado autor- hasta que el Convento de Predicadores abrió otra en 1763"[893].

Sin embargo, tenemos noticia de la existencia de la botica ya en 1616 -antes de que se iniciara la Universidad Javeriana- y de su boticario que fue el H. Francisco Gonzalo[894].

---

891 M. E. DEL RIO HIJAS y Manuel REVUELTA GONZALEZ. "Enfermerías y boticas en las casas de la Compañía en Madrid siglos XVI-XIX". En: *Archivum Historicum Societatis Iesu*. Romae, LXIV (1995) 46-48.

892 M. E. DEL RIO HIJAS. *Estudio de diversos aspectos sanitarios en Madrid capital, durante los siglos XVII, XVIII y XIX, según la documentación referente a las Ordenes Religiosas existente en el Archivo Histórico Nacional*. Facultad de Farmacia. Departamento de Ciencias sanitarias y médico sociales. Universidad de Alcalá de Henares. Madrid, 1991. [Tesis doctoral]. Como estructura de estudio analiza: 1º las instalaciones sanitarias: enfermerías y boticas; 2º las medicinas empleadas: remedios terapeúticos, medicamentos y recetas; 3º datos económicos

893 Francisco ESTEVE BARBA. *Cultura virreinal*. Barcelona-Madrid, Salvat Editores (1965) 784-785.

894 ARSI. N. R. et Q., 3, fol., 21v. Catálogo de 1616. El catálogo de 1623 (fol., 45v) reseña a Francisco Gonzalo en el mismo cargo. Había nacido en Durón (Diócesis de Sigüenza) e ingresado en la Compañía de Jesús el 24 de febrero de 1608 (ARSI. N. R. et Q., 3, fol., 45v). En 1628 mandaba el General de la Orden despedirlo (ARSI. N. R. et Q. *Epistolae Generalium*, fol., 303v. Carta del General al P. Ayerbe. Roma, 2 de febrero de 1628).

Esta institución persistió hasta la expulsión de los jesuitas en 1767[895]. Una vez que fueron incautados los bienes de los expatriados se entregó su administración a D. Antonio Gonnáez, con la intervención de D. Joaquín Navarro, con un salario de 600 pesos para los dos. La Botica fue tasada en 20.141 pesos con 5 reales. Desconocemos el resultado de esta administración[896].

Varias razones nos inducen a pensar que debía tener reputación. Una, porque la preocupación por los estudios sobre la salud motivaron la enseñanza de la medicina en la Javeriana el 1° de abril de 1636 bajo la dirección de don Rodrigo Enríquez de Andrada, médico graduado en la Universidad de Alcalá[897]. Otra, porque su institucionalidad se mantuvo a lo largo de la biografía colonial de esta universidad y fue lugar de experimentación de las fórmulas tanto del viejo como del nuevo mundo; la personalidad profesional de algunos de sus directores nos inducen a pensar que científicamente estaban bien preparados. Finalmente, a ella remitían los misioneros lo que consideraban podía ser útil para su mejoramiento; así lo evidencian, por ejemplo, los envíos del P. Gumilla al "hermano Juan de Agullón, boticario, médico y excelente químico del colegio máximo"[898].

La primera pregunta obligada versa sobre si existieron o no boticas en los inhóspitos espacios de la Orinoquia.

Con las salvedades que imponía la lejanía y la pobreza también los poblados misionales dispusieron de su rudimentaria botica. Varios testimonios de primera mano evidencian la realidad de la institución que estudiamos. Citaremos tan sólo dos.

Es convincente la declaración de un personaje clave en la historia del Orinoco entre 1730 y 1750; nos referimos al H. Agustín de Vega quien al describir al misionero dice: "... [es] un amoroso Padre de familia, que tiene prevención de medicinas, quantas puede adquirir, y el libro de mayor im-

---

895   El tema de las boticas en virgen todavía en la literatura jesuítica neogranadina. Para no citar la sucesión de boticarios señalamos los de los últimos años. En 1751 era el H. Juan de Artigas "Pharmacopola" (ARSI. N. R. et Q., 4, fol., 298), a quien podemos seguir su acciòn gracias a los catálogos de: 1753 (*Idem*, fol., 300v); 1756 (*Idem*, fol., 347). En 1763 tenía un socio que era el H. Leonardo Wilern y el titular era el H. Bruno Prieto (*Idem*, fol., 374)

896   ANB. *Temporalidades*, 9, fol., 715v.

897   Para más información: Juan Manuel PACHECO. *Los jesuitas en Colombia*. Bogotá, I (1959) 538-539.

898   GUMILLA. *El Orinoco ilustrado y defendido*, 399.

portancia despues de los necesarios, que nunca les falta, es alguno de medicina"[899].

El P. Gilij, desterrado en Roma, recordará en 1780 la visita que le hizo al autor de *El Orinoco ilustrado* en su reducción de Betoyes el año 1749 y escribirá: "En su casa, o cabaña, tenía toda suerte de útiles medicinas caseras, y al primer aviso del fiscal, dedicándose como amorosa madre a cuidarlos, era todo agilidad, todo prontitud, todo alegría. Yo estaba a su lado sorprendido de sus dulces maneras. (...) Y movido del ejemplo de tan gran hombre, una vez que hube llegado al Orinoco me afané por imitarle en algo"[900].

Una segunda pregunta la constituiría el espacio y el tiempo requeridos para implantar la botica en la "cultura reduccional". Este concepto abarca el proceso que vivirían las reducciones en sus usos y costumbres hasta llegar a desarrollar formas de vida cada vez mejores. Algunas de ellas, y no las más importantes, fueron: el cruce y selección de modos de subsistencia europeos e indígenas, así como en su resultante híbrido que adoptó formas más eficientes para llevar a cabo las tareas tradicionales. De esta suerte las reducciones se convirtieron progresivamente en centros urbanos en miniatura, poblados por indígenas que producían bienes para su propia subsistencia y para los mercados españoles[901] a la vez que cultivaban fórmulas de bienestar social.

En el siglo XVII aparece un personaje totalmente anónimo hasta la fecha que impulsaría de forma decisiva los programas de salud en el área misional casanareña. Nos referimos a Renato Xavier quien acompañaría al jesuita francés P. Dionisio Mesland desde Martinica a Tierra Firme en 1653 y se instalaría en las reducciones jesuíticas hasta su muerte. Por un juicio que se le siguió por extranjero sabemos que era "... cirujano y médico y hace las más curas y medicinas con mucha /ilegible/ de interés y los pobres los cura de balde y aun los sustenta en su casa mientras los esta curando y que asimismo tiene una botica donde saca los reca[u]dos para las medicinas necesarias sin ningún interés..."[902].

---

899 Agustín VEGA. *Noticia*, 105.
900 GILIJ. *Ensayo de Historia americana.*, III, 81-82.
901 David BLOCK. *La cultura reduccional de los Llanos de Mojos*. Tradición autóctona, empresa jesuítica & política civil, 1680-1880. Sucre, Historia Boliviana (1997) 32.
902 Archivo Nacional de Chile. *Jesuitas*, 226. *Renato Xabier y el Sargento Guido Belile vecinos de la ciudad de Santa Maria de Rosa ante vuestra merced parecemos... y*

También otro juicio nos acerca a finales del XVII al concepto de beneficencia organizada la cual comenzaba a rendir sus frutos a juzgar por las reiteradas preguntas del juez a ciertos testigos sobre la existencia de un hospital en Pauto. Don Tiburcio Medina, capitán de la escolta del Orinoco, declaraba al respecto: "... en las veces que ha estado en el dicho Pueblo de Pauto, antes que se mudase al paraje donde hoy está, vio en él una casa grande donde el padre Cura de dicho Pueblo, Padre Juan Fernández Pedroche, recogía los indios y muchachos enfermos y allí los curaba y daba de comer y asistir por medio en ella Renato Xavier de nación francesa, pero no sabe cuya costa se fabricó dicha casa"[903].

Frente al fracaso de los intentos de arraigarse en el Orinoco entre 1681 y 1695[904], llevó a los jesuitas neogranadinos a retirarse al piedemonte andino y reorganizarse hasta la búsqueda de proyectos que pudieran avalar su entrada al gran río venezolano y en esta revisión optaron los misioneros casanareños por solicitar del General de la Compañía de Jesús que se le elevara el puesto de Pauto a la categoría de colegio. En 1693 declaraba el P. Tirso González que "no hay lugar de poder darse ejecución a los antiguos deseos de aquellos Padres Misioneros ... por la incapacidad que hay allí de ministerios propios y necesarios para colegio". Pero añade que, dadas las ventajas del sitio "... se acomodase vivienda capaz para que pudiesen juntarse en ella los demás Misioneros para hacer los Ejercicios del año y los dichos de las Renovaciones, que serviría para consuelo de los mismos Misioneros y para que los Ejercicios se hiciesen con puntualidad y exacción, porque el hacerlos separados en los curatos o Misiones con el mismo peso de ocupaciones que en lo demás del año está muy expuesto o a que no se hagan o a que no se hagan como se deben hacer"[905].

También el siglo XVIII nos abre posibilidades para seguir el puesto de las boticas en la vida misional.

---

decimos que a nuestro derecho conviene que vuestra merced mande se nos saque un tanto autorizado... [Pauto, marzo de 1678].

903 AGI. *Santafé*, 249. *Testimonio de los Autos hechos a pedimiento del Padre Procurador General de la Religión de la Compañía de Jesús de la ciudad de Santa Fe... cerca de la escolta y lo demás que han pedido se de para el fomento de las misiones de la Provincia de Orinoco*, fol., 77v. Semejantes declaraciones aducen los otros testigos: José Ruiz Romero (fol., 62v-63); Salvador Esparza (fol., 52v).

904 DEL REY FAJARDO. *Misiones jesuíticas en la Orinoquia*. Caracas, I (1977) 108-114.

905 APT. Leg. 132. fol., 76. *Carta del P. Tirso González al Provincial del Nuevo Reino*. Roma, 15 de agosto de 1693.

En tiempos del P. Gilij debió ser crecido el comercio de las drogas de botica en las demarcaciones misionales: "Pero lo que [a] los bárbaros les da menos fastidio en sus enfermedades son los medicamentos diaforéticos hechos con flores de casia, de rosas, o bien de borraja, traídos de Santa Fe, y ya sea por el azúcar que se mezcla en estas infusiones, y que a los indios les gusta extraordinariamente, o por la utilidad que de ellas sacan, *las piden muchas veces por si mismos*"[906].

De igual forma queremos llamar la atención sobre la presencia de hombres que conocían de medicina. El P. Juan Rivero, autor de la *Historia de las Misiones de los Llanos de Casanare y los ríos Orinoco y Meta*[907], había estudiado medicina en la universidad de Alcalá y su huella se trasparenta cuando en el correr de su obra analiza algunas enfermedades[908].

Un tercer punto haría referencia a lo que podríamos designar como criterios experimentales y científicos que rigieron la vida de las boticas en países "en que faltan médicos y boticarios"[909].

El P. Gilij observaba ya en su tiempo que en las regiones americanas hay muchos "que creen estar en condiciones de curar a los enfermos", pero en realidad eran pocos los entendidos y afortunados en sus curas pero su éxito entre los enfermos era tal que "aun en las ciudades en que hay médicos", apelaban a aquellos más gustosamente en sus necesidades[910].

Mas en la Orinoquia la realidad era otra. En última instancia se trataba de una experiencia acumulada tanto por la observación directa del modo de actuar de los indígenas y sobre todo de los piaches[911] así como también de las reflexiones de los españoles allí residentes[912] y de la recopilación y ensayos llevados a cabo por los propios misioneros[913].

---

906   GILIJ. *Ensayo de Historia americana*, II, 77. [El subrayado es nuestro].

907   Editado en Bogotá, Biblioteca de la Presidencia de la República, 1956.

908   José GUMILLA. *Escritos varios*. Caracas (1970) 25: "... se applicò desde entonces muy de varas al estudio de la Medicina, à que tiraba su genio, o por mejor decir, la oculta Providencia de Dios... Prosiguiò el estudio de esta facultad, y llegado al tiempo de entrarà Practicante...".

909   GILIJ. *Ensayo de Historia americana*, II, 76.

910   GILIJ. *Ensayo de Historia americana*, II, 88-89.

911   Véase: GILIJ. *Ensayo de Historia americana*, II, 88-101.

912   La presencia de la Expedición de Límites de 1750 también facilitó la comprobación de las pócimas tropicales con la ciencia médica de entonces (GILIJ. *Ensayo de Historia americana*, II, 79).

913   La lectura de ciertos capítulos de *El Orinoco ilustrado* y del *Ensayo de Historia Americana* nos revela la preocupación de los misioneros por el intercambio de in-

No es muy amplia la bibliografía que contenían las bibliotecas llaneras referente a los saberes medicinales. Con todo nos encontramos la obra usual del H. Steynefer, *Florilegio medicinal*[914] que reposaba en las bibliotecas de Tame[915], Caribabare[916] y Surimena[917]. También utilizaron los jesuitas la *Obra Médico-chirurgica* de Madame Foquet[918] de la que cuatro tomos se ubicaban en la Misión de Casimena[919]. Y en la Procuraduría de Caribabare, la biblioteca más rica de las misiones, hay que citar dos libros más: uno de Medicina y otro de Cirugía[920]. De las bibliotecas del Orinoco no podemos hacer alusión alguna pues hasta el momento no hemos podido ubicarlas pero por el testimonio del P. Gilij ambos autores servían en el gran río venezolano de orientación a los misioneros.

Johann Steinhöfer o Esteyneffer había nacido el 7 de marzo de 1664 en Iglau/Jihlava (Mähren) y murió el 2 de abril de 1716 en Yécora (Sinaloa). Trabajó en diversos puntos misionales del norte de México y la primera edición de su obra apareció en la capital de dicho virreinato en 1712[921].

Llama la atención el hecho de que una vez conocida en Europa la edición de *El Orinoco ilustrado* sus aportes medicinales fueron recogidos por

---

formación sobre la ciencia médica de entonces (GILIJ. *Ensayo de Historia americana*, II, 79). GUMILLA. *El Orinoco ilustrado*, 360-457. GILIJ. *Ensayo de Historia americana*, II, 78: "Mis lectores se darán cuenta perfectamente de que yo en la descripción de los remedios orinoquenses hablo siempre de aquellos que usan los misioneros".

914   Juan Herno. STEYNEFER. *Florilegio medicinal de todas las enfermedades, sacado de varios y clasicos Authores para bien de los pobres, en particular para las provincias remotas en donde administran los RR. Misioneros de la Compañia de Jhesus*. Mexico, 1712]. [Sommervogel. *Bibliothèque de la Compagnie de Jésus*, VII, 1537].

915   ANB. *Conventos*, t. 32. fols., 403-404v

916   ANB. *Temporalidades*, t. 5, fols., 685v-689

917   ANB. *Temporalidades*, t. 3, fols., 834v-838

918   *Obra médico-chirurgica de Madama Fouquet*. Salamanca, 1750. Traducido del francés al español, bajo el nombre de Francisco Monroi y Blasso=Francisco de Moya. [Sommervogel, V, 1348].

919   Marcelino GANUZA. *Monografía de las Misiones vivas de Agustinos Recoletos (Candelarios) en Colombia*. Bogotá, II (MCMXXI) 28-29.

920   ANB. *Temporalidades*, t. 5, fols., 685v-689. Yttem. Uno descuadernado. *Medicina*. Yttem. Uno descuadernado. *Cirugia*.

921   Amplia información en: Bernd HAUSBERGER. *Jesuiten aus Mitteleuropa im kolonialen Mexico*. Wien-München (1995) 315-318.

Madame Fouquet quien "añadió a los remedios comunes en Francia los que diligentemente recogió de la obra del P. Gumilla"[922].

Fundamentada la vida reduccional observamos el intercambio epistolar entre los misioneros y los profesionales de la farmacia o de la medicina. El testimonio del P. Gumilla patentiza la preocupación: hemos citado antes su correspondencia con el Boticario de la Universidad Javeriana[923]. También nos consta con un médico de Santafé de Bogotá[924].

Pero es interesante anotar la observación del misionero Felipe Salvador Gilij a este respecto: "De hacer un libro en este estilo, cuánto se podría decir. No hay acaso en el mundo otra región que abunde más que América en simples escogidísimos, aptos para curar las enfermedades humanas. De allí nos vienen la quina, de allí la zarzaparrilla, el salsafrás, el copaiba, y otras cien drogas, de que hoy abunda la Italia"[925].

Las enfermedades y sus remedios

Al dibujar el mapa sanitario de la Orinoquia el Felipe Salvador Gilij establece dos grandes categorías que conllevan la "infelicidad de los orinoquenses". La primera categoría recoge las enfermedades autóctonas y eran originadas tanto por el clima, por los míseros alimentos y por la pobreza de sus viviendas[926]. La segunda no era propia de aquellos climas y procedían "del muto comercio de las naciones"[927].

Al iniciar el jesuita italiano el estudio de las enfermedades a que están sujetos los orinoquenses, anota que "un cuerpo como es el de los indios grácil, delicado, débil, perpetuamente desnudo y expuesto continuamente a

---

922 GILIJ. *Ensayo de Historia americana*, II, 76.
923 GUMILLA. *El Orinoco ilustrado y defendido*, 399.
924 GUMILLA. *El Orinoco ilustrado y defendido*, 446: "Dudó un gran médico que vivía en Santa Fe de Bogotá, pidióme, y le remití cantidad de dichas hojas [la espadilla o espadín (Crotolaria stipularis)], y como llegasen secas, por la gran distancia, dobló la cantidad, y después de suficiente infusión, hizo el cocimiento, y surtía en aquel temperamento frío el mismo buen efecto que en el cálido, cual es el de nuestras Misiones".
925 GILIJ. *Ensayo de historia americana*, II, 76.
926 GILIJ. *Ensayo de Historia americana*, II, 68.
927 GILIJ. *Ensayo de Historia americana*, II, 74.

las lluvias o al sol es necesario que sea la cuna de mil extrañísimas enfermedades"[928].

Pero viniendo a la realidad orinoquense es preciso hacer referencia a las enfermedades que cíclicamente se hacían presente en la vida misional. Las más frecuentes eran: fiebres, pleuresía, tos y catarro, ictericia y úlceras, enfermedades venéreas y disenterías; pero a ellas se añadían de vez en cuando el bicho y el *ambíu*. También eran temidas las que importadas causaban verdaderos estragos: la viruela, la escarlatina y el araguato.

A las fiebres debían los habitantes del gran río pagar su tributo anual como lo afirma el misionero italiano después de haberlas soportado durante 6 años. Por ello le es fácil recordar su ciclo: desde septiembre "mes en que baja el río" hasta el comienzo de las lluvias a cuyo flujo se inicia de nuevo la crecida del gran río. Estas epidemias causan las tercianas y cuartanas ocasionan la muerte a muchos nativos[929].

Para las fiebres se adelanta a decir Gilij que de ningún modo sufrirían que se les sacase la sangre. Utilizaban el *cariaquillo*, flor menuda y colorada y "muy provechosas para refrescar y confortar a los febricitantes". Había que ponerlas en infusión la víspera y darse a beber a la mañana siguiente. De igual modo se servían del fruto o los retoños del *guamache*, o bien de las semillas del *onoto* bien machacadas en agua[930]. Asimismo eran utilizados bebedizos "de pulpa de casia y de jugo de limón"[931]

Pero si los remedios dichos no atajan la fiebre con el tiempo fueron los indígenas aceptando las "lavativas". De igual forma encargaban en Bogotá los "medicamentos diaforéticos" hechos con flores de casia, rosas, o borraja[932]. Pero todavía el misionero iba más adelante y apelaba a los medios sudoríficos y para ello les facilitaba las mantas necesarias[933].

Pero si a la fiebre se añade el dolor de cabeza se le aplican las hojas de anoto. Sin embargo Gilij hace referencia la *higuereta* (también tártago). Se parece a la higuera en el tronco y en las hojas. Su fruto está hecho de racimos y "es del tamaño y del color del café más menudo" y de él se extrae especie de aceite semejante al de lino. Como tuviera un pertinaz dolor de

---

928 Felipe Salvador GILIJ. *Ensayo de Historia Americana*. Caracas, Academia Nacional de la Historia, II (1965) 68.
929 GILIJ. *Ensayo de Historia americana*, II, 68; 69.
930 GILIJ. *Ensayo de Historia americana*, II, 77.
931 GILIJ. *Ensayo de Historia americana*, II, 79.
932 GILIJ. *Ensayo de Historia americana*, II, 77.
933 GILIJ. *Ensayo de Historia americana*, II, 77.

cabeza mientras estudiaba en la Universidad Javeriana de Santa Fe, a sugerencia de un mulato, se cubrió la cabeza con dos o tres hojas y encima se puso un sombrero y a los pocos minutos "comenzó un sudor de cabeza tan copioso, que no se podía más (…). Repetido dos o tres veces el remedio, quedé perfectamente libre". Y concluye que *esta planta era desconocida en el Orinoco y la introdujeron los jesuitas*[934].

De tres formas solía presentarse la disentería. La primera como "solturas de vientre" y ocasionadas por las aguas insalubles o por ciertos frutos. Si este mal alcanzaba la categoría de epidemia en una reducción se llevaba de esta vida a la otra a muchos indios, que se consumían rápidamente en pocos días y quedaban "como cadáveres que respiraran". La segunda era todavía más grave pues se unía la sangre. Y la tercera, a las dos disenterías anteriores se adicionaba otra que consistía en "feísimos vómitos amarillos y negros" conceptuada como una de las enfermedades "más fieras"[935].

Al hablar de los remedios de las disenterías afirma con tristeza que tantos los indígenas como los misioneros "ignoran la causa y el remedio". Para las disenterías comunes se dan "confortativos y caldos", sin embargo para las "perentorias son las cámaras de sangre" se consigue algún alivio con las infusiones de la raíz de la *guayavilla*. Mas, para el misionero italiano era más estimable la corteza de *merey* "astringente no ciertamente impropio en semejantes ocasiones"; y por supuesto mantenía su fe en las lavativas y en los eméticos para las personas cansadas de vomitar[936].

De igual forma son comunes los males de pleuresía, inflamaciones y dolores de garganta "quizá por los vientos o por el agua, acaso porque sudando se meten inconsiderablemente en los ríos para refrescarse". También hay que vincular los catarros "al bajar y crecer el río"[937].

Para las pleuresías el justo remedio sería una buena emisión de sangre pero como se niegan los indígenas se buscan otros remedios. El primero es la decocción de la madera de *uanarúca* (carnestoliendo) la cual, hecha trocitos y dada tibia a beber "es un lenitivo no despreciable". Pero más eficaz resultaba el hervido de la *espadilla*. El misionero consultó con el célebre don Francisco Rodríguez, cirujano de la Real Expedición de Límites, pero no supo explicarle la raíz de la bondad de esta yerba. A veces

---

934 GILIJ. *Ensayo de Historia americana*, II, 77-78.
935 GILIJ. *Ensayo de Historia americana*, II, 69.
936 GILIJ. *Ensayo de Historia americana*, II, 80-81.
937 GILIJ. *Ensayo de Historia americana*, II, 70.

resultaba beneficiosa la cataplasma de guamache machacado y de verdolaga[938].

Los *eméticos* también formaban parte de la farmacia popular y podían ser o la esponjilla o el jugo de la planta *chiviúru* (caña agria). Se exprimía el jugo la noche anterior, se ponía al sereno y a la mañana siguiente temprano se le daba a beber al febricitante[939].

La tos era no sólo contagiosa sino también un mal periódico pues aparecía "al comenzar y al acabar las lluvias". En estas épocas de contagio afectaba a la gran mayoría y era persistente tanto de noche como de día y se combatía dándoles "agua caliente con azúcar". Si además el enfermo tenía dolor de cabeza se le aplicaban en las sienes "emplastos de sebo extendido en trocitos redondos de papel agujereado" y también se podía untar de sebo "la punta de la nariz y las sienes"[940].

La ictericia también tenía carta de ciudadanía aunque sus efectos no eran ni tan peligrosos ni se propagaban como los anteriores. Los portadores se volvían amarillos "en ciertos tiempos" y producen hinchazones bastante gruesas que causaban grandes dolores[941].

Más tolerable para los remedios considera Gilij la ictericia a la que diagnosticaba fácilmente el misionero viendo el color natural externo. Recurría de inmediato para su cura a refrescantes como el fruto del anoto macerado en agua o también el limón. Pero su planta preferida era el *acccúri-matiri* (teta de picure) a la que había que tenerla en infusión por la noche y beberla al alba del día siguiente y su efecto era beneficioso aún con las ictericias negras[942].

Los indígenas no se preocupaban de los abscesos pequeños pero de los grandes se defendían aplicándose una hoja de ají del pajarito "untada con sebo caliente a modo de emplasto". Mas, si persistía en dolor era aconsejable recurrir al "sebo bien amasado con jugo de limón y extendido por encima a modo de ungüento"[943].

Asimismo el tratamiento de las úlceras requería de sus prevenciones. Era útil la *marána* (copaiba) si se aplicaba de inmediato a las heridas re-

---

938   GILIJ. *Ensayo de Historia americana*, II, 78-79.
939   GILIJ. *Ensayo de Historia americana*, II, 79.
940   GILIJ. *Ensayo de Historia americana*, II, 81-82.
941   GILIJ. *Ensayo de Historia americana*, II, 69.
942   GILIJ. *Ensayo de Historia americana*, II, 81.
943   GILIJ. *Ensayo de Historia americana*, II, 82.

cientes. Si la herida se enfriaba había que esperar a que apareciera la llaga y entonces se apelaba a los abstergentes entre los que se recomiendan la miel de cucuisa, es decir, "el jugo de áloe vulgar cocido y convertido en miel, o bien un emplasto de la corteza bien machacada del guásimo"[944].

También las enfermedades venéreas eran frecuentes en aquellas latitudes. Este mal, se inclina a creer el P. Gilij, que fue llevado por los españoles de las Indias a la Península ibérica y de allí a Italia; lo cierto es – acotará el misionero- que en las selvas del interior guayanés "apenas la conocen"[945].

También eran corrientes las dermatosis inflamatorias e infecciosas como lo demuestran las diversas clases de impétigos que culminaban con tumefacciones frías de los ganglios linfáticos, principalmente cervicales, que los predisponían a las tuberculosis. Para disimular estos males las mujeres se adornaban el cuello con esferitas de vidrio[946].

Entre los maipures, quirrupas, avanes y guaipunabis se daba el *carate* que les cubría con feas escamas o bien la cara o bien todo el cuerpo. Era una especie de lepra que levantaba las carnes y las tornaba deformes. Los infectados asumían un color blanquecino "como peces". Como les daba vergüenza se restregaban las escamas con huesos para poder raerlos pero como la enfermedad es interna "les vuelve a salir otro tanto de lo que con vano afán se quitan"[947]. Gilij reconoce con tristeza que no hay "remedio para este mal" mas se puede aliviar en cierto modo poniendo cenizas sobre la herida[948].

El italiano Gilij observa cómo la humedad produce a los orinoquenses "dolores extremados de los dientes" y a ello colaboran las frutas dulces para que muchos jóvenes aparezcan desdentados. De igual forma detalló que con el correr de los años el cuerpo se tornaba débil y sin embargo anotará que son poquísimos los "que tienen temblor de manos"[949].

---

944   GILIJ. *Ensayo de Historia americana*, II, 82-83.
945   Gilij, como lingüista siempre tendrá presente en muchas de sus reflexiones el argumento filológico y por ello afirmará que "los caribes la llaman *kirisi* y no sé de qué lengua lo tienen en préstamo" (GILIJ. *Ensayo de Historia americana*, II, 69-70).
946   GILIJ. *Ensayo de Historia americana*, II, 70.
947   GILIJ. *Ensayo de Historia americana*, II, 70: En su lengua designaban la enfermedad como *uné*.
948   GILIJ. *Ensayo de Historia americana*, II, 83.
949   GILIJ. *Ensayo de Historia americana*, II, 71.

La enfermedad más fatal para los habitantes de la Orinoquia fue el *bicho*. La sintomatología está bien descrita por el misionero de la Encaramada pues la padeció en dos oportunidades: "va siempre acompañado de fiebre, pero ligera y apenas conocida de quien la tiene. Siéntese además dolor en las rodillas, debilidad en las piernas y ciertos pequeños escalofríos. Produce igualmente somnolencia, pero leve". Y uno de los efectos más extraños es "que distiende el ano de manera insólita, cayendo los excrementos sin que ni siquiera se den cuenta los pacientes". Una vez instalado definitivamente en el enfermo se inicia con algunas horas de delirio para "ir risueño al encuentro de la muerte". Este mal "engañoso" tiene que ser descubierto a tiempo por personas muy prácticas pues si toma cuerpo lleva consigo la muerte en 24 horas[950].

Gumilla en la descripción que hace del bicho parece fijarse solamente en la etapa final de la enfermedad. Es una mal "muy común y casi cotidiano" en los Llanos. Las señas –dice el autor de *El Orinoco ilustrado*- son "una gran calentura junta con un profundo sueño, que no hay forma de que despierte ni abra los ojos el doliente; al mismo tiempo se aflojan y laxan notablemente los músculos hemorroidales". También se combate con limón pero si no se procede a tiempo a las doce horas "le tiembla algo el brazo izquierdo, y de allí a poco el brazo derecho, luego empiezan a temblar y encogerse los dedos pulgares, y en fin todos los dedos se agarrotan reciamente contra las palmas de las manos". A las 24 horas muere y preceden "notables convulsiones en todos los miembros del cuerpo"[951].

Para desentrañar las causas del bicho recurre a diversas "adivinaciones". Para los tamanacos es un "gusanillo interno" que logra penetrar hasta las vísceras o ocasiona los daños descritos. Sin embargo los españoles consideraban que era una inflamación interna de las vísceras. Gumilla deja la explicación final "a los profesores de física" pero opina que es "una especie de calentura efímera, que preocupa toda la sangre". Una parte sube al cerebro y es la que causa la modorra y sueño profundo pero si se refrescan las hemorroidales desaparecen esos síntomas y "los dichos músculos se estrechan y recobran volviendo al estado connatural"[952].

---

950   GILIJ. *Ensayo de Historia americana*, II, 72.
951   GUMILLA. *El Orinoco ilustrado*, 411.
952   GUMILLA. *El Orinoco ilustrado*, 411. El Dr. Fortique opina que "todo hace pensar en procesos infecciosos locales, como la rectitis, con complicaciones generales gravísimas; en el curioso libro aparecido a mediados del siglo pasado *Medicamentos indígenas*, de Jerónimo Pompa, en el renglón 370 correspondiente a la planta llamada "rabo de zorro", encontramos lo siguiente: 'El zumo de las hojas se da inte-

El P. Gilij se salvó de la enfermedad gracias al uso del limón[953] y reconocerá que es el mejor medicamento "no sólo entre todos, sino acaso el único"[954]. De ahí la importancia que le asigna el misionero al limón pero como en tiempos de sequía es muy difícil conseguirlo se recurre al sistema de "exprimir a tiempo los limones, cocer ligeramente el jugo y guardarlo en frascos bien tapados para las necesidades cotidianas". Pero como no es tan fresco cuando se usa como medicina hay que doblar la dosis ordinaria. Y en el caso que llegara a faltar el limón es bueno el retoño del árbol *candelero*, pero cualifica Gilij "Pero yo no lo he usado nunca"[955].

Tres escenarios de intensidad progresiva descubre Gilij para enfrentar este mal. En el primero se le da a beber al enfermo "gran cantidad de jugo de limón, mezclado con agua, haciéndole después sorber algunas gotas por las narices". Pero, si los dolores persisten se recurre al segundo escenario en el que al jugo de limón se le mezcla "hollín y pólvora de arcabuz" y el enfermo debe tomar esta bebida negra. Mas, para radicar el mal es necesario "la aplicación del limón en la parte trasera". Se le quita la corteza al limón y "se introducen dos o tres gajos, y si siente dolor al meterlo es buena señal" pues de lo contrario hay que doblar la dosis "y si esta no basta, se pasa a lavativas de puro jugo de limón, las cuales ordinariamente lo vencen"[956].

Otra enfermedad que como peste se desliza y llena en pocos días de enfermos una reducción es el *ambíu*[957]. En ciertos tiempos el calor o la

---

riormente en la disentería gangrenosa, llamada vulgarmente bicho"; el Dr. P. D. Rodríguez Rivero la consideró una afección rectal aguda muy grave, y el Dr. Ricardo Archiva como una rectitis gangrenosa, opinión esta última más cercana a la muy aceptable descripción hecha por Gumilla del cuadro septicémico ("calentura efímera que preocupa toda la sangre"), con intoxicación general, estado semicomatoso "parte de la cual elevada al cerebro, causa aquella modorra y sueño profundo"), y finalmente muerte" (José Rafael FORTIQUE. *Aspectos médicos en la obra de Gumilla*. Caracas (1971) 91-92.

953 GILIJ. *Ensayo de Historia americana*, II, 72.
954 GILIJ. *Ensayo de Historia americana*, II, 83.
955 GILIJ. *Ensayo de Historia americana*, II, 84-85.
956 GILIJ. *Ensayo de Historia americana*, II, 83-84. Cuenta Gilij que en un viaje con el P. Juan Bautista Polo le atacó de tal forma al otro jesuita la enfermedad que se vio obligado a atajarla y como no llevaban clíster tuvieron que recurrir a "una bolsa de tabaco, llena de jugo de limón, a la cual por sifón fue aplicada una caña de río". Y de esta forma sanó de inmediato (GILIJ. *Ob, cit.*, II, 84)
957 GILIJ. *Ensayo de Historia americana*, II, 73: "Voz tamanaca que expresa las fluxiones de los ojos".

humedad producen unas fluxiones en los ojos que les obliga a los indígenas a mantenerse en la oscuridad y con los ojos llenos de sangre. Pero la vehemencia del dolor puede reventar del todo los ojos "y se los hace salir de manera deforme hacia fuera". Algunos quedan ciegos o con grandes trastornos para la visión. La curiosidad del misionero escritor no llegó a descifrar cómo se difunden tan rápidamente ni cuál es la verdadera causa de la enfermedad[958].

Los remedios para las fluxiones de los ojos son todos "debilísimos". Se puede utilizar el agua fresca de la mañana aunque otros se sirven de la clara de huevo "con poco o ningún provecho". Además se pueden refrescar con los ojos con un trapo de lino mojado con agua de rosas y otros prescriben baños de agua caliente en las piernas "manteniendo entre tanto los pies en una palanquita llena de agua" caliente. Mas, para curarse "es preciso tener paciencia y tiempo". Los indígenas desesperados solían apelar a meterse ají pulverizado en los ojos[959].

Tampoco dejará pasar la ocasión para hacer referencia a otros males que son corrientes en aquellas selvas. Dormir a la luna es nocivo y si se ven obligados a pernoctar en el campo se buscará un árbol donde cobijarse de los rayos lunares y si no hay árboles recurren a los vestidos o tejidos. Y los que no pueden o se olvidan de buscar el debido resguardo tienen el peligro de despertarse por la mañana "con dolores en el cuerpo y con la boca torcida" pero acotará el misionero que ha oído muchas veces esta historia "aunque nunca tuve ocasión de verlas"[960].

Los pies mojados por la lluvia o por los lugares pantanosos o por los ríos pueden "producir males increíbles a la naturaleza humana". Y al llegar a casa suelen lavarse bien con aguardiente, pero estas enfermedades afectan más a los europeos[961].

Entre las enfermedades extranjeras se señalan la viruela, la escarlatina y el araguato.

También la viruela ocasionaba sus mortandades cuando se hacía presente[962]. En las misiones orinoquenses apareció en la década de 1740 a

---

958   GILIJ. *Ensayo de Historia americana*, II, 73. Y en el mismo texto añade Gilij: "También yo tuve que sufrir esto y estar inactivo entre dolores abrasadores dos meses".

959   GILIJ. *Ensayo de Historia americana*, II, 85.

960   GILIJ. *Ensayo de Historia americana*, II, 73.

961   GILIJ. *Ensayo de Historia americana*, II, 85-86.

962   GILIJ. *Ensayo de Historia americana*, II, 298-299.

1750 [ROMAN] pero hasta la expulsión de los jesuitas en 1767 se mantuvo alejada. Mas hay que señalar que ya para entonces las reducciones tenían sus medidas sanitarias cautelares como eran los guardias en los caminos para impedir el ingreso a la reducción a los infectados[963].

La viruela se descubrió en un soldado de Pánfilo de Narváez –según el misionero de la Encaramada- en la Isla de Santo Domingo y de allí pasó a las otras Antillas y de ellas saltó al continente. Y en diversas oportunidades confiesa que para convertir a América en una soledad "bastaría la sola viruela"[964].

El *araguato*[965] llegó al Orinoco poco antes del año 1767 y recorrió toda América. Los caraqueños la llamaron "No me iré sin verte" pero en la Orinoquia al ver la semejanza con el toser del mono araguato le traspasaron el nombre. La enfermedad consistía en "una tos convulsiva acompañada de una fiebre ardentísima"[966].

De igual forma hizo acto de presencia en tierras orinoquenses el escorbuto al que se le daba el nombre de "Mal de Loanda" porque se creía que fue llevado a América por los negros y consistía en tener "estropeadas las encías de extraña manera"[967].

Y concluirá nuestro cronista afirmando que "nunca oí hablar de orinar arenillas ni de piedra ni de hernias. Los ataques, las parálisis y las muertes repentinas son rarísimas"[968].

Una es la visión metódica de Gilij y otra la que ofrece el P. Gumilla para los Llanos de Casanare y Meta.

Una afección cutánea ordinaria en las tierras calientes es la producida por los *aradores*, "animalillos imperceptibles a la vista" pero que caminan "entre el cuero y carne" dejando a su paso surcos de sarpullido en forma de semicírculo con "ardiente comezón". Lamenta el misionero no haber con-

---

963 GILIJ. *Ensayo de Historia americana*, II, 70.
964 GILIJ. *Ensayo de Historia americana*, II, 75.
965 GILIJ. *Ensayo de Historia americana*, II, 75: "En tamanaco *aravatá*, en maipure *maravé*".
966 GILIJ. *Ensayo de Historia americana*, II, 75-76.
967 GILIJ. *Ensayo de Historia americana*, II, 85.
968 GILIJ. *Ensayo de Historia americana*, II, 68.

seguido remedio eficaz contra esta "molesta plaga" pero se apaciguaba con limón caliente y pólvora[969].

Gumilla también habla de otra infección de la piel llamada *culebrilla (I)*. Se da en climas sumamente cálidos y húmedos aunque no con frecuencia. Se manifiesta por "la inflamación que ocupa la planta del pie y por la calentura que de ella excita". La terapia parece haberla aprendido durante su estancia en Cartagena de Indias pues hace alusión al cirujano quien con agua bien caliente lavaba los pies y piernas del enfermo y de inmediato se veía la marca o "verdugón más o menos enroscado, según los días que lleva de engendrada la culebrilla". La curación se llevaba a cabo sumergiendo el pie en agua caliente (cuanto puede sufrir el paciente) y de esta forma la culebrilla asomaba parte de su cuerpo. En esta situación se aprovechaba para atarla con un lazo de seda cuya extremidad se ataba al tobillo "de modo que el lazo quede tirante, y arropado el pie y quieto hasta el otro día, se repite el baño, y se halla que ya la culebrilla salió hacia fuera". El proceso siguiente requiere gran destreza pues por una parte no se puede "violentar a la culebrilla para que salga" y por otro que lentamente y de forma progresiva se haga su extracción completa. Su medida era "de una tercia de largo, del grueso de un bordón ordinario de arpa; es casi nervosa y de poca carnosidad". Si el proceso falla se queda dentro "y se apostema el pie, dando materia a una prolija curación y arriesgada"[970].

También en los Llanos de Pauto y Casanare se daba otra enfermedad con el mismo nombre: *culebrilla (II)*. La descripción que utiliza el misionero es la vivencia de haberla padecido. Se trata de una inflamación en el pecho o en la espalda, aunque también puede darse en los brazos y en los

---

969   GUMILLA. *El Orinoco ilustrado*, 411-412. José Rafael FORTIQUE. *Aspectos médicos en la obra de Gumilla*, 90-91: "No vemos muy claras estas descripciones de Gumilla y Humboldt y lo más que podemos aventurar es su parecido a la sarna humana, producida por el arador Sarcoptes scabiei, antrópodo de la clase Arácnida, familia Sarcoptidae".

970   GUMILLA. *El Orinoco ilustrado*, 409. Según Fortique: "parece corresponder a la Filaria de Medina, un parásito cuyo nombre científico es Dracunculus medinensis, llamándose Dracunculosis a la enfermedad que produce (...) es de indudable origen africano y arribó a América con los negros. (...) Desde el punto de vista clínico, el parásito se observa debajo de la piel como un cordón (el verdugón "más o menos enroscado de Gumilla), de donde provine la denominación de Dracontiasis (de dracón, serpiente) o Dracunlosios, y seguramente también de culebrilla, citada por el sacerdote (...) El tratamiento científico es extraer el animal por medio de sustancias como el cloroformo, siendo las complicaciones infecciosas controladas por antibioterapia; no se aconseja la extirpación quirúrgica porpuesta por algunos autores" (José Rafael FORTIQUE. *Aspectos médicos en la obra de Gumilla*, 86-88).

muslos. Su proceso es como sigue: comienza con la calentura; después brotan "unas ampollas con aguadija clara sobre la dicha inflamación"; luego empieza "la inflamación a caminar" y va dando la vuelta al cuerpo como si la cabeza de la culebrilla "buscara el sitio mismo de donde salió" y va penetrando con "una punta piramidal" y el sitio que ocupaba hoy amanece al día siguiente lleno "de dichas ampollas". Una vez que la culebrilla se había apoderado de la mitad del cuerpo del misionero un "indio silvestre" caldeó un cuchillo y fue sajando y quemando el recorrido de la culebrilla por 17 puntos. El mal no siguió y la calentura desapareció pero las sajaduras tardaron mucho tiempo en cicatrizar. En esta situación una vieja mestiza le dijo que bastaba "calentar bien un limón, partirlo, empapar pólvora con aquel agrio y untar con dicho limón y pólvora con frecuencia la inflamación". Y le añadió que si se llegara a juntar "la cabeza de esta culebrilla con la cola o sitio de donde salió luego al punto muere el paciente". La experiencia le enseñó a Gumilla que la "sola untura del limón tibio repetida basta para atajar esta rara enfermedad"[971].

Las aguas de las lagunas y anegadizos circunvecinos al Orinoco "mataban mucha gente". La solución era fácil pues con "un pañuelo doblado o con un jirón de la capa o de la casaca" hubieran colado dos o tres veces aquella agua antes de beberla "nadie hubiera muerto". La razón es que el agua estancada se corrompe y "cría lama verde sobre sí, y dentro engendra multitud de sanguijuelas, renacuajos, cabezones y otros innumerables animalejos casi imperceptibles a la vista", los cuales, una vez ingeridos se aferran al estómago y "ora sea porque allí crecen, o sea porque sin crecer más, llevan consigo bastante malignidad". Y así se siguen las consecuencia malignas tanto por la putrefacción del agua como por la acción de los animalejos antes citados[972].

---

[971] GUMILLA. *El Orinoco ilustrado*, 410-411. Según Fortique "esta afección parece ser el Herpes zoster de la actual Patología, conocida aún entre nosotros con el nombre de culebrilla, afección viral dotada de un tropismo cutáneo y de los troncos nerviosos periféricos, ocasionando lesiones vesículo-ampollosas que dibujan bandas". (...). La creencia popular de que si se unen los dos extremos de la culebrilla el paciente muere, se basa "tal vez en los casos muy raros de Herpes zoster intercostal bilateral, verdaderamente graves debido a la postración, declinación del estado general y los vivos dolores experimentados por el paciente, quien apenas puede respirar pues los movimientos de expansión torácicos le despiertan tremendas molestias" (José Rafael FORTIQUE. *Aspectos médicos en la obra de Gumilla*, 89-90).

[972] GUMILLA. *El Orinoco ilustrado*, 412-413. Y apunta Fortique: "... con lo cual, aparte de trazos rudimentarios auguradores de la etiología y patogenia de muchas afecciones, dejaba asomado un esbozo de profilaxia" (FORTIQUE. *Aspectos médicos en la obra de Gumilla*, 93).

Para las fiebres palúdicas el misionero de betoyes recurría a la *verbena* una "florecita entre morada y blanca". Era muy eficaz para "las calenturas efímeras" y para "las tercianas y cuartanas". Después de cocida, con sabor muy amargo, podía producir dos efectos: o un sudor copioso, o repetidos vómitos y "es siempre cierta la mejoría"[973]. Para la "calentura hética" se recurría al *corozo* (Acrocomia sclerocarpa) que se debía beber el agridulce durante 15 días y en ayunas. Es una especie de palma que se da en "sitios secos y tierras arenosas" pero muy difícil de derribar y sobre todo de "abrirle la concavidad en el tronco junto al cogollo" que es lugar donde se consigue su jugo. Este se mantiene dulce durante 24 horas y en las siguientes se torna agridulce[974]. A lo anterior se podría añadir una enfermedad descrita por Gumilla que consistía en que sin ningún achaque les iba creciendo "el bazo, hasta cubrir todo el estómago; y luego que llega a topar en la costilla del otro lado, que viene a ser la penúltima, sin acceso alguno de calentura muere el enfermo"[975].

En los márgenes de los ríos abundaba la caña que los indígenas llamaban *titicaná* y que los misioneros conocían como *caña agria* (Gynerium sagittatum) porque era muy parecida a la caña dulce pero su jugo era agrio "poco menos intenso que el del limón". Se descubrió que era eficaz para las calenturas la bebida de ese jugo "hervido con proporcionada cantidad de azúcar" pues pronto "prorrumpían en copioso sudor" y después aminoraba notablemente la calentura. Y "repetido el remedio quedaban sanos"[976].

De igual forma el *veneno de hormigas* reduce al que lo toma "a un vivo esqueleto, a violencias de una calentura irremediable". El origen de esta enfermedad lo recogió Gumilla en 1719 a orillas del río Apure de boca de

---

[973] GUMILLA. *El Orinoco ilustrado*, 446-447. Fortique muestra su extrañeza en el hecho de no haber utilizado para el tratamiento algunas de las variedades de la quina y concluye: "en realidad esta planta (Stachytarpha jamaicensis) se la considera útil como amargo, tónico y febrífugo" (FORTIQUE. *Aspectos médicos en la obra de Gumilla*, 94).

[974] GUMILLA. *El Orinoco ilustrado*, 439. Confirma Fortique: "efectivamente, del árbol sale un líquido claro de sabor dulce que después de algún tiempo es algo parecido al champaña, y todavía se cree que esta especie de vino fermentado provoca la concepción en mujeres con tendencia a la esterilidad" (FORTIQUE. *Aspectos médicos en la obra de Gumilla*, 95).

[975] GUMILLA. *El Orinoco ilustrado*, 412. FORTIQUE. *Aspectos médicos en la obra de Gumilla*, 95: "y el diagnóstico de paludismo crónico con esplenomegalia gigante se hace de inmediato al leer esta descripción".

[976] GUMILLA. *El Orinoco ilustrado*, 446.

un "indio de buena ley". Observó el misionero con extrañeza la magnitud de una hormiga "toda veteada de listas negras, amarillas y encarnadas" y todavía más acaparó su atención el modo de caminar "porque echados los dos pies de delante hacia sus espaldas venía como parada, y la cabeza en alto contra mi". Su informante le comunicó que "los indios malignos y matadores sacan de estas hormigas el veneno para matar y vengar sus agravios". El veneno se consigue dejando "caer el vientre" de cada una en una olla con agua, la cual, puesta a hervir "a fuego manso las sacan"; y una vez que el agua se ha enfriado se produce una "tela o nata de grasa" la cual recogen y guardan en "cañutos" no de caña sino de unos que labran de canillas de tigre, mono o de león. Y cuando se juntaban a sus bebezones el homicida "pone bajo su uña del pulgar un poquito de manteca de estas hormigas, con gran disimulo mete en la chicha su dedo pulgar, y da de beber al que quiere matar"[977]. Sin embargo, el médico Fortique piensa que este tipo de muerte se debía a la malaria[978].

Contra el dolor de costado (neumonías, pleuresías, etc.) utilizaban la *espadilla* o *espadín* (Crotalaria stipularis) llamada por los indígenas *issocá* que quiere decir amargura. Es un heno de los campos del Orinoco que es parecido a "una macolla de diez o doce hojas" cuya largura no excede a la de un "jeme". Las hojas son tan amargas "que parecen ser la misma amargura alambicada". Seis u ocho hojas medio machucadas y hervidas "dan una tintura excesivamente amarga", la cual debe ser bebida por el doliente y las hojas aplicadas "a la parte de las punzadas". Generalmente bastaba con una repetición para que se atajaran los dolores[979].

Recurre a unos piñones (Jatropha curcas) que "conmueven los humores y causan una grande operación" (peristálsis intestinal). Estos piñones maduran dentro de unas frutas parecidas a los higos verdes y las hojas de los árboles que los producen son similares a las higueras. Si los piñones "se tomaron con vino, cesa la operación bebiendo agua fresca; y al contrario, si se tomaron con agua, cesa la conmoción tomando vino; pero si se

---

977 GUMILLA. *El Orinoco ilustrado*, 369-371.

978 FORTIQUE. *Aspectos médicos en la obra de Gumilla*, 95-96: "Cabe la pregunta si el buen padre, dejando a un lado su mirada perspicaz para creern en patrañas fabricadas por maliciosos indios, tan sólo ayudó a bien morir a unos enfermos de malaria".

979 GUMILLA. *El Orinoco ilustrado*, 446. Gumilla dice que le envió estas hojas a un gran médico de Bogotá que dudaba de la epítema y obtuvo tan buenos resultados que cambió radicalmente de opinión. Véase: FORTIQUE. *Aspectos médicos en la obra de Gumilla*, 96.

los comió el enfermo, en tal caso cesa la operación tomando vino o agua"[980].

Como purgante hace referencia tanto a la raíz guajira como el frailecillo. En los arroyos y ríos se daba la *raíz guajiva* que es "como una batata" que tiene las mismas característica que la "batata de Michoacán". Cuatro o cinco hojas verdes de su vástago "hervidas en agua clara" y tomadas producen el mismo "efecto purgante que su raíz"[981].

Más curiosa es la planta denominada *frailecillo* o *túa-túa* (Jatropha gossypifolia) de la que toma Gumilla noticia por algunos testigos que habitan en La Habana. Con las hojas de la planta se formaba una ensalada "muy propicia al gusto" con la particularidad además de "que cuantas hojas comiere tantas evacuaciones ha de expeler"[982].

Para el dolor de oídos usaban el último "hueso de la cola del armadillo" (Dasypus novencinctus). Había que colocar con cuidado "aquella extremidad" dentro del conducto auditivo externo "y se sosiegan los latidos que da, poco a poco, hasta quitarse del todo"[983].

Las infecciones urinarias, especialmente las uligurias, las curaban con unas piedras que se encontraban en la *higuana* (Iguana iguana) "tan blanca como una cal viva y fina" y se buscaba con ahínco porque era "específico singular para que corra la orina" y debían tomarse sus polvos en agua tibia y en pequeña cantidad[984].

Mas, para la retención de orina apelaban a las *piedras de curbinata* (Cynoscion virescens). La curbinata es un pescado mediano y abunda mucho en el Orinoco. Es de gusto suave y especial pero su mejor aprecio proviene "por las dos piedras que cría en la cabeza, del tamaño de dos almendras sin cáscara. Su color de perla fina y sus visos de nácar". Usada en

---

980   GUMILLA. *El Orinoco ilustrado*, 447-448. Véase: FORTIQUE. *Aspectos médicos en la obra de Gumilla*, 96.

981   GUMILLA. *El Orinoco ilustrado*, 448.

982   GUMILLA. *El Orinoco ilustrado*, 448. Sin embargo, Fortique critica aquí la credulidad del misionero cuando señala que había que tener cuidado en la forma cómo se arrancaran las hojas porque si se arrancaban hacia abajo causaba evacuaciones y si hacia arriba ocasionaba vómito (FORTIQUE. *Aspectos médicos en la obra de Gumilla*, 96-97).

983   GUMILLA. *El Orinoco ilustrado*, 450. Véase: FORTIQUE. *Aspectos médicos en la obra de Gumilla*, 97.

984   GUMILLA. *El Orinoco ilustrado*, 451. Véase: FORTIQUE. *Aspectos médicos en la obra de Gumilla*, 97.

forma de polvos "tomados en una cucharada de agua o de vino tibio, hacen correr la orina"[985].

El tratamiento de la "gota coral" requería de un polvo que provenía de las *uñas de la danta* (Tapirus terrestris) y algunas personas utilizaban alguna de aquellas uñas en el cuello como amuleto[986].

Un hueso redondo del *manatí* (Trichechus manatus) era la solución para frenar los "flujos de sangre". Tiene esta vaca marina una "chocozuela redonda del tamaño de la bola de truco" entre la "última juntura del pescuezo y el casco de la cabeza" que se convertía en medicina muy solicitada[987].

Asoma la impotencia humana ante el *tabardillo* (tifus) pues a la muerte del P. Juan Rivero por esta enfermedad se reducirá a escribir: "no hay en aquellos de la Cristiandad, otro remedio, para estos achaques, sino recibir los santos Sacramentos, y esperar la muerte"[988].

A pesar de que a veces la credulidad invadía el espíritu inquieto de Gumilla lo cierto es que mostró un talento especial para la observación que conducía a la práctica de una mejor medicina.

El misionero verificó que los autóctonos para protegerse del sol usaban unas como pelotas de *achote* que molidas con aceite resultaba un ungüento reconfortante. Cuando un ayudante de Gumilla se quemó grave-

---

[985] GUMILLA. *El Orinoco ilustrado*, 228: "Pero se ha observado que si no se guarda la dosis, y hay exceso en la cantidad de dichos polvos, se laxan de tal modo los músculos, que no se puede retener la orina". Véase: FORTIQUE. *Aspectos médicos en la obra de Gumilla*, 98: "… las piedras o concreciones nombradas por el misionero son otólitos o huesos auriculares, a los cuales, aún en estos días, en algunos de nuestros pueblos llaneros atribuyen propiedades medicinales. (…) Pensamos nosotros que el efecto beneficioso reportado en algunos casos pueda derivarse del perejil o del espárrago, pues la composición química de este hueso de curbina nólo da carbonato de cal con sustancia orgánica".

[986] GUMILLA. *El Orinoco ilustrado*, 211. Véase: FORTIQUE. *Aspectos médicos en la obra de Gumilla*, 97-98: "… el Dr. A. Ernst menciona [1884] las uñas de danta como un artículo tan solicitado que ni una sola muestra quedó para el Museo Nacional, y este éxito lo atribuye a la creencia de que la uña o el casco de danta, raspado y puesta la raspadura en vino blanco, servía para curar la epilepsia o "mal de corazón", y muchos de los afectados por esta enfermedad la llevaban colgada al cuello".

[987] GUMILLA. *El Orinoco ilustrado*, 227. Véase: FORTIQUE. *Aspectos médicos en la obra de Gumilla*, 98.

[988] José GUMILLA. *Escritos varios*. Caracas, Academia Nacional de la Historia (1970) 45.

mente lo único que se le ocurrió fue echarle "polvos de achote en aceite de oliva, y hecho el ungüento, lo mismo fue aplicarle a la parte dolorida y lastimada que faltar repentinamente el dolor". Y el éxito de este experimento se lo trasmitió a los demás misioneros y todos han comprobado "la misma actividad y eficacia"[989].

Para prevenir apostemas en aquellos casos de hematomas, "sangre molida o extravenada por caídas, palos o porrazos" recomienda aplicar en la parte afectada la porción carnosa del *totumo* (Crescienta cujete) "la cantidad de tres onzas"[990].

Las úlceras eran corrientes en aquellas regiones y podían degenerar en cáncer y Gumilla informa sobre las siguientes hierbas, utilizadas en forma de emplasto, para "supurar las llagas". La primera es la *hierba Santa María* (Pyrethrum parthenium) muy parecida a la hierbabuena de España. El segundo es el *mastranto* (Hyptis suaveolens) de hojas vellosas y en tercer lugar el *espino* (Cassia aculeata) frecuente en los llanos húmedos[991]. El autor de *El Orinoco ilustrado* narra con satisfacción la curación que le proporcionaron estas hierbas al cacique Seysere, "régulo de su nación Guanera" y al que obedecían otras naciones que se le habían agregado. Tenía "un peligroso cáncer en la piel" y como estaba radicado en un pie no podía caminar, pues el ofrecimiento del misionero era buscar mejores ubicaciones para su pueblo. Y habiéndosele cicatrizado las heridas pudo cumplir los deseos del misionero[992].

Una fe grande depositó Gumilla en la *otova* y apela al futuro pues "el tiempo irá descubriendo muchas virtudes". No es resina ni goma, "es como una avellana blanca... tan blanda como la mantequilla" que se halla dentro de las flores del árbol de la otova u otiva. Sus bondades son muchas pero se caracteriza por ser "un admirable preservativo contra las niguas, piques o pulgas imperceptibles, que se entran hasta la carne viva". Pero además es un remedio recurrido no sólo para "sarnas, tiñas y otros males" sino también es un gran "confortativo para el estómago". Una pelotilla del tamaño

---

989 GUMILLA. *El Orinoco ilustrado*, 442-443.

990 GUMILLA. *El Orinoco ilustrado*, 443. Véase: FORTIQUE. *Aspectos médicos en la obra de Gumilla*, 102.

991 GUMILLA. *El Orinoco ilustrado*, 447. Véase: FORTIQUE. *Aspectos médicos en la obra de Gumilla*, 102: "la palabra cáncer en aquellos días no tenía la significación que ahora se le da, y abarcaba un conjunto de lesiones ulcerosas de la piel casi siempre de naturaleza benigna, aunque algunas veces podían tratarse de afecciones malignas".

992 GUMILLA. *El Orinoco ilustrado*, 289-290.

de una avellana y dos sorbos de agua tibia quita el dolor de estómago; tres o cuatro pelotillas "fomentadas con agua tibia" sirven de purga[993].

Gumilla observó que sus indígenas no habían encontrado otro remedio "que morir después de encancerada la herida" que causaba la *raya* (Potamotrygon humboldtii). Este animal se encuentra en todos "los ríos, arroyos y lagunas de tierra caliente", cubierto con arena. La herida de raya "no arroja gota alguna de sangre" y producía un dolor fuerte. Los españoles aliviaban el dolor "aplicando una tajada de queso bien caliente" pero no evitaban la llaga que seguía a esta operación. Deseoso de atajar tantos daños cuando le trajeron al primer enfermo introdujo por la herida que causaba la púa de la raya una vena que "hay en el centro de los ajos" (que es la que pasa a retoño cuando nacen); y confiesa el misionero en breve espacio de tiempo botó tal copia de sangre que se llevó consigo la vena del ajo introducida. Después que se cortó la hemorragia procedió segunda vez a realizar la misma operación y salió sangre pero "en menor cantidad". Y juzgó oportuno retener al enfermo en su casa durante 3 días a final de los cuales quedó totalmente restablecido. Y llegó a la siguiente conclusión que trasmitió a los otros misioneros: "… que lo cálido del ajo pone fluida la sangre coagulada con el frío del veneno, y se ve que con la misma sangre sale el veneno que la púa había entremetido". También ensayó la misma curación con "raspadura de nuez moscada"[994].

Sobre "empeines" dice el misionero que basta una brizna de *currucay* (Protium heptaphyllum) para quitarlos "enteramente sin ser necesario repetir el remedio". Se trata de una goma muy pegajosa "que llora el árbol" cuando le pican la corteza. Es parecida al anime pero su olor aromático es mucho más fuerte e intenso. Una pequeña cantidad "quita la frialdad que se introduce en las descoyuntaduras de huesos, y en los pasmos"[995].

La picadura de la serpiente *cascabel* (Crotalus terrificus durisus) era mortífera. Pero llamó pronto la atención de "los curiosos y a los médicos"

---

993   GUMILLA. *El Orinoco ilustrado*, 215.
994   GUMILLA. *El Orinoco ilustrado*, 413-414. Véase: FORTIQUE. *Aspectos médicos en la obra de Gumilla*, 10·: "El terrible dolor que sentían los heridos de raya y su proceso de curación tan prolongado por falta de cicatrización de la lesión, Gumilla los achacaba a un veneno especial, muy tóxico, que el animal descargaba por la púa y el cual también coagulaba la sangre explicando esto último la escasa hemorragia, y todavía muchas personas en nuestro país creen firmemente en los expuesto por el padre".
995   GUMILLA. *El Orinoco ilustrado*, 215.

pues los cascabeles que porta en su cola sirven "de triaca y remedio para varias dolencias" y por ello se buscan con ansiedad y son costosas[996].

En los hormigueros es frecuente encontrar la rarísima *culebra de dos cabezas*. Tienen el grosor del dedo pulgar y la mayor no llega dos palmos; son de movimiento tardo y "su ponzoña muy activa". Sin embargo, este excepcional reptil gozaba de propiedades cicatrizantes tan extraordinarias que cuando se le trataba de matar y era seccionado "unen las extremidades cortadas y sirviendo la misma sangre le liga quedan otra vez unidas". El polvo de esta culebra era "un específico maravilloso para soldar y reunir los huesos quebrados por caída o golpe"[997].

No se contentó Gumilla con ser un estricto preocupado por la salud de sus indígenas así como también de portar soluciones a las enfermedades que de continuo les asaltaban. También se nota su correspondencia con médicos de Santafé[998] y con los boticarios de la Universidad Javeriana[999]. Pero el deseo de avanzar en soluciones sanitarias le llevó a realizar una serie de actos quirúrgicos propiamente dichos.

Luchó contra lo que él designa como "carnicerías" que sufrían los jóvenes con la circuncisión pero a la vez supo captar los elementos anesté-

---

[996] GUMILLA. *El Orinoco ilustrado*, 395-396. FORTIQUE. *Aspectos médicos en la obra de Gumilla*, 69 afirma que los indígenas del continente sentían admiración por esta culebra y "le atribuían dones misteriosos y hasta divinos; los colmillos, los cascabeles, la piel y la carne fueron usados en el tratamiento de enfermedades como tuberculosos, parálisis, trastornos digestivos, y para facilitar el parto o hacer crecer los cabellos" (...). "Actualmente, en la moderna medicina, el veneno de ciertas serpientes encuentra uso como calmante y antihemorrágico".

[997] GUMILLA. *El Orinoco ilustrado*, 396-398. FORTIQUE. *Aspectos médicos en la obra de Gumilla*, 70-71: "Se trata del género Amphisbaena del cual hay en Venezuela varias especies y no es en realidad una serpiente sino un lagarto" al que se le llama también culebra bachaquera. "Tiene la característica de que su cabeza y rabo son casi iguales, de aquí el nombre de culebra de dos cabezas, aunque naturalmente tiene una sola cabeza con boca y ojos, sólo que le extremidad posterior es bastante parecida". "En algunos de nuestros pueblos del interior aún prepara el llamado ron de culebra, o sea uno de estos reptiles muerto e introducido en una botella de aguardiente que conservan y venden: el líquido, después de algún tiempo, se supone enriquecido con las propiedades cicatrizantes del animal y el lesionado se beneficia de ellas, no solamente al beborrotear el licor, sino también usándolo en fricciones o en forma de compresas húmedas sobre la zona traumatizada".

[998] GUMILLA. *El Orinoco ilustrado*, 446. Gumilla dice que le envió estas hojas a un gran médico de Bogotá que dudaba de la epítema y obtuvo tan buenos resultados que cambió radicalmente de opinión.

[999] Juan de Agullón (399).

sicos que utilizaban e incorporarlos a la medicina misional. Cita dos ejemplos. Uno era el de los sálivas que circuncidaban a sus infantes a los 8 días de nacidos, "sin exceptuar a las niñas, no cortando, sino lastimándolos con una sangrienta transfixión de que solían morir algunos de uno y otro sexo". El segundo se refiere a los pueblos ribereños del Apure y se aplicaba a los niños de 12 o 13 años de edad. Pero además le producían al iniciado considerables "heridas por todo el cuerpo y brazos"[1000].

Pero más allá de estos ritos percibió que "embriagaban de antemano a los pacientes"[1001]. Pero esta experiencia la enriqueció con los efectos que la *yupa* causaba entre los otomanos pues "les quita totalmente el juicio y furiosos echan mano de las armas". Este estupefaciente lo fabricaban de "unas algarrobas de yupa" (que en sí sólo tienen el olor fuerte del tabaco). Después se sirven de las conchas grandes de unos caracoles que sometidas al fuego "las reducen a cal viva"; a continuación mezclan en partes iguales ambos componentes de donde sale "un sutilísimo polvo" que es el que ingieren por las narices y les da "una fortaleza diabólica"[1002].

El interés por la investigación sanitaria del misionero de Betoyes le insinuó la disección de animales para estudiar su anatomía. Se gloría de haber abierto una raya y su admiración comenzó al observar que en su matriz no estaba "llena de huevecitos", sino llena de rayas "del tamaño de medio real de plata", más de 20, "armadas con sus púas en la cola"[1003]. También realizó zoonecropsias con varios caimanes y confirma que rara vez "les hallé en el estómago comida alguna". Pero se pregunta por la razón que explique el "gran canasto de piedras menudas muy lisas y lustrosas" que encontró en el fondo "del ventrículo". Y su respuesta acoge con reservas la opinión de los otomanos: traga tantas piedras cuantas necesita "para su lastre y contrapeso" a fin de que le ayuden "a irse al fondo, que busca para su descanso"[1004]. Otro animal estudiado por Gumilla fue el *morrocoy* o *icotea* y después de abrirlos confiesa que "no se halla calor

---

1000 GUMILLA. *El Orinoco ilustrado*, 113. También hace referencia a esta ceremonia a los guamos y otomacos.
1001 GUMILLA. *El Orinoco ilustrado*, 113.
1002 GUMILLA. *El Orinoco ilustrado*, 155. Véase: FORTIQUE. *Aspectos médicos en la obra de Gumilla*, 104-105: "La yupa, llamada también nupa, nopo o yopo, es una planta estupefaciente que provoca fenómenos de embriaguez y de narcosis y fue llamada Acacia niopo por Humboldt quien la creyó una Mimosácea, lo que admite Pittier pero cambiándole el nombre por el de Piptadenia peregrina".
1003 GUMILLA. *El Orinoco ilustrado*, 414.
1004 GUMILLA. *El Orinoco ilustrado*, 419-420.

alguno" ni en el corazón, ni en el estómago ni en otra parte de sus entrañas. Y acaba preguntándose: "Quién fomenta su nutrición?"[1005]. De igual forma experimentó el poder de las hojas de tabaco con las mismas serpientes. Una vez que conseguía sujetar la "raíz de la cabeza" con una horquetilla conseguía que la culebra abriera la boca y aprovechaba la oportunidad para introducirle tabaco mascado y su efecto era en primer lugar "un temblor general" y a continuación quedaba tiesa y fría "como si fuera un bastón duro"[1006].

El veneno era tema obligado entre españoles e indígenas en el Orinoco y "todos lo temen igualmente". Y confesará el misionero de La Encaramada "digo ingenuamente que de venenos no sé nada, si exceptuamos aquellos que a todos nos son conocidos en el Orinoco, esto es, los procedentes de las mordeduras de los insectos y de los reptiles venenosos"[1007]. Pero Gumilla fue más audaz en sus investigaciones y a él hemos acudido a lo largo de este estudio. Aquí nos circunscribiremos a los diversos procedimientos utilizados en los casos de mordeduras de serpientes.

El autor de *El Orinoco ilustrado* hace alusión a los "remedios usuales" que los misioneros "tienen prontos" y llevan en sus correrías apostólicas. Hace alusión a seis grandes remedios.

El primero es el *bejuco de Guayaquil*, "un sarmiento que, enredándose por los árboles, crece". Era utilizado de la siguiente manera: se masticaba una cantidad de esa planta y "con aquella masa y la saliva tinturada" se untaban los pies, las piernas, los brazos y las manos y se convierte en un "preservativo admirable"[1008]. Y concluye el misionero que a causa de la distancia es difícil conseguirlo[1009].

El segundo recurre a la hoja de *tabaco* que de igual forma es "remedio universal". Se masca una buena cantidad y una parte se traga y otra se aplica a la mordedura sajada "continuándose dos o más días" se convierte remedio eficaz[1010]. Gilij anotará: Después de masticarla se traga parte de la

---

1005 GUMILLA. *El Orinoco ilustrado*, 451-452.
1006 GUMILLA. *El Orinoco ilustrado*, 401.
1007 GILIJ. *Ensayo de Historia americana*, II, 86-87.
1008 GUMILLA. *El Orinoco ilustrado*, 293-294.
1009 GUMILLA. *El Orinoco ilustrado*, 401.
1010 GUMILLA. *El Orinoco ilustrado*, 401. FORTIQUE. *Aspectos médicos en la obra de Gumilla*, 72: "... y en relación al empleo del tabaco debemos señalar que desde la conquista española los médicos europeos estudiaron por mucho tiempo sus posibilidades terapéuticas y aún hasta el siglo pasado, antes del descubrimiento de la

saliva, y "la hoja masticada se pone a modo de emplasto sobre la herida. El efecto es pronto y feliz". La potente virtud de esta hoja la experimentaban continuamente los nativos "salpicando con dos o tres gotas la cabeza de los sapos" los cuales morían en el acto[1011].

El tercero es la *piedra oriental* que no era sino el asta de venado aserrada y tostada hasta tomar el color del carbón[1012]. Gilij habla del *cuerno de ciervo*, bien calcinado, se usa para las mordeduras de las serpientes. No es conocido de los indígenas pero lo aplican los españoles. Se aproxima a la herida un trozo de este cuerno e inmediatamente se pega a ella. "Su efecto es admirable, y no he visto a nadie morir curado de esta manera"[1013].

El cuarto alude a las *ventosas* si el sitio es capaz de tolerarla. Primero se aplica una seca; las segunda "sajada, chupa un humor amarillo"; la tercera da el mismo humor "con pintas de sangre"; la cuarta ya saca la sangre pura "y queda evacuado el veneno y sano el paciente"[1014].

El quinto consiste en una buena *porción de aguardiente* "fuerte, tinturado con pólvora"; se vuelve a repetir la acción y a la tercera ya "se superó y amortiguó el veneno"[1015].

El sexto es el *bejuco de playa* (Vitis caribaea?) que se da en las playas de los ríos de tierra caliente, en los arenales limpios. Se debe tomar su zumo pero con suma precaución pues si se añade "cualquiera de los remedios ordinarios, luego le cuesta la vida"[1016].

Pero a ellos es necesario anexar otras experiencias en este ramo bien provenientes de Gumilla, bien del P. Gilij o de otros misioneros.

---

anestesia, los cirujanos usaron enemas de tabaco para impedir los espasmos musculares de sus pacientes".

1011 GILIJ. *Ensayo de Historia americana*, II, 87-88.

1012 GUMILLA. *El Orinoco ilustrado*, 401. FORTIQUE. *Aspectos médicos en la obra de Gumilla*, 72-73: "El uso de la `piedra oriental era extraño a los indígenas y fue traído a nuestras tierras por los españoles; se empleaba corrientemente en Europa y es curioso que un hombre de tanta capacidad crítica como Feijoó aceptara de buena fe e incluso sostuviera su poder curativo considerándola <el contraveneno más celebrado contra las mordeduras de sabandijas venenosas> (*Teatro crítico*. Madrid, II, 56)".

1013 GILIJ. *Ensayo de Historia americana*, II, 87.

1014 GUMILLA. *El Orinoco ilustrado*, 401.

1015 GUMILLA. *El Orinoco ilustrado*, 401.

1016 GUMILLA. *El Orinoco ilustrado*, 401.

El *colmillo de caimán* era conceptuado por los españoles y por los negros como un "contraveneno potentísimo" mientras que los autóctonos "no hacen ningún caso de él". Algunos los portan como collares y creen que es un antídoto contra todo veneno[1017].

El *jengibre* también se utilizaba como antídoto contra el veneno y aunque Gilij no pudo comprobarlo directamente aduce el testimonio de un señor cumanés, don Luis Alemán, que un franciscano sobrevivió a los intentos de ser envenenado por los indios gracias a que todos los días tomaba chocolate[1018].

La *frutilla de San Ignacio*, raspada "y dada a beber en aguardiente" tiene el mismo efecto y también servía para curar a los mordidos por arañas coloradas[1019].

Aunque la figura coloreada de las *corales* (Micrurus) le arranca a Gumilla "que a la verdad enamoran y arrebatan la vista" reconoce que en aquellos territorios en cuanto a veneno se refiere "ninguna llega a la violencia de las corales" y no habla de antídotos[1020].

En el contexto de este cuadro de enfermedades es lógico que los misioneros se preocuparan por el decrecimiento de la población indígena en sus misiones. Sin embargo, este tema específico será tratado en el Tomo IV de esta obra dedicado al mundo indígena.

1017 GILIJ. *Ensayo de Historia americana*, II, 87. Gumilla también cita este contraveneno y dice que tuvo su origen en la Provincia de Caracas y se debe a los negros. Además le añade idénticas virtudes para la mordedura de víboras (GUMILLA. *El Orinoco ilustrado*, 426-427; 402).

1018 GILIJ. *Ensayo de Historia americana*, II, 88.

1019 GILIJ. *Ensayo de Historia americana*, II, 87.

1020 GUMILLA. *El Orinoco ilustrado*, 400. FORTIQUE. *Aspectos médicos en la obra de Gumilla*, 72: "… de carácter neurotóxico, el veneno es mortal y lamentablemente no se consigue suero para neutralizar su acción".

Capítulo VI

REDUCCIÓN MUNICIPIO (III)
EL TRABAJO, LOS TRABAJADORES Y LAS HACIENDAS

Uno de los capítulos más complejos en cualquier historia de la Compañía de Jesús en tierras americanas durante los tiempos coloniales lo constituye el estudio de su economía.

En verdad, a la hora de evaluar tanto el patrimonio como las actividades económicas llevadas a cabo por los jesuitas en tierras colombinas, hay que confesar que existe una gran desproporción, entre las investigaciones llevadas a cabo hasta el momento, las muy diversas metodologías utilizadas para su interpretación y la documentación muy fraccionada que se encuentra dispersa en los más variados e insospechados archivos[1021].

Por ello no deja de ser llamativa la ingente producción escrita que se ha llevado a cabo en la segunda mitad del siglo XX sobre el tema de las haciendas jesuíticas en la América colonial hispana[1022].

Y como es natural existe una gran cantidad de teorías que pretenden explicar este fenómeno desde visiones radicalmente contrapuestas: las que se inspiran en criterios netamente ideológico economicistas hasta las que

---

1021 Véase: R. CARBONELL DE MASY. "Economía de la C[ompañía de] J[esús] en Hispanoamérica y Filipinas". En: Charles E. O'NEILL y Joaquín Mª DOMINGUEZ. *Diccionario histórico de la Compañía de Jesús*. Roma-Madrid, I (2001) 114-126.

1022 Una visión general puede verse en: AAVV. "América hispana". En: Charles E. O'NEILL y Joaquín Mª DOMINGUEZ. *Diccionario histórico de la Compañía de Jesús*. Roma-Madrid, I (2001) 100-146.

exaltan las interpretaciones beatíficas al margen también de una crítica histórica seria[1023].

Pretender dar una visión de esta ingente bibliografía desborda nuestro propósito y para ello el lector deberá remitirse a las investigaciones realizadas sobre esta apasionante temática en México, Colombia, Quito, Perú, Chile, Argentina y Paraguay. Sin embargo deseamos citar a algunos de los pioneros que han abierto horizontes y metodologías nuevas en esta área de la historiografía americana[1024].

En tierras aztecas ha marcado la primera pauta François Chevalier tanto por el documento *Instrucciones a los hermanos jesuitas administradores de haciendas*[1025] así como también por sus análisis sobre el surgimiento del latifundio[1026]. Pero los aportes de Chevalier deben completarse con el estudio de las haciendas concretas como es el caso de Herman W. Konrad que nos ha legado el muy documentado estudio sobre la hacienda de Santa Lucía[1027].

También las regiones incaicas han elaborado sus propias visiones del tema hacendístico como lo demuestran tanto P. Macera[1028], los trabajos de

---

[1023] Recomendamos al investigador del tema recorrer con paciencia: László POLGAR. *Bibliographie sur l'histoire de la Compagnie de Jesus 1901-1980*. Roma, Institutum Historicum S. I., II/II, 1986. Esta revisión habría que completarla con la Revista *Archivum Historicum Societatis Iesu* que se publicó en Roma hasta el 2002.

[1024] Para una visión general: A. J. BAUER (Comp.). *La Iglesia en la economía de América Latina siglos XVI al XIX*. México, 1986.

[1025] François CHEVALIER. *Instrucciones a los hermanos jesuitas administradores de haciendas*. México, 1950.

[1026] François CHEVALIER. *La formación de los grandes latifundios en México*. (Tierra y sociedad en los siglos XVI y XVII). México, 1956, 1976, 1985. Carmelo SAENZ DE SANTAMARÍA. "La vida económica de Colegio de los Jesuitas en Santiago de Guatemala". En: *Revista de Indias*. Madrid (1977) 309-330.

[1027] Herman W. KONRAD. *Una hacienda de los jesuitas en le México colonial: Santa Lucía, 1576-1767*. México, Fondo de Cultura Económica, 1995.

[1028] Pablo MACERA. *Instrucciones para el manejo de las haciendas jesuitas del Perú (ss. XVII y XVIII)*. Lima, 1966.

Nicolás Cushner[1029] y otras innumerables colaboraciones que abordan el tema desde muy diversos ángulos[1030].

De igual forma las regiones del Paraguay, Argentina, Alto Perú han conocido excelentes investigaciones como lo demuestran los trabajos de Magnus Mörner[1031], Oreste Popescu[1032] así como otros aportes más locales como el de María Cristina Vera de Flachs[1033].

Tampoco ha sido una excepción el tema en el ámbito del Nuevo Reino de Granada, tanto en Colombia[1034] como en Venezuela[1035].

1029 Nicholas CUSHNER. *Lords of the Land. Sugar, wine an jesuits Estates of coastal Peru, 1600-1767*. Albano, State University of New York Press, 1980. Nicholas CUSHNER. *The Jesuits and the Development of Agrarian Capitalism in colonial Quito, 1600-1767*. Albano, 1982.

1030 Sandra NEGRO. "Haciendas jesuitas en la costa sur del Perú. El caso de San Joseph de la Nasca". En: Allan R. BREWER-CARIAS et alii. *Libro homenaje al Padre José del Rey Fajardo S. J.* Fundación de Derecho Público-Universidad Valle del Momboy. Caracas-Valera, I (2005) 141-172. Jessica ESQUIVEL CORONADO. "Los Maestros tasadores de casas y haciendas jesuitas en el Cuzco durante el siglo XVIII". En: Allan R. BREWER-CARIAS et alii. *Libro homenaje al Padre José del Rey Fajardo S. J.*, I, 173-181. David RODRIGUEZ Q. *Por un lugar en el cielo. Juan Martínez Rengifo y su legado a los jesuitas 1560-1592*. Lima, Universidad de San Marcos, 2005.

1031 Magnus MÖRNER. *Actividades políticas y económicas de los jesuitas en el Río de la Plata*. Buenos Aires, 1968.

1032 Oreste POPESCU. *El sistema económico en las Misiones Jesuitas*. Bogotá, Ediciones Ariel, 1967.

1033 María Cristina VERA DE FLACHS. *Finanzas, saberes y vida cotidiana en el Colegio Monserrat. Del Antiguo al Nuevo Régimen*. Córdoba, 1999.

1034 RUEDA ENCISO, Eduardo. "El desarrollo geopolítico de la Compañía de Jesús en los llanos Orientales de Colombia". En: *Los Llanos una historia sin fronteras*. Bogotá (1988) 184-196. IDEM. "Un complejo económico-administrativo de las Antiguas Haciendas Jesuitas del Casanare". En: *Boletín Cultural y Bibliográfico*. Bogotá, Vol. XXVI, N° 20 (1989) 3-16. TOVAR PINZON, Hermes. *Grandes empresas agrícolas y ganaderas en el siglo XVIII*. Bogotá, 1980. 178-179. COLMENARES, Germán. *Las haciendas de los jesuitas en el Nuevo Reino de Granada*. Bogotá, 1969. IDEM. "Los Jesuitas. Modelo de empresarios coloniales". En: *Boletín Cultural y Bibliográfico*. Bogotá, Vol. XXI, Nª. 2, (1984) 42-55.

1035 SAMUDIO A., Edda O. "El complejo económico del Colegio San Francisco Javier". En: José del REY FAJARDO. Edda O. SAMUDIO. Manuel BRICEÑO JAUREGUI. *Virtud, letras y política en la Mérida colonial*. San Cristóbal, Santafé de Bogotá, Merida, I (1995) 521-608. SAMUDIO, Edda O. "El Colegio San Francisco Javier en el marco histórico, social, religioso, educativo y económico de la Mérida colonial". En: José DEL REY FAJARDO (et alii). *Virtud, letras y política en la Mérida colonial*. San Cristóbal-Santafé de Bogotá-Mérida, I (1995) 39-166.

Notas previas

Antes de entrar en la materia específica del análisis de las haciendas misionales en la Orinoquia es preciso hacer referencia a una institución internacional denominada "Oficio de Indias", una especie de mega Ministerio de Comercio, que interconectaba a todas las Procuras de América y Filipinas y además ponía a España y a la mayor parte de las naciones europeas a su alcance[1036].

Esta gran Procura se inició en Sevilla pero con el correr de los tiempos se instalaría también en Cádiz y en el Puerto de Santa María. Fue un núcleo vital de actividades misionales, económicas, educativas, sociales, artísticas y otras muchas más porque en última instancia desarrollaba un plan ambicioso que se iniciaba con el hecho migratorio de todo jesuita que atravesaba los mares del imperio y por otra manejaba todo el complejo mundo comercial y financiero que se desarrolló entre los miembros de la Compañía de Jesús que habitaban en el imperio español a ambos lados del Atlántico.

La Procura de Indias debía en primer lugar ser el eje de la correspondencia entre Roma, Madrid, Lisboa y provincias ultramarinas. En realidad no sólo debía pasar por el Oficio de Indias toda la correspondencia oficial, oficiosa y privada de la Compañía de Jesús sino que además debía actuar como centro de copiado de todo ese ingente mundo documental para después distribuirlo en todos los ámbitos a él encomendados[1037].

La segunda encomienda le encargaba toda la complicada red de los trámites burocráticos para pasar a las Indias. Y comenzaba desde el recibimiento en Cádiz de las expediciones europeas que se dirigían a América, pasar la respectiva aduana y trasportarlos a Sevilla donde se registraban en la Casa de Contratación. A ello seguía el alojamiento, la provisión del

---

SAMUDIO, Edda O. *Las haciendas del Colegio San Francisco Javier de la Compañía de Jesús en Mérida. 1628-1767*. Mérida, 1985. SAMUDIO, Edda. "La fundación de los colegios de la Compañía de Jesús en la Provincia de Venezuela. Dotación de un patrimonio". En: José DEL REY FAJARDO (Edit). *La pedagogía jesuítica en Venezuela*. San Cristóbal, Universidad Católica del Táchira, II (1991) 503-588. Jaime TORRES SANCHEZ. *Haciendas y posesiones de la Compañía de Jesús en Venezuela. El Colegio de Caracas en el siglo XVIII*. Sevilla, 1999.

1036 Agustín GALAN GARCIA. *El Oficio de Indias de los jesuitas de Sevilla 1566-1767*. Sevilla, Fundación Fondo de Cultura de Sevilla, 1995.

1037 Agustín GALAN GARCIA. *El Oficio de Indias de los jesuitas de Sevilla*, 86-88.

viaje, las mercancías que había que enviar al otro lado del Atlántico y la elección de los navíos[1038].

La tercera acabó siendo una especie de institución financiera que facilitaba pagos y cobros tanto en Indias como en España y regulaba la cantidad de capitales, internos y externos, que manejaba la Compañía de Jesús. Es lo que se ha denominado el tráfico de dinero en la Carreras de Indias[1039].

Pero esta gran estructura de interrelaciones jesuíticas dentro del imperio español fue adquiriendo cada día mayor auge y empuje de tal manera que de acuerdo con el tipo de negocios que se manejara había que acudir al Procurador General de Corte (Madrid) para los asuntos relativos al Consejo de Indias, o al Procurador General de Indias (Sevilla)[1040] para lo referente a la Casa de Contratación. Por ello, las "Procuras de Indias" eran el lugar obligado de encuentro para toda diligencia en Europa y, en consecuencia, desde el punto de vista documental, hubiera sido de un valor incalculable la conservación de los archivos elaborados por la serie de Procuradores que trabajaron tanto en Sevilla y Cádiz así como en la capital española hasta el año 1767[1041].

Expresamente también dejamos de lado el amplio campo que se abre al estudiar las actitudes que asumieron los jesuitas frente a la normativa en materia económica proveniente tanto de la autoridad civil como de la eclesiástica y la propia de la Compañía de Jesús[1042].

Es lógico que las exenciones eclesiásticas cobijaban a los miembros de la Compañía de Jesús. Sin embargo parece que al vincularse en una sola red con los colegios ofrecían un cuerpo cerrado frente a las Audiencias o a

---

1038   Agustín GALAN GARCIA. *El Oficio de Indias de los jesuitas de Sevilla*, 88-110.

1039   A. L. LOPEZ MARTINEZ. "Los jesuitas y el tráfico de dinero en la Carrera de Indias". En: *Cuadernos de Investigación Histórica*. Madrid, 14 (1991) 7-23.

1040   Félix ZUBILLAGA. "El Procurador de la Compañía de Jesús en la Corte de España (1570)". En: *Archivum Historicum Societatis Iesu*. Roma, XVI (1947), 1-55.

1041   Puede rastrearse parte de esta documentación en el Archivo Histórico Nacional de Madrid y en el de Chile. Véase: Araceli GUGLIERI NAVARRO. *Documentos de la Compañía de Jesús en el Archivo Histórico Nacional*. Madrid, Editorial Razón y Fe, 1967. Asimismo, es útil la consulta por los nombres de los Procuradores en: José DEL REY FAJARDO. *Bío-bibliografía de los jesuitas en la Venezuela colonial*. San Cristóbal-Santafé de Bogotá, 1995.

1042   Theodor MULDER. "Economía, teorías". En: Charles E. O'NEILL y Joaquín Mª DOMINGUEZ. *Diccionario histórico de la Compañía de Jesús*. Roma-Madrid, I (2001) 1177-1187.

la Corona y de esta forma se liberaron de los tributos sobre la producción propia.

Más problemático se nos presenta el denominado "comercio ilícito". En realidad hubo dos capítulos que se mantuvieron a lo largo de toda la colonia: uno, el traer dinero a España; y el segundo, poder dar salida a los géneros involuntariamente adquiridos que en última instancia el trueque que se veían obligados a realizar con los productos que no podían vender y que eran permutados por géneros innecesarios. Pero si en general podemos afirmar que los ignacianos trataron de cumplir las leyes también hay que reconocer que cada Misión tiene su propia historia y a ellas hay que apelar a la hora de formular juicios de valor[1043].

Pero existe una vertiente jurídico eclesiástica que no ha sido estudiada en su verdadera dimensión. Entre los moralistas coloniales siempre fue un tema muy controvertido el de las riquezas de la Iglesia pero este planteamiento hay que remitirlo a la Teología moral[1044].

Los críticos tanto –tanto clérigos como no clérigos- suelen recurrir a unas disposiciones pontificias que trataron de regular actividad económica de los hombres de la Iglesia en las Indias. Sin embargo es bueno clarificar que Urbano VIII[1045] en su *Ex debito pastoralis offici* (22 de febrero de 1633) prohíbe a los religiosos, en el número 8, el ejercicio del comercio bajo pena de excomunión en las Indias orientales[1046]. Posteriormente traería de nuevo al tapete el tema el Papa Clemente IX[1047] en su *Sollicitudo*

1043 R. CARBONELL DE MASY. "Economía...", I, 119-120.

1044 P. CASTAÑEDA y J MARCHENA. "Las órdenes religiosas en América: propiedades, diezmos, exenciones y privilegios". En: *Anuario de Estudios Americanos.* Sevilla, XXXV (1978) 125-158. El tema no aparece, por ejemplo, en Francisco MORENO REJON. *Historia de la Teología Moral en América Latina.* Ensayos y materiales. Lima, Instituto Bartolomé de las Casas y Centro de Estudios y Publicaciones, 1994.

1045 Véase: Charles E. O'NEILL y Christopher J. VISCARDI. "Urbano VIII". En: Charles E. O'NEILL y Joaquín Mª DOMINGUEZ. *Diccionario histórico de la Compañía de Jesús.* Roma-Madrid, III (2001) 2983-2984.

1046 El título del documento reza: "De missiones religiosorum ciuiuscumque Ordinis ad Japonicas et alias Indiarum Orientalium regionis impediendum poenis et aliis ad eas pertinentibus".

1047 Véase: Charles E. O'NEILL y Christopher J. VISCARDI. "Clemente IX". En: Charles E. O'NEILL y Joaquín Mª DOMINGUEZ. *Diccionario histórico de la Compañía de Jesús*, III (2001) 2987-2988.

pastoralis offici (17 de junio de 1669)[1048]. Y Benedicto XIV[1049] en su *Appostolicae servitutis commisum*, fechado el 25-2-1741 y publicado el 8-3-1741[1050], argüirá contra los clérigos "negociadores ilícitos".

Para el caso jesuítico R. Carbonell trata de dar una explicación bondadosa sobre este difícil problema[1051]. Mas, para el historiador que escribe conociendo la realidad geográfica e histórica observa que tanto la legislación hispana como la del derecho canónico era un ideal que lucía como una utopía tanto en las selvas como en lo profundo de América. Y por ello dejamos de lado el tema.

Los compromisos financieros de la Corona y de la Compañía de Jesús

En el estudio del financiamiento de la empresa misional de España en Indias se deben distinguir claramente dos compromisos distintos: el que asumía la corona española[1052] y el que subsumía la orden religiosa, en este caso, la Compañía de Jesús.

La Real Hacienda cargaba con los gastos de pasaje, mantenimiento y viáticos de cada misionero desde que salía del colegio donde laboraba hasta Sevilla[1053], el cual se computaba en 7 reales diarios a los que había que añadir 2 reales más para su mantenimiento una vez llegado a la ciudad

---

1048 Lleva por título: "Constitutio prohibens maercaturam et negociationes saeculares ecclesiasticis, praesertim religiosis quibuslibet, in Indis Orientalibus et America nunc et pro tempore existentibus".

1049 Véase: Charles E. O'NEILL y Christopher J. VISCARDI. "Benedicto XIV". En: Charles E. O'NEILL y Joaquín Mª DOMINGUEZ. *Diccionario histórico de la Compañía de Jesús*, III (2001) 2995-2998..

1050 Su título es: "Clericis interdicitur quaelibet negotiatio, etiam sub alieno Laici nomine...". Este documento no alude a las prohibiciones de Urbano VIII ni de Clmente IX, sino a las de Pío IV (*Decens esse*, y *Romanus Pontifex*), y de Paulo V (*In eminenti*).

1051 R. CARBONELL DE MASY. "Economía de la C[ompañía de] J[esús] en Hispanoamérica y Filipinas". En: Charles E. O'NEILL y Joaquín Mª DOMINGUEZ. *Diccionario histórico de la Compañía de Jesús*. Roma-Madrid, I (2001) 115-116.

1052 Véase: Pedro BORGES MORAN. *El envío de misioneros a América durante la época española*. Salamanca,1977. Lázaro ASPURZ. "Magnitud del esfuerzo misionero de España". En: *Missionalia Hispanica*. Madrid, 3 (1946) 99-173. Constantino BAYLE. "Impedimenta de misioneros". *Missionalia Hispanica*. Madrid, 4 (1947) 403-409.

1053 Los gastos de cada expedición pueden verse en el expediente de cada una de ellas que en general reposan en. AGI. *Contratación*, 5548 y 5549.

del Betis[1054]. Para su avío se le asignaban 1.020 reales y por su pasaje 18.326 maravedíes[1055]. Ya en terreno misional "la real hacienda –escribiría don Francisco Domínguez a la Real Audiencia en 1785- no tenía otros gastos en las misiones que el del sínodo anual de los misioneros procuradores, el sueldo de las escoltas y el de los primeros vasos sagrados y ornamentos precisos para la erección de la iglesia. Y si sobraba se repartía de limosna a los pueblos"[1056].

En contrapartida el misionero debía convertir al indígena en súbdito del rey de España, en ciudadano de un municipio, en beneficiario de un futuro mejor y a la vez dotarlo de la lengua de Castilla y hacerlo hijo de la iglesia católica[1057].

Todo este proceso que denominamos "Proyecto Misión" debía ser costeado por la Compañía de Jesús. Y como es natural ese reto financiero debía buscar una estructura económica que garantizara el logro de los objetivos asumidos.

Tres fueron las circunscripciones territoriales en que se dividieron administrativamente las misiones de los Llanos y del Orinoco atendidas por los jesuitas neogranadinos a lo largo del período colonial (1661-1767): La Misión de Casanare (1661-1767) cuya capital fue Pauto; la Misión del Meta (?-1767) tuvo por capital a San Miguel de Macuco; y la de la Misión del Orinoco (1731-1767) tuvo su sede en Carichana.

Cada una de estas entidades misionales dispuso de una hacienda principal donde residía el Procurador. De esta suerte, Caribabare[1058] sirvió a la Misión de Casanare; Cravo a la del Meta y Carichana de la del Orinoco.

1054 AGI. *Santafé*, leg., 249: Misiones y misioneros de la Compañía de Jesús en el Nuevo Reino de Granada. Citado por Juan M. PACHECO. *Los jesuitas en Colombia.* Bogotá, II (1963) 193.

1055 *Recopilación de leyes de los Reynos de Indias*, lib. I, tit. 14, ley 6.

1056 José M. GROOT. *Historia eclesiástica y civil de Nueva Granada*. Bogotá, II, pag. XLII.

1057 Juan RIVERO. *Historia de las Misiones de los Llanos de Casanare y los ríos Orinoco y Meta*. Bogotá (1956) 293: En 1692 describía el Consejo la acción de los jesuitas "... que no se contentan solamente con reducir a los gentiles y agregarlos a pueblos, sino que procuran también con toda solicitud enseñarlos a vivir vida social, política y económica, como también su educación en las buenas costumbres y su mayor aumento".

1058 En los últimos años se han adelantado bastantes estudios sobre las haciendas jesuíticas. Para ello nos remitimos a: Germán COLMENARES. *Las haciendas de los jesuitas en el Nuevo Reino de Granada*. Bogotá, 1969. Jane M. RAUSCH. *A tropical plains frontier*. Alburquerque, University of New Mexico, 1984. Edda SAMUDIO.

La génesis del sistema hacendístico

Una vez entabladas en 1661 las misiones llaneras en el Casanare pronto percibieron los fundadores las ingentes inversiones que suponía levantar toda una estructura misional y por ello solicitaron la concesión de unas tierras baldías ubicadas entre el río Casanare y la quebrada Tunapuna[1059].

Nada más instalados en su ámbito geográfico de inmediato se dieron los fundadores a la tarea de ubicar la sede de la que sería la fuente del financiamiento de la Misión. La cronología del proceso así lo evidencia.

Pensamos que la expedición fundadora no debió llegar al campo misional antes de julio de 1661 a juzgar por las fechas de los nombramientos eclesiásticos otorgados a los PP. Ignacio Cano como cura de Pauto[1060] y a Antonio Monteverde como párroco de Tame[1061]. El 13 de octubre de 1661 mandaba el Presidente Gobernador del Nuevo Reino a Juan Sánchez Chamorro, corrgidor del partido de los Llanos, para que el párroco de Pauto, tres prácticos de la tierra y con el parecer de los vecinos y caciques de Tame realizaran una inspección al lugar solicitado por los jesuitas para levantar su hacienda. El 21 de diciembre aprobaba la comisión por unanimidad la solicitud de la Compañía de Jesús. Y el 1º de marzo de 1662 el Presidente del Nuevo Reino don Diego de Egües y Beaumont otorgaba la venta de las tierras solicitadas[1062].

El maestre de campo Juan Sánchez Chamorro, en reemplazo del corregidor de los Llanos, y por orden del Presidente don Dionisio Pérez Manrique, siendo Rector del colegio de Santafé el P. Gaspar Cugía, señaló 3 estancias de ganado mayor[1063], en la región de Tacoragua, a fin de entablar un hato de ganado y cultivar algunas siembras. Las tierras se evaluaron en 12 patacones por estancia "por ser baldías y estar en sitio que nadie

---

"Las haciendas de las misiones de los Llanos del Casanare, Meta y Orinoco". En DEL REY FAJARDO (edit.). *Misiones jesuíticas en la Orinoquia*, I, 717-781.

1059 Juan Manuel PACHECO. *Los jesuitas en Colombia*, I, 355.

1060 ANB. *Gobierno*, 2, fol., 398. El título de cura de Pauto está fechado el 26 de marzo de 1661.

1061 ANB. *Conventos*, 44, fols., 616 y ss. En abril de 1661 presentaba el P. Hernando Cavero al P. Monteverde como candidato a ser párroco de Tame. Luego habría que esperar algún tiempo para la confirmación oficial.

1062 ANB. *Fondo Richmond*, Legajo 844, fols., 1-4.

1063 Equivalente a 22.287,96 metros. Al respecto véase: José Eduardo RUEDA ENCISO: "El complejo económico–administrativo de las antiguas haciendas jesuíticas del Casanare". *Boletín Cultural y Bibliográfico*. Bogotá, Número 20 (1989) 3-15.

hasta entonces se había atrevido a habitar por temor a los indios de guerra"[1064].

De esta forma se les adjudicaron a los misioneros "las tierras comprendidas desde el río Casanare, cogiendo el camino Real y atravesando las aguas que bajan de la Cordillera hasta dar con la quebrada Puna en el sitio de Tocoragua, jurisdicción de Tame"[1065].

Así nació la Hacienda de Caribabare que según Rueda llegó a tener una extensión aproximada de 450.000 hectáreas[1066], pues, la política expansiva que los jesuitas llevaron a cabo en los Llanos casanareños provocó que en 1767 don Francisco Domínguez del Tejada, gobernador y justicia mayor y corregidor de la provincia de Santiago de las Atalayas de los Llanos de Casanare y los de Meta, afirmara que los términos de esta unidad productiva se enmarañaban con los del pueblo de Tame, lo que explica que en el inventario se dejara constancia de la dificultad de ajustar sus linderos[1067].

Con el correr de los tiempos se irían comprando las otras propiedades. En 1679 adquieren la hacienda de Tocaría y al finalizar el siglo XVII la de Cravo[1068]. Sin embargo, según el Fondo de temporalidades la configuración territorial fue de la siguiente manera: Separay la Raya o San Antonio: 165.700 hectáreas; San Nicolás: 145.000 hectáreas; Yegüera (Hoy Hato Corozal): 137.000 hectáreas[1069].

1064   ANB. *Tierras Boyacá*, t. 21, fol., 844.

1065   AGNC. *Fondo Richmond*. Tomo 844. Estudio: Titulación de Caribabare. Volumen II. Tomo Primero. Parte IX de la Sección "D","San Nicolás". Copias simples de los títulos que amparan la propiedad. Año. 1661. El colegio de la compañía de Jesús de esta corthe merced de tierras en los Llanos de Casanare para los padres misioneros. p. 2. Igualmente en el mismo Fondo, Tomo 841. Estudio Titulación Caribabare. Volumen I, La Yeguera- Sección C. Parte VI. Copias de Título. Tomo 1.Título Nª1. Hacienda de Caribabare. Títulos antiguos. Archivo Colonial. El Colegio de la Compañía de Jesús de esta Corte merced de tierras en los Llanos de Casanare para los padres misioneros. Año de 1661. Igualmente en la Sección Colonia. Tierras de Boyacá. Tomo XXI. Año de 1661.

1066   José E. RUEDA. *Poblamiento y diversificación social en los Llanos*. Bogotá (tesis mecanografiada) 83.

1067   AGNC. *Temporalidades*, 5. Testimonio del cuaderno de inventarios de Caribabare. Fol., 799v. Para las diversas versiones sobre la extensión de Caribabare, véase: Hector Publio PÉREZ ÁNGEL. *La hacienda de Caribabare*, 69-71.

1068   Héctor Publio PEREZ ANGEL. *La hacienda de Caribabare. Estructura y relaciones de mercado 1767-1810.* Yopal (Casanare) (1997) 76.

1069   ANB. *Fondo Richmond*. Legajo 841, fols., 1 al 5. Citado por: Héctor Publio PEREZ ANGEL. *La hacienda de Caribabare*, 69.

El rápido crecimiento de la hacienda pronto generó uno de los pleitos más sonados en la historia de las misiones llaneras: las acusaciones y las intrigas contra la "prosperidad jesuítica". Las delaciones mantienen casi siempre un cuerpo más o menos uniforme de acusación: ociosidad, comercio con herejes, levantar trapiches, fomentar manadas de reses, etc[1070].

Poco podemos aducir sobre la historia de la hacienda de Apiay. Nos consta que fue adquirida por el Colegio Máximo de Santafé de Bogotá[1071] en el decenio de 1740 y sus linderos eran: "Por el occidente, la cordillera de 'Buena Vista'; por el oriente, el río Humea o Humadea que más abajo se llama Meta; por el norte, el río Guatiquía, y por el sur el río Negro... Mide aproximadamente cien mil hectáreas"[1072].

Pero la hacienda se componía de cuatro sectores diferentes: "uno de 13 estancias de pan y ganado mayor con 12 cabuyas sobrantes, llamado tierras principales de Apiay; otro de once estancias de pan y ganardo mayor, llamado tieras de Cumaral; otro de doce estancias de pan y ganado mayor, llamado tierras de Patire; y otro de diecinueve estancias de pan y ganado mayor, llamado tierras de San Martín"[1073].

La posición de Apiay, según los críticos, era estratégica pues como no había vía de unión entre San Martín y Santafé de Bogotá los llaneros preferían vender a los jesuitas los semovientes para que éstos los trasportaran y vendieran en la sabana pues la hacienda quedaba a ocho días de la capital virreinal[1074]. Y Rueda da a entender que los funcionarios de Diezmos de San Martín fueron los que vendieron a los ignacianos esta hacienda que estaba destinada a recoger "los ganados tributos" de la región[1075].

1070   Amplia información en: AGI. *Santafé*, 249. Información hecha por los misioneros del pueblo de Pauto en los Llanos del gran fruto obtenido en aquellas misiones de su cargo (1690). Una síntesis en: PACHECO. *Los jesuitas en Colombia*, II, 428-435.

1071   GILIJ. *Ensayo de Historia americana*, III, 98.

1072   ¿? Jorge CAMPILLO CAMARGO. "Y ahora ¿Apiay será bien oculto?". En: *Eco de Oriente*, n°., 1583 (14 de marzo de 1937) 3. Citado por: Nancy ESPINEL RIVEROS. *Villavicencio, dos siglos de historia comunera 1740-1940*. Villavicencio, Cámara de Comercio de Villavicencio (1989) 54-56.

1073   Jorge CAMPILLO CAMARGO. "Y ahora ¿Apiay será bien oculto?", 3. Citado por: Nancy ESPINEL RIVEROS. *Villavicencio, dos siglos de historia comunera 1740-1940*, 56.

1074   José Eduardo RUEDA E. "Cravo: La antigua hacienda Jesuítica". En: *Lámpara*. Bogotá, n°., 105 (1987) 11.

1075   José Eduardo RUEDA E. "Cravo: La antigua hacienda Jesuítica", 11.

Pero parte del éxito de esta hacienda estuvo en el complemento fundamental que prestó la hacienda sabanera de La Chamicera "destinada a cebar con sus pastos, los ganados mayores y menores"[1076] que provenían del llano. Allí recuperaban su peso y se efectuaban las sacas hacia los respectivos centros de consumo[1077].

Según el inventario levantado en 1767 Apiay contaba con "1.134 cabezas de ganado, 22 mulas, 172 yeguas y potrancas, 76 caballos y 2 hechores con un avalúo de 8.420 pesos moneda corriente"[1078].

Aunque la misión del Meta se consideró como dependiente de la Misión de Casanare, sin embargo tenía su Vice-Superior y su relativa autonomía. Económicamente se consideraba en cierto sentido como accesoria de las haciendas de Casanare, pero tendía como principio a cumplir con sus deberes de autonomía.

Tampoco los orígenes de la hacienda de Cravo son luminosos. El coronel Alvarado anotará que en el Meta no "hay otras haciendas que los particulares hatos de los Misioneros"[1079]. Sin embargo, el gobernador de los Llanos, Francisco Domínguez, al hablar de la hacienda escribía: "Las tierras de la Hacienda no se sabe cuántas son, y hasta dónde alcanzan (…) pero desde luego se pueden considerar dentro de los linderos de las caños de Guirripa, Marimere y de la Miel, Río de Meta por un lado y el de Cravo por el medio, en cuyo gran globo de tierras, se ignoran las estancias que habrá (…) que por el lado de arriba pasado el caño de La Miel por lo que había aumentado la hacienda llegaba en aquel tiempo hasta el caño de Ucumare y cabezeras del caño Canapur"[1080]. Allí estaba ubicada la Procu-

---

1076 Hermes TOVAR PINZÓN. *Grandes empresas agrícolas y ganaderas*. Bogotá, CIEC (1980) 165.

1077 Nancy ESPINEL RIVEROS. *Villavicencio, dos siglos de historia comunera 1740-1940*, 58.

1078 Hermes TOVAR PINZÓN. *Grandes empresas agrícolas y ganaderas*, 164.

1079 ALVARADO. *Informe reservado…*, 242.

1080 ANB. *Temporalidades*, 12, fols., 482-488v. José Luis MERIZALDE. "Reminiscencia del territorio de Casanare y catequización de los padres jesuitas en la región del Municipio de Orocué". En: *Revista Caribabare*, Año 2, n°., 2 (1990) 48. Ahí describe la ubicación de la hacienda: "En el lugar donde hoy existe el Hato San Pablo de propiedad del Sr. Adolfo Reyes Isaza, sobre la margen izquierda del río Cravo Sur, más arriba de donde existió la población de Guayabal. Aquella hacienda era propiedad de los jesuitas".

raduría de Cravo en las Misiones del Meta[1081]. Y en los inventarios de la expulsión de 1767 se reseña como "Hacienda de Cravo"[1082].

Es necesario hacer alusión a la situación legal de los hatos en las Misiones del Meta. En 1743 los jesuitas habían traspasado la propiedad de los hatos a los indígenas y el documento de entrega hace mención de "San Miguel de Sálivas, San Regis de Surimena, San Pablo de Amarizanes y San Ignacio de Betoyes"[1083]

La misión del Orinoco ubicó su Procuraduría en Carichana a la que dotó de un hato y buenos pastos, y hacienda[1084]. "La distancia es alguna pues se necesita un día largo para ir de ella al pueblo. Tenía 2.000 reses cuyas utilidades pertenecían al fondo de la misión"[1085]. (Mapa, 5)

El hato era considerado como moderado "con algunas yeguas de vientre, que dan caballos de vaquería y es proporcionado al consumo de la misión de Carichana, y para dar principio a cualquier pueblo que se funde". Había además un buen plantío de caña dulce[1086]. El pueblo disponía de un trapiche y de una herrería "que gobernaba un walón"[1087].

Las funciones de la hacienda llanera

Una síntesis de las funciones y de los objetivos perseguidos por las haciendas misionales la traza curiosamente el ex-gobernador de los Llanos, don Francisco Domínguez en 1785: "Las tales haciendas eran colegios de escala para los misioneros, en donde se detenían hasta destinarlos convenientemente. Su fondo se reputaba de la misión en general, sin que fuese anexo a ningún otro colegio o casa. Sus productos se convertían en costear sus misioneros que venían de Europa; los que destinaba de los colegios de la Provincia; visitas de los provinciales y chasquis (peatón correo) para avisar lo que conviniese al Superior. Se aplicaban también a los costos de

---

1081 José Eduardo RUEDA. "Cravo: la antigua hacienda jesuítica". En: *Lámpara*. Bogotá, vol., XXV, n°. 105 (1987) 7-15.

1082 ANB. *Temporalidades*, 5, fols., 15 y ss.

1083 ANB. *Conventos*, 29. Testimonio de autos /sobre/ la expulcion de quatro religiosos de la Compañía /en/ el Partido de Meta. /D/ Andres de Oleaga. Fols., 817v-819. El texto puede verse en: José DEL REY FAJARDO. *La expulsión de los Jesuitas de Venezuela, 1767-1768*. San Cristóbal (1990) 67-68.

1084 ALVARADO. *Informe reservado*, 318-319.

1085 ALVARADO. *Informe reservado*, 318; 319.

1086 ALVARADO. *Informe reservado*, 244.

1087 ALVARADO. *Informe reservado*, 244-245.

las entradas al país de infieles; en reducción; regalillos para atraerlos, primeros vestidos, establecimiento de la iglesia y pueblo; y especialmente para poner en cada reducción un hato con 300 ó 400 reses de cría y las correspondientes yeguas y caballos para su manejo..."[1088].

La Compañía de Jesús partía del supuesto de que la "máquina económica" debía garantizar en las misiones, fundamentalmente, un doble objetivo. En primer lugar, servir de verdadero presupuesto para la organización y el funcionamiento de todas las instituciones que integraban el poblado misional; y en segundo término debía proporcionar subsistencia al misionero y a las clases indígenas carentes de recursos. Consecuentemente, es fácil comprender que los jesuitas excogitasen los medios financieros más eficaces a fin de garantizar la eficacia y la calidad en la realización de sus obras y en el rendimiento de sus hombres.

En última instancia trataba de crear una especie de Fundación cuyo soporte financiero suponía una verdadera empresa, de cuyo incremento dependía en gran parte el florecimiento de las misiones. De esta suerte se explica que en tierras de Indias las Fundaciones no pudieran concebirse como fruto de grandes capitales (como sucedía en Europa), sino como un esfuerzo más, en un mundo en construcción, en el que la agricultura constituía prácticamente una de las pocas fuentes seguras de producción. Así fueron naciendo las grandes haciendas, al unísono con el esfuerzo de los hombres e instituciones que laboraban en la nueva América.

En Europa los jesuitas diseñaron diversas formas de financiar sus grandes obras educativas como lo demuestra Miguel Batllori[1089]; sin embargo, la realidad americana era totalmente distinta y en este preciso contexto surge la "hacienda" como una fundación capaz de soportar las ingentes inversiones que requería el desarrollo humano, social, cultural y religioso de las misiones jesuíticas en la Orinoquia.

Pero conviene dejar fuera de toda duda que la "empresa" -a pesar de haber jugado un muchas ocasiones un papel importante en el quehacer jesuítico americano- fue siempre un medio que sirvió para crear, sustentar, promover, incrementar y realizar los fines superiores inherentes a los ideales de la Compañía de Jesús. En otros términos, el criterio de empresa en

---

1088 José M. GROOT. *Historia eclesiástica y civil de Nueva Granada*. Bogotá, II, pag. XLII.

1089 Miguel BATLLORI. "Economia e collegi". En: *Domanda e consumi*. Firenze, L. S. Olschdi (1978) 323-334. Estudia el financiamiento del Colegio Romano y los de Mesina, Sassari, París, Viena y Madrid.

lo económico hay que encuadrarlo dentro de la concepción jerarquizada de "apostolado", como un factor dependiente y subsidiario.

La estructura organizativa

A fin de poder entender gran parte de la problemática económica que se suscita en la administración de las casas o haciendas jesuíticas coloniales haremos alusión en primer lugar a los criterios que debían regir en la actuación de esas entidades jesuíticas (I) con el objeto de poder comprender la estructura gerencial (II) y el consiguiente funcionamiento de toda la máquina económica (III).

I. Los criterios

El primer principio fundamental e inquebrantable que imponía sin restricciones Ignacio de Loyola en las *Constituciones* de su Orden, era la autonomía económica de cada domicilio de la Compañía de Jesús[1090].

En este contexto hay que entender que cada circunscripción misional debía poseer su propia hacienda que servía de basamento económico y financiero para todas las entidades que configuraban la demarcación a ella asignada.

También conviene señalar, que además de la hacienda de la misión, cada pueblo misional tenía su propio hato que generalmente pertenecía o a una cofradía, o a la iglesia, o a la comunidad. Como es natural la dotación inicial la proporcionaba la hacienda de la misión[1091]. Cada hato o hacienda local debía regirse por los mismos principios autonómicos con su administración propia e independiente.

Mas toda la actividad económica debía regirse por los criterios y normas estipulados en las *Reglas del Procurador*, que se desglosaba en dos capítulos: la contabilidad y la administración.

La contabilidad le exigía la fiel teneduría de los siguientes libros: 1. *Libro de entradas* en el que se debían asentar las entradas y las fechas en que deben recogerse. 2. *Libro de contratos y arrendamientos* que se efectúan por breve tiempo. 3. *Libro de ingresos* de los frutos del colegio en el

---

1090 *Constitutiones Societatis Jesu et Epitome Instituti*. Romae (1943), n°. 503, Apartado, 3.
1091 Edda SAMUDIO. "Las haciendas de las misiones de los Llanos del Casanare, Meta y Orinoco". En DEL REY FAJARDO (edit.). *Misiones jesuíticas en la Orinoquia*, I, 749-750.

que se especifican el tiempo y la procedencia. 4. *Libro de Limosnas*[1092]. 5. *Diario* en el que se registran las entradas y salidas, con la suma de la operación del día[1093] y en otra parte, la cuenta de lo gastado[1094].

Dentro del renglón administrativo se prescriben otras exigencias, como: 1. Un *archivo* donde reposen "los instrumentos originales y títulos en los que consta el derecho sobre los bienes del colegio"[1095] y deberá además disponer de una copia autenticada por un notario público de dichos documentos[1096]. 2. Un libro en el que se contenga un resumen de todos los instrumentos y títulos que se contienen en el archivo[1097]. 3. Un *Libro-Registro* en el que se consignará tanto el día, mes y año en que saque cualquiera de las escrituras, así como la fecha en que las devuelvan[1098]. 4. Un *Codicilo* con las órdenes expresas del Rector, y en este caso del Superior[1099]. 5. Un *Catálogo* de amigos y bienhechores a fin de que "podamos ser agradecidos con ellos"[1100].

Entre las sugerencias de política económico-administrativa, las *Reglas* son parcas pero precisas. Se parte del principio que, la responsabilidad, cuidado y aumento de los bienes materiales constituye la principal misión del Procurador[1101]. Para ello se le encomienda la práctica de tres consejos: asesorarse en los asuntos delicados con los peritos más idóneos[1102]; llevar con toda exactitud los libros de contaduría y archivo; e informar al Rector –y en este caso al Superior de la Misión- mensualmente del estado del balance y de la caja[1103].

En las compras se le recomienda que se lleven a cabo en el tiempo oportuno "a fin de que no se obligue a comprar las que no sean muy bue-

---

1092 *Regulae Societatis Jesu*. Romae (1590). "Reglas del Procurador". Regla, 3. En adelante citaremos RSJ.
1093 RSJ. "Reglas del Procurador". Regla, 5.
1094 RSJ. "Reglas del Procurador". Regla, 6.
1095 RSJ. "Reglas del Procurador". Regla, 19.
1096 RSJ. "Reglas del Procurador". Regla, 20.
1097 RSJ. "Reglas del Procurador". Regla, 21.
1098 RSJ. "Reglas del Procurador". Regla, 22.
1099 RSJ. "Reglas del Procurador". Regla, 23
1100 RSJ. "Reglas del Procurador". Regla, 24.
1101 RSJ. "Reglas del Procurador". Regla, 1 y 11.
1102 RSJ. "Reglas del Procurador". Regla, 17.
1103 RSJ. "Reglas del Procurador". Regla, 4.

nas o que no tengan precio equitativo"[1104] y una vez comprada la mercancía debía vigilar para que se conservase en buen estado[1105]. Y dentro de este esquema administrativo debía tomar cuneta al comprador *cada día* de los gastos efectuados y obligarle a llevar un *Diario*[1106].

En relación al complicado mundo de los arrendamientos, contratos, contracción de deudas, o cualquier otro negocio de importancia, debía actuar con delegación del Rector o del Superior de la Misión[1107] y de acuerdo con el informe de los peritos más idóneos[1108]. Además, tenía la obligación de recordarle al Superior que, en los contratos de mayor importancia, debía remitir éste una copia autenticada a Roma[1109].

Finalmente, si había necesidad de recurrir a litigios judiciales se le advertía al Procurador que, antes de emprender el pleito, hiciera lo posible por llegar a un avenimiento o arreglo amistoso; y si esto fuera imposible, debía intentar siempre "una justa concordia"[1110]. En todo caso, los juicios debían ser llevados por procuradores externos[1111].

II. La estructura gerencial

La estructura del poder decisorio dentro de la Compañía de Jesús reposaba sobre tres niveles distintos: el local, representado por el Superior de la Misión; el provincial (que abarcaba toda una extensa demarcación geográfica llamada Provincia) presidido por el Provincial; y el romano que, dentro de la concepción monárquica de la Compañía de Jesús, se centraba en el poder, prácticamente omnímodo, del Prepósito General.

Así pues, el Superior venía a ser como el genuino presidente de la corporación y por ende a él competían las decisiones finales –dentro del ámbito de su competencia limitada- en todos los campos de las administraciones.

1104 RSJ. "Reglas del Procurador". Regla, 9.
1105 RSJ. "Reglas del Procurador". Regla, 10.
1106 RSJ. "Reglas del Procurador". Regla, 8.
1107 RSJ. "Reglas del Procurador". Regla, 13.
1108 RSJ. "Reglas del Procurador". Regla, 17.
1109 RSJ. "Reglas del Procurador". Regla, 21.
1110 RSJ. "Reglas del Procurador". Regla, 16.
1111 RSJ. "Reglas del Procurador". Regla, 15.

En las Reglas se equipara el Superior de la Misión al Rector de un colegio y por ello se le recuerda que debía preceder a todos con el ejemplo[1112].

Pero como el cultivo de la vida espiritual de la comunidad jesuítica era el único medio válido para llevar adelante los ideales tanto religiosos como culturales, educativos y económicos de la Misión, al Superior le correspondía mantener con ilusión y entrega la respuesta personal y comunitaria de cada uno de los integrantes de su jurisdicción[1113].

En la vida práctica era muy difícil que el Superior de la Misión se moviera con igual competencia en todas las áreas de acción que exigía el proyecto misional y por ello, en general, su gestión se solía concentrar en el progreso del horizonte espiritual y material de las reducciones a su cargo y más a distancia al complejo que suponían las haciendas.

Paralela a esta jerarquía de poder institucional encontramos a los Procuradores (de cada domicilio, de cada Provincia y el General), piezas vitales para entender cada uno de los entes económicos o la constelación de todos ellos. Su poder era gerencial y dependiente del respectivo nivel (Superior de la Misión, Provincial del Nuevo Reino y Prepósito General).

El Mariscal de Campo Eugenio de Alvarado que convivió en Carichana casi tres años en esa residencia jesuítica observó que tales Procuradores deben ser "muy vigilantes, económicos y diligentes, a fin de que no falten en sus repuestos las especies consumibles, pues en el vender está la ganancia para el fondo, y depende la subsistencia de las misiones y la de la escolta. Así mismo debe estar dotado de espíritu de comercio e inteligencia de pluma y aritmética para las particiones y reducciones, como para los repartos, cargos y abonos, a fin de que todo esté corriente, y puesto en limpio en los libros maestros para que se haga el registro trienal de ellos por el Padre Provincial o Visitador Provincial"[1114].

Con todo, una serie de circunstancias muy singulares hicieron que la personalidad del Procurador adquiriese entre nosotros características muy singulares. Lo apartado de las haciendas, las ausencias para la búsqueda de mercados a fin de colocar los productos, el contacto con otros comerciantes, el volumen de ventas, etc. contribuyeron a que la realidad del Procurador adquiriera día a día mayor autonomía y por ende las relaciones Supe-

---

1112 *Regulae Societatis Jesu*. "Regulae Rectoris". Regla, 20.
1113 *Regulae Societatis Jesu*. "Regulae Rectoris". Reglas, 21, 22, 24, 25.
1114 Eugenio ALVARADO. "Informe Reservado". En: José DEL REY FAJARDO. *Documentos jesuíticos*, 247.

rior-Procurador tuvieran a veces que regirse por la vía impositiva de la obediencia.

Tres figuras jurídicas netamente diferenciadas en el derecho y en la historia de la Compañía de Jesús en Latinoamérica durante el período hispano intervienen en la administración de los bienes de cada domicilio misional: el Misionero, el Procurador General y los Administradores de haciendas.

En la jerarquía administrativa de las haciendas, el Procurador controlaba las funciones desempeñadas por los administradores y éstos se encargaban de supervisar los trabajos diarios de las unidades productivas. Los mayordomos principales residían en el núcleo central siendo los auxiliares y los caporales los últimos eslabones de la cadena administrativa.

En un principio las haciendas llaneras dependieron jurídicamente del Colegio Máximo sito en la ciudad de Santafé de Bogotá pero cierto malestar entre los misioneros les llevó al deseo de mayor autonomía y para ello llegaron a proponer que la Residencia de Pauto se convirtiera en colegio incoado a fin de evitar esa no deseada dependencia.

Sin embargo, no juzgó justificada la proposición el General de la Orden pero propuso una serie de medidas que corrigieran el malestar de las reducciones. En ese sentido sugirió que los bienes raíces, que eran enajenables, pasaran a depender del colegio de Mérida[1115]. Proponía igualmente que se edificara en Pauto una vivienda capaz para reunir cíclicamente a los misioneros tanto para los retiros espirituales anuales como para servir de reposo a los enfermos. En el terreno organizacional imponía a los Provinciales la obligación de visitar en persona cada trienio las misiones. El Superior y el Procurador debían dedicarse de lleno a sus funciones: el primero visitando continuamente todos los establecimientos de su jurisdicción y el segundo, con residencia permanente en Pauto, debía abastecer de tal forma las peticiones de los misioneros que se evitara el recurrir a otros

---

1115 APT. Leg., 132. fol., 76. *Carta del P. Tirso González al Provincial del Nuevo Reino*. Roma, 15 de agosto de 1693: "... es muy importante la declaración que V. R. ha hecho de bienes raíces que no se pueden enajenar declarando por tales y como por capítulo todas las tierras de las haciendas que tienen y de los ganados tres mil vacas de vientre con los toros necesarios, quinientas yeguas de vientre con los caballos y guaranes necesarios para el multiplico y un trapiche o ingenio para el azúcar, miel, aguardiente y vinagre necesario para el gasto de todos los misioneros y para pagar gastos".

medios; finalmente, cada párroco debía estar acompañado de noveles jesuitas para que aprendieran la lengua y la metodología misionera[1116].

No obstante, conviene señalar que a partir del siglo XVIII, las haciendas del Casanare y Meta disfrutaron de autonomía administrativa, hecho que contribuyó a fortalecer la comunidad misional.

Pero un cargo tan delicado como es el del manejo de los bienes temporales es lógico que no fuera usual en la mayoría de los sacerdotes jesuitas cuya formación insistía fundamentalmente en los valores espirituales y en la formación humanística. Por eso puede llamar la atención que en diversas oportunidades fueran Hermanos coadjutores cualificados los que desempeñaran tal oficio.

Además, el Procurador no sólo administraba la hacienda sino que también llevaba la Procura y manejaba todos los fondos que recibían las misiones de parte del Patronato Regio así como también los provenientes de sus acciones comerciales[1117].

La Procuraduría se convirtió en un almacén general en el que los misioneros debían adquirir todo lo que necesitaren tanto para la dotación y el desarrollo de su reducción como para su consumo propio. En este contexto hay que señalar que cada doctrinero tenía su propia cuenta y a través de ella la Procura actuaba en cada caso. También la Procuraduría otorgaba censos o créditos a un interés del 5% como era usual en aquella época. Esos censos tuvieron frecuentemente su origen en deudas producto de la venta de ganado y eran otorgados con garantía o hipoteca[1118].

En una acción tan universal como era la que desarrollaba la Compañía de Jesús en todo el mundo era lógico que existieran severos controles.

1116   APT. Leg., 132, fols., 76-77v. *Carta del P. Tirso González al Provincial del Nuevo Reino*. Roma, 15 de agosto de 1693.

1117   Con la suspicacia que le caracteriza en todos sus escritos sobre las misiones, el coronel Alvarado captó desde fuera la importancia de este cargo y por ello sus indicaciones merecen reflexión (Eugenio de ALVARADO. "Informe reservado sobre el manejo que tuvieron los Padres Jesuitas en la expedición de la Línea Divisoria entre España y Portugal en la Península Austral y orillas del Orinoco". En: José DEL REY. *Documentos jesuíticos relativos a la Historia de la Compañía de Jesús en Venezuela*. Caracas (1966) 236-247.

1118   Edda SAMUDIO. "Las haciendas de las misiones de los Llanos del Casanare, Meta y Orinoco". EN DEL REY FAJARDO (edit.). *Misiones jesuíticas en la Orinoquia*, I, 748. Véase: Hermes TOVAR PINZON. "Rentas y beneficios de las haciendas neogranadinas". En: *Ibero-Amerikanisches Archiv*. Berlín, vol., 12-3 (1986) 280-301.

Mas, para evitar cualquier desviacionismo Ignacio de Loyola había previsto la necesidad de que el Superior de la Misión fuera asesorado por la denominada "Consulta Missionis"[1119], compuesta por 4 misioneros, y además era vigilado por el Admonitor[1120].

Los consultores eran nombrados por el P. Provincial[1121] y su misión principal se dirigía a ayudar con su consejo al Superior para que la Misión obtuviera los mejores frutos[1122]. Su norte debía ser el bien común[1123]. Si el caso lo ameritara podían remitir su opinión al superior mediato[1124]. También debían escribir cíclicamente al Provincial y al General las relaciones que estatuía la "Formula scribendi"[1125].

El Admonitor lo elegía el Provincial[1126]. Su misión consistía en advertirle al Superior de aquellas cosas que la mayor parte de los consultores juzgare oportuno hacerle ver o reflexionar y de aquellas otras relativas a la persona o al oficio dignas de ser tenidas en cuenta[1127]. Para mejor cumplir con su oficio debía poseer copia de todas las órdenes que los Provinciales dejaban a la Misión "para que él pueda celar su observancia"[1128].

En la Provincia del Nuevo Reino estaba determinada la "Forma para haçer la entrega de un Collegio a su sucesor quando un Rector acaba su oficio"[1129]. Se trata de un cuestionario pormenorizado acerca de la gestión rectoral durante el trienio de su mandato, cuyo texto debía ser firmado por la autoridad saliente y la entrante[1130] y de ello deducimos que era una norma igualmente válida para las Misiones de infieles.

1119 *Regulae Societatis Jesu*. "Regulae Rectoris". Regla, 14.
1120 *Regulae Societatis Jesu*. "Regulae Rectoris". Regla, 15.
1121 *Regulae Societatis Jesu*. "Regulae Provincialis". Regla, 25.
1122 *Regulae Societatis Jesu*. "Regulae Consultorum". Regla, 1.
1123 *Regulae Societatis Jesu*. "Regulae Consultorum". Regla, 2.
1124 *Regulae Societatis Jesu*. "Regulae Consultorum". Regla, 7.
1125 *Regulae Societatis Jesu*. "Regulae Consultorum". Regla, 10.
1126 Regulae Societatis Jesu. "Regulae Provincialis". Regla, 25.
1127 Regulae Societatis Jesu. "Regulae Admonitoris". Regla, 3.
1128 APT. *Fondo Astráin, 18. Ordenes antiguas, que por orden de N. R. P. Lorenzo Ricci, ya no están en uso: y deven guardarse en el Archivo.* Fol., 41.
1129 APT. *Fondo Astráin, 18. Ordenes antiguas, que por orden de N. R. P. Lorenzo Ricci, ya no están en uso: y deven guardarse en el Archivo.* Fol., 19v-20v.
1130 Comienza con las entradas habidas desde la última visita del Provincial y si no hubiere habido visita desde el tiempo que entró en el oficio. Segundo: Descargos que da por el libro de gastos. Después "se saca el alcançe que se haçe diçiendo de

III. El funcionamiento

El funcionamiento de las haciendas de Caribabare, Cravo y Carichana sólo lo conocemos a través de testimonios indirectos. En realidad, la documentación de que disponemos hasta el momento es bastante deficiente en lo referente a órdenes y criterios locales para manejar las haciendas en el Nuevo Reino. Sin embargo, si se trasluce alguna información suelta que en el fondo se ajustaba a lo estatuido en las Reglas del Procurador.

En primer lugar, hay que reconocer que la estructura organizacional era correcta y para su traducción a hechos reales hay que recurrir a lo que hoy denominaríamos los manuales operativos. Su fiel cumplimiento garantizaba el éxito de la organización administrativa pues siempre aspiraba a ser un modelo de previsión, de distribución de funciones y responsabilidades, de utilización de recursos, de productividad y control, lo que se llevó a cabo con un profundo sentido de comunidad y una inmensa tenacidad, elementos esenciales en el logro de la prosperidad que caracterizó los complejos socio-económicos jesuíticos.

En verdad que la tarea del Procurador era titánica. Por un lado debía mantener una detallada y ordenada relación de las disposiciones que procedían de los superiores y otras autoridades, haciendo constar las ejecutadas, sus autores y concepto[1131]. Por otro lado nos consta que las haciendas misionales mantuvieron cuidadosamente libros y cuadernos, con un determinado criterio de contabilidad y control[1132] en los que se registraban meticulosamente los ingresos y egresos, los depósitos y retiros especiales del arca de la procuraduría, detallando el rubro al que pertenecía, el responsable de la operación y el destino de la misma. En esa misma arca se debía guardar y mantener un libro en el que se asentaran las sumas de dinero que se introducían y se sacaban, advirtiéndose que si alguna vez, por una necesidad urgente no se ingresaba el dinero en la caja, se escribiera inmediata-

---

que proçede". Deudas que debe el colegio: a quiénes y de qué. Deudas que deben al colegio: de quiénes y de qué. Rentas, censos, estado de las haciendas, etc. Debe dar cuenta de las alhajas de la Iglesia y Sacristía "por su libro", así como de la librería, despensa, cocina, refectorio

1131 *Regulae Societatis Iesu.* "Regulae Procuratatoris Colegii et Domus Probationis". Regla, 9.

1132 Edda O. SAMUDIO A. "La Fundación de los colegios de la Compañía de Jesús en la provincia de Venezuela. Dotación de un patrimonio" En: José DEL REY FAJARRDO S.J: (Editor). *La Pedagogía Jesuítica en Venezuela. 1628-1767.* San Cristóbal, II () 539

mente en el libro la suma de lo recibido y lo gastado[1133]. Y como hemos anotado más arriba se le exigía mantener y conservar un archivo, en el que se resguardaran cuidadosamente los instrumentos y títulos originales en los que constaban los derechos sobre las posesiones de la orden, que les permitían realizar cualquier tipo de transacción.

En el provincialato del P. Francisco Antonio González (1720-1723) parece que las licencias que se tomaban los Administradores en la gerencia de las haciendas frente al Rector y Procurador de ellas llevó al Provincial a tomar medidas severas para corregir el abuso. Hace referencia el Provincial en su escrito a una orden del R. P. Juan Pablo Oliva, Prepósito General de la Compañía de Jesús, del 30 de agosto de 1673, de donde saca las siguientes conclusiones: "Lo 1°. No pueden dar ni disponer de cosa alguna sin licencia de sus superiores. Lo 2° ni pueden hacer gastos extraordinarios, v. gr. edificios, rancherías, nuevos y costosos entables y cosas semejantes sin licencia de los superiores. Lo 3° pueden y deben hacer aquellos ordinarios que ya se sabe son necesarios para llevar adelante las haciendas en sus cultivos, etc. y para la manutención de sus personas en la vida común de religiosos". Más adelante ordena y manda en precepto de santa obediencia a todos los Padres y Hermanos administradores de nuestras haciendas y a sus sustitutos (aunque lo sean por breve tiempo) que en los libros de recibo y gasto, que para esto deben tener en las haciendas, apunten y escriban no solamente todas las cantidades recibidas y gastadas, sino también de dónde procedieren los recibos (sean de frutos de arrendamientos, de envíos de los colegios o de cualquiera otra vía), que con ocasión de su administración o industria se hayan adquirido, y asimismo en qué se gastaron las cantidades gastadas y que dos veces al año den cuenta a sus Superiores de dichos recibos y gastos, para que vistas y examinadas por ellos, les conste lo que se hace en las haciendas y puedan corregir lo que en esta parte juzgaren menos acertado[1134].

La falta de sincronización en tierras americanas de la puesta en marcha de la Pragmática Sanción de Carlos III motivó que la "expatriación" de

---

1133 *Regulae Societatis Iesu.* Romae. In Collegio eiusdem Societatis 1590. "Regulae Procuratatoris Colegii et Domus Probationis". pp.185-189. Regla 5ª.

1134 ANB. *Temporalidades*, t. 18, fols., 812-813. Algunos ordenes y preceptos para los Padres y Hermanos administradores de nuestras haciendas intimados por el P. Francisco Antonio Gonzalez, Provincial de esta Provincia de la Compañia de Jesus del Nuevo Reyno. En este mismo legajo reposan interesantes informaciones sobre algunas haciendas de la Compañía de Jesús en el Nuevo Reino.

los jesuitas del Orinoco se llevara a cabo el 2 de julio de 1767[1135], y que su exilio se produjera a través de Guayana y del Delta del Orinoco para conseguir la Guayra, (puerto de Caracas), donde desembarcaron el 4 de agosto[1136]. Sin embargo, en los Llanos de Casanare y Meta el gobernador don Francisco Domínguez de Tejada, para poder cumplir con la orden del virrey que le sorprendió en Chire el 21 de agosto de 1767[1137], gastó 114 días. Sólo el 6 de noviembre podía informar el Gobernador que había reunido a los misioneros de los Llanos de Casanare en Cravo[1138]. El 2 de diciembre se encontraban los expatriados en Guayana y en la balandra El Violón fueron trasladados al puerto de La Guayra[1139].

Como es natural los jesuitas de los Llanos tuvieron tiempo más que suficiente para expurgar toda la documentación que consideraron no debía llegar a los ejecutores de una decisión regia que ellos conceptuaban totalmente injusta. Cuando los funcionarios regios se presentaron en la hacienda de Cravo ya su misionero, el P. Martín Soto Río, se había desecho del libro de entradas y salidas; mas al insistir los secuestradores en su obligación de recabar toda la documentación económico-administrativa el misionero manifestó sin ambages que una vez que se enteró del "extrañamiento" mandó a quemar con todos los papeles y cartas que se encontraban en su poder y tan solo conservó el cuaderno de los asientos de la escolta y otro en el que se registraban los concertados, en el que se incluía el mayordomo[1140].

Con todo, el Procurador de Caribabare, el P. Manuel Álvarez, entregó un libro de inventarios, en el que constaban los recibos y los rodeos (de ganado vacuno, caballar y acémilas) de todos los hatos de Caribabare que

---

1135 ANCh. *Jesuitas*, 446.

1136 GILIJ. *Ensayo de Historia Americana*. Bogotá, Academia Colombiana de Historia, IV (1955) 338; I, 33.

1137 ANB. *Conventos*, t. 29, fols. 205 y ss. *Carta de Francisco Domínguez de Tejada al virrey y junta de temporalidades*.

1138 ANB. *Conventos*, t. 29. *Testimonio de autos /sobre/ la expulsión de quatro religiosos de la Compañía /en/ el Partido de Meta. /D/ Andrés de Oleaga.* Fol., 487.

1139 ANCh. *Jesuitas*, 446. (En DEL REY. *Documentos jesuíticos*, III, 55-56).

1140 ANB. *Conventos*, 29. *Testimonio de Autos sobre la expulsión de cuatro religiosos de la Compañía de Jesús de la misión del Meta...* fol., 779. En este mismo documento consta el traspaso que el 30 de abril de 1743 hizo el Procurador de las Misiones de los Llanos, con licencia del Rector del Colegio Máximo, por estar ausente el Provincial, por el que renunciaba y traspasaba los hatos de ganado que tenían las misiones en los pueblos de San Miguel de Sálivas, San Regis de Surimena, San Pablo de Amarizanes y San Ignacio de Betoyes.

se hicieron ese año y el anterior, como un resumen de las bestias que había en la referida hacienda. A ello hay que añadir 6 libros contentivos de las cuentas de gasto y recibo de la hacienda, las entregas de la procuraduría, las cuentas de censos y las relativas a los Padres de la Misión y la escolta[1141]. A su vez se consignaron 26 escrituras y otros instrumentos que se hicieron a favor de la propiedad de los esclavos de Caribabare y Tocaría, advirtiendo que los que no tenían ese instrumento de propiedad se habían criado en uno de las dos haciendas[1142].

Y por otra parte toda la información que podía haber clarificado la situación económica de las Misiones del Orinoco no ha podido ser ubicada hasta el momento. En consecuencia, la ausencia de gran parte del rico filón documental que ha servido para entender en los colegios su gestión económica queda muy disminuida en el ámbito misional.

Toda la actividad de las haciendas era supervisada por el Procurador quien controlaba el cumplimiento de todas las funciones de los diversos estamentos a él encomendados. En última instancia se trataba de una empresa cuya organización estaba regida por la forma vertical que caracterizó toda la administración de la Compañía de Jesús y sometida a una disciplina empresarial muy característica.

Anualmente el Superior de la Misión debía inspeccionar todos y cada uno de los pueblos de su respectiva Misión y también las haciendas. En consecuencia este primer control externo le obligaba al administrador a tener bien organizados los libros de cuentas de pagos a concertados y sacar copia de las cuentas y órdenes para presentarlas a esta autoridad local.

Cada trienio el Provincial del Nuevo Reino de Granada debía visitar todas las casas de su circunscripción. Su misión consistía en inspeccionar personalmente las obras, analizar los logros, distribuir el personal e informar finalmente a Roma. Una entrevista decisiva era la que mantenía con el Procurador, pues éste debía dar razón de las actividades desarrolladas en la hacienda así como también debía presentar los libros que recogían toda la gestión de los últimos tres años.

1141   ANB. *Temporalidades*, 5, fols., 707-709. *Testimonio del cuaderno de inventarios de Caribabare y depósito*. En la hacienda procuraduría de Caribabare en siete días del mes de octubre de 1767.

1142   ANB. *Temporalidades*, 5, fol., 710.

Al final de la visita dejaba el Provincial un Memorial del que una copia quedaba en el archivo de la Misión, otra en Bogotá y otra en Roma[1143]. Es de lamentar que la mayoría de esos Memoriales se hayan perdido. Sin embargo, todos los catálogos trienales tenían que informar de la situación económica de cada colegio o casa. En el caso de las Misiones la visión era global de toda la demarcación misional[1144].

Pero además de las grandes haciendas todos los pueblos misionales contaban con sus propios hatos y estaban sometidos a idénticos controles. Las denominaciones variaban pues podían designarse como hatos de la iglesia, de cofradías[1145], de comunidad o del pueblo pero siempre estaban bajo la vigilancia y el cuidado de los misioneros. Es curioso anotar que los propios indígenas servían como mayordomos y vaqueros, y se ocupaban del cuidado del hato y de los rodeos anuales, los que registraban regular y cuidadosamente en el cuaderno respectivo[1146].

También dejamos constancia de los Procuradores que rigieron las distintas haciendas.

I) Caribabare. La primera mención que hacen los catálogos de la Provincia del Nuevo Reino sobre este cargo data del año 1687 y en él se señala al P. Juan Fernández Pedroche[1147]. En 1691 había sido sustituido por el P. Manuel Pérez[1148]. Hasta el año 1702 debió actuar el P. José de Silva[1149]. Y a partir de ese año de nuevo el P. Juan Fernández Pedroche[1150]. Tenemos noticia de que en 1710 se desempeñaba como Procurador el P. José

1143 Un ejemplo lo ofrece: "Resulta de la visita de la mission de los Llanos, hecha por el Padre Joseph de Madrid, visitador y Viceprovincial desta Provincia del Nuevo Reino, en el mes de Febrero de 1678". En: ARSI. N. R. et Q., 15-II, fols., 11-16

1144 Toda la información reposa en ARSI. N. R. et Q. 3, 4 y 5.

1145 Véase el Hato de Cofradías nombrado Purare del pueblo de Patute. ANB. *Temporalidades*, 5. Inventario de Patute. Números 11 y 12. 13 de octubre de 1767. Fol., 639v.

1146 José Manuel GROOT. *Historia eclesiástica y civil de Nueva Granada*. Escrita sobre documentos auténticos. Bogotá, II (1890) Apéndice, N°., 18. Informe del Antiguo Gobernador de los Llanos de Casanare dado a petición del Fiscal, Don Francisco A. Moreno, en expediente de los misioneros dominicanos sobre la falta de recursos para sostener las misiones.

1147 ARSI. N. R. et Q., 5, fol., 26.

1148 ARSI. N. R. et Q., 4, fol., 2. Catálogo Breve de 1691.

1149 ARSI. N. R. et Q., 4, fol., 44.

1150 ARSI. N. R. et Q., 4, fol., 43v.

Guillén[1151]. En 1711 el P. Miguel Monroy[1152]. Entre 1713[1153] y 1720, se desempeñó el P. Lorenzo Díaz[1154]. El P. Francisco Rauber gestionó las haciendas después de 1727[1155]. Poco duró en el cargo el P. Luis Franco pues llegó en 1734[1156] y falleció en las misiones el 2 de noviembre de 1735[1157]. En 1738 estaba al frente el P. Manuel Gaitán[1158] y en 1743 el P. Bernardo Atenolfi[1159]. En 1745 se reinsertaba el P. Antonio Ayala en Casanare como Procurador[1160] y como tal actuaba en 1751[1161]. En 1751 residía el P. Bartolomé Ruiz como ayudante del Procurador[1162]. Reintegrado en 1754 a las misiones fungía en 1756 como titular[1163]. En torno a 1753 también estuvo al frente de este delicado puesto el P. Manuel Collado[1164]. Y desde 1763 fue el P. Manuel Alvarez[1165] quien cerró el ciclo de los Procuradores pues en esta hacienda le sorprendería la Pragmática Sanción de Carlos III en 1767[1166].

1151 ANB. Curas y Obispos, t. 8, fol., 695.

1152 ARSI. N. R. et Q., 4, fol., 58.

1153 ARSI. N. R. et Q., 4, fol., 119.

1154 ARSI. N. R. et Q., 4, fol., 119. Catálogo de 1713; (Idem, 173v) Catálogo de 1715; (Idem, 162v) Catálogo de 1718.

1155 ARSI. N. R. et Q., 4, fol., 232. Todos los catálogos reiterarán la misma información.

1156 GUMILLA. *Escritos varios*, 173.

1157 ARSI. N. R. et Q., 4, fol., 252. *Supplementum primi et secundi Cathalogi Provinciae Novi Regni Societatis Jesu confectum a 11 julii 1733 ad 6 martii 1736.*

1158 ARSI. N. R. et Q., 4, fol., 273v.

1159 AGI. *Santafé*, 306. Certificación de Francisco Agustín Gonzalez de Acuña.

1160 Archivo de la Provincia Colombiana de la Compañía de Jesús. En un documento suelto se lee: "Fue destinado a las misiones en 1736; salió a Tunja y volvió a Casanare en 1745. Fue dos veces Superior, y Procurador desde 1745. Se quedó en Pore enfermo, en donde se encontraba en septiembre de 1768".

1161 ARSI. N. R. et Q., 4, fol., 299. Catálogo Breve de 1751.

1162 ARSI. N. R. et Q., 4, fol., 299. Catálogo Breve de 1751.

1163 ARSI. N. R. et Q., 4, fol., 348. Catálogo Breve de 1756. ALVARADO. *Informe reservado*, 332: "... donde reside [Caribabare] el Padre Bartolomé Ruiz, español, natural de la Mancha, que hace de Procurador del partido de Casanare". Este testimonio nos alarga la presencia del P. Ruiz por lo menos a 1757.

1164 ARSI. N. R. et Q., 4, fol., 301v. Catálogo Breve de 1753.

1165 ARSI. N. R. et Q., 4, fol., 360. Catálogo de 1763.

1166 ANB. *Temporalidades*, t. 6, fol., 667 y ss.

II) Tocaría. A partir de 1750 observamos que Tocaría debió alcanzar bastante entidad pues desde esa fecha aparecen jesuitas como administradores. En 1751 se desempeñaba el P. Jacinto Chacón[1167]. En 1753, el P. Jorge Pons y Campins[1168]. En 1756 residía tanto el Procurador que era el P. Francisco Javier Jiménez como su acompañante el P. Ignacio Barrios[1169]. Y pensamos que desde 1764 tuvo que actuar el P. Juan Francisco Blasco[1170] a quien la expulsión de 1767 le sorprendería en esta hacienda[1171].

III) Cravo. En los catálogos solamente aparece la figura del Procurador en el Catálogo de 1763 y era el P. Ignacio Barrios[1172]. El decreto de expulsión de Carlos III le sorprendió al P. Martín Soto Río el 2 de octubre de 1767 como Procurador de Cravo[1173].

IV) Carichana: En 1741 el P. Roque Lubián, quien además se desempeñaba como Procurador de las misiones[1174]. En 1749 el P. Juan Díaz[1175]. En 1751 el P. Pons y Campins[1176] y su ayudante el P. Jacobo Nille[1177]

1167   ARSI. N. R. et Q., 4, fol., 299. Catálogo Breve de 1751.

1168   ARSI. N. R. et Q., 4, fol.,301v. Catálogo Breve de 1753. "Curat praedium de Tocaría" (es decir, de la Misión de Casanare y del Meta).

1169   ARSI. N. R. et Q., 4, fol., 348. Catálogo Breve de 1756.

1170   AHN. *Jesuitas*, 827/2. *Filiacion de los Regulares de la Compañia transferidos de la Provincia de Santa Fee de Bogotá en el Navio nombrado San Pedro y San Pablo que al presente se hallan recidiendo en la Casa Hospicio de esta ciudad*. N°. 174.

1171   PACHECO. "Los jesuitas de la Provincia del Nuevo Reino de Granada expulsados en 1767". En: *Ecclesiastica Xaveriana*. Bogotá, 3 (1953) 66-67.

1172   ARSI. N. R. et Q., 4, fol., 375. Catálogo Breve de 1763.

1173   ANB. *Conventos*, t. 29, fol., 792v-799.

1174   AGI. *Santo Domingo*, 634. *Carta de Román a Gumilla*. Cabruta, junio 11 de 1741. (GUMILLA. *Escritos varios*, 276).

1175   Pascual MARTINEZ MARCO. Viage y derrotero de la ciudad de Cumaná a la de Santa Fee de Bogotá q. hizo y efectuó D. Pasqual Martínez Marco q. da principio oy diez de Febrero de 1749 años. En: Jean-Paul DUVIOLS. "Pascual Martínez Marco, Viaje y derrotero de la ciudad de Cumaná a la de Santa Fe de Bogotá (1749)". En: *Cahiers du monde hispanique et luso-brésilien*. Toulouse, 26 (1976) 26.

1176   ARSI. N. R. et Q., 4, fol., 299v. Catálogo Breve de 1751. Procurador en el Orinoco (es decir, Carichana).

1177   ARSI. N. R. et Q., 4, fol., 299v. Catálogo Breve de 1751.

quien para 1753 había devenido a titular[1178]. En 1756 actuaba el P. Antonio Salillas[1179]. Y en 1763 estaba bajo el cuidado del P. Francisco Riberos[1180].

En lo que se refiere a la vida comunitaria los "Usos y costumbres la Provincia del Nuevo Reino" estipulaban la igualdad de todos los miembros de cada una de las comunidades jesuíticas expandidas por el Nuevo Reino. Así por ejemplo, en lo relativo a los viáticos de los que eran destinados a un colegio o residencia se fijaba tanto la dotación personal[1181] como lo relativo a los viajes[1182].

Capital

Antes de entrar de lleno en el tema del estudio del capital debemos clarificar los conceptos fundamentales que surgen de la estructura organizativa. Es necesario distinguir con toda claridad la propiedad y funciones de la hacienda principal de la de los hatos que poseía cada una de las reducciones.

La hacienda pertenece en su totalidad a la entidad jurídica de la Misión bien sea Casanare o Meta u Orinoco y en ella estaba ínsita la Procura manejada por el P. Procurador quien era el responsable directo de toda la gestión económica.

Pero, el "hato" es propiedad de cada pueblo o reducción y por ende, como ente autónomo, estaba en la obligación de crear su propio patrimonio

---

1178 ARSI. N. R. et Q., 4, fol., 301v. Catálogo Breve de 1753.
1179 ARSI. N. R. et Q., 4, fol., 348v. Catálogo Breve de 1756. Según Alvarado (*Informe reservado*, 226) fue Procurador durante el mandato del P. Roque Lubián (1755-1757).
1180 ARSI. N. R. et Q., 4, fol., 375. Catálogo Breve de 1763. El Catálogo de 1763 (Idem, fol., 359v) da a entender que su llegada fue anterior pues anota: "Fuit Missionarius hispanorum et gentilium. Est Procurator Missionum".
1181 APT. *Fondo Astráin*, 18. *Ordenes antiguas, que por orden de N. R. P. Lorenzo Ricci, ya no están en uso: y deven guardarse en el Archivo.* Fol., 23v-24: "El Colegio de donde sale, le dará el vestido interior y exterior y el manteo, sombrero, bonete y sobrerropa que tuviere dicho sujeto, de manera que pueda servirle todo deçentemente un año sino fuere necesario mejorarlo conforme al tiempo y lugar y la salud del que camina (...) y de la ropa blanca le dará tres camisas, tres pañuelos, tres escofias, tres pares de escarpines, dos pares de medias y dos pares de zapatos, jubón y calçones acomodados al tiempo y lugar a donde va".
1182 APT. *Fondo Astráin*, 18. *Ordenes antiguas.* Fol., 25v.: "14. Al que fuere de Santafe a Merida se le daran tres mulas fletadas y pagadas; veinte y cuatro panes; cuatro cajetas de conserva; quatro quesos, un quarto de carnero y treinta pesos en plata".

con la ayuda regulada de la hacienda principal. Y en este caso el misionero fungía de procurador.

Cuando en 1661 la Compañía de Jesús neogranadina ingresa definitivamente en la región de los Llanos asume la responsabilidad de la Misión de Casanare sin auxilio alguno gubernamental. Pero, los altos costos que suponía la fundación de un pueblo misional, la dotación exigida tanto para iglesia como para el culto sagrado, el levantamiento de todo el aparato civil para la organización de la reducción-municipio y el pago de personas seglares "que han ido para resguardo de los operarios evangélicos"[1183] les llevó a excogitar medios de financiamiento.

Pero antes de tratar los haberes del capital creemos oportuno iniciar este tema con lo que podríamos designar como el presupuesto de gastos para acceder después al presupuesto de ingresos.

Y una pregunta obligada consiste en indagar con qué capital se iniciaba una reducción pues es evidente que el orden y funcionamiento de la "ciudad-misión" conllevaba grandes erogaciones para poder cumplir sus fines. Trataremos de perfilar algunos gastos.

El primer rubro lo constituía lo que podríamos denominar el ramo de la arquitectura, es decir, la construcción de la iglesia, la casa del misionero y las edificaciones públicas.

La segunda preocupación radicaba en la creación del "hato" y era fundamental ya que debía satisfacer las necesidades comunes así como también ser subsidiario a la labor que suponían las tierras para sementeras de plátano y yuca generalmente[1184]. De este modo se beneficiaban las viudas, se sustentaban los huérfanos y los enfermos[1185]. Además, el cuidado de la "Cuadrilla del rezado" (i. e. los niños y niñas) era asumido, dentro de la concepción formativa de los jesuitas, por el misionero a fin de que la Escuela influyera a tiempo completo para sembrar una nueva visión de la vida y del futuro de sus comunidades. Y consiguientemente la misión debía encargarse del sustento diario[1186].

1183 AGI. *Santafé*, 248. Memorial del P. Juan de la Peña al Ilustrísimo Melchor de Liñán de Cisneros, 1672.

1184 SAMUDIO, Edda O. "Las haciendas jesuíticas de las misiones de los Llanos del Casanare, Meta y Orinoco". En: José DEL REY FAJARDO (Edit.). *Misiones jesuíticas en la Orinoquia* (1625-1767). San Cristóbal, I (1992) 748.

1185 GUMILLA. *El Orinoco ilustrado*, 514. ALVARADO. *Informe reservado*, 252.

1186 ALVARADO. *Informe reservado*, 251.

El tercer objetivo se dirigía a la actividad educativa pues exigía una infraestructura que debía ser financiada en su totalidad: alumnos, maestros y materiales escolares. En consecuencia, es lógico que la enseñanza de la Escuela debía descansar sobre un maestro dirigido por el jesuita ya que la acción de el Cura tenía que ser gerencial y no disponía del tiempo requerido para las funciones educativas pues la responsabilidad final del funcionamiento de la vida de la reducción caía exclusivamente bajo su entera responsabilidad[1187].

Pero si los costos de la Escuela de primeras letras eran altos para la frágil economía de una reducción recién fundada, no lo eran menos los exigidos por la Escuela de música, la cual, según el P. Matías de Tapia requería de "cinco o seis muchachos tiples, organista, bajón, y cornetilla con otros quatro o cinco que tocan sacabuche, y chirimías, y otros con caxa, y clarín..."[1188]. Y como es evidente había que conseguir el correspondiente "maestro de solfa de otro pueblo antiguo" para sí entablar la escuela de música[1189]. De igual manera se reitera la compra de instrumentos musicales para renovar o mejorar las existencias como el P. Gumilla que gastó 40 pesos en 1747 para comprar siete ternos de flautas[1190].

Otro renglón en el presupuesto ordinario misional era el dedicado al financiamiento de las "entradas" o las expediciones cíclicas que se debían llevar a cabo para acrecentar el número de los indígenas reducidos. Aunque siempre eran planificadas con la mayor precisión posible, la experiencia les enseñaba que la provisión de bastimentos no debía ser abundante, pues como apunta Gumilla "a más tardar, a los cuatro días se la han comido los indios que la cargan para aliviar la carga y por su natural voracidad"[1191]. El mayor presupuesto lo consumía tanto la embajada presidida por el misionero y compuesta por 12 ó 14 indígenas y dos soldados así como también "los abalorios, cuentas de vidrio, cuchillos, anzuelos y otras bujerías" a los que los indígenas muestran gran aprecio[1192].

1187 Agustín de VEGA. *Noticia del principio y progresos del establecimiento de las Missiones de gentiles en la río Orinoco por la Compañía de Jesús*. Estudio introductorio: José del Rey Fajardo sj y Daniel de Barandiarán. Caracas (2000) 649-650.

1188 J. DEL REY FAJARDO. *Documentos jesuíticos...*, II, 274.

1189 GUMILLA. *El Orinoco ilustrado*, 515.

1190 ANB. *Temporalidades*, 5, fol., 789: [Año 1747] "cuarenta pesos de siete ternos de flautas que pidió el P. Joseph Gumilla y se traxeron de fuera y se remitieron a su reverencia".

1191 GUMILLA. *El Orinoco ilustrado*, 240.

1192 GUMILLA. *El Orinoco ilustrado*, 240.

Otra fuente grande de egresos la imponía la administración central de la Provincia y podían ser partes alícuotas, como los viajes de los Procuradores a Roma y Madrid[1193], o totales como eran los provenientes de las visitas de los Provinciales, Superiores y Misioneros, compra de libros, amén de los impuestos comunitarios que debían pagar para la administración de la entidad jurídica Provincia del Nuevo Reino.

Pero dentro de este contexto permanecía de forma reiterativa la obsesión por alentar aquellos tres pilares en los que debía reposar la reducción-municipio: el aseguramiento de la subsistencia, la capacitación de los recursos humanos y la adquisición de la ciudadanía a través del nuevo concepto de municipio.

Quien desee acercarse a la cuantificación de la inversión realizada por la Compañía de Jesús en las Misiones de la Orinoquia podrá tener un punto de referencia inicial en nuestra investigación "Topohistoria misional jesuítica llanera y orinoquense"[1194].

Pero viniendo la dotación inicial de cualquier reducción proporcionaba la hacienda de la misión[1195] y consistía en el equipamiento del hato con 300 ó 400 reses de cría y las correspondientes yeguas y caballos para su manejo[1196].

Pero la dotación debía ser doble: la del misionero y la de la población.

En la visita que realizó el P. José Madrid, visitador de la Provincia del Nuevo Reyno, en 1678, después de insistir severamente a los misioneros sobre la gratuidad absoluta de cualquier clase de ministerios sacerdotales, manda al Superior que entregue anualmente a los súbditos 24 novillos para carne, dos vacas para leche, dos cerdos, dos zurrones de miel y doce quesos; que les suministren las herramientas necesarias y "las ha de disponer

---

[1193] En 1750 el Provincial Pedro Fabro impuso un impuesto para pagar el viaje de los Procuradores a Madrid y Roma y mientras el Colegio Máximo de Bogotá debía contribuir con 1.500 pesos la Procura de Casanare tuvo que pagar 3.000 pesos y la del Orinoco 2.000 (ANB. *Miscelánea*, 90, fol., 7).

[1194] J. DEL REY FAJARDO. "Topohistoria misional jesuítica llanera y orinoquense". En: J. DEL REY FAJARDO y Edda SAMUDIO. *Hombre, tierra y sociedad*. San Cristóbal-Bogotá (1996) 7-158.

[1195] Edda SAMUDIO. "Las haciendas de las misiones de los Llanos del Casanare, Meta y Orinoco". En DEL REY FAJARDO (edit.). *Misiones jesuíticas en la Orinoquia*, I, 749-750.

[1196] José M. GROOT. *Historia eclesiástica y civil de Nueva Granada*. Bogotá, II, pag. XLII.

sin interés alguno el indio herrero que tenemos en Pauto, pues aquella fragua es de la misión y de los Padres de ella"[1197].

Por su parte, cada Misionero debía sustentarse de "su peculio", y la carne, vino, hostias, lienzos y géneros para vestuario interior y exterior, y hasta la última menudencia debía comprarlas en la Procura y pagarlas al Procurador[1198]. El suministro de toda clase de herramientas, hierro crudo, abalorios y demás rescates los obtenían a través de la Guayana "donde se introducen de las colonias extranjeras de Esequivo, Martinica y otras y se venden a mejores precios que en España". El vino de celebrar y algunos tejidos de lana, eran recibidos por los Llanos de Caracas. "Y cuando estuve tenían corriente una recua de mulas para que saliesen más baratos los acarreos. Y del Nuevo Reino provenían la harina para hostias, azúcar, lienzos y tejidos bastos de algodón"[1199].

Asimismo, todas las compras de cada reducción debían ser solicitadas a la hacienda principal que ejercía también funciones de Procuraduría, es decir, se convertía en un almacén general en el que los misioneros debían adquirir todo lo que necesitaren tanto para la dotación y el desarrollo de su reducción como para su consumo propio. A la luz de esta realidad hay que señalar que cada doctrinero tenía su propia cuenta y a través de ella la Procura actuaba en cada caso. También la Procuraduría otorgaba censos o créditos a un interés del 5% como era usual en aquella época. Esos censos tuvieron frecuentemente su origen en deudas producto de la venta de ganado y eran otorgados con garantía o hipoteca[1200].

Existen otros costos que quizá hoy nos resultan ininteligibles. Conforme se alejaban del piedemonte andino y penetraban las sabanas llaneras las dificultades, y por ende los retos, eran cada vez mayores.

1197 ARSI. N. R. et Q., 15-II. Resulta de la visita de la Mission de los Llanos, hecha por el P. Joseph de Madrid, Visitador y ViceProvincial del Nuevo Reyno, en el mes de febrero de 1678.

1198 ALVARADO. *Informe reservado*, 241-242.

1199 ALVARADO. *Informe reservado*, 243-244. Alvarado ofrece además algunos precios de venta: 1 peso la arroba de carne salada; 6 pesos si la res está viva; 6 reales el frasco de miel; 10 reales el de aguardiente.

1200 Edda SAMUDIO. "Las haciendas de las misiones de los Llanos del Casanare, Meta y Orinoco". En DEL REY FAJARDO (edit.). *Misiones jesuíticas en la Orinoquia*, I, 748. Véase: Hermes TOVAR PINZON. "Rentas y beneficios de las haciendas neogranadinas". En: *Ibero-Amerikanisches Archiv*. Berlín, vol., 12-3 (1986) 280-301.

Cualquier traslado del ganado por el Llano suponía grandes pérdidas. Cuando a fines del siglo XVII deseaban crear un hato en Carichana (Orinoco) salieron de Casanare 150 reses por la vía del Meta de las que ninguna llegó a su destino: parte del ganado se "alzó", otra fue capturada por los caribes y el resto fue presa de los tigres y pumas que infestaban la región. Posteriormente se hizo otro intento con 400 piezas de ganado. En el camino se perdieron 150; en el paso del río Meta se ahogaron 40 y fueron muy pocas las superaron todas las dificultades[1201].

El último ensayo que intentaron los jesuitas en el siglo XVII por mantener sus posiciones en el Orinoco concluyó con un nuevo fracaso y los misioneros decidieron regresar a Casanare "por enero de 95"[1202]. La empresa había costado a las misiones de Casanare la suma 600 pesos[1203].

Por una declaración de Fray Francisco de Cortázar, sustituto del cura expatriado de Patute, conocemos los diversos aportes sociales que la Procura de Caribabare debía suministrar a cada cura de acuerdo con sus peticiones a fin de fundamentar e incrementar el desarrollo de cada población.

Anualmente debía proveer a las reducciones de "cuchillos, hachas, machetes, caporanos, eslabones, camisetas, mantas, lienzo, agujas, madejas de lana, ceñidores, anzuelos, cuentas, rosarios, sortijas, zarcillos, medallas, &"[1204].

Los tejidos provenientes del algodón de primicia de Tame, Macaguane y Betoyes se utilizaban de forma habitual para socorrer a los más pobres "de fierros y vestuarios, como también de los lienzos". Además, con dichos lienzos se pagaban los salarios a los peones y concertados de los hatos "hasta donde alcanzaba" y lo demás de la cuenta de los hatos. También de la carne de los hatos se podía dar en limosna en sus enfermedades así como la sal siempre y cuando trabajaran en las obras públicas de los pueblos, es decir, casas, caneyes y corrales de los hatos. Incluso, los trabajadores de tareas comunitarias y los de las primicias "se les daba la herramienta que para este fin tenían" los misioneros en sus casas y eran costeadas por Caribabare. Finalmente, cada tres años, se entregaban calzones,

---

1201 AGI. *Santafé*, 249. Informacion ... PACHECO. *Los jesuitas en Colombia*, II, 404 trae un extracto.
1202 APT. Leg., 26. *Letras annuas* 1694-1698, fol., 233v.
1203 APT. Leg., 26. *Letras annuas* 1694-1698, fol., 234.
1204 José Manuel GROOT. *Historia eclesiástica y civil de Nueva Granada*. Escrita sobre documentos auténticos. Bogotá, II (1890) XLVI.

camisetas, ceñidores a los capitanes, caciques, fiscales, sacristanes, monaguillos y cantores[1205].

Con estos antecedentes trataremos de diseñar el presupuesto de ingresos de la Misión. En forma general podríamos hacer referencia a tres grandes rubros: el aporte de la corona al sínodo de los misioneros; la rentabilidad de la hacienda principal de la Misión y otro tipo de ingresos del que hablaremos más adelante.

El sínodo contemplado por la legislación indiana para los misioneros se inicia el año 1672 cuando el Provincial Juan de la Peña (1605-¿?)[1206] se dirige al arzobispo Melchor Liñán y Cisneros (1629-1708)[1207], Presidente del Nuevo Reino, para que señalara estipendios a los párrocos de de Macaguane, Patute, Tame y del pueblo de los sáivas[1208]. El arzobispo-presidente juzgó oportuno remitir a Madrid la solicitud pero adelantando su juicio: "Me parece muy ajustado que tengan los curas estipendio, pues sin él no podrán alimentarse, ni tener el culto divino con la decencia que se debe en parte tan retirada, y donde es más necesaria para conmover a aquellos infieles a que se reduzgan al gremio de la Iglesia"[1209]. A esta solicitud se unió la del P. Alonso de Pantoja, Procurador de la Provincia del Nuevo Reino en Madrid en la que no sólo solicitaba el estipendio para los doctrineros sino que además se le dotara a cad doctrina de "la campana, ornamento, cáliz y misal que se acostumbra"[1210].

Por real cédula del 12 de noviembre de 1673, dirigida al arzobispo de Santafé, se le notificaba a los oficiales reales del Nuevo Reino que debían pagar 50.000,00 maravedíes a los cuatro misioneros de los Llanos "en el ínterin que los indios reducidos a nuestra santa fe e incorporados en la corona se ponen en estado de tributar"[1211]. Y el 19 de diciembre de 1680

1205 José Manuel GROOT. *Historia eclesiástica...*, XLVI.

1206 José DEL REY FAJARDO. *Bío-bibliografía...*, 187-188.

1207 Juan Manuel PACHECO. *Historia eclesiástica.* Tomo II: La consolidación de la Iglesia. Siglo XVII. Bogotá, Historia Extensa de Colombia, vol., XIII (1975) 342-344. Sergio Elías ORTIZ. *El Nuevo Reino de Granada. Real Audiencia y Presidentes.* Tomo 4: Presidentes de capa y espada (1654-1719). Bogotá, Ediciones Lerner (1966) 159-166.

1208 AGI. *Santafé*, 248. Memorial del P. Juan de la Peña al Ilustrísimo Melchor de Liñán de Cisneros, 1672.

1209 AGI. *Santafé*, 249.

1210 AGI. *Santafé*, 248. Memorial del P. Alonso de Pantoja de la Compañía de Jesús sobre el señalamiento de sínodos a los Religiosos doctrineros de los Llanos.

1211 AGI. *Santafé*, 530, tomo 9, fol., 271.

conseguía el nuevo Procurador, P. Antonio Maldonado, que la misma merced se extendiera a los nuevos pueblos fundados o que se fundaran en el futuro[1212].

Mas las Misiones casanareñas pronto intuyeron el criterio de que la "hacienda" debía erigirse, desde los inicios, en un verdadero subsistema empresarial dentro del "Proyecto-Misión" con el objeto de garantizar el soporte a la labor extraeconómica de índole espiritual, social, cultural y de desarrollo humano y comunitario que debería llevarse a cabo en los Llanos de Casanare y en la Orinoquia.

El mayor capital con que contaron las misiones llaneras jesuíticas fue la hacienda de Caribabare. Esta entidad demuestra la validez del criterio de la Compañía de Jesús americana pues computaba que el surgimiento de la hacienda debía correr paralelo a la acción fundacional.

En el inventario levantado en 1767 no se atrevieron los comisarios regios a registrar los linderos de la hacienda pero dejaron el siguiente testimonio: "se pone por inventario las tierras de uno y otro lado del río Casanare en donde pastan los ganados vacunos, yeguas, caballos y demás bestias de esta hacienda, así las de Yegüera como las de Tunapuna y los hatos a anexar, *cuyos títulos de ellos se me entregan y por lo difícil de alistar los linderos no se ponen*"[1213].

Para una mejor administración y rendimiento de esos ingentes territorios adquiridos por la hacienda fue dividida en hatos. El hato Caribabare funcionó siempre como el centro administrativo y de producción agrícola y textil y por ende allí fijó su residencia el Procurador; el hato de Tunapuna se dedicó a la producción ganadera y el de La Yegüera amén de ganadero poseía un cuantioso número de semovientes mulares y cabalgares[1214].

Así pues, las Misiones de Casanare si iniciaron con las tres estancias de ganado en tierras baldías que significaron el comienzo de la hacienda de Caribabare. El precio fue tasado en 12 patacones por cada estancia con la advertencia de que "siendo como son tierras vacas y eriazas [sic] sin habitación de ningún vecino y en muchas partes infructíferas y que por el riesgo de los indios de guerra, ninguno hasta hoy se ha atrevido a pedir ni poblar dichas tierras"[1215].

1212 En marzo de 1683 presentaba el P. Baltasar Felices esta real cédula ante el arzobispo (ANB. *Poblaciones Boyacá*, 2, fol., 29).
1213 ANB. *Temporalidades*, 5, fols., 709-709v. [El subrayado es nuestro].
1214 Héctor Publio PEREZ ANGEL. *La hacienda de Caribabare*, 77.
1215 ANB. *Fondo Richmond*, Legajo 844, fol., 3.

Mas para acercarse a la inteligencia del significado del "capital" hay que recurrir a la "Procura" verdadero cerebro económico de todas las operaciones productivas y comerciales que se desarrollaron desde 1662 hasta la expulsión de los jesuitas de España y América en 1767.

Varias acciones macroeconómicas debía desarrollar la Procura. Fomentar la política agraria y pecuaria con la compra de nuevas tierras, la venta de ganado al por mayor, la utilización de las agroindustrias para aprovechar los productos derivados de la ganadería, el mercadeo de todos los productos de las haciendas y el intercambio comercial con Guayana, Caracas y el altiplano.

El Procurador General de cada una de las Misiones disponía de un capital en efectivo que provenía de las arcas del estado español. Nos referimos al sínodo de los misioneros que Alvarado conceptuaba en 200 pesos anuales que se cobraban en las Cajas Reales de Santafé[1216]; también recibía gran parte de los sueldos de las escoltas[1217] porque los soldados se proveían en un todo de los almacenes de la Procura pues allí encontraban desde los productos de las propias haciendas hasta los géneros que venían de Europa bien por la vía de Bogotá, de Caracas o de la Guayana[1218].

Pero el verdadero ingreso lo generó siempre la actividad ganadera de Caribabare y de las otras haciendas. En el momento de la expulsión en 1767 la producción ganadera alcanzaba la cifra "aproximada" de 34.634 reses la que calculada cada una a 3 pesos alcanzaba el significativo valor de 93.897 pesos.

Al momento de intimar la expropiación de los bienes de los jesuitas de Caribabare se recensaron en una papelera grande, con cuatro gavetas y cerradura, tres talegas con plata y contada dio 2.640,4 pesos que se especificaron en 1.589,4 pesos en monedas de a real y 1.589,4 en monedas de medios y doce[1219]. Sin embargo, debemos confesar que este monto no nos indica el flujo de caja normal en la hacienda pues como los jesuitas del

---

1216   ALVARADO. *Informe reservado...*, 240.

1217   Siempre fue un calvario el cobro de los sueldos de la escolta militar. Por ello la Procura siempre fiaba todas las compras a los soldados y en definitiva era poco el dinero que en última instancia llegaba al militar.

1218   Un verdadero problema era el contrabando que provenía de Guayana.

1219   ANB. *Temporalidades*, 5: Testimonio del cuaderno de inventario de Caribabare y Depósito. Fols 697-697v.

Meta y del Casnare conocieron la expulsión de sus hermanos en religión del Orinoco tuvieron tiempo para organizar su incomprensible entrega[1220].

Es significativo reflexionar sobre el camino seguido por el remate de las haciendas tras el expolio de que fueron objeto los jesuitas en 1767. Por Caribabare pagó el rematador, Juan Gómez de Cabeza de Vaca[1221], el 4 de abril de 1775, 18.050 pesos[1222]. Pero, por insolvencia del titular pasó remate y a censo redimible a don Juan Felipe Carvajal[1223], vecino de Chita, por 15.500 pesos, el 5 de junio de 1794[1224]. En 1771 Félix Luis Bermúdez adquirió en primera oportunidad Tocaría por 35.025 pesos y, en 1775, fue revendida a don José Lasso de la Vega por 15.500 pesos[1225]. Pedro Castro y Lemuns ramató a Cravo por vez primera en 18.295,[1226] y la segunda en 1788 a favor de Agustín Justo Medina por 24.461 pesos. Apiay fue rematada en 4.200 pesos, en 1767; después pasó a manos de Juan José Rojas, por el mismo valor y, finalmente, en 1781, la adquirió Antonio Romero por 6.342 pesos.

[1220] Declaración del P. Martín Soto-Río, Procurador de Cravo, al serle intimada la expulsión: "... luego que tuvo noticia del extrañamiento que se hacía de ellos que fue el día seis u ocho de agosto próximo pasado, les mandó quemar [el Superior] con todos los demás papelitos y cartas que se hallaban en su poder..." (ANB. *Conventos*, 29, fol., 798v-799).

[1221] De acuerdo a documentos notariales de Yopal (Casanare), al que hacee referencia María Eugenia Romero), se señala que: "El primero de abril de 1790 se da en remate la Hacienda de Caribabare a don Juan Gómez Cabeza de Baca, por la suma de $ 20.000, actuando Francisco Quiñones como administrador de la hacienda....". María Eugenia ROMERO. "Los misioneros en: la orinoquía colombiana: Siglos XVI-XVIII". *Revista Javeriana*, Tomo 102, N° 509, Bogotá, octubre, 1984. pp. 355-362.

[1222] ANB. *Temporalidades*, 5, fols., 76; 78; 81.

[1223] La ventas de don Juan Felipe Carvajal se encuentran en: ANB. *Temporalidades*, 5, fols.,183- 188v.

[1224] ANB. Temporalidades, 5 . Inventario. Fols., 58v.; 71- 76. Germán COLMENARES. *Las haciendas de los Jesuitas en el Nuevo Reino de Granada*, 137.

[1225] Germán COLMENARES. *Las haciendas de los Jesuitas en el Nuevo Reino de Granada*, 137.

[1226] ANB. *Temporalidades*, 5 . *Inventario*..., fols. 1 610- 614v. Igualmente lo presenta Jane M. RAUSCH. *Tropical Plains Frontier*. University of New Mexico, Alburquerque, 1984. p. 87. ANB. Conventos, 29. Testimonio de autos sobre la expulçion de quatro religiosos de la compañía en el partido de meta por Don Andres de Oleaga.1767, f.55.

Una inversión interesante que realizó de forma constante Caribabare fue la de insertarse en "los telares de lienzos y otros tejidos de algodón" de Morcote, Chita, Támara y Guaseco. El negocio consistía en el trueque de los productos de las haciendas y sobre todo el de las reses vacunas que enfermaban o se estreopeban en los traslados por lienzos y tejidos de algodón pues eran considerados "... lo mismo que moneda por el giro que hacen de ello"[1227].

Caribabare también actuó como una especie de banco tanto para los jeusitas como para los civiles llaneros que tocaban a sus puertas en solicitud de ayuda. Los inventarios demuestran la gran actividad que adquirió el préstamo entre las propias Procuras de la Provincia del Nuevo Reino de Granada. Así observamos que la Procura de Caribabare adeudaba a la del Orinoco 915,51/2 pesos y al pueblo de Macaguane 8,6 3/4 pesos.

También fueron habituales los otorgamientos de censos o créditos a un interés del 5% como era lo acostumbrado en tiempos coloniales. El préstamo hipotecario con fianza personal o con garantía fue la modalidad utilizada en el financiamiento de cualquier deuda hispánica[1228].

El ingenio financiero de los misioneros les llevó a saber utilizar los beneficios del censo para inversiones sociales locales como pudo verificar el dominico Francisco de Cortázar en la Misión de Betoyes quienes –dice– "gozaban del socorro que anualmente les venía de Tunja en camisetas, cuchillos y otros efectos que el cura pedía a Don Francisco Padilla, a cargo del censo de 500 pesos que en sí tenía impuestos por su hermano el padre Manuel Padilla, de la Compañía (extinguida) cura de dichos Betoyes"[1229].

1227 Eugenio ALVARADO. *Informe Reservado*..., 240-241.

1228 James D. RILEY. *Haciendas Jesuíticas en México. La administración de los bienes inmuebles del Colegio Máximo de San Pedro y de San Pablo de la ciudad de México 1685-1767*. México, 1976. Hermes TOVAR PINZÓN. "Rentas y Benefficios de las haciendas neogranadinas". En: *Ibero-Americanishes Archiv*. Berlín, 12/3 (1986) 280-301.

1229 José Manuel GROOT. *Historia eclesiástica y civil de Nueva Granada*. Bogotá, II (1890) XLVI.

Cuadro 1
Acreedores de la Hacienda Caribabare

Deudor	Concepto	Monto (Pesos)
Juan Avellaneda	Venta de la Hacienda Ogamara	2.330
Colegio de Tunja	Partidas de Novillos	3.391
Colegio de Santa Fé	S.e.	91,0
Colegio de Tunja	12*Mulas	240,0
Hato de Las Animas (Pueblo de San Salvador del Puerto de Casanare)	S.e.	279,1 ¾
Hato de la Iglesia del Pueblo de Manare	S.e.	13,1 ½
Procuraduría de Cravo en Meta	S.e.	160,0
Martín de Elizalde	Sal.	39,3
Joseph de Cárdenas	10 reses	25,0
Total		6.538,6 ¼

* a 20 pesos mula.

Fuente: ANB. *Temporalidades*, 5. Testimonio del Inventario de Caribabare y Depósitos. Tomado de: Edda SAMUDIO y José DEL REY FAJARDO. *Jesuitas, haciendas y promoción social en la Orinoquia*. Mérida (2006) 55.

Hay que tener presente que los hatos de las pueblos generaban recursos para satisfacer algunas de las necesidades de la comunidad así como las áreas destinadas para las sementeras comunales. También jugaron un importante papel en la economía local los hatos de las cofradías con cuyos beneficios se podían financiar obras sociales públicas de la reducción.

El trabajo

La experiencia misional jesuítica pronto les enseñó que la intensificación y mejoramiento de la agricultura "conduce al buen estado de las poblaciones"[1230] y en consecuencia también se convencieron de que la economía era el instrumento imprescindible para crear el bienestar social en las reducciones.

1230 GILIJ. *Ensayo de Historia americana*, III, 67.

El P. José Gumilla insiste en los elementos esenciales que se requerían para fundar una reducción: buscar un herrero, montar una fragua, proporcionar tejedores de los pueblos ya establecidos y entablar una escuela[1231]. Con todo, el P. Felipe Salvador Gilij explicita como exigencias imprescindibles de una misión: la escuela en donde aprendían a leer, a escribir y sobre todo la música; las artes (carpintería, herrería, tejerías); los animales (insiste en la necesidad de los domésticos) y la agricultura[1232]. Además, el criterio del autoabastecimiento fomentó la necesidad de la preindustria con su consiguiente acompañamiento de las artes manuales.

¿Pero como pasar del "sistema tradicional indígena" al "sistema reduccional" totalmente nuevo y controlado por las normas de la nueva población? No era fácil fomentar el proceso de cambio de mentalidad en el indígena de la Orinoquia.

Muy pesimista se muestra Luis Duque Gómez a la hora de juzgar el mencionado proceso pues en el fondo se trataba de implantar "una nueva y extraña forma de poblamiento", la cual, aunque había dado buenos resultados entre los nativos de las zonas cordilleranas, sin embargo para los indígenas de la Orinoquia se convertía en "una especie de condena a la reclusión" pues esas etnias se habían adaptado al entorno de la naturaleza ambiente a través de varios milenios[1233].

Con todo, pensamos que el académico colombiano parece referirse fundamentalmente al nomadismo de los guahívos y chiricoas con los que siempre fracasaron los intentos jesuíticos de reducción[1234], pues a continuación se refiere a los Achaguas quienes habían "alcanzado ya formas avanzadas de horticultura de productos como la yuca y el maíz"[1235].

En verdad, el punto de partida para la acción misionera consistía en la aceptación inicial según la cual los ciclos estacionales de la pesca, la recolección y la caza, determinaban este desplazamiento casi permanente de los nativos y orientaba como un modo de especialización de sus activida-

---

1231 GUMILLA. *El Orinoco ilustrado*, 515.

1232 GILIJ. *Ensayo de Historia Americana*, III, 63-67.

1233 Luis DUQUE GOMEZ. "Visión Etnológica del Llano y el proceso de la evangelización". En: José DEL REY FAJARDO (Edit.). *Misiones jesuíticas en la Orinoquia*. San Cristóbal, I (1992) 693.

1234 Para la descripción de los guahívos y chiricoas, véase: Juan RIVERO. *Historia de las Misiones de los Llanos de Casanare y de los ríos Orinoco y Meta*. Bogotá (1956) 150-151.

1235 Luis DUQUE GOMEZ. "Visión Etnológica del Llano...", 698.

des a la vez que instauraba el intercambio de productos entre las diversas etnias[1236].

Sin embargo, la perspicacia del filósofo alemán Hegel le llevará a analizar este problema americano en sus *Lecciones de Filosofía de la Historia* para establecer su tesis que "América se ha mostrado siempre física y espiritualmente impotente"[1237]. Sólo los jesuitas -según él- tratarían de romper esa especie de noria circular de la impotencia basada en el binomio falta de necesidades-ausencia de actividad y para ello crearon nuevas necesidades y con ellas el deseo y la voluntad de obtenerlas pues ese es el móvil principal de las acciones de los hombres[1238].

La nueva concepción del espacio obligaba al asentamiento y al fomento del trabajo como ley de la ciudad pero se suavizaba con la flexibilidad de la legislación misional y el equilibrio de la autoridad del misionero y de las responsabilidades del cacique.

Otra visión la ofrece Celso Furtado al tratar de la acción de los jesuitas portugueses en las regiones amazónicas del Brasil. El autor sostiene que los seguidores de Ignacio de Loyola supieron mantener a los indígenas en sus propias estructuras comunales y a través de esa actitud fueron logrando la cooperación voluntaria de los nativos. Estas penetraciones no dependían de sistemas coercitivos. "Una vez que se suscitaba el interés del silvícola, la penetración se realizaba sutilmente, pues creada la necesidad de una nueva mercadería, se establecía al propio tiempo un vínculo de dependencia del cual ya no podrían desligarse los indígenas. Así se explica que con medios tan limitados los Jesuitas hayan podido penetrar profundamente en la cuenca amazónica. En esa forma, la misma pobreza del estado de Marañón, al obligar a los colonos a luchar tan tenazmente por la mano de obra indígena y la correspondiente reacción de los Jesuitas –al principio simple

---

1236 Véase: Luis DUQUE GOMEZ. "Visión Etnológica del Llano...", 698.

1237 G. W. F. HEGEL. *Vorlesungen über die Philosophie der Geschichte*. Werke 12. Frankfurt/M (1986) 108: "Physich und geistig ohnmächtig hat sich Amerika immer gezeicht". Antonio PEREZ ESTEVES. "Hegel y América". En: *Analogía Filosófica*. México, ano 8, nº. 2 (1994)119-137.

1238 HEGEL. *Vorlesungen...*, 108: "Als die Jesuiten und katholische Geistlichkeit die Indianer in europäische Kultur und Sitten gewöhnen wollten (bekanntlich haben sie einen Staat in Paraguay, Klöster in Mexico un Kalifornien gegründet), begaben sie sich unter sie und schrieben ihnen, wie Unmündigen die geschäfte des Tages vor, die sie sich auch, wie träge sich auch sonst waren, von der Autorität der Väter gefallen liessen. Diese Vorschriften (mitternachts musste eine Glocke sie sogar an ihre ehelichen Pflichten erinnern) haben ganz richtig zunächst zur Erweckung von Bedürfnissen geführt, den Triebfedern der Tätigkeit des Menschen überhaupt".

defensa del indígena; después búsqueda de nuevas formas más racionales de convivencia; y finalmente, explotación servil de esa mano de obra- constituyeron un factor decisivo de la enorme expansión territorial que se efectúa en la primera mitad del siglo XVIII"[1239].

El sistema hacendístico se levantó como un paradigma de racionabilidad económica debidamente cuidada y controlada que, además de servir de escuela para los propios indígenas, permitió que la reducción cumpliera con sus aspiraciones de índole espiritual, social, laboral y cultural en ámbitos tan lejanos como los de la Orinoquia[1240].

Al ir adquiriendo las haciendas llaneras y orinoquenses los ritmos de producción y de desarrollo se vieron en la necesidad de diversificar los rangos del trabajo así como las habilidades de sus trabajadores.

En tres campos de acción se desarrollaría la actividad laboral del indígena reducido: bien como trabajador en las haciendas jesuíticas, bien como miembro de la nueva sociedad reduccional, bien en sus tareas antiguas de cultivo de sus viejas tierras.

En realidad esta triple categorización define las tres especies de actividad laboral que regían los trabajos de los indígenas y significan una representación perfecta en la que se superponen la tradición secular del nativo, los comienzos de las nuevas exigencias del municipio y el reto de los inicios de la industrialización agrícola.

Los cambios de mentalidad para el trabajo debían realizarse con ingenio y paciencia. Si Gumilla juzgaba que para incorporar a los jóvenes a los ideales de la vida reduccional debían transcurrir tres generaciones es lógico que había que respetar la conducta ancestral de los estratos mayores de la población. Por ello se mantenían los sembradíos distantes de la Misión y les permitían a sus pobladores ausentarse de lunes a viernes pero con un control manual de una tablilla (método de control anterior a la electrónica consistente en un hilo corredizo ubicado al lado de cada nombre) que tenía el Misionero en su casa y en la que estaban registrados los nombres de los indígenas en edad laboral[1241].

1239 Celso FURTADO. *Formación económica del Brasil*. México, Fondo de Cultura Económica (1962) 75.

1240 Edda O. SAMUDIO. "Las haciendas jesuíticas de las misiones de los Llanos del Casanare, Meta y Orinoco", I, 776-777.

1241 Eugenio ALVARADO. *Informe Reservado,* 253: "Como el trajín de ir y venir a las labranzas es continuo y toda la semana se emplea en esto, tiene el P. Misionero una tablilla como la que usan en las porterías de sus colegios para que el Portero sepa

Con el sistema integrado de redes de poblaciones y haciendas misionales se dio comienzo al movimiento humano en busca de trabajo y de esta forma los que se ausentaban de la Reducción eran registrados en unos cuadernillos que denominaban "Diario" en el que se anotaba el nombre del indígena y la ocupación que iba a desempeñar así como también los jornales. Idéntica formalidad se seguía con los bogas diestros conocedores de las comunicaciones fluviales de toda la región comprendida entre el piedemonte andino y la lejana Guayana[1242].

Otra innovación importante consistió en el compromiso que adquirían los indígenas con la prosperidad de su nueva población. El sentido comunitario llevó a los habitantes a realizar gratuitamente la "labranza de primicia" con lo que sostenía el misionero y después el pueblo[1243]. De forma paralela se procedía a la creación del "hato" que debía satisfacer las necesidades comunes así como también ser subsidiario a la labor que suponían las tierras para sementeras de plátano y yuca generalmente[1244]. De este modo se beneficiaban las viudas, se sustentaban los niños de la escuela, los huérfanos y los enfermos[1245].

Muy diciente es el testimonio que el 13 de septiembre de 1785 –18 años después de la expulsión- escribía con tristeza el fiscal don Estanislao Andino: "Este hato [Tocaría] estaba al cuidado del misionero sirviendo los mismos indios de mayordomos y vaqueros, y con sus productos no sólo se adornaban las iglesias, con aquella magnificencia que se manifestó al tiempo de la expatriación, sino que se proveía al pueblo de carpinterías, herrerías, escuela y música, y con ellos se asistía en lo necesario a los enfermos, y a los sanos de alguna ropa y utensilios para sus labores y para mantener de carne a los indios cuando trabajaban en una obra común a beneficio del pueblo. El expresado hato servía, en fin, para todos aquellos fines a que instituyeron las leyes las sementeras de comunidad y cajas de censos..."[1246].

---

los Padres que han entrado, o salido, y de la propia suerte están en ésta los nomb res de todo Indio o India".

1242 Eugenio ALVARADO. *Informe Reservado*, 253.
1243 E. ALVARADO. *Informe Reservado*, 2241-242.
1244 SAMUDIO, Edda O. "Las haciendas jesuíticas de las misiones de los Llanos del Casanare, Meta y Orinoco", 748.
1245 GUMILLA. *El Orinoco ilustrado*, 514. ALVARADO. *Informe reservado*, 252.
1246 José Manuel RIVAS GROOT. *Historia eclesiástica y civil de Nueva Granada escrita sobre documentos auténticos*. Bogotá, II (1890) p. XXXVIII.

Los misioneros establecieron el criterio que en las poblaciones misionales coexistiese la propiedad privada y la comunal. Una vez consolidada la reducción, los jesuitas se desprendían de la propiedad de los hatos en favor de la economía del pueblo, vale decir, en función de las comunidades indígenas.

Este fenómeno, histórico y legal, desconcertó a los funcionarios regios encargados de implantar en las misiones la *Pragmática Sanción* del rey Carlos III e ir "desposeyendo" a los jesuitas de todas sus reducciones. Tan importante documento, registrado en Santafé de Bogotá el 30 de abril de 1743, aclara la genuina posición de la Compañía de Jesús en torno a su gestión en las misiones llaneras, y sólo la conocemos porque don Andrés de Oleaga se vio precisado a insertarlo en los autos de la expulsión en 1767[1247].

También se fue dando la especialización ocupacional en la organización del trabajo. Mientras mayor era el rango de una ocupación mayor era el salario y el potencial de beneficios adicionales.

Así pues, en otro nivel se ubicaban los trabajadores con distintas habilidades, desde los diestros maestros artesanos, quienes constituyeron mano de obra especializada[1248]. En el inventario de Caribabare se dejó constancia de un pago que debía hacerse a Antonio Puentes, maestro de albañilería por la construcción de la capilla de teja que se estaba haciendo en esa unidad de producción.[1249] Seguramente, otros artesanos, ya oficiales o aprendices, no indígenas e indígenas participaron en los diversos trabajos que debían hacerse hasta culminar los recintos religiosos. Asimismo, las habilidades que en los indígenas lograron desarrollar los misioneros en los talleres de carpintería, herrería, tejería y pintura, estuvieron al servicio de las obras que se hicieron en los pueblos y en las haciendas jesuíticas.

Un ejemplo de niveles de ocupación lo ofrece la hacienda de Caribabare. Por debajo del Procurador se situaban los mayordomos que dirigían las haciendas dependientes y los hatos sufragáneos de Caribabare. Es digno de resaltar que hubo esclavos que llegaron a ese cargo pero el más significativo fue el del pardo libre, Santiago Martínez, quien fue el último

---

1247 ANB. *Conventos*, t. 29. *Testimonio de autos /sobre/ la expulcion de quatro religiosos de la Compañia /en/ el Partido de Meta. /D/ Andres de Oleaga*. Fol., 817v-819. Lo reproducimos en nuestro libro *La expulsión de los jesuitas de Venezuela (1767-1768)*. San Cristóbal (1990) 67-68.

1248 Edda SAMUDIO. "Las haciendas jesuíticas de las Misiones...", I, 751-754.

1249 ANB. *Temporalidades*, 5.: *Testimonio de inventario de Caribabare y Depósito*. Fol., 719.

mayordomo en la hacienda jesuítica de Cravo y ganaba setenta y siete pesos anuales[1250].

Otro nivel lo componían los peones hasta la servidumbre que habitaba en las haciendas, concurrían diariamente a su trabajo.

Las haciendas, fundamentalmente, convocaron la mano de obra disponible en la zona y en general se componía de indígenas provenientes de los pueblos misionales aunque también se daba el hecho de contar con nativos no dependientes de los jesuitas e incluso con trabajadores no indígenas. Con todos ellos se establecían contratos laborales anuales, bajo el sistema de concierto, y con una remuneración que osciló entre 12 y 20 pesos, incluyendo la comida[1251].

Los inventarios levantados en 1767 con motivo de la expulsión nos refieren mayores peculiaridades. Por ejemplo, en el hato de la Yegüera laboraban 11 concertados que ganaban 15 pesos al año más la comida. En Tunapuna prestaban sus servicios 10 concertados de los que uno devengaba 20 pesos mientras que los restantes cobraban 15 pesos y la comida. Y en Cravo la remuneración anual oscilaba entre 12 y 20 pesos anuales[1252].

Cuadro 2
Concertados de la hacienda de Cravo. Octubre de 1767

Nombre	Ocupación	Pago anual (Pesos)
Adrián	Vaquero	15,00
Esteban Guarnicio	Vaquero	12,00
Jacinto Perilla	Vaquero	15,00
Choridiano Avilar	Vaquero	20,00
Pedro Avilar	Vaquero	20,00

Fuente: ANB. *Conventos*, 29. Octubre, 1767. Fols.. 800v-801v.
[Tomado de: Edda SAMUDIO y José DEL REY FAJARDO. *Jesuitas, haciendas y promoción social en la Orinoquia*. Mérida (2006) 58]

1250 ANB. *Conventos*, 29. *Testimonio de autos sobre la expulsión...* Fol., 1.801.
1251 ANB. *Temporalidades*, t. 5. *Testimonio del cuaderno de inventario*, fols., 718-718v. Y ANB. *Conventos*, t. 29. *Testimonio de autos sobre la expulsión de cuatro religiosos de la Compañía de Jesus en el partido de Meta, 1767*, fol., 801-801v.
1252 ANB. *Temporalidades*, 5: *Testimonio del cuaderno de inventario*. Fols., 718-718v.

Pero los trabajos más duros estuvieron en manos de los esclavos entre otras razones porque la legislación indiana prohibía terminantemente la utilización de mano de obra india en los trapiches. Además, así como los indígenas pronto se adaptaron a las exigencias ganaderas, el Procurador de la Misión estableció que era más barata la mano esclava en este renglón de la industria azucarera y por ello la aplicaron a las labores del trapiche de los "... que sacaban dulces para proveer a los padres curas de los pueblos y de aguardiente para éstos y quasi para todo el común de los Llanos, en aquellos inmediatos tiempos en que aún estaba estancado este ramo en los lugares como lo están hoy"[1253].

Es evidente que todo el proceso que exigía la caña de azúcar desde su siembra hasta su molienda en el trapiche estuvo en manos esclavas. Además es deducible que toda la actividad incipiente de la industria derivada la fragua, la ramada del trapiche, la de carpintería y la de adobes y tejería que se movía en Caribabare era atendida por la población esclava[1254].

Según don Francisco Domínguez, Gobernador, Justicia Mayor y Corregidor de la Provincia de Santiago de las Atalayas, el origen de una parte de los esclavos de Caribabare y Tocaría provenía de la hacienda de Lengupá, cercana a Tunja, y venía a ser como el pago de una deuda que el Colegio Máximo de Bogotá había contraido con la Misión de Casanare y no tenía visos de ser pagada[1255].

Sin embargo, el análisis de los inventarios de la expulsión de 1767 nos lleva a concluir que también existían otros esclavos que pertenecían a las unidades de producción de Caribabare y Tocaría que tenían otro origen; por ello dejaron constancia de 26 escrituras de propiedad y otras sin el debido instumento jurídico de propiedad ya que se habían criado en la respectiva hacienda[1256].

El año 1767 eran 57 los esclavos de Caribabare y tras la expatriación de los ignacianos fueron valorados en 9.167 pesos. Una vez trasladados a

---

1253 ANB. *Temporalidades*, 5. *Expediente sobre lo informado por el Gobernador de los Llanos, en orden a la remisión de los esclavos de la hacienda de Caribabare que fue de los padres expulsos*. 1770-1772. Fol., 650v.

1254 ANB. *Temporalidades*, 5. *Testimonio del cuaderno de inventario de Caribabare y Depósito*. 7 de octubre de 1767. Fols. 690v-691.

1255 ANB. *Temporalidades*, 5. *Expediente sobre lo informado por el Gobernador de los Llanos, en orden a la remisión de los esclavos de la hacienda de Caribabare que fue de los padres expulsos*. 1770-1772. Fols., 647-648v.

1256 ANB. *Temporalidades*, 5. *Testimonio del cuaderno de inventario de Caribabare y Depósito..., fol., 710*.

Bogotá fueron rematados en 7.020 pesos a Don Francisco Joseph Torrijos, quien los destinaría al trabajo de las minas oro que tenía en su hacienda de Río Recio[1257]. En Tocaría se registraron 20 esclavos y como estadística es necesario anotar que allí vivía una viuda con hijos y un hombre soltero[1258].

Dentro de esta visión de la población esclava también hay que relacionar el lógico mestizaje que se llevó a cabo en las uniones matrimoniales o libres de negro con indígena que dieron como resultado algunos zambos y negros azambados como se recogen en los respectivos inventarios.

Aunque desborda la temática que tratamos en este capítulo siempre los jesuitas procuraron tratar a los esclavos de forma cristiana y digna y para ello nos remitimos al estudio realizado por la escritora merideña Edda Samudio[1259].

Producción y tecnología

Sin lugar a dudas la hacienda de Caribabare fue el centro piloto de los entes económicos de los ignacianos en la gran Orinoquia y por ende el estudio de su producción y tecnología sirve de modelo para las demás unidades de producción. Su ubicación era privilegiada pues estaba situada entre los Llanos altos y los bajos y circundada de las principales poblaciones casanareñas. Además se constituía en un nudo de comunicaciones tanto con la capital santafereña bien fuera por la vía de Labranzagrande y Paya, bien Chita, Sogamoso y Tunja así como también con las misiones del Meta y Orinoco y a través de éstas últimas con Caracas y Guayana.

Conforme fueron creciendo sus límites se fue subdividiendo en entidades acordes con las posibilidades productivas de sus inmensos territorios. La parte central de Caribabare y Cravo se dedicaron fundamentalmente a la ganadería vacuna; Tocaría a la cría de yeguas y caballos; La Yegüera se especializó en caballos y mulas cuya exportación llegó hasta las tierras barinesas[1260] hasta que a mediados del siglo XVIII la hacienda del Pagüey, perteneciente al colegio de Mérida, desplazó a la misional en esas

---

1257 ANB. De acuerdo a un recibo el traslado de los esclavos costó 198,3 1/2 pesos, en fletes de mulas y otras cosas necesarios a su transporte. ANB. *Temporalidades*, 13. *Comprobantes de la hacienda de Caribabare a favor del administrador Don Joseph Daza, de las partidas que ha dado desde el 31 de mayo de 1770 hasta 30 de abril de 75.* f.142.

1258 ANB. *Temporalidades*, 10. *Inventario de Tocaría*, fols., 232-236.

1259 Edda SAMUDIO. "Los esclavos de las haciendas del Colegio San Francisco Javier de Mérida". En: *Paramillo*. San Cristóbal, 17 (1998) 449-548.

1260 Eugenio ALVARADO. *Informe reservado*, 239-240.

funciones[1261]. Mas para el mejor manejo de la capacidad ganadera de esta macro hacienda fue ordenando su territorio con otras reparticiones territoriales más pequeñas. Dentro de su principal perímetro se crearon los hatos de Tunapuna y La Raya y al de la Yegüera le anexaron los hatos de Yaguarapo y el Tigre[1262].

También se manejaba un trapiche con todas las instalaciones requeridas para su buen funcionamiento. Disponía de dos molinos corrientes para moler la caña y obtener piezas de panela. Los inventarios reseñan varios fondos de cobre con distintos pesos así como dos pailas, de cinco a seis libras, para cocinar el jugo de la caña hasta lograr el punto ideal para conseguir la miel. Y como es natural se disponía de un alambique para fabricar aguardiente[1263].

De igual forma la carpintería gozaba de su propia ramada en la que se encontraba la dotación para el tratamiento de la madera. En otra ramada se fabricaban los adobes con el consiguiente horno para cocer teja y ladrillo y se habían amontonado 7000 tejas cocidas, 700 ladrillos cocidos y 4000 sin cocer. Asimismo quedaban resguardadas 13 cargas de cal, de a 8 arrobas la carga[1264].

Completaba la visión de Caribabare la presencia de la Procuraduría de toda la Misión cuya minuciosa descripción la detallan los correspondientes inventarios[1265].

Las haciendas diferenciaron sus espacios de acuerdo con las funciones que en ellas se desarrollaban.

La producción ganadera fue sin dudas el objetivo principal de las haciendas que estudiamos: Caribabare, Tocaría, Cravo, Apiay (dependiente del Colegio Máximo de Bogotá) y Carichana. Los hatos de los pueblos misionales respondían únicamente a las necesidades locales.

Un índice real de la producción ganadera nos la ofrece el siguiente cuadro.

1261 Edda SAMUDIO. *Las haciendas del colegio San Francisco Javier de la Compañía de Jesús en Mérida. 1628-1767.* Mérida (1985) 98-99.

1262 ANB. *Temporalidades*, 5. *Testimonio del cuaderno de inventario de Caribabare y Depósito.* 7 de octubre de 1767. Fols. 705-707.

1263 ANB. *Temporalidades*, 5. *Testimonio del cuaderno de inventario de Caribabare y Depósito*, fol., 702.

1264 ANB. *Temporalidades*, 5. *Ibidem.*

1265 ANB. *Temporalidades*, 5. *Testimonio del cuaderno de inventario de Caribabare y Depósito*, fols., 690 y ss.

Cuadro 3
Producción Ganadera de las haciendas jesuíticas de los Llanos. 1767

Hacienda	Vacas	Caballos	Yeguas	Mulas	Muletos	Burro	Hechor
Caribabare	10.606	1.384	20	7	1		
Tocaría	12.000	1.154	16	-	-		
Cravo	5.000	360ª	11ᵇ	-	-		
Apiay	1.693	360	22	-	-		
Sub total	35.299	3.258	69	7	1		
Carichana	2.000						
Total	37.299	3.258	69	7	1		

a. Esta cantidad incluye yeguas caballos, potros y potrancas
b. Se refiere a bestias mulares en general.

Fuente: ANB. *Temporalidades*. Tomos 5 y 10. *Conventos*. Tomo 29.
[Tomado de: Edda SAMUDIO y José DEL REY FAJARDO. *Jesuitas, haciendas y promoción social en la Orinoquia*. Mérida (2006) 52].

Hasta el momento no hemos podido acceder a una fuente segura que nos abra los caminos para la investigación sobre las tecnologías utilizadas por los jesuitas en la industria ganadera.

El análisis de las tesis propuestas por René de la Pedraja nos lleva a formular algunas proposiciones que deberán ser validadas conforme se incremente la información científica sobre el tema.

Su punto de partida lo estatuye cronológicamente "desde la destrucción de la eficiente organización jesuítica" hasta las primeras décadas del siglo XX: "la ganadería en los Llanos se caracterizó por el atraso a todos los niveles técnicos que más que una actividad productiva, era una de índole extractiva"[1266].

El investigador de la Pedraja basa su escrito en los estudios que fue realizando el periódico *El Agricultor* entre 1868 y 1881. El punto de partida lo cualifica en el sentido de que la "raza de ganado llanero vive en condiciones muy poco distantes del salvajismo"[1267].

1266 René DE LA PEDRAJA TOMAN. *Los Llanos: colonización y economía*. Bogotá, Universidad de Los Andes, Centro de Estudios sobre el desarrollo económico (1984) 32.

1267 *El Agricultor*. Serie 2ª, n°., 22 (1881) 434. Citado por DE LA PEDRAJA TOMAN. *Los Llanos: colonización y economía*, 33.

Al entrar a describir la raza llanera señala varias especificaciones. En primer lugar era un animal grande aunque pesaba menos que otras razas y estaba dotado de menor cantidad de carne mientras que sus huesos pesaban más. Además tardaba entre 3 ó 4 años en crecer pero adquirido su volumen era muy resistente y también cuando se acercaba la época de las lluvias "buscaba las pequeñas elevaciones para no ahogarse"[1268].

De igual forma llegamos al conocimiento del origen del hato ganadero. El llanero solía hacer hacía quemas para que el ganado tuviera en vez de pastos maduros los retoños que comería con avidez. Después se traía el ganado al que había que enseñar a "aquerenciar" sus nuevos pastos. El proceso constaba de tres etapas. La primera tenía una duración aproximada de un mes y consistía en pastorear a la manada durante la jornada solar por medio de la ronda de los pastores a caballo a fin de evitar que los animales buscaran sus pastos de origen. La segunda etapa repetía la acción cada dos días durante otro mes y en la tercera se dejaba al ganado libre y sin temor a la huida. Desde el punto de vista de la productividad se calculaba que sólo al cuarto año se comenzaban a percibir las ganancias pues en el primer año se solía morir la mitad de los animales y esta estadística disminuía en los dos años siguientes[1269]. Y concluye el mencionado escritor: "la ganadería en los Llanos estaba manejada de acuerdo con los principios de gran abundancia de tierras para pastos, baja densidad demográfica y limitado acceso a los mercados ganaderos del interior"[1270].

En consecuencia, sólo tenemos noticia del salto a atrás que significó la expulsión de los jesuitas sin que podamos precisar qué cotas alcanzaron en el siglo y medio de estancia en Caribabare.

Poco sabemos de los rodeos. Se llevaban a cabo en Tunapuna en el mes de mayo y su magnitud era tal que tenía que convocar a muchos peones, amén de los de la hacienda. El ganado alzado y orejano junto con el manso que quedaba fuera de los corrales ascendía a 3.000 reses en los rodeos de los últimos años anteriores a 1767. La intensa actividad que desarrollaban los caballos en estas redadas les obligaba a descansar duran-

---

1268 *El Agricultor*. N°., 8 (1868) 113-114. Emiliano RESTREPO E. *Una excursión al territorio de San Martín*. Bogotá, Biblioteca de la Presidencia de Colombia (1957) 103-106.

1269 Emiliano RESTREPO E. *Una excursión al territorio de San Martín*, 155-157. Agustín CODAZZI. "Informe sobre la Provincia de Casanare, 28 de marzo de 1856". En: *Gaceta Oficial*. Bogotá, N°., 1951 del 16 de abril de 1856.

1270 René DE LA PEDRAJA TOMAN. *Los Llanos: colonización y economía*, 37.

te dos meses de forma tal que en agosto iniciaban idéntico proceso en La Yegüera[1271].

Gran parte del haber ganadero de Caribabare tenía sus pastos a ambos lados del río Casanare. Sin embargo, había corrales especiales para las vacas paridas y sus respectivos novillos que se mantenían separados del resto de la manada hasta el destete. De igual forma, lo inmenso y variado de la geografía de la macro hacienda permitía al ganado disponer de tierra y agua durante la época seca en las tierras más bajas mientras que en los períodos de lluvia (de mayo a noviembre) podían huir de las inundaciones y buscar resguardo en las tierras altas[1272].

Edda Samudio concluye su estudio sobre los inventarios que los jesuitas dieron preferencia a las mulas ya que su resistencia las habilitaba tanto para el trasporte como para los viajes largos. Las yeguas se destinaban a la cría y el resto a los diversos trabajos de la hacienda[1273].

Una vez que los jesuitas se establecieron de forma definitiva en el río Orinoco a partir de 1731, la misión del Orinoco ubicó su Procuraduría en Carichana a la que dotó de un hato, buenos pastos, y hacienda. La hacienda distaba del pueblo un día de camino y hacia 1756 disponía de 2.000 reses cuyas utilidades pertenecían al fondo de la misión"[1274]. El hato era considerado como moderado "con algunas yeguas de vientre, que dan caballos de vaquería y es proporcionado al consumo de la misión de Carichana, y para dar principio a cualquier pueblo que se funde". Había además un buen plantío de caña dulce[1275]. El pueblo disponía de un trapiche y de una herrería "que gobernaba un walón"[1276]. Es evidente que el funcionamiento de la hacienda de Carichana era autónomo e independiente del de Caribabare pero naturalmente estaba inspirado en la experiencia adquirida por la unidad de producción casanareña.

1271 ANB. *Temporalidades*, 5. *Testimonio del cuaderno de inventario de Caribabare y Depósito*, fols., 723-725.

1272 José Eduardo RUEDA. "Un complejo económico administrativo de las antiguas haciendas jesuíticas del Casanare". *Boletín Cultural y Bibliográfico*. Bogotá, n°., 20 (1989) 13. Véase: Victor Manuel OVALLE. *El llanero, 1868. Estudio sobre su vida, sus costumbres, su caracter, su poesía*. Caracas, Ediciones de la Presidencia de la República, 1990.

1273 Edda SAMUDIO y José DEL REY FAJARDO. *Jesuitas, haciendas y promoción social en la Orinoquia*. Mérida (2006) 71.

1274 ALVARADO. *Informe reservado*, 318; 319.

1275 ALVARADO. *Informe reservado*, 244.

1276 ALVARADO. *Informe reservado*, 244-245.

Con respecto a la hacienda de Cravo debemos advertir que, aunque significaba el soporte económico de las Misiones del Meta, con todo dudamos de su total autonomía ya que legalmente esta circunscripción no llenaba las exigencias de Misión autónoma y estaba gobernada por un Vice Superior[1277].

Pero también es necesario hacer alusión a la actividad ganadera que desarrollaba cada uno de los pueblos misionales. Su producción era una reflejo de la visión del respectivo misionero y de su capacidad de vincular a sus habitantes para la creación de un patrimonio común que beneficiaba a toda la comunidad[1278].

El cuadro anexo recoge en síntesis la realidad del año 1767.

Cuadro 4
Producción ganadera de hatos de los pueblos misionales, 1767

	vacas	caballos y yeguas	mulas	bueyes
De Casanare				
Macaguane	2.500	616	-	-
Betoyes	3.500 *	557	-	-
San Salvador	1.818	1.007	12	-
Patute	938	42	-	8
Del Meta				
Macuco	6.902	70	-	-
Surimena	4.000	400	-	-
Casimena	4.000	885	-	-
Total	23.658	3.577	12	8

* Esta cifra se tomó del inventario del pueblo de San Ignacio de Betoyes del 10 de octubre de 1767. En el tomo 12, en otro inventario, se daba a Betoyes 3.433 reses.

Fuente: ANB. *Temporalidades*, 5 y 10; *Conventos*, 29.
Tomado de: Edda SAMUDIO y José DEL REY FAJARDO. *Jesuitas, haciendas y promoción social en la Orinoquia*. Mérida (2006) 74.

1277 José Eduardo RUEDA. "Cravo: la antigua hacienda jesuítica". En: *Lámpara*. Bogotá, n°., 105 (1987) 7-15.

1278 De acuerdo con los respectivos inventarios los nombres de algunos hatos eran: Santa Rosa para Macaguane; De la Virgen para Patute; Las Animas para San Salvador del Puerto; Lope y Ariminagua para Tame.

El análisis del cuadro anterior revela que la Misión del Meta, de creación relativamente reciente, tenía una gran producción de ganado vacuno sobre todo su capital San Miguel de Macuco. Por el contrario, la Misión de Casanare tenía más abundancia de caballos y yeguas, hecho que nos lleva a pensar que su actividad la vinculaba más a otro tipo de industria de servicios más que a la ganadera.

Ante este panorama, pronto entendieron los Procuradores la necesidad de formar los recursos humanos, la capacitación de los indígenas en sus respectivos oficios y la dotación de una infraestructura económica al futuro de la reducción.

Por primera vez vivían el reto de saltar del utillaje a la herramienta y a la racionalización del trabajo. Los indígenas de la gran Orinoquia se iniciaron en las técnicas europeas mediante los talleres que suponían, en principio, la implantación de la fragua[1279], la adquisición de telares[1280] y el uso de la carpintería[1281]. Sin embargo la hacienda de Caribabare –símbolo de la creatividad jesuítica neogranadina- tenía además la ramada del trapiche, otra de adobería y una con un horno de teja[1282].

Así se iniciaba la época artesanal, por oficios, a la que seguiría casi inmediatamente la pre-mercantilista y consecuentemente nacía una nueva sociedad que necesariamente originaría patrones propios y particulares de ocupación de aquel vasto territorio llanero con el norte siempre presente de la "Reducción progresivamente ordenada".

En ella tuvieron la primera pasantía los que posteriormente se convertirían en mayordomos, capataces, peones, punteros, conductores, pastores y también los incipientes jinetes, los cuales, gracias a la actividad ganadera, transformarían al indígena en experto vaquero[1283].

1279 GUMILLA. *El Orinoco ilustrado*, 515: "El atractivo más eficaz para establecer un pueblo nuevo y afianzar en él las familias silvestres es buscar un herrero y armar una fragua, porque es mucha la afición que tienen a este oficio, por la grande utilidad que les da el uso de las herramientas, que antes ignoraban".

1280 GUMILLA. *El Orinoco ilustrado*, 515: "No importa menos buscar uno o más tejedores de los pueblos ya establecidos para que tejan allí el hilo que traen ellos, porque la curiosidad los atrae a ver urdir y tejer, y ver vestidos a los oficiales y a sus mujeres les va excitando el deseo de vestirse y se aplican a hilar algodón".

1281 GILIJ. *Ensayo*, III, 65.

1282 ANB. *Temporalidades*, t., 5. *Testimonio del cuaderno de inventario de Caribabare y deposito*. 7 de octubre de 1767, fol., 690v-691.

1283 Véase: Edda O. SAMUDIO. "Las haciendas jesuíticas de las misiones…", I, 772.

Asimismo fue surgiendo una nueva clase laboral como la de los trabajadores con distintas habilidades, desde los diestros maestros artesanos, quienes constituyeron mano de obra especializada, hasta la servidumbre que habitaba en las haciendas y concurría directamente a su trabajo. A ellos se unían otros artesanos, ya oficiales o aprendices, indígenas y no indígenas, quienes con sus diversos trabajos contribuían a la construcción de los recintos públicos y privados[1284].

Los Mercados

Antes de acceder al tema de los mercados desarrollados por las haciendas jesuíticas juzgamos necesario trazar un diseño de lo que fue la actividad comercial indígena antes de la llegada de los miembros de la Compañía de Jesús a las regiones llaneras y orinoquenses.

El progresivo contacto de los miembros de la Compañía de Jesús con las diversas etnias dispersas en la gran Orinoquia les fue poniendo en contacto con un mundo que se interconectaba a través del comercio y así fueron descubriendo la vigencia de puntos de encuentro, geográficamente bien ubicados, en los que los nativos se daban cita para sus tratos y contratos; la existencia de una curiosa moneda universal para la compra y para la venta, y la comercialización de productos provenientes de la explotación agrícola o fluvial que desarrollaba cada nación. En definitiva se toparon con una realidad de lo que denominaríamos una "red comercial indígena"[1285].

La primera geografía orinoquense privilegiada en el contexto de que hablamos fue la Isla de los Atures inserta en el Raudal de los Adoles. Los hombres que misionaron en la década de 1680 la región superior a ese Raudal percibieron con toda claridad su posición estratégica. Su importancia no pasó desapercibida a don Antonio de Berrío (1584-1585) pues descubrió que era un lugar de encuentro entre la Guayana, los Llanos y el alto Orinoco[1286]. Pero serían los mismos Adoles los intérpretes de su misterioso espacio insular. Su cacique le manifestaría al P. Gumilla que siempre ha-

---

1284 Véase: Edda O. SAMUDIO. "Las haciendas jesuíticas de las misiones…", I, 753.

1285 Una excelente síntesis puede verse en: Robert V. y Nancy C. MOREY. *Relaciones comerciales en el pasado en los Llanos de Colombia y Venezuela*. Caracas, Universidad Católica Andrés Bello, 1975. [Citaremos por una separata de la revista Montalbán].

1286 Pablo OJER. *Don Antonio de Berrío, Gobernador del Dorado*. Caracas, Universidad Católica Andrés Bello (1960) 54.

bían sido los dueños del río y de sus pasos y la llave para enfrentar el reto de superar la muralla líquida solamente la tenía esta etnia[1287].

El P. Matías de Tapia recoge en el *Mudo lamento* la importancia geográfica de la Isla de los Adoles. Dos observaciones importantes debieron impresionarle. En primer lugar detectó la existencia de una feria anual "desde fines de diciembre hasta los fines de marzo". Al hablar de las "mercaderías" señala la trata de esclavos por parte de los caribes, "niños y niñas, y mancebos de seis hasta veinte años"[1288]. En segundo término verificó que "sus habitadores son dueños de la más abundante pesquería de todo este Río" y que gracias a la variada pesca su existencia estaba asegurada por el trueque de pescado "que almacenan con grande copia después de seco al calor del sol y del fuego" y en pago "las gentes comarcanas" ofrecían "yuca, el cazabe, que de ella se fabrica, el maíz, los plátanos, y todas las demás legumbres, de que ellos carecen por ser arrecife y peñasco" la Isla donde viven[1289].

Un segundo lugar de encuentro intertribal fueron las playas comprendidas entre la desembocadura del Apure en el gran río venezolano y las del Meta, sobre todo en Carichana, La Urbana y La Encaramada. La magnífica descripción que ofrece *El Orinoco ilustrado* procede indiscutiblemente de la vivencia del autor en esa geografía específica[1290]. Y así escribía en su libro: "Es tanta la multitud de tortugas de que abunda el Orinoco, que por más que dilate en ponderarla, estoy seguro que diré menos de lo que realmente hay" y añade "tan dificultoso es contar las arenas de la dilatadas playas del Orinoco como contar el inmenso número de tortugas que alimenta en sus márgenes y corrientes"[1291] y más adelante estatuye que de

---

1287 Agustín de VEGA. *Noticia del principio y progresos del establecimiento de las Missiones de gentiles en la río Orinoco por la Compañía de Jesús.* Caracas (2000) 642-643.

1288 Matías de TAPIA. *Mudo lamento de la vastísima, y numerosa gentilidad, que habita las dilatadas márgenes del caudaloso Orinoco, su origen, y sus vertientes, a los piadosos oídos de la Magestad Cathólica de las Españas, nuestro Señor Don Phelipe Quinto (que Dios guarde).* Madrid, 1715. [Reproducido en: José DEL REY. *Documentos jesuíticos relativos a la Historia de la Compañía de Jesús en Venezuela.* Caracas, Academia Nacional de la Historia (1966) 175.

1289 Matías de TAPIA. *Mudo lamento...*, 204.

1290 Gumilla abandonó el Orinoco en 1737 y después de vivir en Cartagena y Bogotá fue designado Procurador de la Provincia del Nuevo Reino ante las cortes de Madrid y Roma. Además su redacción es netamente europea. Véase: José GUMILLA. *El Orinoco ilustrado,* 229-236.

1291 José GUMILLA. *El Orinoco ilustrado,* 229.

"no haber tan exorbitante consumo de tortugas..., fuera tal la multiplicación..., que se volviera innavegable [el Orinoco]"[1292].

A partir de la fundación de Cabruta en 1739 su misionero intuyó el valor estratégico de la tortuga y fomentó la "industria del tortugueo". En vista de las enormes migraciones de etnias, vecinas y lejanas, decidió el jesuita establecer un control sobre todos los visitantes y de esa forma paralizar las incursiones caribes Orinoco arriba. Además, el P. Bernardo Rotella abrigaba la esperanza que muchos pobres de la provincia de Caracas se avecinarán en Orinoco con la ventaja de que sus viajes a Guayana servirían para pacificar a los caribes y para abrir del comercio de manatí y tortugas[1293].

El 22 de diciembre de 1741 los vecinos españoles de Cabruta le manifestaban al Gobernador que no podían establecer comercio ni con sus menguados frutos como el tabaco, sebo, cueros "y otros que da o puede dar la tierra"; ni con los que ofrece el río como pescado, manatí, tortugas y sus mantecas; ni de las que se adquieren de los indígenas como añoto, chica, caraña, aceite de palo y hamacas[1294].

En el mercado de la tortuga, amén de sus carnes que eran un alimento nutritivo, lo más importante eran los huevos que se utilizaban para la fabricación del aceite cuya duración se calculaba en unas tres semanas. Terminado el proceso se vertía en jarras que después eran comercializadas a lo largo y ancho de nuestro gran río[1295].

Otro espacio abierto para la cita de naciones indígenas, al menos hasta las primeras décadas del siglo XVIII, fue la reducción de San Salvador del Puerto de Casanare como enclave entre el Nuevo Reino y la capital guayanesa por cuanto "en la Guayana es de mucha estimación el género que llaman *quiripa* con el cual compran los indios los objetos que les traen, siendo el cambio útil y conveniente a unos y otros"[1296].

1292 José GUMILLA. *El Orinoco ilustrado*, 233.

1293 AGI. *Santo Domingo*, 634. *Carta del P. Bernardo Rotella al Gobernador de Cumaná*. San Ignacio de Cabruta, diciembre de 1741. (En: DEL REY FAJARDO. *Documentos jesuíticos*, II, 358-363).

1294 Toda la carta se encuentra en: AGI. *Santo Domingo*, 634. *Representación del Vecindario [de Cabruta] al Señor Gobernador*. Cabruta, 22 de diciembre de 1741. (DEL REY, II, 364-369).

1295 Todo el proceso lo describe Gumilla en *El Orinoco ilustrado*, 233-234.

1296 Juan RIVERO. *Historia de las Misiones de los Llanos de Casanare y los ríos Orinoco y Meta*, 160.

Son las *quiripas* como unas "planchuelas de la forma de los reales de plata o moneda de vellón". Su tamaño suele ser redondo como la uña del dedo pulgar, aunque también las hay más grandes y más pequeñas y se parecen a "la lentejuela de plata y oro con que suelen los españoles bordar y guarnecer los vestidos". Los achaguas extraen la quiripa de unos caracoles especiales que se encuentran en las playas de los ríos y aprovechan la parte más dura "que cae hacia su punta o remate"; lo demás lo queman y logran unos polvos "a manera de cal" y con ellos benefician la yopa "que usan para sus adivinanzas"[1297]. Gilij precisará la identidad del caracol al que los tamanacos llaman "*nemu*" y cuyo peso era de al menos libra y media[1298].

En cuanto al aprecio de la *quiripa* escribirá el misionero italiano que "ninguna mercancía orinoquense se vende más cara, ninguna es más buscada, tanto por los indios como por los extranjeros"[1299]. Pero este género manufacturado por los indígenas gozaba de dos cualidades excepcionales: la primera se basaba en su utilización como moneda y la segunda porque era valorada como adorno.

Pero desde el punto de vista de comercio indígena fue la utilización de la denominada *quiripa* como moneda, medio de pago e incluso standard de valor. El cronista Rivero no duda en afirmar que fue "la moneda nacional"[1300] para los Llanos y Gilij extenderá esta apreciación para las tierras orinoquenses, aunque establece sus matizaciones, pues, "no hay persona alguna que la rehúse en los cambios y teniendo entre los indios casi el lugar de la moneda"[1301]. Para poder visualizar los precios del mercado referimos los precios de la *quiripa*: en San Salvador del Puerto valía la sarta dos reales de plata, en la ciudad de Guayana cuatro y en la Isla de Trinidad ocho[1302].

Al escritor Rivero le llamará tanto la atención que observará que para los nativos la *quiripa* era codiciada por constituir su mejor "gala o adorno

---

1297 Juan RIVERO. *Historia de las Misiones*, 160.

1298 Felipe Salvador GILIJ. *Ensayo de Historia Americana*. Caracas, I (1965) 231: "De este gran limaco, cortando con paciencia y lentitud infinita en trocitos redondos su cáscara, hacen los otomanos largas sartas para el embellecimiento del sexo femenil".

1299 GILIJ. *Ensayo de Historia Americana*, II, 261.

1300 Juan RIVERO. *Historia de las Misiones*, 161.

1301 Felipe Salvador GILIJ. *Ensayo de Historia Americana*. Caracas, II (1965) 261-262.

1302 Juan RIVERO. *Historia de las Misiones*, 161.

de joyería" y la equiparaba a las sartas de perlas o cadenas de oro que utilizaban los españoles. La demanda provenía tanto de los hombres como de las mujeres pues los primeros la utilizaban en "la cintura y revuelta en los brazos" y a las segundas les servía de gargantilla, de pulsera en los brazos y de cadenas en los cabellos "y hay india que carga de esta manera casi media arroba". En definitiva el prestigio de una persona dependía de la cantidad de *quiripa* que portase[1303].

Pero también esta increíble lentejuela desempeñaba otras funciones interesantes. Los guahivos y chiricoas cautivaban a los achaguas para venderlos después y ser rescatados mediante el pago de *quiripas*[1304]. Los sálivas la utilizaban como pago por la novia[1305]. Los holandeses las enhebran a modo de perlitas "para embellecer a sus criadas indias"[1306]. Y curiosamente los achaguas pagaban el tributo real con quiripa[1307].

Su elaboración requería una técnica artesanal compleja y lenta. Se cortaba en pedacitos la parte más dura del caracol; después las limaban con una piedras ad hoc y para conseguir la redondez les abrían en el centro un ojuelo tan perfecto "como si fuera hecho con instrumento o taladro de acero". Después pasaban a hacer las sartas y su medida consiste en "que ciña cumplidamente un palo llano o tabla, como del grosor de la cintura de un hombre". Finalmente las ponían muy tirantes y con una piedra de moler "mojándola muy a menudo en agua" las dejan tan perfectamente redondas "como las monedas segovianas"[1308]. Con todo, en la segunda mitad del siglo XVIII, también los otomacos habían elaborado su propia técnica para

---

1303   Juan RIVERO. *Historia de las Misiones*, 161.
1304   Juan RIVERO. *Historia de las Misiones*, 160.
1305   Gaspar POECK. "Misión del río Orinoco en el Nuevo Reino". En: José DEL REY FAJARDO. *Documentos jesuíticos relativos a la Historia de la Compañía de Jesús en Venezuela*. Caracas, II (1974) 170: "El marido mismo paga por su mujer a los padres dándoles algunos caracoles [quiripas], o pedacitos de hueso, o hacen un campo en la selva".
1306   GILIJ. *Ensayo de Historia americana*, II, 261.
1307   Mateo MIMBELA. "Renuncia a algunas doctrinas de la misión de los Llanos, a petición del P. Mateo Mimbela". En: José DEL REY FAJARDO. *Documentos jesuíticos...*, II, 296. Al hablar de los indígenas de San Salvador del Puerto dice que "sus naturales son todos ladinos, pagan cuatro pesos de demora al año en Quiripa, y al cura se paga el estipendio en la real caxa, y fuera de ella veinte y cinco pesos en Quiripa".
1308   Juan RIVERO. *Historia de las Misiones*, 160.

la elaboración de la quiripa y se servían de un utensilio de hierro para redondearla[1309].

Un circuito comercial sumamente llamativo fue el del veneno denominado *curare*. Estaba ubicado en el alto Orinoco y fue los caberres quienes se convirtieron en los manufactureros y comerciantes exclusivos, al menos hasta la tercera década del siglo XVIII. Gumilla lo califica como el "más violento veneno que a mi ver hay en la redondez de la tierra"[1310]. Al mediar el siglo XVIII los jesuitas entablarían buenas relaciones con esta etnia que sería fundamental para acabar con el dominio caribe en el Orinoco medio. Y el autor de *El Orinoco ilustrado* anotará que sólo la nación caberre "tiene el secreto [del curare] y lo fabrica y logra la renta pingüe del resto de todas aquellas naciones que por sí o por terceras personas concurren a la compra del curare"[1311].

Finalmente, debemos resaltar la existencia de una como metaestructura de estos centros comerciales que fue levantada por el comercio caribe y su acción depredadora, al filo de la segunda mitad del siglo XVII. Aunque el tema caribe será tratado en el tomo IV de esta obra (dedicado a los indígenas) hay que reconocer que esta terrible etnia impuso su yugo opresor a través de lo que Barandiarán acertadamente designa como "guerrilla fluvial y selvática de los indios caribes al servicio del azúcar holandés"[1312]. Con toda razón escriben los esposos Morey que los "caribes fueron un elemento principal de la transculturación por sus largos viajes, su agresividad y su comercio"[1313]. Pero la peor huella del comercio caribe fue la de la esclavitud. También comerciaron por todo el gran río venezolano productos europeos, flechas, cerbatanas, canoas, esteras, cuerdas, cestas, hamacas, sal, pigmentos, perlas y otras mercancías más[1314].

1309 GILIJ. *Ensayo de Historia americana*, II, 261: "Hoy usan de cierto utensilio de hierro para redondearlas. Antiguamente debió de ser con piedras agudas... todo extranjero se queda asombrado de ver la destreza con que un otomaco teniendo entre los dedos de la mano izquierda encima de una piedra la kiripa la redondea con un martillito, golpeándola por todas partes con la otra mano".

1310 GUMILLA. *El Orinoco ilustrado*, 360.

1311 GUMILLA. *El Orinoco ilustrado*, 360.

1312 Daniel BARANDIARAN. "El Orinoco amazónico de las Misiones Jesuíticas". En: José DEL REY FAJARDO (Edit.). *Misiones jesuíticas en la Orinoquia*. San Cristóbal, II (1992) 317.

1313 Robert V. y Nancy C. MOREY. *Relaciones comerciales en el pasado en los Llanos de Colombia y Venezuela*, 17.

1314 GUMILLA. *El Orinoco ilustrado*, 326-327.

Expresamente dejamos de lado el comercio interno intertribal entre naciones que necesitaban el trueque para sacar sus productos y completar de esta forma su dieta de consumo.

Con esta visión de las principales redes comerciales que encontraron los jesuitas en la gran Orinoquia pasamos a la actividad desarrollada por los miembros de la Compañía de Jesús a través de las haciendas.

La red jesuítica estaba extendida por el Nuevo Reino de Granada y también por el occidente venezolano sobre todo por la zona sur del Lago de Maracaibo y en lo que hoy son los Llanos orientales de Colombia.

Mas, a partir de 1740 ya se habían consolidado las tres demarcaciones misionales con sus respectivas haciendas y procuradurías: Caribabare para la de Casanare; Cravo para la del Meta y Carichana para la del Orinoco.

En todo caso, antes de pensar en el comercio estas procuradurías estaban obligadas a cumplir con una serie de compromisos internos como por ejemplo dotar los hatos de los pueblos misionales nuevos y asistirlos en sus necesidades así como también ser fuente de suministro para asegurar la vida material de todas las reducciones de su respectiva circunscripción.

Sin embargo, las gigantescas proporciones que fue adquiriendo sobre todo Caribabare obligó a los jesuitas neogranadinos a pensar seriamente en la posibilidad que ofrecían los mercados externos para así poder financiar las ingentes inversiones que a diario suponía el mantenimiento de la red poblacional misionera.

Si pretendiéramos trazar el mapa de los mercados jesuíticos dependientes de las tierras frías tendríamos que señalar que hacia Bogotá miraban tanto las ganaderías del Llano casanereño (Caribare, Tocaría, La Yegüera y Cravo) y apureño (Apiay) como las ubicadas en la provincia de Neiva (Villavieja, Doyma, La Vega y Espinal).

Pero a la hora de precisar los puntos de contacto los dos enclaves señeros en la geografía del gran Llano serían Caribabare y Apiay mientras que en el altiplano serían las haciendas de Lengupá-Firavitoba cerca de Tunja y La Chamicera en la sabana bogotana.

Ya hemos hablado de los caminos ganaderos hacia Bogotá a través de la hacienda de Apiay, hoy Villavicencio. La hacienda La Chamicera, ubicada en la sabana bogotana, era la pieza clave de todo este sistema. Su ganado provenía de Doyma y Apiay y tenía que cebarse en la Estancuela y Molino de Quevedo y una vez sazonado se vendía "a pie" o se "pesaba en la carnicería"[1315]. De igual forma se produjo un intenso comercio con los productos derivados de la industria ganadera, como cuero, manteca y sebo.

Pero el proveniente del circuito de Caribabare debía recorrer un camino mucho más largo y ya en el altiplano era manejado por la hacienda de Lengupá con su proyección comercial dirigida a Sogamoso, Tunja y Bogotá.

Una verdadera tecnología para la comercialización del ganado se fue creando en la hazaña que suponía la saca del ganado que se iniciaba en Caribabare y demoraba varios meses en alcanzar su destino serrano. La primera dificultad consistía en arrostrar los terribles cambios de temperatura así como los empinados y estrechos caminos andinos. Además, tan tremendo recorrido motivaba que hubiera reses que murieran o por enfermedad o sobre todo por "emparamarse" las cuales eran sacrificadas al instante y servían de alimento para toda la comitiva. A ello había que sumar las que se perdían en aquellas enormes soledades y las que como incapacitadas se vendían en diversas poblaciones a cambio de arrobas de algodón "que se mandaban tejer a los pueblos tejedores de aquellos parajes". Una prueba de las dificultades que había que superar en el tramo de tierra caliente a tierra fría nos la ofrece Germán Colmenares cuando estudia el traslado de las reses de Doyma y Villavieja a la hacienda La Chamicera, ubicada al occidente de Bogotá. En 1769 habían salido 307 novillos y sólo llegaron 236, es decir, que 71 novillos se quedaron en el camino por "cansados y estropeados" y en 1770 se remitieron 273 novillos y se recibieron 249[1316]. Además hay que tener presente que el paso de la cordillera por ese punto era mucho más corto que por Paya.

Este reto supuso una verdadera especialización entre los hombres del llano. La máxima responsabilidad residía en el caporal quien "cabalgaba acompañado de los vaqueros, punteros o guiadores del rebaño que era arriado por los peones conductores; no faltaron las mulas cargadoras del bastimento, los hatillos, las maletas y los sobretoldos"[1317]. Las puntas de ganado provenientes de Caribabare hacían escala en las haciendas de Firavitoba y Lengupá donde se reponían del deterioro adquirido por la larga

---

1315 Germán COLMENARES. *Las haciendas de los jesuitas en el Nuevo Reino de Granada*. Bogotá, Universidad Nacional de Colombia (1969) 105.

1316 Germán COLMENARES. *Las haciendas de los jesuitas en el Nuevo Reino de Granada*, 105-106.

1317 Edda SAMUDIO y José DEL REY FAJARDO. *Jesuitas, haciendas y promoción social en la Orinoquia*. Mérida (2006) 69.

travesía. Allí se cebaban las reses y posteriormente seguían su camino a Tunja y Bogotá[1318].

Todavía no se ha estudiado la pequeña historia de la cotidianidad que generaban estos enormes desplazamientos. Aún hoy recordamos admirados la impresión que nos producía, cuando vivíamos en la urbe boyacense de Santa Rosa de Viterbo (1954-1955), el presenciar la dura ruta que exigía a los camiones ganaderos alcanzar las alturas del altiplano y llegar hasta Sogamoso, Duitama y Tunja.

La década de los años de 1740 motivó una serie de medidas que fueron beneficiosas para las haciendas jesuíticas. El crecimiento demográfico en el altiplano abrió nuevos mercados rentables para el ganado de las haciendas de los Llanos y en esa oportunidad se inscribieron los jesuitas tanto desde Apiay como desde Firavitoba. Pero fue la gran oportunidad para Apiay pues bajo el mandato del virrey Solís se abrió el camino de herradura de Villavicencio a Bogotá y como la travesía de la cordillera no era rentable para los ganaderos de San Martín vendían a los jesuitas el ganado y de esta forma, gracias a La Chamicera, pudieron fomentar el negocio[1319].

La primera noticia de que disponemos de la ampliación del mercado masivo de Caribabare hacia la capital del virreinato data de los tiempos del virrey Sebastián de Eslava (1740-1749)[1320] cuando solicitó a los miembros de la Compañía de Jesús que abastecieran de carne a la capital neogranadina y el proyecto se pudo desarrollar de inmediato pues las infraestructuras necesarias actuaron de forma inmediata gracias a las haciendas de Lengupa y Firavitova[1321].

1318 ANONIMO. "Expulsión de los jesuitas que residen en Tunja en 1767. Documento inédito". En: *Boletín de Historia y Antigüedades*. Bogotá, Año II, n°., 21 (1904) 575 donde se señala que en el momento de la expulsión de 1767 uno de los potreros de Firavitoba mantenía 342 reses de ceba.

1319 René DE LA PEDRAJA TOMAN. *Los Llanos: colonización y economía*. Bogotá, Universidad de Los Andes, Centro de Estudios sobre el desarrollo económico (1984) 25. Pedro Fermín VARGAS. *Pensamientos políticos*. Bogotá, Universidad Nacional (1968) 56. ALVARADO. "Informe reservado", 240.

1320 Sergio Elías ORTIZ. *Nuevo Reino de Granada. El Virreinato*. Tomo I (1719-1753). Bogotá, Academia Nacional de la Historia (1970) 179-273.

1321 H. P. PEREZ ANGEL. *La hacienda de Caribabare*, 66. El recorrido duraba 8 días Eduardo, RUEDA ENCISO. "El complejo económico-administrativo de las antiguas haciendas jesuitas del Casanare". En: *Boletín cultural y bibliográfico*. Bogotá, n°. 20 (1969) 12-13.

La segunda en tiempo del segundo virrey José Alfonso Pizarro (1749-1753)[1322] quien tuvo especial preocupación por la red de caminos que unían a la capital con los principales puntos de la costa[1323]. El mandatario neogranadino pudo enlazar Apiay con la sabana y fue aprovechado por los jesuitas para incrementar sus remesas de ganado a la capital[1324]

Pero si la actividad ganadera llanera miraba hacia el altiplano la que comenzaba a desarrollarse a orillas del Orinoco dirigía sus miradas hacia Caracas, Guayana y el Atlántico.

Ciertamente que debió ser dura y difícil la puesta en marcha de la hacienda de Carichana. La guerra que mantenía el caribe en todo el Orinoco medio impedía las buenas comunicaciones por todo el gran río venezolano y hacía casi imposible la realización del comercio.

Una prueba del ambiente tenso que se vivía en esa parte de la Orinoquia la ofrece el viaje del P. Bernardo Rotella a Calabozo y su consiguiente acusación de contrabando por parte del Gobernador de Caracas. En la mencionada población el jesuita le manifestó al misionero capuchino que "cada un año bajaba uno de los Padres a Guayana" para conseguir lo necesario para las misiones "así de herramientas como de avalorios y coletas para los indios; y que el Padre bajaba a pagarle y traerlo sin meternos en más"[1325]. De inmediato el capuchino informó al gobernador caraqueño sobre el supuesto contrabando y se incoó de inmediato el juicio. Mas, para el conocimiento de este sonado pleito nos remitimos a lo dicho en otra parte aunque el contenido de este conflicto fue más político que real[1326].

1322 Sergio Elías ORTIZ. *Nuevo Reino de Granada. El Virreinato*. Tomo I (1719-1753), 275-324.

1323 Sergio Elías ORTIZ. *Nuevo Reino de Granada. El Virreinato*. Tomo I (1719-1753), 316-317.

1324 ALVARADO. "Informe reservado", 240.

1325 Agustín de VEGA. *Noticia del principio y progresos del establecimiento de las Missiones de gentiles en la río Orinoco por la Compañía de Jesús*, 618.

1326 José DEL REY FAJARDO. "Notas sobre la vida y la obra del H. Agustín de Vega (1712-1763)". En: Agustín de VEGA. *Noticia del principio y progresos del establecimiento de las Missiones de gentiles en la río Orinoco por la Compañía de Jesús*. Estudio introductorio: José del Rey Fajardo sj y Daniel de Barandiarán. Caracas, Academia Nacional de la Historia (2000) 33-36.

El P. José Gumilla, en 1741, recalcaba en su libro *El Orinoco ilustrado* la inocencia comprobada de Rotella de forma tal que se le "dio competente satisfacción para restaurar su crédito y estimación debida"[1327].

El hato de Carichana –al igual que el de Caribabare- debía cumplir con las exigencias de dotación de los pueblos que se fueron fundando a lo largo del Orinoco. Pero también abastecía de carne a la misión y a la escolta a razón de 1 peso por arroba si era carne salada y a 6 pesos si la res se compraba viva[1328].

Una vez que la paz llegó al Orinoco al mediar el siglo XVIII despegó de forma creciente la actividad de la hacienda de Carichana pues se convirtió en un lugar estratégico para el comercio de toda la región. Por una parte mantenía el contacto con el Nuevo Reino a través de las Misiones llaneras y por otra la reducción de Cabruta le abría los espacios llaneros caraqueños y la misma capital venezolana[1329], amén de los tradicionales vínculos con Santo Tomé de Guayana y las Islas del Caribe. Los productos principales eran carne, cuero, sebo así como miel y aguardiente y otros productos que provenían de la Guayana a los que se añadían los de la fragua donde se reciclaba el hierro para producir puyas, arpones, anzuelos y otros objetos apreciados por los indígenas[1330].

Las haciendas y la vialidad colonial

Aunque hemos tratado el tema en el capítulo de la Geografía, sin embargo, hay que reconocer que de este trajinar nacieron los corredores comerciales entre las haciendas y las reducciones llaneras, las poblaciones hispanas del piedemonte y las ciudades del altiplano, así como la Guayana,

---

[1327] José GUMILLA. *El Orinoco ilustrado y defendido*. Caracas (1963) 331: "En este gravísimo aprieto salió el Padre Bernardo Rotella lejos del Orinoco a comprar provisiones y grano hacia ciertos parajes, sin reparar en costos ni en trabajos, a fin de que el hambre fuese menor y no ahuyentase los indios catecúmenos; llegó el Padre, después de penoso camino y peor navegación, tan fatigado como se puede inferir, sin más comida que el pescado que Dios le deparaba; y el recibimiento que le hizo cierto sujeto, a quien por sus circunstancias no debo nombrar, fue levantar el grito contra él tan alto, que se oyó en Caracas, en Santa Fe de Bogotá y mucho más adelante, achacándole que iba con muy diferentes intentos. De modo que se vio su crédito oscurecido y gravemente denigrado, hasta que ejecutoriada jurídicamente en Santa Fe de Bogotá con declaraciones de testigos oculares la inocencia de dicho Padre, se le dio competente satisfacción para restaurar su crédito y estimación debida".

[1328] ALVARADO. *Informe reservado*, 244-245.

[1329] ALVARADO. *Informe reservado*, 305.

[1330] ALVARADO. *Informe reservado*, 244-245.

y las rutas de Barinas y Caracas con los consiguientes beneficios para la economía y el desarrollo de la región.

Y aquí es conveniente destacar el papel de los indígenas misionados, aunque desconocido, fue decisivo pues serían en muchas ocasiones los que "señalaron caminos, pasos para el cruce de los ríos, calidad o infertilidad de las tierras, aspectos éstos muy importantes para que los misioneros lograran esa organización de conjunto dentro de los Llanos y su contacto comercial con los pueblos de la cordillera y de la meseta andina"[1331].

La venta de ganado y la actividad comercial desarrollada creó los sitios conocidos como *posadas ganaderas* y muchas de ellas "se convirtieron en matriz de nuevos pueblos, algunos hoy desaparecidos, otros convertidos en importantes ciudades"[1332].

También, a lo largo del tiempo, se fueron creando los *enlazaderos* que eran lugares ad hoc para recoger las reses cerreras y orejanas con el fin de marcarlas y errarlas, hecho que generó puntos estratégicos de geografía llanera como "Chiveches, Manecas, los Llaberos, la Guacharaca, Quitebito, el Paseo de los Negros, Moralito, Corralito, Angostura, Aceite y Guerrera"[1333]. (Mapa, 6).

Las rutas frecuentadas por los jesuitas en la rutina de su cadena comercial entre Caribabare y Tunja-Santafé de Bogotá adquirieron tal auge que cuando el virrey Sebastian de Eslava (1740-1749) solicita de los miembros de la Compañía de Jesús que abastezcan de carne a la capital el proyecto se pudo desarrollar de inmediato pues del Llano llegaban a la hacienda de Lengupá "donde descansaban los vaqueros con sus ganados y luego proseguían hasta llegar a Firavitoba... Allí las reses recuperaban su

---

1331 Héctor Publio PEREZ ANGEL. *La hacienda de Caribabare. Estructura y relaciones de mercado 1767-1810.* Yopal, Casanare (1997) 63.

1332 H. P. PEREZ ANGEL. *La hacienda de Caribabare*, 65. En la nota 67 añade: "en Casanare un sitio tradicional de descanso ganadero fue le Morro-Marroquín (en la vía Labranzagrande-Sogamoso-Tunja) cuyo paraje dio origen a el Yopal, hoy la capital del Departamento (Ver. Archivo Notarial de Yopal. Casanare. Legajo único) La fundación de Yopal a partir de una posada ganadera se puede corroborar con tradición oral (Véase SABIO, Ricardo. *Corridos y coplas por los Llanos Orientales.* Cali (1963) 41 a 48). Fuentes de otro caso similar ocurre con Villavicencio la capital del Departamento del Meta, la que surge a partir de un sitio de descanso ganadero (Véase el estudio realizado por ESPINEL, Nancy. *Villavicencio dos siglos de Historia comunera 1740-1790.* Villavicencio, 1989. En el capítulo IV trata sobre la Hacienda de Apiay, matriz de la urbe, p. 53.

1333 ANB. *Temporalidades,* 5. *Inventario de la hacienda de Caribabare, 1793.* fol., 16v. Citado por: Edda O. SAMUDIO. "Las haciendas jesuíticas...", I, 758.

peso para luego ser entregadas en Sogamoso, Tunja y Santafé de Bogotá"[1334].

Rausch afirma que los jesuitas lograron abrir el Orinoco al comercio y a las comunicaciones "factor que acrecentó la viabilidad económica de las misiones" orinoquenses[1335].

En la Yeguera se habían fomentado de forma sistemática los potreros de mulas y caballos, que en otros tiempos llegaron hasta la provincia de Barinas, pero, anotará Alvarado en 1756, "hoy no se hace..."[1336].

Legado de las haciendas jesuíticas llaneras

Varias son las huellas que dejaron los jesuitas al abandonar sus misiones en 1767 que perdurarían en los Llanos tras su expulsión. Algunas las hemos ido indicando a lo largo del texto, pero queremos aducir, para concluir, lo que testimonian los herederos llaneros que hoy pretenden rehacer su historia.

Héctor Publio Angel descubre una primitiva estructura política desarrollada por lealtades personales alrededor de los llaneros de mayor fortaleza; los que se consideraron los caudillos que se destacaron en la guerra de independencia; tal fue el caso de Ramón Nonato Pérez, o Juan Nepomuceno Moreno en Casanare, entre otros[1337]. De igual forma piensa que la organización de las haciendas, sobre todo la de Caribabare sembró en la mentalidad del mestizo un sentido "...de apropiación de grandes extensiones de tierras y un sistema de explotación difícil de asimilar, dada la disciplina y organización de los misioneros en contraste con las indóciles costumbres del indígena y del llanero"[1338].

Ya en 1850 vislumbraba el historiador colombiano D. José A. Plaza este ensueño jesuítico: "La idea de establecer una escala de comunicaciones mercantiles desde las márgenes del Meta hasta las posesiones portu-

---

1334   H. P. PEREZ ANGEL. *La hacienda de Caribabare*, 66. El recorrido duraba 8 días Eduardo, RUEDA ENCISO. "El complejo económico-administrativo de las antiguas haciendas jesuitas del Casanare". En: *Boletín cultural y bibliográfico*. Bogotá, n°. 20(1969) 12-13.

1335   Jane M. RAUSCH. *Una frontera de la sabana tropical. Los llanos de Colombia 1531-1831*. Bogotá, Banco de la República, s/f., 121.

1336   ALVARADO. *Informe reservado*, 239-240.

1337   Héctor Publio PEREZ A. *La participación de Casanare en la Guerra de Independencia 1809-18119*. Bogotá (1987) 30.

1338   H. P. PEREZ ANGEL. *La hacienda de Caribabare*, 61.

guesas y las aguas del Atlántico, surcando el Orinoco y el Amazonas, proyectada por los jesuitas, espantó al Gabinete de Madrid y aceleró la muerte del Instituto. Este plan portentosamente civilizador hubiera variado la faz del continente suramericano y revela lo grandioso del genio que no pide elementos sino libertad para obrar"[1339].

Finalmente, inspirado en Popescu, intuye que los jesuitas que misionaron en corazón de Suramérica se anticiparon varios siglos "al proyecto moderno de la carretera marginal de la selva, al ubicar puntos de dominio y control socio-económico en Casanare, Maynas, Mojos, Chiquitos y Guaraní como principales polos de desarrollo"[1340].

Con toda razón estatuye Edda Samudio: "… la organización administrativa jesuítica constituyó un modelo de previsión, de distribución de funciones y responsabilidades, de utilización de recursos, de productividad y control, lo que llevó a cabo un profundo sentido de comunidad y una inmensa tenacidad, elementos esenciales en el logro de la prosperidad que caracterizó los complejos socio-económicos jesuíticos"[1341].

Como dato curioso dejamos constancia de una tradición de la fantasía popular llanera, que tanto en Colombia como en Venezuela, han zurcido leyendas que describen a los jesuitas enterrando dentro de la hacienda de Caribabare grandes cantidades de lingotes de oro y joyas de muchos kilates "generando con ello una leyenda y un delirio exorbitante en la búsqueda de este nuevo dorado, surgido después de la expulsión"[1342] las que recoge un escritor llanero actual[1343].

1339   José A. PLAZA. *Memorias para la Historia de la Nueva Granada.* Bogotá (1850) 314.

1340   H. P. PEREZ ANGEL. *La hacienda de Caribabare,* 58. Oreste POPESCU. Sistema económico en las Misiones jesuíticas. Barcelona (1967) 22-24.

1341   Edda O. SAMUDIO. "Las haciendas jesuíticas...", I, 740.

1342   Horacio ISAZA "La leyenda sobre el tesoro de Caribabare". En: *Repertorio boyacense.* Tunja, vol., II, n° 97 (1931) 426-429.

1343   H. P. PEREZ ANGEL. *La hacienda de Caribabare,* 61. "Además en el Archivo Notarial de Yopal... se encuentra un expediente sobre un contrato para realizar diversas excavaciones con el propósito de buscar los tesoros de Caribabare. Legajo 1873-75, fl. 500, Escritura N° 75 (Moreno, 12 de noviembre de 1878)... Ver también: AGN. *Miscelánea,* 62, fl. 243-244, sobre denuncia de ocultación de caudales por parte de los Jesuitas" (Ibidem).

Apéndice

Las escoltas y sus funciones policiales y militares

Fueron muy diversos los ensayos llevados a cabo por la corona española para incorporar al indígena a la comunidad hispanoamericana así como han sido y son complejos el estudio y las matizaciones de tan gran diversidad; basta para ello revisar la documentación oficial hispana publicada por Richard Konetzke[1344].

Dentro de este contexto que configura el hecho de la integración de dos comunidades, la española y la indígena, debemos ubicar las misiones como uno de los medios que desarrolló España para conseguir tal fin.

Se puede aseverar que existió una gran riqueza de experimentos misionales en el primer medio siglo de evangelización. Pero si nos ceñimos al caso venezolano podemos afirmar que en nuestro suelo se llevarían a cabo tanto las misiones carismáticas como diversas modalidades de las llamadas institucionales[1345].

Las primeras se movían dentro de un ideal de evangelización pura, inspirada directamente en la forma como los apóstoles predicaron el evangelio al mundo romano y al mundo bárbaro. Su edición venezolana se con-

---

1344 Richard KONETZKE. *Colección de documentos para la Historia de la formación social de Hispanoamérica, 1493-1810*. Madrid, Consejo Superior de Investigaciones Científicas, 1953-1958. José María OTS CAPDEQUI. *Instituciones sociales de la América española en el período colonial*. La Plata, 1934. Santiago-Gerardo SUAREZ. *Las Instituciones Militares Venezolanas del Período Hispánico en los Archivos*. Caracas, Biblioteca de la Academia Nacional de la Historia, vol., 92, 1969.

1345 Pablo OJER. "Las misiones carismáticas y las institucionales en Venezuela". En: José DEL REY FAJARDO (Edit.). *Misiones jesuíticas en la Orinoquia*. San Cristóbal, I (1992) 141-195.

cretizó en las costas de Cumaná tan castigadas por los rescatadores antillanos y el negociador fue Fray Pedro de Córdoba[1346].

Las segundas, surgidas en Venezuela en torno a 1656 –casi siglo y medio después- respondían a una realidad social y política diferentes. Ya la administración hispana había implantado su maquinaria en grandes áreas de la geografía venezolana y trataba de ampliar su gestión en los espacios profundos. El nuevo movimiento misional adquiriría dimensión oficial en el Nuevo Reino de Granada en 1662 con la famosa Junta de Misiones[1347].

En el horizonte misional venezolano existen dos modelos que no han sido debidamente estudiados: el de los capuchinos de Guayana[1348] y el de los jesuitas del Orinoco pues en ambos casos la predicación del evangelio significó prácticamente la primera presencia administrativa de la corona en esos inmensos territorios y el choque entre el indígena y la colonización la representaba el misionero.

En este apartado nos circunscribiremos al tema de las escoltas en las misiones jesuíticas que se extendieron en la amplia geografía que iba desde el piedemonte andino hasta el río Caura y desde la confluencia del Apure hasta la línea que traza el Guaviare. En otras palabras, nos centraremos en lo que las fuentes históricas designan como Misiones de Casanare, Meta y Orinoco.

El problema de las escoltas es de por si un tema controversial y también lo fue durante el período hispánico. Sin embargo, conviene hacer siempre referencia al contexto en que se ubica pues tanto el concepto mismo como la teleología en que se enmarque la discusión harán que se acerquen o se alejen de la verdad histórica que vivieron aquellos ensayos.

Pensamos que los misioneros fueron los primeros que en su conciencia hicieron referencia al antagonismo ideológico y teológico que suponía la predicación del evangelio asistida por las armas.

Es interesante en este aspecto el juicio de un misionero, no español, como es el P. Felipe Salvador Gilij quien en su destierro en Roma escribía el año 1781: "Para quien discurre a lo lejos de las cosas de América, come

---

1346 OJER. "Las misiones carismáticas y las institucionales en Venezuela", 144. También Ojer ha estudiado ampliamente este problema en su obra *La formación del Oriente venezolano*. Caracas, I (1966) 38 y ss.

1347 ANB. *Conventos*, 68, fol., 437v-438.

1348 Mario SANOJA e Iraida VARGAS. *Las edades de Guayana. Arqueología de una quimera*. Santo Tomé y las misiones capuchinas catalanas 1595-1817. Caracas, Monte Avila Editores, 2005.

y duerme reposadísimamente en Europa, será cosa extraña que se hayan unido todas las religiones para pedir soldados para llevar la fe a los salvajes. Y si fuera para obligarlos a abrazarla, no pensarían mal. Pero la cosa no es así. Y por no entretenerme más de lo debido sobre una materia discutida por personas doctas muchas veces, y universalmente aprobada en aquellos lugares, digo que para quien considera de cerca una por una las circunstancias de la honradez de este uso, no hay extrañeza ni grande ni chica"[1349].

En realidad, el autor del *Ensayo de Historia Americana* lo precisó con gran nitidez: no exponerse temerariamente a perder la vida[1350]. Por ello es importante clarificar qué papel jugaron las escoltas en el quehacer misional y cuáles fueron sus funciones.

En toda reducción había una "casa fuerte" en donde había "pequeños cañones y otras armas oportunas para la necesidad"[1351]. Este espacio en la plaza principal significaba el símbolo de la custodia del orden y de la ley entre los indígenas reducidos[1352]. Los soldados eran los responsables de la integridad y seguridad de la población; por ello, en ocasiones, eran los propios caciques quienes solicitaban la presencia militar en sus poblados[1353]. Debían acompañar al misionero en sus "entradas" a territorio de infieles tanto para garantizar su vida así como por motivo de honor pues "es tenido por vil el que se pone en viaje sin armas"[1354]. Por otra parte se constituían en los defensores de las tierras misionadas frente a los ataques de las naciones enemigas bien fueran indígenas[1355] como era el caso común de los caribes, bien europeas como los holandeses, franceses o portugueses.

1349 GILIJ. *Ensayo de Historia americana*, II, 306.
1350 GILIJ. *Ensayo de Historia americana*, II, 118.
1351 GILIJ. *Ensayo de Historia americana*, II, 309.
1352 GILIJ. *Ensayo de Historia americana*, II, 305. En poder de los capitanes de la escolta residió siempre el conocer las causas civiles y criminales de aquellas regiones. El 1 de julio de 1754 solicitaba el P. Salvador Quintana que se concediese a don Juan Antonio Bonalde, capitán de la escolta "jurisdicción ordinaria" y título "*como se ha concedido antes*" (ANB. *Miscelánea*, t. 110, fol., 613). También conocemos una Real Provisión del Presidente don Diego de Córdoba, 1704, sobre dar jurisdicción criminal al cabo de la escolta de los Llanos para castigar los delitos (ANB. *Miscelánea*, t. 64, fol., 8).
1353 GILIJ. *Ensayo de Historia americana*, II, 309.
1354 GILIJ. *Ensayo de Historia americana*, II, 306. GUMILLA. *El Orinoco ilustrado y defendido*. Caracas (1963) 237.
1355 GUMILLA. *El Orinoco ilustrado y defendido*, 328-335.

Pero viniendo al tema concreto de las escoltas trataremos de precisar su acción en el ámbito misional y de diferenciar las diversas etapas de este discutido método en el tramo histórico comprendido entre 1661 y 1767.

Se puede afirmar que tanto las reducciones que se iniciaron en 1661 en el piedemonte andino así como las primeras entradas de los jesuitas a los gentiles diseminados en el Llano se realizaron sin la presencia de ningún tipo de ayuda armada.

Quien analice con detención tanto las *Historias* de Mercado (1684) y Rivero (1729) así como también los textos documentales contemporáneos llegará a la conclusión de que las escoltas, como tales, son posteriores a 1680.

Si apelamos a las primeras historias fundacionales es fácilmente verificable la acción individual del misionero. Pensamos que algunos ejemplos ilustrarán la hipótesis. En 1661 ó 1662 el P. Antonio Monteverde actúa completamente solo en el conflicto entre los giraras de Tame y los chinatos[1356]. En 1663 van los PP. Monteverde y Fernández Pedroche de Tame a Macaguane, para impedir que un indígena les soliviantara el pueblo, fueron solos "y un muchacho que les servía"[1357]. De igual forma se reseñan otras actuaciones similares del mismo jesuita francés como, por ejemplo, la del enfrentamiento de las parcialidades de don Rodrigo con las del cacique Tripa[1358]; y la del ajuste de paces entre giraras y chinatos, en la que anotará el cronista que "solo el Padre Antonio ... permaneció constante" mientras los blancos huyeron[1359].

También las primeras entradas del P. Alonso de Neira en 1664 fueron sin acompañamiento de soldados; asi se desprende de la narración de lo sucedido en Aritagua[1360] y en Onocutare[1361]. La forma como invadió y saqueó el cacique Tripa la iglesia y la casa del P. Jaimes indica que no había en la reducción escolta de ningún tipo[1362]. En 1664 es enviado el P.

1356 RIVERO. *Historia de las Misiones*, 127-129.
1357 RIVERO. *Historia de las Misiones*, 146-147.
1358 RIVERO. *Historia de las Misiones*, 170.
1359 RIVERO. *Historia de las Misiones*, 171.
1360 RIVERO. *Historia de las Misiones*, 161-165.
1361 RIVERO. *Historia de las Misiones*, 195: "... salí del Puerto en compañía de solas once almas, indios Achaguas".
1362 RIVERO. *Historia de las Misiones*, 173-175.

Pedro de Ortega a reconocer a los giraras del río Ele y "fue solo con un mozo blanco"[1363].

Mas, a partir de 1667 comenzamos a observar algunas decisiones que involucran el inicio de una evolución en el modo institucional de actuar los misioneros casanareños. En efecto, detectamos la primera acción conjunta (misionero-gente armada) en 1667[1364] cuando se trató de trasladar los giraras de Ele a la población de Tame y para ello se envió a un misionero experimentado "con algunos españoles, prevenidos de armas, por lo que podía suceder"[1365].

Y dentro de este eventual modo de actuar parece que, cuando las reducciones o poblados misionales estaban cerca de centros hispanos, solicitaban a veces los misioneros el concurso de algunos españoles para llevar a cabo "entradas" a terrenos que revestían especial peligrosidad; así se desprende, por ejemplo, de la lectura del expediente levantado contra Renato Xavier y el sargento Guido Belile, franceses que acompañaron al P. Dionisio Mesland a Guayana en 1653 y después se radicaron en el valle de Pauto[1366].

Pero la evangelización comienza a evidenciar sus verdaderos riesgos en el momento en que se abandona el piedemonte andino para penetrar los grandes espacios llaneros, incontrolados por la maquinaria administrativa hispana.

En efecto, la realidad política de aquellas inmensas regiones fue demostrando a la Compañía de Jesús la existencia de zonas geográficas sometidas al dominio de algunas etnias, como las de los guagivos y chiricoas en el Llano y sobre todo la de los caribes en la Orinoquia. Y esta experien-

---

1363 RIVERO. *Historia de las Misiones*, 130.
1364 RIVERO. *Historia de las Misiones*, 132.
1365 RIVERO. *Historia de las Misiones*, 131.
1366 ANCh. *Jesuitas*, 226. *Renato Xavier y el Sargento Guido Belile vecinos de la ciudad de Santa María de la Rosa ante V. M. parecemos en las mejoras vias y formas que por derecho convengan y decimos que a nuestro derecho conviene que vuestra merced mande se nos saque un tanto autorizado en manera que aga fe de una real provision que su alteza se sirvio de despachar para que nos dexasen vivir en estos llanos libremente y otros papeles, certificaciones y estancia que para ello tenemos que presentamos con la solemnidad necesaria por lo qual:* En el fol., 2v dice que el título de sargento se lo dio el capitán Juan de Jerez. Y en el fol., 4v expresamente dice: "... y al presente estamos listados y aprestados bajo del dominio del capitan Juan de Jerez para el socorro de las mision de los benerables Padres de la Compañia que tanto encarga su magestad como en otras vezes hicimos en el socorro que hizo a dichos benerables Padres [el] capitan Alonso Perez de Gusman a la entrada de la montaña del /ilegigle/". [La declaración data de 1671].

cia aconsejó a los misioneros la necesidad de cierta protección armada para ellos y para los indígenas convertidos al cristianismo.

Llama positivamente la atención el hecho de que cuando en febrero de 1668 se declara la guerra entre los achaguas de Atanarí y los guagivos y chiricoas, los PP. Castán y Ortiz Payán que eran sus misioneros estaban totalmente solos y la reducción se salvó porque se presentaron 14 soldados del presidio de Guayana que venían fugitivos[1367]. En esta oportunidad ambos jesuitas le escriben al Superior de las Misiones "... pidiéndole alguna pólvora y balas con algunos sacos de armas para la defensa contra los enemigos"[1368].

Quizá estos acontecimientos influyeron en la decisión de que el viaje del P. Antonio Monteverde para dar comienzo a la misión de los sálivas en el Orinoco medio el 28 de julio de 1669 llevara "en su compañía cuatro soldados que le sirviesen de escolta"[1369].

Lo cierto es que los hechos relatados anteriormente significaban todavía una excepción a la forma habitual de proceder en las misiones casanareñas. Tal aseveración la formulamos si nos atenemos al contenido de un documento comunitario firmado por todos los misioneros de los Llanos, y fechado en Tame el 20 de marzo de 1676, el que deja traslucir con toda claridad el problema de fondo como lo percibían los jesuitas tras 15 años de acción misional en aquellas tierras. Reiteran que "hemos reconocido ser muy necesario el brazo del rey nuestro señor y ayuda de sus ministros para conseguir lo que se pretende en la pacificación de estas provincias, que así los pueblos ... se pongan en política cristiana y tengan conocimiento de la real justicia y con su temor se arraiguen en sus pueblos"[1370]. Por ello los jesuitas agradecen la visita del Gobernador don Pedro Daza y Espeleta porque él ha podido nombrar justicias, caciques, gobernadores, tenientes, alcaldes y alguaciles entre los propios indígenas y además su presencia ha abierto los espacios para implantar la Real Justicia[1371]. Y el lector concluye que en aquellas regiones seguían actuando los jesuitas sin la presencia de soldados.

Con todo, tres lustros de experiencia misional Llano adentro (1661-1675) así como la inserción del misionero en geografías lejanas a los cen-

---

1367 RIVERO. *Historia de las Misiones*, 226.
1368 RIVERO. *Historia de las Misiones*, 233.
1369 RIVERO. *Historia de las Misiones*, 244.
1370 ANB. *Poblaciones Boyacá*, 2, fol., 75.
1371 *Ibidem*.

tros hispanos y la violencia provocada por las guerras sostenidas por los guahivos y chiricoas contra los achaguas, o los chinatos contra los giraras, aconsejaron un acercamiento a la tesis de adoptar cierta presencia militar en las áreas misiones capaces de generar conflicto.

Hacia 1675 los jesuitas casanareños principiaron a aproximarse mentalmente a dos modelos de seguridad institucional. El primero contemplaba la creación de una ciudad de españoles cercana al acontecer misional (fenómeno desarrollado con éxito por los misioneros capuchinos en los Llanos caraqueños); y el segundo apelaba a la implantación de un presidio militar en un lugar estratégico del territorio misionero (experiencia que habían vivido los jesuitas neogranadinos durante su precaria estancia en Guayana).

En carta del 19 de junio de 1675 la Audiencia de Santafé, a petición del P. Alonso de Neira, había solicitado de la corona la creación de una ciudad con 20 familias españolas. Por Real Cédula de 3 de marzo de 1679 se aprobaba la petición de la Audiencia[1372], pero hay que confesar que esta ciudad nunca existió y que los acontecimientos ignoraron pronto tal proposición. Todavía más, la historia de las ciudades-gobernaciones que proliferaron en la segunda mitad del XVII en el piedemonte andino del Nuevo Reino confirman lo efímero de un experimento que solo tenía validez como teoría[1373].

La segunda fórmula de protección misional contemplaba la presencia de un presidio común a todas las reducciones. La posición del Superior, P. Ignacio P. Fiol, era clara: "En poniendo presidio y pudiendo mandar a los indios que hagan pueblos y acudan a la doctrina, ha de ser esta misión de Orinoco una de las más gloriosas que tendrá la Compañía"[1374].

Quince días después de haber expuesto el jesuita mallorquín su planteamiento al P. General de la Compañía de Jesús, el P. Julián de Vergara, experimentado misionero del Orinoco, escribía el 16 de noviembre de 1683 a Don Juan de Villamor: "Si en esta misión hubiera un presidio de veinte soldados en pocos años se redujeran más de treinta mil almas a

---

1372 AGI. *Santafé*, 530. *Real Cédula a la Audiencia de Santa Fe aprobándole lo que ha proveído para el mejor efecto de la fundación de una ciudad con que se podrán facilitar las Misiones para el Río Orinoco*. Madrid, 3 de marzo de 1679.

1373 Rivero nos cita Espinosa de las Palmas, San Martín del Puerto, San José de Cravo, Punapuna (RIVERO. *Historia de las Misiones*, 79-85).

1374 ARSI. N. R. et Q., 15-I, fol., 89.

nuestra santa fe, y el rey nuestro señor hubiera de demoras de indios más de 150 mil pesos de renta cada año"[1375].

Tampoco el P. Gaspar Beck, alemán, fue una excepción en el planteamiento de las escoltas; como de pasada dirá: "Y esto no es una cosa que se me ocurre a mi por vez primera pues ya mucho antes había pensado lo mismo el glorioso apóstol de las Indias, San Francisco Javier, quien dice expresamente en sus cartas: que sin la autoridad del Rey, en la conversión de los infieles en las Indias, se juega con el trabajo y se pierde el aceite"[1376].

Pero sin lugar a dudas fue el P. Baltasar Felices, Procurador de las misiones casanareñas, quien de forma más completa formuló la teoría del Presidio según el Memorial en el que solicitaba se instalase en Carichana una guarnición de 24 soldados[1377]. A la hora de la verdad tampoco este proyecto llegaría íntegro a buen puerto.

Habría que esperar al año 1681 para que se abriera la genuina historia de las escoltas de las misiones del Orinoco. Según el coronel Alvarado, en dicho año y siendo presidente el Marqués de Santiago, se les concedieron a los jesuitas 6 soldados "al sueldo del Rey" para iniciar sus misiones en el gran río venezolano[1378]. Aunque desconocemos por el momento la fuente directa, sin embargo, por el P. Beck podemos verificar la veracidad del hecho así como también que esta escolta abandonaría las misiones al poco tiempo de haber llegado al gran río venezolano[1379], circunstancia que moti-

---

1375 ANB. *Asuntos Eclesiásticos*, 2, fol., 14v. *Carta del P. Julián de Vergara a don Juan de Villamor*. Dubarro, 16 de noviembre de 1683.

1376 G. BECK. *Missio orinocensis in novo Regno, 1684* . En: DEL REY FAJARDO. *Documentos jesuíticos*, II, 190.

1377 ANB. *Asuntos eclesiásticos*, 2, fols., 5 y ss.

1378 Eugenio de ALVARADO. *Informe reservado sobre el manejo y conducta que tuvieron los Padres Jesuitas con la expedición de la Línea Divisoria entre España y Portugal en la Península Austral y orillas del Orinoco* [= *Informe reservado*]. En: DEL REY FAJARDO. *Documentos jesuíticos*, I, 247.

1379 G. BECK. *Missio orinocensis in novo Regno, 1684.* En: DEL REY FAJARDO. *Documentos jesuíticos*, II, 177. El capitán Tiburcio Medina declararía sobre estos hechos lo siguiente: "Dijo que los primeros Padres que entraron a la misión, no sabe ni ha oído decir qué escolta llevaron y que estando este testigo en el Puerto de Casanare, vio que se embarcaron los Padres Ignacio Fiol, Gaspar Bech, Antonio Riedel y Agustín de Campos para ir a dichas misiones de Orinoco, y que llevaron seis hombres por orden del Gobierno superior de este Reino con sus armas y bocas de fuego para escolta de dichos Padres, los cuales dichos hombres vio este testigo bajando a Carichana que se volvieron huidos los cuatro de ellos, etc." (AGI. *Santafé*,

varía la masacre de los tres primeros misioneros muertos a manos de los caribes en el espacio de casi tres años.

Hasta el momento la primera noticia oficial de la escolta orinoquense proviene de una Real Cédula (17 de febrero de 1683) la cual respondía a una carta que le dirigió al Rey el 2 de enero de 1682 el Presidente y Gobernador, don Francisco de Castillo de la Concha. En ella el monarca aprobaba, entre otras medidas, la escolta de 6 hombres "con seis familias y socorro de cuarenta pesos" para la misión de los Llanos y Río Orinoco[1380].

Pero los acontecimientos evidenciarían el desfase entre la celeridad con que transcurría la historia en el Orinoco y la lentitud con que era analizada y resuelta la problemática misional en la capital del Nuevo Reino.

En la Junta General de Tribunales del 28 de junio de 1684 se había decretado el presidio de Carichana, con 16 soldados "pagados de los efectos que produce la tierra de los llanos tocantes a la Real Hacienda" de forma tal que 8 asistieran a los misioneros en sus entradas y 8 en el Presidio "como centinelas del enemigo"[1381]. Y fue nombrado don Tiburcio de Medina "capitán, cabo y juez en lo civil y criminal" para que ayudara a los Padres en el Orinoco por decisión de la Junta de Tribunales[1382].

Mas, 3 de octubre de 1684 se apareció en el Orinoco una escuadrilla compuesta de más de 170 caribes y cuatro días más tarde asesinaban al P. Ignacio Fiol y a ocho acompañantes "españoles e indios"[1383]; y a continuación también a los PP. Gaspar Beck e Ignacio Toebast[1384].

Así pues, cuando llegaba el capitán Medina al Orinoco para dar cumplimiento a la decisión de la Audiencia, ya los caribes habían dado muerte

---

249. *Testimonio de los Autos hechos a pedimiento del Padre Procurador General...*", fol., 73v).

1380 AGI. *Santafé*, 531 (Tomo XI, fol., 72). *Real Cédula al Presidente de la Audiencia de Sta. Fe, aprobando el socorro que hizo a los Religiosos de la Compañía de Jesús para continuar las misiones de los Llanos y Orinoco*. Madrid, 17 de febrero de 1683. Parecido texto le remite el Rey al Provincial del Nuevo Reino en la misma fecha (AGI. *Santafé*, 402) en la que además le encarga que fomente las entradas al río Orinoco.

1381 AGI. *Santafé*, 249. *Testimonio de Autos sobre las escoltas*, fol., 9v.

1382 AGI. *Santafé*, 249. *Carta del Capitán de Infantería Española Tiburcio de Medina a S. M. informándole por extenso de lo que toca a las misiones del Río Orinoco y sus dilatadas Provincias*. Santa Fe, 2 de abril de 1691. Los 16 hombres debían pagarse a 40 pesos soldado y 100 el capitán.

1383 RIVERO. *Historia de las Misiones*, 264.

1384 MERCADO. *Historia de la Provincia*, II, 394-396.

a los 3 jesuitas. Esta situación le llevó a dirigirse al Presidente y darle cuenta de que el francés había saqueado la Guayana y subido con una escuadra de 300 hombres al puerto de Santa Rosa de Casanare.

Como reacción inmediata a la masacre de los misioneros, la Junta General de Tribunales acordó se dotase el presidio de Carichana de 50 hombres (con 8 pesos al mes y 130 al capitán) que debían ser pagados por los tributos de los indígenas y lo que faltara por la Real Hacienda. Mas al poco hizo fuga una compañía de 50 mulatos y 50 hombres que quedaron iban haciendo lo mismo y otros morían de hambre. Por ello pidió licencia para subir a Santa Fe a explicar la situación y "hallé tan mal despacho en todas las Juntas Generales que se hicieron" que la Audiencia "ha procurado estorbar por todos caminos procurándome molestar y deteniéndome más de veinte meses sin querer socorrerme con cosa alguna"[1385]. Con todo, los jesuitas sirvieron durante esa década de capellanes en Carichana tanto el P. Carlos Panigati[1386] como el P. José Cavarte, quien de 1684 a 1691 bajó a confesar a la gente del denominado presidio[1387].

En verdad, la muerte de los tres jesuitas sacó a la superficie no solo las verdaderas dimensiones del problema sino también los prejuicios e intereses que se movían en la capital santafereña y en ciertos sectores dominantes de los españoles radicados en los Llanos. En el terreno misional fue el propio gobernador, don José de Enciso, quien propició y dirigió las calumnias contra los jesuitas, acérrimos impugnadores de sus acciones depravadas; y en Bogotá fue el propio arzobispo, fray Ignacio de Urbina, poco amigo de los jesuitas, quien pretendió sacar provecho de las acusaciones no probadas[1388]. Para salirle al paso a tales imputaciones se levantó, en 1690, en Santafé un amplio expediente por diligencia del Procurador de la Provincia, el P. Juan Martínez de Ripalda[1389]. Este fenómeno, con varia-

---

1385 AGI. *Santafé*, 249. *Carta del Capitán de Infantería Española Tiburcio de Medina a S. M. informándole por extenso de lo que toca a las misiones del Río Orinoco y sus dilatadas Provincias.* Santa Fe, 2 de abril de 1691.

1386 Fallecido en Carichana: ARSI. N. R. et Q., 3, fol., 415v. *Supplementum primi et secundi Catalogi a prima martii 1684 ad 15 octobris 1688.*

1387 RIVERO. *Historia de las Misiones*, 266-267.

1388 Puede verse un resumen en; PACHECO. *Los jesuitas en Colombia*, II, 428-435.

1389 AGI. *Santafé*, 249. *Testimonio de los Autos hechos a pedimento del Padre Procurador General de la relijion de la Compañía de Jesus de la ciudad de Santa Fe en el Nuevo Reyno de Granada cerca de la escolta y lo demas que an pedido se de para el fomento de las misiones de la Prouincia de Orinoco.* Santafé, 19 de julio de 1690. [Citaremos= *Testimonio de Autos sobre las escoltas*].

ción de actores, se repetiría en la historia de las misiones llaneras con el correr de los tiempos.

La cronología del problema es la siguiente. El 12 de diciembre de 1684 la Junta General de Tribunales decidía remitir el caso al Consejo de Indias[1390] y el 25 de mayo de 1685 enviaba don Francisco Castillo de la Concha copia de la carta que escribió el P. Julián de Vergara, testigo directo de los hechos, sobre el asesinato de los tres jesuitas a manos de los caribes[1391]. En este último documento se basa la Real Cédula del 12 de diciembre de 1686 por la que se estatuye que se continúe la misión del Orinoco y se procure resguardar la vida de los misioneros[1392]. El 29 de julio de 1687 era vista la mencionada Real Cédula por el Presidente del Nuevo Reino[1393] y hasta este punto llegaron los buenos deseos de la Audiencia.

Un nuevo aliento recibiría el imperativo real en 1688 con la llegada del P. Diego Francisco Altamirano, Visitador de la Provincia del Nuevo Reino (1688-1696). En carta del jesuita al Presidente Cabrera y Dávalos (8 de mayo de 1689) le representa el encargo del Rey y del P. General de la Compañía de Jesús de proseguir en la conversión de los infieles y para ello solicita "mande aplicar los medios que reconociere eficaces para el más presto cumplimiento de la Real Voluntad". Por su parte se remite a un Memorial que presentará el Procurador de las Misiones y a 2 Reales Cédulas despachadas por S. M. para las misiones del Chaco el 6 de diciembre de 1684 "en semejante caso al que hoy está pasando en las del Orinoco"[1394].

En junio de 1689, elevaba a la Audiencia el P. Juan Martínez de Ripalda un largo Memorial en el que venía a solicitar que los 16 soldados fueran satisfechos de sus sueldos[1395]. Pero más allá de las buenas palabras subyacía un inmovilismo dirigido y pertinaz. Sería el Fiscal quien sinceraría la muda oposición a la voluntad regia al remitir el 20 de julio de 1690 la petición a la Junta General de Tribunales ya que "… no es bien que tengan [los jesuitas] los soldados que pretendieren, pagados y señalados todo el año a su disposición, sirviéndose de ellos en otros exercicios sin ser para la

---

1390 AGI. *Santafé*, 249. *Testimonio de Autos sobre las escoltas*, fol., 1.
1391 AGI. *Santafé*, 249. *Testimonio de Autos sobre las escoltas*, fol., 2v.
1392 AGI. *Santafé*, 249. *Testimonio de Autos sobre las escoltas*, fol., 1-1v. El texto de la cédula: fol., 2v.
1393 AGI. *Santafé*, 249. *Testimonio de Autos sobre las escoltas*, fol., 1v.
1394 AGI. *Santafé*, 249. *Testimonio de Autos sobre las escoltas*, fol., 3-3v.
1395 AGI. *Santafé*, 249. *Testimonio de Autos sobre las escoltas*, fol., 9.

precisa ocupacion de las entradas de dicha mision, porque no fuera hacer un costo grande a la Real Hazienda lo contrario"[1396].

Sin embargo, el presidente Cabrera y Dávalos despachó un auto, 5 de febrero de 1691, para que se le pagara lo adeudado a la escolta, pero en dicho documento se ignoraba el presidio de Carichana con 50 soldados y las 20 familias que debían poblarse allí[1397].

Con ocasión de la estancia en Bogotá del capitán don Tiburcio Medina aprovechó el militar para hacer una serie de planteamientos relativos a la defensa de los hombres y tierras del Orinoco en carta del 2 de abril de 1691. Tras exponer largamente la precaria situación que vivían a diario en el Orinoco, pasa a elevar las siguientes peticiones: 1) la concesión de 50 soldados cuyas pagas estén seguras en algún situado. 2) Que se funde un fuerte en el sitio que el cabo señale y que se fortifique con 25 escopetas y con cuatro o seis piezas de balas de a 7 libras y otros tantos pedreros. Y los otros 25 soldados serán para escolta de los padres en sus entradas. 3) Que se den 20 familias para cultivar aquellas tierras. 4) Que se expulse al caribe porque esta nación está ligada a "extranjeros piratas" que les dan armas y saquean y cautivan las poblaciones. 5) Que los Padres de la Compañía de Jesús vengan en el navío de registro de la Trinidad y no en los galeones por los gastos que supone la ruta de Cartagena. 6) Que S. M. mande a recorrer las tierras al contador don Francisco de Vergara y Azcárate por ser testigo cualificado y leal a la corona y esto lo solicita porque ha sido el que más se ha opuesto a la conversión y conquista con el pretexto de ahorro a la Real hacienda. 7) Finalmente solicita que se le aumente el sueldo[1398].

A pesar de que todas estas peticiones cayeron en el vacío y las dificultades y contratiempos mantenían estacionaria la voluntad del Presidente, la Provincia del Nuevo Reino se arriesgaba a ensayar el tercer experimento misional a orillas del gran río venezolano. El 29 de noviembre de 1691 se embarcaban en San Salvador del Puerto los PP. Alonso de Neira, José Cavarte, José de Silva y Vicente Loverzo. Iban en cuatro embarcaciones tripuladas por 36 bogas y acompañados por el capitán Tiburcio Medina, 11

1396 AGI. *Santafé*, 249. *Testimonio de Autos sobre las escoltas*, fol., 9v.

1397 AGI. *Santafé*, 249. *Carta del Capitán de Infantería Española Tiburcio de Medina a S. M. informándole por extenso de lo que toca a las misiones del Río Orinoco y sus dilatadas Provincias*. Santa Fe, 2 de abril de 1691.

1398 AGI. *Santafé*, 249. *Carta del Capitán de Infantería Española Tiburcio de Medina a S. M. informándole por extenso de lo que toca a las misiones del Río Orinoco y sus dilatadas Provincias*. Santa Fe, 2 de abril de 1691. El mismo texto se halla reproducido en: AGI. *Santafé*, 273.

soldados y algunos sirvientes[1399]. El destino final eran los "antiguos pueblos de los sálivas".

Un nuevo fracaso cosecharía la Provincia del Nuevo Reino el 12 de febrero de 1693[1400] al asesinar los caribes en Adoles al P. Vicente Loverzo y al capitán Tiburcio Medina[1401]. La causa del desastre se la adjudicaron a don José de Enciso, Gobernador de los Llanos, pues al negarse a pagar el sueldo a los soldados de la Escolta, éstos huyeron todos con excepción de su capitán[1402].

Por una minuta de Real Cédula del 19 de mayo de 1704 podemos seguir el proceso de la investigación que se llevó a cabo contra don José de Enciso. En una Real Cédula de 10 de febrero de 1693 mandaba el Rey averiguar las causas de la oposición a la Compañía de Jesús en los Llanos; posteriormente, otra Real Cédula del 19 de agosto de 1695, respuesta a los planteamientos del P. Pedro Calderón quien sindicaba "como principal instrumento" de todo el movimiento al Gobernador Enciso, fue contestada por la Audiencia el 5 de marzo de 1697. El informe del 13 de abril de 1697 del Oidor Visitador, don Carlos Alcedo y Sotomayor, junto con una carta del Presidente Cabrera y Dávalos del 30 de abril de 1697 confirman que el gobernador llanero había negado a los jesuitas el testimonio de los autos

---

[1399] Antonio ASTRAIN. *Historia de la Compañía de Jesús en la Asistencia de España*. Madrid, VI (1920) 659. En la nota 2, transcribe el P. Astráin el siguiente certificado: "Toribio Sánchez Chamorro, Alcalde de Santa Rosa de Casanare ..., certifico, que hoy, 29 de noviembre de 1691, salieron los RR. PP. misioneros para el Orinoco, Alonso de Neira, Superior, José de Silva, Procurador, José Cabarque (sic, por Cabarte) y Vicente Loverzo y en su escolta el capitán Tiburcio de Medina, que va por cabo de los soldados, que son el alférez Francisco de Vera, el sargento Antonio Cortés, el cabo de escuadra José Bergaño, Tomás de Herrera, Juan Crisóstomo Berdugo, Antonio Rico, Juan de la Fuente, Salvador Godoy, Salvador Galiano, Antonio de Ojeda, Bernardo de Rojas, y asimismo van algunas familias y sirvientes, que son: Doña Josefa de Medina, hija legítima del capitán y sus sirvientes que son, Miguel Salcedo, el niño Lorenzo Yarigua, Gertrudis y su hija. Y en servicio de los Padres van dos niños, que son: Bartolomé Moyano y Sebastián de Rojas. Y a todos los sobredichos conducen y llevan el viaje cuatro embarcaciones medianas y las bogas que les corresponden, que son treinta y seis indios a propósito de los de este pueblo, y los dichos Padres salieron aviados y prevenidos como para tan largo viaje a costa de la misión, sin embargo de lo con que ayuda de Su Majestad. Puerto de Casanare, 29 de noviembre de 1691". Y da como referencia: Archivo de Indias 56-6-21. En la clasificación actual correspondería a: AGI. *Santo Domingo*, Leg. 634.

[1400] RIVERO. *Historia de las Misiones*, 310.

[1401] RIVERO. *Historia de las Misiones*, 303.

[1402] RIVERO. *Historia de las Misiones*, 302.

obrados a su pedimento ante el arzobispo santafereño y ante la Audiencia como consta además por los autos antes mencionados. En consecuencia el Consejo estatuye:

> ha parecido ordenaros y mandar (como lo hago) deis una severa reprehensión al dicho Gobernador don Joseph de Enciso por lo que ha excedido contra los Religiosos de la Compañía de Jesus. Pero si hubiere dado Residencia y le estuviere hecho cargo del suceso referido me dareis cuenta con autos de lo determinado y si no se le hubiere tomado la residencia formareis articulo sobre ello y con secreto hareis informacion y me le remitireis con testimonio de todos los autos que incidieren en esta materia para que en su vista tome la resolucion que convenga; y en cumplimiento de lo dispuesto por otra cedula de la misma fecha de 10 de febrero de 1693 pondreis muy particular cuidado en que no falte la escolta de 25 soldados que por ella se le señaló a la Compañía de Jesus ...[1403].

Todavía volvieron a insistir los jesuitas en su proyecto misional por medio de los PP. Manuel Pérez y José Cavarte, el 25 de noviembre de 1694[1404]. Mas, los misioneros decidieron regresar a Casanare "por enero de 95"[1405] después que comprobaron la esterilidad de su proyecto ante la corrupción de las autoridades guayanesas. En efecto, Timirique, jefe caribe de la excursión de 1694, venía dotado de una certificación del capitán de Guayana del año 1684 en la que se aseguraba su mucha lealtad y ser fiel servidor de su Magestad; y también venía avalado por una licencia del capitán Benavides, alcalde ordinario del Presidio de Guayana, que autorizaba su viaje por nuestro gran río[1406].

De esta suerte, agotadas todas las posibilidades que ofrecía la ruta tradicional acuática como era la de los ríos Casanare, Meta y Orinoco, ensayó la Compañía de Jesús las denominadas "Misiones del Airico"[1407], una vía

---

1403 AGI. *Santafé*, 35. *Minuta de Real Cedula a la Audiencia de Santa Fe, ordenándole reprender al Gobernador de los Llanos por las imposturas hechas a los Religiosos de la Compañía de Jesus.* "Acordado de 19 de mayo de 1704". Ya el 6 de septiembre de 1694 se había expedido una real cédula solicitando información sobre la pacificación de los Llanos por parte del gobernador don José de Enciso (ANB. *Reales Cédulas*, t. 4, fol., 259). En ANB, en el Indice de Residencias *Boyacá. 1*, fols., 365-390 (1693) se encuentra la de José de Enciso, gobernador de los Llanos.

1404 APT. Leg., 26. *Letras annuas 1694-1698*, fol., 231v.

1405 APT. Leg., 26. *Letras annuas 1694-1698*, fol., 233v.

1406 APT. Leg., 26. *Letras annuas 1694-1698*, fol., 233.

1407 AGI. *Santafé*, 36. *1664-1697. Testimonio en relación a los autos obrados en razon de haber mudado los pocos indios que quedaban en el pueblo de San Bartolomé de la Cabuya al sitio de Sabana Alta, motivos que tuvo para ello el Presidente de San-*

alterna a través de San Juan de los Llanos, lejana al radio de acción caribe en las inmediaciones del Guaviare. Para proteger y apoyar este nuevo escenario geográfico dictó el Presidente santafereño, el 3 de julio de 1696, un auto en el que se contemplaba se aumentase a 25 el número de soldados de la escolta a fin de ofrecer resguardo a los misioneros y para "reconocer el sitio y lugar donde se podrá hacer el fuerte para dicha escolta y detener el paso de los caribes"[1408]. Este presidio en el Guaviare nunca llegó a iniciarse y tan solo demuestra la buena voluntad del Presidente Cabrera y Dávalos por dar una respuesta al denominador común de las empresas orinoquenses: la impunidad caribe[1409].

Mas, a pesar de todas las adversidades sobrevenidas a las últimas intentonas evangelizadoras, los jesuitas neogranadinos se mantenían firmes en su vocación misional llanero-orinoquense y para ello decidieron dar la batalla en la corte española. La ocasión fue propicia al designar como Procurador de la Provincia del Nuevo Reino en Madrid al P. Pedro de Calderón. El 8 de agosto de 1692, presentaba el P. Calderón un balance real de lo que había significado el experimento de la protección militar en las misiones llaneras y orinoquenses. En primer lugar resalta el incumplimiento de lo ordenado tanto la Real Cédula de 17 de febrero de 1683 como la del 12 de diciembre de 1686. Hace mención también de una Real Cédula de 12 de diciembre de 1686 que manda se mantenga el presidio de Carichana y que los jesuitas que murieron en 1684 se debió a la falta de escolta. Solicita asimismo que se incluyan los autos levantados por don Lucas Ibáñez, Visitador eclesiástico de aquellas regiones, y la información mandada hacer en Pauto. Al final demanda una escolta de 25 hombres que sea pagada por los tributos de los indios y los frutos de la tierra y el resto por las Cajas Reales. Y concluye impetrando que el cabo esté sometido al superior de la misión como lo estatuye la Real Cédula de 16 de julio de 1683 dirigida al Presidente de la Audiencia de Quito[1410].

---

ta Fe don Gil de Cabrera y gestiones que hizo con el Arzobispo para entregarlos a la Religion de la Compañia de Jesus.

1408   AGI. *Santafé*, 36. *Autos del traslado de San Bartolomé de la Cabuya a Sabana Alta*. Auto. Santa Fe, 3 de julio de 1696.

1409   RIVERO. *Historia de las Misiones*, 338: "... a cuatro o cinco jornadas del Orinoco en donde atraviesa un peñón de una a otra banda del dicho Guaviare". Rivero habla de 12 soldados.

1410   AGI. *Santafé*, 249. *Memorial del P. Pedro Calderón, Procurador General de la Compañía de Jesús en el Nuevo Reyno de Granada, dando cuenta de tener su religión 6 doctrinas en el Distrito de Santa Fe y una en el de Quito, que sirven de escala alas del Río Orinoco &*.

El siglo XVIII se abre con una pausa misional, de repliegue a las posiciones iniciales casanareñas, y con un gran trasiego de misioneros que no logran insertarse en los planteamientos que reducían la acción misional a lo ya conquistado.

Los tres primeros decenios del dieciocho permitieron a los jesuitas desarrollar dos factores vitales para su expansión en la Orinoquia. Por una parte, afianzaron la hacienda de Caribabare y sus anexos para con ello poder avalar económicamente el alto costo de lo que supondrían las nuevas entradas orinoquenses[1411]. Por otro lado, decidieron extenderse a lo largo del río Meta con lo cual se aligeraba y protegía el gran espacio interpuesto entre las reducciones casanareñas y las del Orinoco.

En torno al año 1715 se opera en las autoridades jesuíticas neogranadinas una nueva toma de conciencia sobre el problema misional casanareño: a la vez que solicitaban la entrega de las reducciones existentes a la mitra con la excepción de San Salvador del Puerto, ensayaban una nueva proyección misionera hacia el Orinoco a través del río Apure con la fundación de San Ignacio de Betoyes[1412].

En este contexto de dudas y nuevos proyectos resultaría de trascendental importancia para las misiones neogranadinas la actividad desarrollada ante la Corte madrileña por el P. Matías de Tapia, Procurador de la Provincia del Nuevo Reino (1714-1717).

En un primer intento el jesuita antioqueño presenta a la consideración del Consejo de Indias, además de su impreso el *Mudo Lamento*, un Memorial en el que solicita el socorro competente para el sustento de los misioneros y soldados y que se pague con el producto de la Limosna de la Bula de la Santa Cruzada de los partidos de la jurisdicción de Tunja y la de los Llanos y si no bastare con la de Chita. La proposición fue aprobada por decreto del 17 de octubre de 1715[1413].

Pero al tomar conciencia el Procurador del Nuevo Reino de la favorable acogida dispensada por el Consejo de Indias a sus planteamientos vol-

---

1411 Edda O. SAMUDIO. "Las haciendas jesuíticas de las misiones de los Llanos del Casanare, Meta y Orinoco". En: DEL REY FAJARDO (Edit.). *Misiones jesuíticas en la Orinoquia*. San Cristóbal, I (1992) 717-781.

1412 DEL REY FAJARDO. *Misiones jesuíticas en la Orinoquia*. San Cristóbal, I (1992) 425-431.

1413 AGI. *Santafé*, 403. *Consulta del Consejo de Indias, representando a S. M. las órdenes y providencias que se deverán expedir para el fomento de las Misiones del Orinoco, a cargo de la Compañía de Jesús*.

vió a introducir un nuevo Memorial en el que daba un paso hacia adelante en sus pedimentos primigenios. En efecto, de los 25 soldados concedidos por cédula de 10 de febrero de 1693 (sobrecartada en 29 de septiembre de 1715) solicita que se amplíe el número a 36 de forma tal que 15 quedaran en el presidio con su cabo y el resto atendiera a las poblaciones misionales y a las entradas en el Orinoco. Es necesario subrayar una añadidura del Consejo de Indias que adquiriría relevancia en los años posteriores: "... advirtiendo que si demás de los 36 soldados fueren menester otros, se los den a los misioneros con todo lo demás que se juzgare necesario para conseguir el feliz suceso..."[1414].

Con respecto al sueldo de los hombres de armas sugiere que se equiparen a los que laboran en los presidios de Cartagena y Santa Marta. Además incluye que para la primera entrada se dote a los misioneros de cálices y ornamentos y a los soldados de las armas y municiones necesarias con las expensas y viáticos correspondientes; y para sufragar los gastos se recurra al producto de la Bula y a las demoras y derechos de los corregimientos que ha señalado S. M. y si todo esto no fuera suficiente se saque de los novenos reales de Santafé. Finalmente sostiene que hay que instalar en Carichana cuatro o seis pedreros de tres a tres quintales y medio que se pueden comprar en Cartagena. El día 21 de noviembre daba su placet el Consejo de Indias[1415].

Todavía más, las diligencias del P. Matías de Tapia llegaron a conseguir decisiones que para las misiones eran importantes aunque puedan aparecer hoy como minucias. Por Real Cédula del 10 de mayo de 1716 ordena al Presidente del Nuevo Reino que el Provincial de la Compañía de Jesús pueda proponer dos o tres sujetos para que de entre ellos sea elegido el Cabo de ellos; mas si no fueren a propósito podrá el Presidente proceder a su designación de forma unilateral; sin embargo, los soldados "han de estar en todo y por todo a la orden y obediencia y subordinación del Superior de las referidas misiones"[1416].

Y de nuevo la burocracia asumiría su ritmo de ineficacia y de entrabamiento procedimental a la hora de hacer efectivos los pagos a los solda-

---

1414   AGI. *Santafé*, 403. *Consulta del Consejo de Indias a S. M. expresando su parecer de que se acceda a las pretensiones de la Compañía de Jesús para el más seguro logro de las Misiones de Orinoco*. Madrid, 19 de noviembre de 1715.

1415   *Ibidem*.

1416   AGI. *Santafé*, 271. *Real Cédula al Presidente de Santa Fe sobre el nombramiento de oficial de la escolta de los Misioneros del Río Orinoco*. Aranjuez, 10 de mayo de 1716.

dos. El 16 de abril de 1723 mandaba recoger el monarca español la Real Cédula del 10 de mayo de 1716 ya que la erogación correspondiente para la escolta debió haber salido por el Consejo de la Cruzada. Y para cumplir con esta tramitación ordenaba al Comisario Sub-delegado General del Tribunal de la Cruzada de Santafé para que corriera con todos los gastos ocasionados de acuerdo con lo estipulado en la mencionada Real Cédula[1417].

Mas, a las trabas burocráticas hay que añadir un lamentable hecho que retardaría el reingreso jesuítico al Orinoco todavía durante 14 años. En efecto, en 1717 naufragó la expedición que venía al Nuevo Reino y en ella los refuerzos que debían iniciar tan importante empresa. En 1718 se veía precisado a escribir el Provincial, Ignacio de Meaurio, al General de los jesuitas: "En el común de la Provincia no hay cosa particular sino la desgracia que lamenta de la pérdida de sus sujetos que venían en la Misión, sobre que escribo en carta separada a V. P. (...) Mas no desmaya la Provincia ni en los Ministerios ni en la empresa del Orinoco (...) Si Dios da vida a los que hoy tiene correrán los ministerios y misiones como siempre y se hará la primera entrada al Orinoco disponiendo las cosas de suerte que cuando vengan los sujetos hallen allanada la entrada y la mies en sazón sin detenerse en los Llanos donde hay muy poco que hacer"[1418].

Pero no eran solamente los caribes los únicos en impacientar el avance misional. Por una Real Cédula del 2 de junio de 1728 sabemos del ataque de los indios siquanes a la reducción de Guanápalo en el que estuvo a punto de morir el P. Juan Rivero si no hubiera sido por la escolta[1419].

Al finalizar los seis primeros lustros del siglo XVIII los jesuitas habían logrado ganar lo que podríamos denominar la batalla ideológica de las escoltas ante la corte española, pero la implantación de los logros obtenidos en tierras de la Orinoquia debería superar todavía frentes insospechados. También llama la atención que el Consejo de Indias acariciara como válido el modelo del presidio militar para las misiones cuando la realidad histórica había demostrado reiteradamente que no era viable ni en los Lla-

---

1417 AGI. *Santafé*, 273. *Real Cédula para que el Comisario Sub-delegado General y Tribunal de la Cruzada de Sta Fe ordene que la limosna de la Bula de los partidos que se señalan se entregue para la paga de la escolta de los Padres de la Compañía de Jesús ocupados en las misiones de los Llanos y Orinoco*. Aranjuez, 16 de abril de 1723. Para el mejor conocimiento de los gastos de la escolta, véase: ANB. *Real Hacienda*, t. 23, fol., 549-585. El documento está fechado en 1712.

1418 APT. *Fondo Astráin*, 46. *Estado espiritual de la Provincia del Nuevo Reyno y sus Ministerios* (DEL REY FAJARDO. *Documentos jesuíticos*, II, 284).

1419 ANB. *Reales Cédulas*, 7, fol., 270.

nos ni en el Orinoco. De facto los 25 soldados asignados por el Rey servían de policía y vigilancia en las reducciones.

Una etapa de grandes transformaciones se iniciaba, alrededor de 1730, en la biografía del gran río venezolano, fruto de los planteamientos geopolíticos que las potencias europeas diseñaban sobre la región.

Desde el punto de vista de organización eclesiástica se había operado un cambio radical en el mapa misional que dibuja el comienzo de la tercera década del siglo XVIII. Además de los jesuitas, responsables de la acción misionera en el Orinoco en la segunda mitad del XVII, se habían instalado de forma eficaz los capuchinos catalanes en la zona guayanesa y los franciscanos de Píritu avanzaban a las aguas orinoquenses con una orientación dirigida hacia los espacios sureños de Guayana.

Desde el ángulo político-administrativo la Corte española revalorizaba su interés por los ámbitos orinoquenses. El nombramiento de don Carlos de Sucre y Pardo[1420] en 1729 para la gobernación de Cumaná revivía la visión de Antonio de Berrío en su ilusión amazónica pues a la Provincia de la Nueva Andalucía le anexaba el monarca las "provincias que incluye el río Orinoco, tierras descubiertas, y de las que en adelante se fueren hallando y pacificando"[1421]. En realidad se trataba de levantar un antemural frente a las amenazas de invasión extranjera, bien fueran los holandeses de Esequivo, los franceses de Cayena, los ingleses de las islas, los portugueses de Brasil, o los suecos que ensayaban instalarse en Barima[1422].

Y mientras el escenario geográfico se convertía en renovada tentación para los intereses foráneos, los actores tradicionales deseaban asumir una conducta definitiva tanto frente al terror impuesto por los caribes entre las etnias que suministraban esclavos para venderlos a los holandeses, así como frente a la tolerancia perniciosa de las autoridades guayanesas que permitían "legalmente" este vergonzoso tráfico humano.

La solución había dejado de ser fácil. La estrategia impuesta por el caribe se extendía desde la guerra psicológica hasta la represión y el asalto armado y en consecuencia no estaba dispuesto a ceder ni un ápice en lo

---

1420 Sara COLMENARES. "Sucre y Pardo, Carlos Francisco de". En: FUNDACION POLAR. *Diccionario de Historia de Venezuela*. Caracas, III (1997)1205.

1421 AGI. *Caracas*, 136. Real Cédula, dada en Sevilla, el 22 de diciembre de 1729.

1422 AGI. *Santo Domingo*, 599. Autos que acompañan la carta de los Alcaldes Gobernadores a S. M. Trinidad, 22 de diciembre de 1732. Véase para los suecos: HARRIS Y VILLIERS. *Storm Van's Gravesande. The Rise of British Guiana*. I, 293.

que a la trata de esclavos se refería, ni a hipotecar su hegemonía implantada de muy diversas formas en sus esferas de influencia.

Mas, si nos ceñimos a las relaciones caribes-jesuitas en el Orinoco debemos reconocer que pronto asimilaron los miembros de la Compañía de Jesús que sus misiones no eran espacio para la paz sino campo abierto para una guerra de intereses. Para su relación nos guiaremos por tres fuentes de primera mano como son: la larga relación del H. Agustín de Vega[1423]; la obra tradicional del P. José Gumilla[1424]; y la documentación inédita e inserta en los más variados expedientes de los gobernadores de Guayana y Cumaná.

A finales de 1731 restauraban los seguidores de Ignacio de Loyola la misión del Orinoco pero con un diseño distinto al del siglo anterior pues programaban en el Castillo y la ciudad de Guayana el epicentro de su nuevo proyecto. En muy pocos meses tuvieron que aceptar la dura realidad que la ciudad caía en la jurisdicción adquirida de los capuchinos catalanes y que la provincia de los caribes de ninguna manera deseaba misioneros en su seno[1425].

Pero los acontecimientos se precipitaron cuando los caribes vieron que se fundaba la Concepción de Uyape en su misma frontera[1426]. Fue como el anuncio de la guerra. Y a menos de un año de estancia en el gran río venezolano, los jesuitas se veían precisados a enfrentar al caribe con tres misioneros, 12 soldados y con la "unica esperanza" que podían abrigar entonces como era la llegada de don Carlos de Sucre[1427]. In situ, dos eran las posiciones tomadas: Pararuma en la que se instala el P. Rotella con 3 soldados y el teniente Pudua mientras el P. Gumilla se ubica en Urbana con el resto[1428].

El inicio de hostilidades se dio en marzo de 1733 cuando los caribes incendian Nuestra Señora de los Angeles de Pararuma y gracias a la escol-

---

[1423] Agustín VEGA. *Noticia del principio y progresos*, 10. [Citaremos siempre por la edición que publicamos en *Documentos jesuíticos relativos a la historia de la Compañía de Jesús en Venezuela*. Caracas, Academia Nacional de la Historia, II (1974) 1-149].

[1424] GUMILLA. *El Orinoco ilustrado y defendido*, 328-335.

[1425] VEGA. *Noticia del principio y progresos*, 11-12, 16-18.

[1426] VEGA. *Noticia del principio y progresos*, 16-18.

[1427] VEGA. *Noticia del principio y progresos*, 23. Los misioneros eran los PP. Gumilla, Rotella y el H. Vega.

[1428] VEGA. *Noticia del principio y progresos*, 24. El teniente Pudua era sobrino carnal de uno de los jefes caribes (Ibidem).

ta unificada y a la llegada de don Félix de Almazán, cabo del castillo de Guayana, pudieron ser rechazados en la Urbana[1429].

Mientras se desarrollaban estos acontecimientos, denunciaba el P. Rotella a las autoridades guayanesas una de las raíces de la enfermedad moral que padecía el Orinoco al señalar que, Araguacare, jefe caribe, había obtenido "carta de recomendación y exhorto" de don Antonio de Robles, Teniente General Justicia Mayor y Capitán a Guerra, en la que se mandaba "que ninguna persona se atreva a impedir, ni de facto impida, el viaje a dicho Araguacare, a su comercio de chinos, ni sea persona deste gobierno o de otro, por convenir asi a la paz y urbanidad del buen gobierno"[1430].

Para contrarrestar la acción caribe dirigió en persona don Agustín de Arredondo una campaña de 55 días[1431] en la zona de Caura y Puruey con escasos resultados[1432]. El propio Gumilla, muy consciente de la delicada situación, se dirigía el 14 de noviembre de 1733 a don Carlos de Sucre advirtiéndole que una vez que don Agustín de Arredondo se reintegrase a Trinidad "quedará esto expuesto a toda desdicha, al arbitrio del enemigo"[1433].

Pero la guerra estaba declarada. En este orden de cosas escribía Gumilla, en enero de 1734, que no era el momento para que Cumaná enviase 400 hombres para la acción anticaribe pues sólo pelearían contra el hambre ya que los alimentos no se conseguían ni "con los patacones en la mano". A esto se unía el haber desertado muchos soldados pues "no hay quien tenga que comer para dos días y el diario es contingente porque depende de la pesca". Por otro lado insistía en que los Observantes de Píritu se arrimasen al Orinoco a fundar pueblos. Con respecto a las misiones de la

---

1429 VEGA. *Noticia del principio y progresos*, 24-26.
1430 AGI. *Santo Domingo*, 583. *Guaiana, y abril de mil setecientos ytreinta y tres. Carta de Rotella al Capitán de la escolta de los Jesuitas.* San Joaquín de Sálivas, 15 de marzo de 1733. fol., 15-15v.
1431 AGI. *Santo Domingo*, 607. *Carta del P. José Gumilla a los Alcaldes Gobernadores de Trinidad.* Guayana, 14 de octubre de 1733. En el *Primer quaderno de autos*, fol., 13v.
1432 VEGA. *Noticia del principio y progresos*, 29-37 en donde describe con lujo de detalles la campaña y sus incidencias. El H. Vega hace referencia a cuatro barcos de guerra, armados con 150 hombres. El total de la expedición era de 300 hombres (VEGA. *Noticia del principio y progresos*, 30).
1433 AGI. *Santo Domingo*, 599. *Carta del P. José Gumilla al Gobernador y Capitán General don Carlos de Sucre.* Guayana, 14 de noviembre, 1733.

Compañía señala que "están taladas por la invasión de los caribes de este año pasado"[1434].

En el verano de 1734 aprovechó don Carlos de Sucre el viaje del Maestre de Plata a Santafé para que lo acompañaran 100 soldados hasta la primera misión jesuítica y allí esperaran el retorno del funcionario guayanés para regresar con él al Castillo. En el ínterin debían hacer incursiones en territorio caribe a fin de mantenerlos alejados de las misiones. La estancia debió durar alrededor de un año[1435] y los misioneros tuvieron que correr con todos los gastos. Los resultados se pueden conceptuar de precarios[1436]. Y esta afirmación se puede corroborar con la tesis del P. Bernardo Rotella que era aceptada en ese momento por todos los misioneros: "es moralmente imposible hacer misión permanente mientras haya caribes en Orinoco"[1437].

Esta tesis conviene explicitarla en todas sus dimensiones. La presencia jesuítica en el Orinoco equivalía a la erradicación del comercio humano que habían implantado los holandeses, ingleses y franceses, a través de los caribes, para los mercados esclavistas del Caribe. Si los miembros de la Compañía de Jesús reiteraban la necesidad absoluta de las escoltas en el gran río venezolano era porque en justicia había que defender a los hombres que constituían el Estado español y la Provincia de Guayana y en último término sus propias misiones. Ellos, mejor que nadie, habían denunciado la trata de indios por los caribes desde el siglo XVII. Una síntesis de esta lucha por la justicia la sintetizaría, en 1780, con profunda tristeza, Felipe Salvador Gilij al anotar que "contra su crueldad hablan los muchos esclavos orinoquenses vendidos por los caribes a las colonias de Holanda sobre el Atlántico"; y con respecto al número de habitantes de los pueblos al sur del Orinoco dirá que es "tan reducido, que parece apenas creíble"[1438].

Todavía hoy no se ha tomado conciencia de los miles de esclavos indígenas venezolanos que pasaron a engrosar la denigrante historia de la esclavitud bien fuera por Guyana, bien por el norte brasilero. En ambos frentes laboraron los jesuitas y levantaron su voz pero los intereses locales

---

1434 AGI. *Santo Domingo*, 599. *Carta del P. José Gumilla a don Carlos de Sucre*. Guayana, 2 de enero de 1734.

1435 VEGA. *Noticia del principio y progresos*, 61.

1436 VEGA. *Noticia del principio y progresos*, 49-59.

1437 Biblioteca Universitaria de Valladolid. Mss.342. *Carta del P. Bernardo Rotella al Gobernador y Capitán General*. San Ignacio y noviembre 5 de 1734.

1438 GILIJ. *Ensayo de Historia Americana*. Caracas, I (1965) 133.

y provincianos preferían el nefasto statu quo al jugoso negocio de la trata indígena que despoblaba sistemáticamente de hombres los territorios hispanos y postergaba sine die la hora de su desarrollo.

Y en este contexto es preciso incluir otra observación. Según Daniel Barandiarán los caribes traficantes de esclavos no eran del Orinoco y de facto se constituyeron en el "brazo armado" de holandeses, franceses e ingleses para la gran industria de la esclavitud. Esta apreciación no pasó desapercibida a la fina observación del jesuita italiano autor del *Ensayo de Historia Americana*, quien anota: "Estos [los caribes] son los que viniendo de la Cayena por tierra hasta el río Caura, se detienen en todos los países intermedios. Hay allí, es cierto, otras naciones (...). Pero todos, o casi todos, por los usos y por la lengua, como por alianzas variables, pueden llamarse caribes"[1439].

Ante tal situación los misioneros decidieron aumentar el número de soldados, de 12 a 30, y se valieron del siguiente criterio: "al hombre que hallábamos capaz le dábamos sueldo entero y a los demás conforme lo merecían"; además nombraron capitán a don Francisco Angel Sanabria[1440].

En este contexto de fuerzas convergentes y divergentes se explica la decisión de las distintas familias religiosas, sitas en el Orinoco, de suscribir el 20 de marzo de 1734, en Santo Tomé, la Concordia de Guayana[1441] con el evidente propósito de realizar una penetración, evangélica e hispana, en los territorios de la Venezuela profunda y enfrentar mancomunadamente los embates caribes.

En marzo de 1735 retornaba el gobernador Sucre a Cumaná[1442] y la marea de las incursiones caribes hacia las misiones volvió a subir de nuevo de forma tal que en septiembre incendiaban la reducción franciscana de Mamo y en octubre las de San José de Otomacos y San Ignacio de Guamos[1443].

En este estado de cosas optaron los jesuitas, en 1736, por buscar una solución militar propia a fin de atajar a los caribes mediante la construcción, cerca de Carichana, del reducto de San Javier en Marimarota. Este

---

1439 GILIJ. *Ensayo de Historia Americana*, I, 126.
1440 VEGA. *Noticia del principio y progresos*, 63.
1441 El texto impreso puede verse en: José GUMILLA. *Escritos varios*. Caracas, Academia Nacional de la Historia, 101-105.
1442 AGI. *Santo Domingo*, 634. *Carta de Sucre a don José Patiño*. Cumaná, 23 de marzo de 1735.
1443 GUMILLA. *El Orinoco ilustrado y defendido*. Caracas, 333-334.

primitivo puesto militar consiguió impedir el flujo de las armadas caribes aguas arriba; sin embargo, los caribes buscaron caminos de tierra que desembocaban más al norte de las misiones jesuíticas. Gracias a ello no interrumpieron sus acciones de contrabando humano ni sus actos guerreros pues lograron descubrir que aguas abajo se podía burlar la vigilancia del fortín en las noches oscuras y en las grandes crecientes del Orinoco[1444].

En 1737 tuvieron que soportar las misiones un nuevo asalto caribe al mando del francés Bleso, mas gracias a la ayuda de la escolta y del pueblo lo pudieron rechazar[1445].

En 1738 la presión caribe buscó nuevas fórmulas de agredir el territorio jesuítico. En esta oportunidad se coaligaron 30 franceses con los caribes pero no lograron llegar a su destino[1446]. Sin embargo, hay dos observaciones que merece la pena destacar para estas fechas. La primera, la colaboración de los indígenas en la custodia de la población pues servían de centinelas "y tocan caracoles, o cornetas, parecen las trompetas de Gedeón". La segunda hace referencia a la deserción y descontento de algunos soldados, hecho que debilitaba la acción de la escolta[1447]. Con todo, se observa un decaimiento de las pretensiones caribes a partir de este año. Pensamos que amén del fuerte de Marimarota debió convertirse en causa decisiva la epidemia de viruelas que azotó al Orinoco durante tres años (1738-1740)[1448].

En 1740 funda el P. Bernardo Rotella la discutida población de Cabruta en territorio caraqueño con el propósito de atajar desde allí la penetración caribe y gerenciar el control del tortugueo. Pero en diciembre de 1741 los caribes dominaban el Orinoco bajo e impedían que los de Guayana subieran hasta Cabruta en busca de manatí, tortugas y sus mantecas. Rotella insiste en que se pueble el Orinoco con familias pobres provenientes de Caracas ya que su presencia y su interrelación comercial con la Guayana conllevaría que los caribes "se retirarían o se darían a sujeción". Todavía

---

1444 AGI. *Quito*, 198. *Segunda Vía. Respuesta al pliego ... 1742.* (GUMILLA. *Escritos varios*, 307).

1445 La descripción del asalto en: VEGA. *Noticia del principio y progresos*, 84-85.

1446 ANB. *Curas y Obispos*, 36, fol., 133. *Carta del P. Manuel Román al P. José Gumilla.* 1 de octubre de 1738.

1447 *Ibidem.*

1448 VEGA. *Noticia del principio y progresos*, 104.

más, si lo anterior no prospera, propone que se funde una población de blancos en tierras de caribes[1449].

Y un año más tarde, en 1741, el P. Manuel Román, experimentado misionero orinoquense, insistía en la construcción de un Fuerte en el bajo Orinoco, una fundación de españoles en el corazón de las tierras caribes y el aumento de la escolta en las misiones. La construcción de un fuerte en el bajo Orinoco seguía siendo una quimera. Aunque por diciembre de 1738 había dado comienzo don Antonio Jordán a las obras en la Angostura, pronto faltaron los bastimentos y la gente se retiró a Guayana aún durante el mandato de don Carlos de Sucre. Tampoco el gobernador Gregorio Espinosa de los Monteros había podido adelantar en nada la obra por haber sido tomada Guayana por los ingleses y por estar después infestada de viruelas[1450]. En todo caso Román nunca tomó partido por la ubicación exacta del Real Fuerte[1451].

La solución teórica parecía evidente aunque su realización era materialmente imposible como lo demostraría la historia. La proposición consistía en crear en Puruey y Caura un pueblo de españoles, mestizos, o mulatos con un resguardo de 100 soldados que podrían salir de Araya, Cumaná y Guayana ya que la sola construcción del Fuerte cerraría el paso de los caribes por agua y "les queda la puerta abierta por tierra, por haber camino desde Orinoco a Esquivo, colonia de holandeses" y podría suceder lo mismo que con el reducto de San Javier en Marimarota. Estas dos premisas ubicarían a los caribes en el siguiente dilema: o aceptan rendir vasallaje al rey o tendrían que buscar vivir fuera de los contornos del Orinoco[1452].

En definitiva los jesuitas aceptaron que los proyectos de fortificación del Orinoco como solución para el problema caribe no pasaban de ser bue-

---

1449 AGI. *Santo Domingo*, 634. *Carta del P. Bernardo Rotella al Gobernador de Cumaná*. Cabruta, diciembre de 1741 (del Rey, II, 358-363).

1450 AGI. *Quito*, 198. *Segunda Vía. Respuesta al pliego ... 1742. (*GUMILLA. *Escritos varios*, 303).

1451 *Carta de Román a Gumilla*. Nuestra Señora de los Angeles y octubre 1 de 1738 (GUMILLA. *Escritos varios*, 272): "... yo le prometí el cielo y sus ascensos [a Antonio Jordán] con tal de que haga algún fuerte en la Angostura, poco más arriba o poco más abajo, según a él le pareciere". Y en 1742 reitera la misma posición: En Angostura "o donde más convenga" (AGI. *Quito*, 198. *Segunda vía. Respuesta al pliego, 1742*. En: GUMILLA. *Escritos varios*, 310-311).

1452 AGI. *Quito*, 198. *Segunda Vía. Respuesta al pliego ..., 1742*. (GUMILLA. *Escritos varios*, 310-311).

nos deseos[1453]. Lo único real con que contaban era la escolta y los indígenas adictos a las misiones.

En 1742 su fuerza militar se componía de 36 hombres y su capitán para atender a las misiones de Casanare, Meta y Orinoco, las cuales, en términos temporales, significaban distancias de 24 ó 25 días. Esta realidad le llevaba al P. Román a solicitar no sólo el aumento del número de soldados sino que se resolvieran los siguientes problemas: que se asignase a los oficiales y cabos el sueldo que les correspondía pues de lo contrario "no hay quien lo quiera ser y cuando lo admiten es con displicencia"; y que de las Cajas de Santafé se les pague a los soldados pues la corona ya les adeuda 14 meses y ello motiva su deserción[1454].

En verdad, que una experiencia tan angustiante e inédita como la década vivida por los misioneros (1731-1740) en su entorno caribe con sus trasfondos de intereses europeos, aconsejaron a la Compañía de Jesús neogranadina replantear una vez más en Madrid la vigencia de las misiones ya que las soluciones indianas siempre asumían el talante de tardías.

En 1741 se encontraban en la capital castellana como Procuradores de la Provincia del Nuevo Reino los PP. José Gumilla y Diego Terreros. Al estudiar sus negociaciones no deja de llamar la atención que no fuera el ex-misionero Gumilla quien suscribiera las solicitudes en pro de las mejoras de las escoltas misionales. Pensamos que el autor de *El Orinoco ilustrado*, por estrategia, optó porque su compañero asumiera la gestión de un planteamiento que lucía menos problemático que los conflictos territoriales originados por la fundación de Cabruta en territorio caraqueño o cumanés, asunto al que dedicaría tiempo e ingenio el fundador de las misiones orinoquenses.

En realidad el antiguo catedrático de la Universidad Javeriana redactaría un extenso expediente que recoge una vez más la historia y la problemática de las escoltas[1455].

1453 En este estudio hacemos abstracción de los planes de defensa del Orinoco; para ello nos remitimos a Demetrio RAMOS. "La defensa de Guayana". En: *Estudios de historia venezolana*. Caracas, Biblioteca de la Academia Nacional de la Historia (1988) 681-750.

1454 AGI. *Quito*, 198. Doc. cit. (GUMILLA. *Escritos varios*, 311-313).

1455 AGI. *Santafé*, 407. *Expediente visto en el Consejo de Indias a instancia del P. Diego Terrero [sic] de la Compañía de Jesús, Procurador General de la provincia de Santa Fe, sobre el aumento de escolta para las Misiones del Orinoco*. Año 1741 [El expediente consta de 6 documentos]. Existe, sin embargo, una Real Cédula del

El Memorial del P. Terreros [octubre de 1740[1456]] comienza su alegato haciendo alusión a las Reales Cédulas[1457] que consagran las aspiraciones de la Corona sobre la extensión de la fe en el Orinoco. Mas los progresos deseados no se han podido llevar a cabo por dos causas.

La primera proviene del no cumplimiento de dos Cédulas fechadas ambas en Aranjuez a 10 de mayo de 1716 y en una de ellas se manda que si fuere necesario añadir a los 36 soldados de la escolta otros más, se aumenten. En el espacio temporal que media entre la fecha de la solicitud y el año 1741 se habían iniciado las misiones del Meta y las del Orinoco. En consecuencia el P. Terreros solicita que se eleve el número de hombres de la escolta por lo menos a 60; de lo contrario peligra su supervivencia como refiere la Real Cédula de 16 de enero de 1722.

La segunda causa obedece al criterio mantenido por los ministros reales según el cual las Cajas de la Cruzada solo pueden pagar 36 soldados y 8 religiosos. Mas la Cédula de 10 de marzo de 1716 prevé que si ella fuera insuficiente se apele a las demoras y derechos de los corregimientos de los Llanos y Chita y si estos no bastaren se ejecute la deuda de los Novenos Reales de Santa Fe[1458].

En 1741 volvía el P. Terreros a dirigirse al monarca español presionado por las vicisitudes orinoquenes ya que, por cartas recibidas de las misiones, a la escolta se le debían los sueldos de los dos últimos años con el peligro inminente de que se retiraran los soldados con las consecuencias que ello acarrearía. A esto se añadía la necesidad de aumentar 12 plazas a las 36 ya existentes[1459]. En sus justificaciones aduce el P. Procurador el testimonio del P. José de Rojas, apoderado general de las misiones de los Llanos y Orinoco, en carta al Presidente del Nuevo Reino de 1733. En ella explica que se han fundado tres o cuatro pueblos y piden misionero 30 capitanías de Otomacos y argumenta que si para los pueblos de los Llanos se necesitaban 36 soldados, ahora se requieren 20 más dadas las enormes distancias que s interponen entre Casanare y el nuevo hábitat misionero

---

5 de febrero de 1730, en la que se manda se pague las escoltas de los Llanos con "las limosnas de la Bula de cualquier partido" (ANB. *Reales Cédulas*, t. 9, fol., 8).

1456 AGI. *Santafé*, 407. *Idem.* Segundo Memorial del P. Terreros. En él hace alusión a las Reales Cédulas de: 17 de febrero de 1683; 1 de octubre de 1692; 1 de febrero de 1693 y 10 de marzo de 1716

1457 AGI. *Santafé*, 407. *Doc. cit.* Varias de estas cédulas las inserta en el capítulo 3: "Testimonio".

1458 AGI. *Santafé*, 407. *Doc. cit.*

1459 AGI. *Santafé*, 407. *Doc. cit.* 2° Memorial del P. Terreros.

orinoquense. Así lo contempla la real Cédula de 10 de mayo de 1716[1460]. La petición del P. Rojas viene avalada con las declaraciones del Corregidor de Tunja, del maestre de la plata de Guayana y el capitán Francisco de Robles[1461].

En primera instancia la Junta de la Real Hacienda aprobó 12 soldados[1462]. El 16 de marzo de 1741 el Fiscal del Consejo solicita al virrey que verifique la necesidad y el número sea costeado por la Limosna de la Bula de los partidos más inmediatos según cédula de 23 de febrero de 1730[1463].

En 1744 se veía obligado el P. Pedro Ignacio Altamirano, Procurador de Indias en Madrid, a reclamar que lo estipulado en la Real Cédula de 23 de febrero de 1730 tan solo se había traducido en "un tardo y débil socorro" con el peligro de que los soldados se retirasen. Solicita se remitan nuevas órdenes a la Real Audiencia, a los Oficiales Reales de Santafé y al Comisario Sub-delegado de la Cruzada para que paguen tanto a los soldados como a los misioneros lo que les pertenece[1464]. El Fiscal accede a la petición del P. Altamirano pero se remite a la Real Cédula expedida el 3 de mayo de 1741[1465].

Sin embargo la ayuda de 12 soldados para la escolta solamente vino a llevarse a cabo el 15 de mayo de 1751 gracias a la acción del Virrey don José de Pizarro[1466]. La causa última la encontramos en un Memorial del P. Antonio Naya quien hace referencia a la Real Cédula de 10 de febrero de 1745 y a los incidentes acaecidos en el Raudal de Atures el 1 de diciembre de 1750 y el 9 de abril de 1751 en los que perdieron la vida tres soldados, el teniente de la escolta y varios indígenas ante los ataques de los guaypunabis. Concluye su escrito con la trascripción de un párrafo de una carta

---

1460   AGI. *Santafé*, 407. *Doc. cit.* 3° Petición del P. José de Rojas. Ya antes los jesuitas habían levantado su voz en este sentido: Memorial del P. Juan Antonio de las Varillas, Procurador General de la Provincia, sobre pago de la escolta de los Llanos: (ANB. *Reales Cédulas*, t. 8, fol., 309 y ss).

1461   AGI. *Santafé*, 407. *Doc. cit.* 3° Declaración.

1462   AGI. *Santafé*, 407. *Doc. cit.* 3° Junta de Real Hacienda.

1463   AGI. *Santafé*, 407. *Doc. cit.* 4° Informe del Fiscal del Consejo.

1464   AGI. *Santafé*, 407. *Doc. cit.* 5° Memorial del P. Altamirano, 1744.

1465   AGI. *Santafé*, 407. *Doc. cit.* 6° Informe del Fiscal del Consejo. Madrid, 17 de septiembre de 1744.

1466   AGI. *Santafé*, 408. *Carta del P. Ignacio Ferrer, Provincial de la Compañía de Jesús en Santa Fe, avisando recibo de la Real Cédula sobre el aumento de escolta para aquellas misiones.* Santafé, noviembre 7 de 1752. En realidad no especifica a qué Real Cédula se refiere.

del Superior al Rey del 13 de noviembre en el que transcribe: "en el breve termino de seis años se han extraído de los Dominios del Rey de España veinte y cuatro mil indios, sin los que mueren en las guerras que para cautivar a tantos miserables se hacen"[1467]. Años después recogería el P. Felipe Salvador Gilij en su Historia que el año 1750 los guaypunabis, bajo la dirección de de Imu y Cayamu, atacaron la población del Raudal de Atures con 200 hombres armados. Como era frontera "los soldados no eran menos de veinte"[1468] y lograron superar la agresión.

Mas, las circunstancias de seguridad en nuestro gran río seguían supeditadas a los nuevos descubrimientos y a la entrada en escena de nuevas etnias en el horizonte misional. Cuando todavía no habían cesado las inquietudes de la amenaza caribe, surge en la frontera misional del alto Orinoco la pesadilla de los guaypunabis y de los propios portugueses.

En resumen: después de 35 años de diligencias se consigue que todas las misiones jesuíticas eleven el número de soldados de su escolta de 36 a 48 hombres para de esta forma cubrir los inmensos espacios de las misiones de Casanare, Meta y Orinoco.

Mas, para quien estudie las escoltas jesuíticas en la Orinoquia es importante conocer no sólo el informe reservado que sobre ellas se mandó levantar en abril de 1739 por orden del Subdelegado General de la Santa Cruzada, con las declaraciones falsas y malintencionadas de los declarantes[1469], sino la respuesta que dieron los misioneros ante unas declaraciones similares a las que se levantaron en esos mismos lugares a finales del siglo XVII.

En agosto de ese mismo año se dirigía el Procurador General, P. Antonio Naya, al Presidente para notificarle que "ha llegado a mi noticia que por personas que profesan positivo desafecto a mi religión y a las misiones de la Provincia de los Llanos se han pasado a hacer sigilosamente algunas informaciones en desdoro de la rectitud de las operaciones, celo y desinterés de los misioneros, procediendo con esta cautela para que la Compañía [de Jesús] no pueda defenderse y lograr la impresión y sus efectos a lo

---

1467 ANB. *Reales Cédulas*, 11, fol., 17. *Memorial del P. Antonio Naya al Virrey*. Santa Fe, 30 de abril de 1751.

1468 GILIJ. *Ensayo de Historia Americana*. Caracas, III (1965) 118-120.

1469 ANB. *Asuntos eclesiásticos*, 3, fols., 272-310v. *Informacion original fecha de oficio de mandado del Señor Comisario Subdelegado General de la Santa Cruzada de Santa Fe en el nuevo Reino de Granda. Sobre el estado en que halla la mision que esta a corgo de la Sagrada Religion de la Compañia de Jesus en las Provincias de los LLanos, Orinoco y Casanare.*

menos en el inter que se ocurre con el remedio que nunca puede ser pronto en estas distancias y aunque el defecto de jurisdicción y citación y otros que serán indubitables en un modo de proceder tan clandestino, debieran producir un total desprecio y desestimación de lo que se hubiere actuado, principalmente en unas acciones tan patentes a este Gobierno Superior y Real Audiencia..."[1470].

En este contexto no podríamos aseverar con precisión si la Real Cédula de 10 de febrero de 1745 que critica al Comisario de la Cruzada por "dar a unos y otros [misioneros y soldados] un tardo y debil socorro" tenga que ver con las informaciones antes mencionadas[1471]. En todo caso no debió tener mucha repercusión la información solicitada por el Subdelegado General de la Cruzada ya que el coronel Alvarado, infatigable investigador antijesuita, no hace referencia alguna en su *Informe reservado* a estas declaraciones.

Según un Informe del Provincial del Nuevo Reino la paz había retornado en 1759 a las misiones pues en el norte el caribe se había retirado a sus territorios por presión de los cabres instalados en las reducciones jesuíticas; y por el sur los portugueses y otras naciones indígenas habían cesado en sus acciones esclavistas gracias a la presencia del aparataje de la Expedición de Límites[1472] así como también gracias a las buenas relaciones que fueron entablando los misioneros jesuitas con los jefes guaypunbis y cabres.

Pero además insistía el mandatario jesuita en la necesidad de elevar el número de los soldados de la escolta que en aquel entonces ascendía a 48. Y para ello aduce varias razones. Este contingente de hombres resultaba insuficiente para cubrir "tres ramos": Casanare, Meta y Orinoco y las nuevas poblaciones, como las de Giramena e Yraca, agrandan las distancias de los poblados y su vulnerabilidad ante los indios gentiles. Asimismo, la paz no está garantizada y se puede considerar como momentánea "a causa de ver tanta gente española que trafica ahora el Orinoco a causa de la Expedi-

---

1470   ANB. *Miscelánea*, 82, fol., 104. *Memorial del P. Antonio Naya dirigido al Presidente Gobernador y Capitan General*. Santafé, agosto de 1739. A continuación introduce 7 preguntas para que sean contestadas por los testigos.

1471   ANB. *Reales Cédulas*, 11, fol., 11. Dada en el Pardo, 10 de febrero de 1745.

1472   ANB. *Miscelánea*, 112, fol., 424. *Memorial del P. Ignacio Ferrer al Virrey*. Bogotá, 11 de julio de 1759.

ción"; pero el lucro cesante del comercio humano retornará al retirarse los expedicionarios[1473].

Poco duraría el optimismo de la nueva inyección de soldados para las misiones de la Orinoquia ya que con la llegada de los miembros de la Expedición de Límites en 1756 a territorio jesuítico se abre una etapa de conflicto entre los poderes que representaban al Estado central y uno de los actores de ese mismo Estado, en su dimensión local, concretizado en los miembros de la Compañía de Jesús.

La impresión general que percibe el lector es que los comisarios de límites estaban convencidos de que tenían derecho a usufructuar no sólo la pobre infraestructura misional, sino también sus hombres y sus bienes sin ninguna consideración. Esta filosofía la define claramente el coronel Alvarado en una de sus cartas: "El segundo punto nos facilita la subsistencia porque una deuda bien dirigida no incomoda al pueblo ni auyenta los circunvecinos y basta pagar a la plebe aunque se deba al noble para que no lo padezca la reputación en los unos, entiendo los Yndios, y en los otros los Padres"[1474].

Por otra parte trataron de implantar, a la fuerza, lo que constituía una ley normal de evolución: el paso al ramo civil del control administrativo que había venido funcionando con tan abnegados esfuerzos de los misioneros. En este sentido los funcionarios regios llevarían a cabo dos acciones decisivas para minimizar la obra de la Compañía de Jesús: entregar a los capuchinos los espacios más sureños de la jurisdicción jesuítica y asumir el control de las escoltas misionales.

Para quien analice la historia hispano-lusa vivida entre 1750 y 1760 en torno a la delimitación de sus territorios americanos y a sus comisiones de límites entenderá el encono portugués contra los jesuitas y el progresivo antijesuitismo desarrollado en España contra la Orden fundada por Ignacio de Loyola. En este contexto habría que ubicar el antagonismo a ultranza llevado a cabo por la mayoría de los Comisarios Regios de la Expedición de Límites y los miembros de la Compañía de Jesús a la que querían hacer

---

1473 ANB. *Miscelánea*, 112, fol., 424-425. *Memorial del P. Ignacio Ferrer al Virrey*. Bogotá, 11 de julio de 1759.

1474 CUERVO. *Colección de documentos inéditos sobre la geografía y la historia de Colombia*. Bogotá, III (1893) 443. Y en la misma página, un poco más arriba, dice: "para poder subsistir en un pan a costa del vasallo".

aparecer como responsable de la no permuta de la Colonia de Sacramento y los siete pueblos de las misiones guaraníticas[1475].

Retirados los jesuitas de sus misiones del Marañón en 1757 y expulsados de los dominios portugueses por el Marqués de Pombal en 1759, es lógico que Yturriaga quisiera evitarse problemas con sus homólogos brasileros y a ello pareciera obedecer la decisión de quitar a los jesuitas venezolanos todas las inmensas regiones que configuraban el Alto Orinoco para entregárselas a los capuchinos de Caracas.

El 17 de octubre de 1761 solicitaba don José de Iturriaga a la Corte madrileña que le enviasen 6 clérigos de 40 a 50 años, o capuchinos de la misma edad y de diferentes provincias a fin de que pudieran encargarse de la atención espiritual de Real Corona y de San Carlos de Río Negro. Esta preocupación vino a cristalizar en una Real Orden de 2 de noviembre de 1762 por la que se comisionaba a los capuchinos andaluces de Venezuela "para los nuevos pueblos del Alto Orinoco y Río Negro, señalándoles S. M. por terreno desde el Raudal de Maipures inclusive arriba"[1476].

Sin embargo, debemos afirmar que para la Compañía de Jesús comenzaba en esas fechas la etapa de consolidación de sus reducciones orinoquenses. Aunque habían sido fundadas en 1731, su corta biografía trazaba hasta 1745 un acorralamiento norteño impuesto por la penetración caribe y desde 1744 un acoso sureño proveniente de los portugueses y de los guaypunabis.

Así pues, se explica que tras 25 años de luchar por la sobrevivencia se intensificara el deseo de penetrar "tierra adentro" y por ende se hiciera necesario multiplicar las entradas a regiones todavía ignotas con el fin de entablar nuevos contactos con naciones poco conocidas o totalmente desconocidas. En 1766 según el testimonio del Superior, P. José María Forneri, se necesitaban en las reducciones orinoquenses 44 soldados para poder atender a su política expansiva[1477].

La segunda acción de los comisarios de la Expedición de Límites en suelo orinoquense para desestabilizar la acción político-administrativa de

---

1475 Guillermo KRATZ. *El tratado hispano-portugués de límites de 1750 y sus consecuencias*. Roma, Institutum Historicum S. I., 1954.

1476 AGI. *Caracas*, 205. *Carta del P. Fernando Ardales al Rey*. Misión de Caracas, 30 de mayo de 1764. El P. Ardales había recibido dos comunicaciones sobre este asunto: la primera fechada el 12 de noviembre de 1762 y la segunda el 28 de febrero de 1763.

1477 ANB. *Milicia y Marina*, 109, fol., 850v.

las misiones jesuíticas se dirigió a arrancarles el dominio de la escolta. En el fondo se trataba de dos visiones distintas de los espacios de la Orinoquia: la del Estado ilustrado que se quería convertir en el único señor absoluto de algo que todavía estaba "in fieri" y la del misionero que todavía creía en la vigencia de la cruz y la espada para conseguir almas para Dios y ciudadanos para el soberano.

La inquietud de esta nueva dicotomía la planteó el coronel Eugenio de Alvarado en sus observaciones recogidas tanto en su *Informe reservado* como en la correspondencia sostenida con sus superiores jerárquicos. Su objetivo final se cifraba en arrancar la escolta del ámbito misional. Para ello establece una crítica, en teoría razonable, pero ajena a la realidad de aquellas soledades. Señala el militar que aunque en el capitán de la escolta residen las jurisdicciones militar y política de facto viene a ser un "testaferro" del Superior. Y añade, que generalmente los capitanes no tienen la formación militar exigida aunque el que él conoció lo consideró "bueno para algunas cosas"[1478]. Sin embargo, en las cartas cruzadas con sus superiores abandona la sutileza para manifestar su verdadero espíritu cuando describe cómo humillaba al capitán de la escolta para hacerle ver dónde debía radicar su espíritu de obediencia[1479].

Se puede aseverar que, en general, la mayoría de los capitanes de las escoltas gozaron del beneplácito de los misioneros por sus cualidades morales y militares. Así lo evidencian las actuaciones que hemos descrito más arriba en la guerra con los caribes. Nuestro juicio no puede ser simétrico cuando se trata de las milicias del Orinoco entre los que ciertamente hubo soldados y soldadesca con las consiguientes consecuencias. Según el H. Vega, y tan sólo a modo de ejemplo, haremos alusión a dos hechos signifi-

---

1478 Eugenio de ALVARADO. *Informe reservado sobre el manejo y conducta que tuvieron los Padres Jesuitas con la expedición de la Línea Divisoria entre España y Portugal en la Península Austral y orillas del Orinoco.* Lo produce el Mariscal de Campo D. Eugenio de Alvarado de orden superior del Excmo. Sr. Conde de Aranda. Fue publicado por vez primera por A. CUERVO. *Colección de documentos inéditos sobre la geografía y la historia de Colombia.* Bogotá, III (1893) 111-225. Nosotros reprodujimos ese mismo texto en nuestra obra *Documentos jesuíticos relativos a la Historia de la Compañía de Jesús en Venezuela.* Caracas (1966) 215-333. [En adelante citaremos: *Informe reservado*]. *Informe reservado*, 249-250. En realidad se dan dos fases en su posición ideológica: una, responde la primera redacción del *Informe reservado* que parece ser de 1757; la segunda, que son las "Observaciones y reflexiones", evidentemente han sido redactadas con posterioridad y muy posiblemente en 1766, cuando ya el Conde de Aranda andaba en la búsqueda de argumentos para justificar la expulsión de los Jesuitas.

1479 CUERVO. *Colección de documentos inéditos*, III, passim.

cativos. El primero hace relación a los guaypunabis quienes se retiraron de la Urbana, entre otras razones, porque "no podían tener sus mujeres seguras de los soldados que se las inquietaban y ellos no se atrevían a vengar semejante agravio por no dar pesar al Padre"[1480]. El segundo se refiere a la vinculación de ciertas etnias a las labores de defensa; en el caso concreto de los cabres observará que "habían probado muy bien servían tanto que en muchas ocasiones dieron a conocer ser mejores que los soldados"[1481].

Con respecto al número de soldados también afirma que "si correspondiese la calidad" sería suficiente para guarnecer todos los pueblos[1482]. Pero si nos atenemos a un documento posterior, válido tan solo para la provincia de Santiago de las Atalayas, observamos que en el artículo 1º la escolta se compone de 30 paisanos "para la contención de los gentiles", divididos en cuatro destacamentos: 6 sobre el río Ariporo, 9 sobre el Casanare, 5 sobre el Tame y 10 sobre el Cravo. En el art. 6º se señala el territorio, 900.000 leguas cuadradas. En el art. 7º indica algunos límites: al norte el río Arauca "que divide esta provincia de la de Barinas"; y el río Meta "que es límite de la Provincia por la parte del Sur y oriente"[1483].

Pero sería don José de Yturriaga quien en definitiva decidiría sobre las Escoltas misionales dado el poder que le fue atribuyendo la Corona después de suspenderse la Expedición de Límites.

En efecto, el 22 de septiembre de 1762 le notificaba don Julián de Arriaga a Yturriaga que se le comisionaba como Comandante General de las nuevas poblaciones que debían fundarse y de todo el río Orinoco "con solo subordinación al Virrey de Santa Fe y que esté bajo el mando de V. S. el Teniente Coronel don Joaquín Moreno de Mendoza a quien últimamente ha nombrado S. M. por Comandante de la Angostura y Ciudad de Guayana"[1484].

1480 VEGA. *Noticia del principio y progresos*, 143-144.
1481 VEGA. *Noticia del principio y progresos*, 117.
1482 ALVARADO. *Informe reservado*, 250.
1483 ANB. *Milicias y Marina*, 21, fols., 146-151v. *Razón del servicio ordinario en que se emplean las tropas de todas las clases de esta Provincia, del que dejan desatendido, de sus subsistencias, de sus cuarteles, del territorio y comunicaciones, y demás propio de su atención con arreglo a los artículos siguientes.*
1484 AGI. *Caracas*, 440. Nº. 6. *El Virrey de Santa Fe. Ynforma que cumplirá con suministrar caudales al Comandante de la Guayana y las razones que tuvo para resolver estuviese éste subordinado a don Joseph de Yturriaga*. Santa Fe, 7 e octubre de 1765. En este expediente se anexa la carta citada fechada el 22 de septiembre en San Yldefonso.

Esta resolución conviene ubicarla en su verdadero contexto político-administrativo ya que ella se inserta en un vertiginoso proceso jurídico territorial desconcertante tanto por sus vaivenes jurisdiccionales como por las consecuencias que conllevaría en el ordenamiento territorial definitivo del Virreinato del Nuevo Reino de Granada y de la Capitanía General de Venezuela[1485].

Como vimos más arriba, por real cédula del 22 de diciembre de 1729 se fusionaba la provincia de Guayana con la de la Nueva Andalucía o Cumaná[1486]. En 1739 adscribe el Rey de España toda la entidad al recién creado Virreinato de Santa Fe[1487]. En 1762 se separa Guayana de la Nueva Andalucía y se crean dos Comandancias: la "Comandancia de Guayana" (4 de junio) al mando de don Joaquín Sabas Moreno de Mendoza[1488] y la "Comandancia General de Nuevas Fundaciones del Alto y Bajo Orinoco y Río Negro" (21 de septiembre) a cargo de don José de Yturriaga[1489].

Este acto regio generó encontradas reacciones pues creaba distintas jurisdicciones sobre el mismo territorio y su singularidad estribaba en que no se designaba una divisoria territorial entre las dos entidades.

Varias razones se podrían aducir para explicar el ofuscamiento inicial. En última instancia obedecía a un desfase en la información. En efecto, dos meses y medio antes del nombramiento de Yturriaga como Comandante General del Orinoco, el virrey santafereño establecía, el 5 de junio de 1762, que don Joaquín Moreno de Mendoza obrara de acuerdo con el Go-

---

1485 Puede verse una visión integral del problema en: Pablo OJER. *La década fundamental en la controversia de límites entre Venezuela y Colombia. 1881-1891*. Maracaibo (1982) 288-356.

1486 AGI. *Caracas*, 136.

1487 En el texto de erección del virreinato se enumeran las siguientes provincias: "... Maracaibo, Caracas, Cumaná, Guayana, Islas de la Trinidad y Margarita y Río Orinoco...". Véase: P. OJER. *La década fundamental*, 290.

1488 Antonio GUZMAN BLANCO. *Títulos de Venezuela en sus límites con Colombia*. Caracas, III (1876) 9-10. "Título de 4 de Junio de 1762, expedido al coronel Don Joaquín Moreno de Mendoza para regir la provincia de Guayana que se erigió en comandancia separada".

1489 Antonio GUZMAN BLANCO. *Títulos de Venezuela en sus límites con Colombia*. Caracas, III (1876) 13. "Real Orden de 21 de septiembre de 1762 disponiendo que Don José de Yturriaga siga con la comisión de formar poblaciones españolas en el terreno que media entre los ríos Marañon y Orinoco, comisión que tenia conferida por la Cédula de 14 de Diciembre de 1753; y nombrándole Comandante general de ellas y de todo el río Orinoco".

bernador de Caracas pero con inmediata subordinación al virreinato "y no a otra jurisdicción alguna"[1490].

Mas pronto Yturriaga se movió para hacer valer sus derechos como "Comandante General de poblaciones y de todo el rio Orinoco" frente al Gobernador de Guayana y taxativamente exige que nadie se entrometa "con pretexto alguno en el gobierno económico, político y militar" de todo el Orinoco[1491]. Y el propio gobernador Mendoza reconocía el 15 de diciembre de 1764 que había hecho publicar por bando en todas las poblaciones misionales las facultades que S. M. había otorgado a Yturriaga[1492].

Y el 7 de octubre de 1765 se quejaba el virrey que no se había dado cumplimiento a su decreto proveído el 20 de julio de 1764 en el que aclaraba que en lo militar quedaba subordinado don Joaquín Moreno a don José de Yturriaga como Comandante General de todo el río Orinoco y que a éste le correspondía la erección de las cuatro nuevas compañías de tropa[1493].

Es evidente que existió, de facto, confusión en las competencias asignadas tanto al Gobernador de Guayana como a las del Comandante General del Orinoco. En este sentido es necesario aducir las explicaciones que ofrece don Pedro Mesía de la Cerda a don Julián de Arriaga el 7 de octubre de 1765:

> ... que aunque tuve muy presente las órdenes de 27 de mayo y 5 de junio de 1762 que se citan en la mencionada de 27 de enero del corriente año [1765], juzgué como de indispensable obligación mandar se observasen las posteriores de 22 de septiembre y 2 de diciembre del mismo año de 62 dirigidas a Yturriaga, en que clara y decisivamente se determina que Moreno está bajo su mando y que lleve a efecto la formación de cuatro compañías que propuso como necesarias para defensa del Orinoco, de las que acompaño copia para que V. E. se digne cotejar sus fechas y reconocer su con-

---

1490 AGI. *Caracas*, 440. N°. 6. *El Virrey de Santa Fe. Ynforma que cumplirá con suministrar caudales al Comandante de la Guayana y las razones que tuvo para resolver estuviese éste subordinado a don Joseph de Yturriaga*. Santa Fe, 7 de octubre de 1765.

1491 AGI. *Caracas*, 442. *Carta de don José de Yturriaga al Rey*. Ciudad Real de Orinoco, 30 de marzo de 1765.

1492 AGI. *Caracas*, 442. *Carta de Moreno Mendoza a Arriaga*. Cuartel General de Orinoco, 15 de diciembre de 1764.

1493 AGI. *Caracas*, 440. N°. 6. *El Virrey de Santa Fe. Ynforma que cumplirá con suministrar caudales al Comandante de la Guayana y las razones que tuvo para resolver estuviese éste subordinado a don Joseph de Yturriaga*. Santa Fe, 7 e octubre de 1765.

texto; a que añado que cuando extendí el referido decreto no tenía noticia alguna de las que en 8 y 20 de julio de 63 se comunicaron a Moreno, como también lo comprenderá V. E. del copiado capítulo que incluyo de carta escrita por éste en 13 de agosto de 64, careciendo hasta ahora de la que sobre el propio asunto se dirigió a Yturriaga[1494].

Así pues, este fenómeno histórico establecía que la subordinación de Yturriaga era exclusiva al Virrey santafereño mientras que don Joaquín Moreno de Mendoza dependía, además, del Gobernador de Caracas a quien debía consultar cuando surgieren competencias.

Todavía más, una Real Orden del 1 de abril de 1765 vinculaba al Gobernador de Caracas a la reducción y conservación de los indígenas del alto Orinoco y Río Negro sin que el mandatario caraqueño se inmiscuyera en la jurisdicción que era privativa al Comandante General de estos establecimientos[1495].

El 18 de enero de 1767 nombraba Yturriaga al gobernador de Guayana, don Manuel Centurión, por lugarteniente de la Comandancia General de Poblaciones y de todo el río Orinoco; y en lo referente al alto Orinoco y Río Negro "dispondrá lo que la urgencia ejecute, avisándome de ello y al Gobernador y Capitán General de la Provincia de Venezuela... con cuyo acuerdo tiene de procederse en sus asuntos"[1496].

Pero, con la fusión de las dos Comandancias en 1768 toda la provincia de Guayana volvía a la jurisdicción exclusiva del virrey santafereño. Así lo precisa la Real Cédula dada en Aranjuez el 5 de mayo de 1768 y en la que el Rey establecía "... que quede reunido en aquel mando [el de Guayana] siempre con subordinación a esa Capitanía General [la del Virrey][1497].

1494 AGI. *Caracas*, 440. N°. 6. *El Virrey de Santa Fe. Ynforma que cumplirá con suministrar caudales al Comandante de la Guayana y las razones que tuvo para resolver estuviese éste subordinado a don Joseph de Yturriaga*. Santa Fe, 7 e octubre de 1765.

1495 AGN. *Papeles de Centurión*, n° 55. *D. José de Iturriaga comandante general de poblaciones y todo el rio Orinoco, nombra para sustituirle a Don Manuel de Centurión*. Ciudad Real del Orinoco, 18 de enero de 1767.

1496 AGN. *Papeles de Centurión*, n° 55. *D. José de Iturriaga comandante general de poblaciones y todo el rio Orinoco, nombra para sustituirle a Don Manuel de Centurión*. Ciudad Real del Orinoco, 18 de enero de 1767. Don Manuel de Centurión había sido nombrado Gobernador de Guayana en sustitución de Moreno de Mendoza por Real Cédula fechada en Aranjuez el 1 de mayo de 1766 (AGN. *Papeles de Centurión*, n° 2).

1497 AGI. *Caracas*, 136.

Con todo, la transferencia de jurisdicción tardaría todavía tres años en llevarse a término pues el Consejo de Indias, a solicitud de don José Solano del 15 de junio de 1769, aclaraba que la Real Cédula de 5 de mayo de 1768 no modificaba en nada el título de 1 de mayo de 1766 por el que se concedía a Centurión la comandancia de Guayana "en iguales términos que la que obtuvo su antecesor D. Joaquín Moreno, a excepción de que en lugar de la inmediata subordinación al virreinato de Santa Fe, debiese estar, *por ahora*, a las órdenes del referido Solano". Además, el mandatario caraqueño había puesto en práctica en Guayana varias órdenes reales, posteriores a la mencionada cédula[1498]. Y habiendo concluido su mandato Solano en 1771, el Consejo estatuyó que Guayana "quede ya con absoluta subordinación y total dependencia de ese virreinato"[1499].

La confusión jurisdiccional radica en el texto real del 5 de mayo de 1765 ya que Centurión estaba subordinado "intuitu personae" a Solano, quien en esos precisos momentos era Capitán General y Gobernador de Venezuela y experto conocedor de la Guayana. La anterior subordinación era a la persona, como en el caso del gobernador Carlos de Sucre, y en consecuencia en nada afectaba la integridad y la autonomía territorial y gubernativa, y bajo este título guardaba el Virrey sus facultades para la defensa y las escoltas.

Y nuevamente, por Real Cédula del 8 de septiembre de 1777, el soberano decidía otro reordenamiento territorial en el que reagrupaba bajo la dependencia de la Capitanía General de Venezuela las gobernaciones de Guayana, Maracaibo, Trinidad, Margarita y Cumaná[1500].

Hemos recorrido este tortuoso recuento histórico para poder centrar mejor las vacilaciones y las posiciones que recogen el conflicto entre los jesuitas y las nuevas autoridades guayanesas y el progresivo alejamiento de Bogotá.

En un Informe de la Real Audiencia sobre las misiones, del 27 de febrero de 1764, alaban las misiones jesuíticas pues "tiene en todas ellas 19 poblaciones con once mil cuatrocientos y cincuenta y tres indios de ambos sexos y ha reducido a costa de muchos sujetos que suelen morir en aquel glorioso empeño". Y a continuación añade: "... pero tienen el auxilio de

---

1498 AGI. *Caracas*, 136.
1499 AGI. *Caracas*, 136. *Consulta de Centurión al Consejo de Indias*, 19 de abril de 1771. Decisión del Consejo. San Lorenzo, 15 de octubre de 1771.
1500 Antonio GUZMAN BLANCO. *Títulos de Venezuela en sus límites con Colombia*. Caracas, II (1876) 4-5.

más escolta, que llega cuarenta y ocho soldados y un capitán, y que por su gran gobierno y economías son socorridos de un Procurador que ocurre a sus asistencias con los doscientos pesos que se dan a cada misionero y de los frutos de una hacienda que allí posee"[1501].

Este estado de cosas también alcanzó a las reformas militares. Mas, en este ámbito, las dubitaciones nacidas de las idas y venidas para clarificar el poder jurisdiccional de Yturriaga frente a Moreno de Mendoza influyeron de facto, con un ritmo desacompasado, en su puesta en práctica.

Una Real Orden de 27 de mayo de 1762 estipulaba que las escoltas de los jesuitas del Orinoco y las de los dominicos de Barinas debían integrarse a las Compañías de Guayana[1502]. Pero, meses más tarde, el 2 de diciembre de 1762, autorizaba don Julián de Arriaga a Yturriaga el formar no sólo las cuatro compañías de a 75 hombres con sus oficiales, uniforme y armamento y sostenerlas con los 24.000 pesos que importaban el situado de Guayana y las escoltas de las misiones de los jesuitas y de los dominicos sino también se les debían añadir otros 50 soldados de la tropa de los Castillos y "así se contendía a los portugueses de Río Negro que tienen trescientos hombres de tropa reglada en Sn Joseph de Barcelos". Con todo, la corte prevenía que el cuerpo de la tropa no debía residir en Ciudad Real sino en la Angostura[1503].

Pensamos que, una vez más, el marino vasco evitó enfrentarse directamente con los jesuitas y permitió que fuera el Gobernador de Guayana quien directamente manejara este asunto.

Nuestra aseveración se basa en la correspondencia del Superior de las Misiones del Orinoco con su Provincial, residente en Bogotá. Según el P. José María Forneri, don Joaquín Moreno hacía referencia a una Real Orden que disponía la agregación de las plazas de las escoltas jesuíticas y otras para la formación de las nuevas compañías de Guayana; pero tal documento, a pesar de los requerimientos del Superior de las Misiones, nunca le fue presentado hecho que le llevó al jesuita a dudar de su veracidad.

1501   ANB. *Miscelánea*, 3, fol., 357. *Informe de la Audiencia sobre las misiones*. Santa Fe, febrero 27 de 1764.

1502   ANB. *Milicias y Marina*, 65, fol., 3 y ss. Así parece desprenderse de una certificación datada en Santa Fe a 23 de junio de 1764.

1503   AGI. *Caracas*, 440. Nº. 6. *El Virrey de Santa Fe. Ynforma que cumplirá con suministrar caudales al Comandante de la Guayana y las razones que tuvo para resolver estuviese éste subordinado a don Joseph de Yturriaga*. Santa Fe, 7 e octubre de 1765. En el expediente se añade la carta de don Julián de Arriaga a don Joseph de Yturriaga. Madrid, 2 de diciembre de 1762.

Lo cierto es que en 1766 el Gobernador de Guayana, don Joaquín Moreno, no había hecho pública la mencionada Real Orden; pero por otro lado manejaba lo dispuesto en ella de formas incomprensibles para los misioneros. Según el P. Forneri pretendía el mandatario guayanés, primero que las escoltas se debían mudar cada seis meses de la siguiente forma: la de los PP. Capuchinos debía pasar a las Misiones de Píritu; la de los Observantes a las de los Jesuitas; las de éstos al Alto Orinoco; la del alto Orinoco a las de Meta y Casanare; y éstas a Guayana. Mas, sólo el costo de tales movimientos era insostenible para la Real Hacienda. Después propuso que los soldados de las misiones jesuíticas debían bajar a Guayana y no importaba que las misiones quedaran desguarnecidas. Tal planteamiento lo formulaba Forneri al Provincial de la siguiente manera: "... me temí una deserción general que es a mi ver lo que pretenden en Guayana para acabar de desacreditar nuestras misiones, o para hacer ver que no tenemos necesidad de escolta"[1504].

A todo esto se añadía tanto la demora en el envío de los sueldos de los soldados como la falta de envíos de armas y municiones. Los retrasos en los pagos los absorbía la misión pero el Procurador se negaba a seguir con ese modo de proceder; con todo, Forneri procedió a pagar 4 pesos mensuales a cada soldado porque así se había practicado "siempre cuando la escolta estaba a nuestras órdenes".

En todo caso el Superior de las misiones representaba al Provincial, P. Manuel Balzátegui: "Yo lo hiciera en realidad pero me acobardan los calamitosos tiempos en que vivimos; y porque aún no sabemos cómo nos mirará el nuevo ministerio. En fin, V. R. tiene en esa ciudad militares a quienes consultar sobre el particular. En las Cédulas de concesión de escolta tiene V. R. muchas armas para negociar la cosa con el Excmo. Sr. Virrey y me dirá V. R. lo que tengo que hacer en este incidente"[1505].

Concluía Forneri la carta sugiriendo que en el caso de las escoltas se volviera "a su primitivo estado" y que ellas se mantuvieran directamente dependientes del Virrey.

El desconcierto de los misioneros orinoquenses tenía que ser evidente ya que al desconocer el violento proceso de rupturas jurisdiccionales a las que estaban sometidos los terrenos misionales guayaneses no podían entender ni imaginarse que el centro de poder se estaba trasladando de San-

---

1504 ANB. *Milicias y Marina,* 109, fol., 851.
1505 ANB. *Milicias y Marina,* 109, fol., 852v.

tafé a Caracas, amen de que el "nuevo ministerio" en Madrid no sólo veía a los jesuitas con recelo sino que pronto los consideraría como indeseables.

Pero desde el punto de vista fáctico parece que la incorporación total de las escoltas misionales no se llevó a cabo antes de 1767.

El gobernador Centurión afirma que el día decretado para la agregación de las escoltas misionales fue el 1 de junio de 1764[1506]; pero, al parecer, tal disposición no fue ni conocida por los misioneros ni divulgada entre los capitanes de las escoltas.

Varias razones nos inducen a ello. El propio Centurión, en su carta del 30 de octubre de 1767, subraya "la falta de antecedentes y documentos que debiera haber en esta comandancia" sobre este específico tema. Además, el nuevo gobernador guayanés, juzgó oportuno no suspender el sueldo al capitán de la Escolta de Barinas cuando éste solicitó "que le diese certificación *de no haberse hasta ahora dado providencia alguna* para la efectiva agregación de la Escolta de su cargo a las compañías nuevas de Guayana"[1507].

Mas, todo iría a concluir el 2 de julio de 1767 cuando el Gobernador Centurión se apersonó en Carichana para expatriar a todos los jesuitas que laboraban en el gran río venezolano según la Pragmática Sanción del Rey Carlos III que reservaba en su real pecho las graves causas que motivaban esta decisión[1508].

Diez años más tarde, el 24 de febrero de 1777, alejados los peligros caribes en el norte y de los guaypunabis en el sur, la guarnición de toda la provincia de Guayana se componía de 305 hombres y su número se consideraba magro para tener el control de la región[1509].

Como conclusiones podríamos resaltar las siguientes:

Las escoltas de las misiones jesuíticas de Casanare, Meta y Orinoco constituyen un ensayo diferente a los desarrollados por los capuchinos de Caracas y a otros realizados en Venezuela.

1506 ANB. *Milicias y Marina*, t65, fol., 2. *Carta de don Manuel Centurión*. Guayana, 30 de octubre de 1767.

1507 *Ibidem*.

1508 DEL REY FAJARDO. *La expulsión de los jesuitas de Venezuela, 1767-1768*. San Cristóbal (1990) 45-56.

1509 Archivo Histórico Militar. Madrid. *1777, 24 de febrero, Guayana*. Sign. 5-3-10-8. Trascripción del documento en: María Consuelo CAL MARTINEZ. *La defensa de la integridad territorial de Guayana en tiempos de Carlos III*. Caracas, Academia Nacional de la Historia (1979) 413-417.

La esencia de su modelo no se basó en el apoyo de ciudades de españoles o en fortines militares enclavados en lugares estratégicos sino en la presencia de algunos soldados en cada reducción de forma tal que en las zonas fronterizas podían llegar hasta 20 soldados y en una población interiorana 2.

A los comienzos la evangelización la realizaron los jesuitas sin ningún tipo de escolta o protección militar pero conforme se adentraron el el Llano o trataron de afincarse en el Orinoco entendieron que era exponer temerariamente su vida y el futuro de las poblaciones por ellos fundadas.

En 1681 se inician oficialmente las escoltas para proteger a los misioneros en el río Orinoco. El número de soldados ascendía a 6 pero huyeron al comprobar la supremacía caribe y ello motivó la masacre de los 4 jesuitas que fueron asesinados por los caribes.

Desde 1685 los jesuitas deciden dar su batalla en Madrid en pro de la protección militar para las poblaciones que se fundaran en el Orinoco de forma tal que el dominio caribe a lo largo del gran río venezolano se viera frenado y controlado con todas las secuelas que esta acción requería.

En 1689 los soldados ascendían 16. Por cédula del 10 de febrero de 1693 se autorizaba subir su número a 25 y el 29 de septiembre de 1715 se aumentaba de nuevo a 36. Mas la necesidad obligó a los jesuitas a contratar por sus propios medios otros soldados que los autorizados por el Rey. Cuando los ataques caribes arreciaron a partir de 1733 en el Orinoco medio, los misioneros incrementaron su escolta de 12 a 30 y decidieron construir el Fuerte de San Francisco Javier cerca de Carichana. El 15 de mayo de 1751, gracias a la acción del virrey don José Pizarro, los extensos territorios misionales confiados a la Compañía de Jesús vieron coronar sus peticiones con un aumento de 12 soldados más, lo que arroja un número de 48. Pero poco duraría esta inyección ya que los comisarios de la Expedición de Límites de 1750, llegados al Orinoco medio entre 1755 y 1756, pronto requerirían las escoltas para sus fines. Y concluida la expedición sería don José de Yturriaga quien gobernaría a su antojo este ramo militar. Así pues, las misiones de Casanare, Meta y Orinoco llegaron a poseer, en su mejor momento que fue el año 1751, 48 soldados.

Lo que nunca entendió la burocracia oficial llanera y santafereña es que las escoltas que solicitaban los jesuitas pretendían fundamentalmente atajar un comercio humano de indígenas que despoblaba el corazón de Guayana por dos rutas: la de los caribes, brazo armado de los holandeses, franceses e ingleses, que surtía de forma sistemática esclavos venezolanos al área del caribe; y la de los guyapunabis y portugueses que desangraba la zona sur del Orinoco para suministrar mano esclava a los latifundistas del Brasil.

Finalmente, las escoltas significaron la ayuda más eficaz para salvaguardar tanto los hombres como las tierras de la corona española ubicados en el ámbito de la circunscripción misional jesuítica.

Archivos y Bibliografía

I. ARCHIVOS

ALCALÁ DE HENARES. Archivo de la antigua Provincia de Toledo (APT)

Fondo Astráin, 18, 46,
Leg., 26, 132,

BOGOTÁ. Archivo de la Provincia Colombiana de la Compañía de Jesús (APC)

Documentos varios

BOGOTÁ. Archivo Nacional de Colombia (ANB)

Asuntos Eclesiásticos, 2
Colegios, III,
Conventos, 7, 29, 32, 34, 44, 54, 68,
Curas y Obispos, 36,
Fábrica de Iglesias, 17,
Fondo Richmond. Legajo 841, 844,
Fondo Richmond. Tomo 844.
Gobierno, 2,
Milicias y Marina, 21, 65, 109,
Miscelánea, 3, 64, 82, 89, 90, 110, 112,
Poblaciones Boyacá, 2,
Reales Cédulas, 7, 8, 9, 11,
Temporalidades, 3, 5, 9, 10, 12, 13, 18, 23,
Tierras Boyacá, t. 21, fol., 844.
Temporalidades, 5.

CARACAS. Archivo General de la Nación (AGN)

Miscelánea, 62,
Papeles de Centurión,

MADRID. Archivo Histórico Nacional de Madrid (AHN)

Jesuitas, 827/2.

QUITO. Archivo de la Antigua Provincia de Quito (APQu)

Leg., 3.

SANTIAGO. Archivo Nacional de Chile (ANCh)

Jesuitas, 226, 446,

SEVILLA. Archivo General de Indias (AGI)

Caracas, 67, 136, 205, 440, 442,
Contratación, 5548 y 5549,
Quito, 198.
Santafé, 35. 36, 248, 249, 271, 249, 306, 402, 403, 407, 408, 530, 531
Santo Domingo, 583, 590, 599, 607, 633, 634, , 678, 826,

ROMA. Archivum Romanum Societatis Iesu (ARSI)

N. R. et Q. 1, 3, 4, 5, 15-I, 15-II,
Opera Nostrorum, 342.

Archivo Histórico Militar

Guayana. Sign. 5-3-10-8.

Biblioteca Universitaria de Valladolid.

Mss.342

II. BIBLIOGRAFÍA

AAVV.
    2001   *"América hispana"*. En: Charles E. O'NEILL y Joaquín Mª DOMÍNGUEZ. *Diccionario histórico de la Compañía de Jesús*. Roma-Madrid, I (2001) 100-146.

ACEVEDO LATORRE, Eduardo,
    1971   *Diccionario geográfico de Colombia*, Instituto Geográfico A. Codazzi, Bogotá.

ACOSTA SAIGNES, Miguel.
    1961   *Estudios de etnología antigua de Venezuela*. Caracas, Universidad Central de Venezuela.

ACUÑA, Luis Alberto.
    1967   *Las artes en Colombia*. Tomo 3. *La escultura*. Bogotá, Historia Extensa de Colombia, Ediciones Lerner.

AIZPURUA AGUIRRE, Ramón.
    1997   "Zuloaga y Moya, Gabriel José". En: FUNDACIÓN POLAR. *Diccionario de Historia de Venezuela*. Caracas, IV (1997) 356-357.
    ---   "Municipios". En: FUNDACIÓN POLAR. *Diccionario de Historia de Venezuela*. Caracas, III (1997) 270-275.

ALFARO, Alfonso
    2003   "Hombres paradójicos. La experiencia de alteridad". En *Misiones jesuitas*. México, Artes de México, 65 (2003) 9-27
    ---   "Una tradición para el futuro". En: Ana ORTIZ ISLAS (Coord.). *Ad maiorem Dei gloriam. La Compañía de Jesús promotora del arte*. México, Universidad Iberoamericana (2003) 15-21.

ALVARADO, Eugenio.
    1966   "Informe Reservado sobre el manejo y conducta que tuvieron los Padres Jesuitas con la expedición de la Línea Divisoria entre España y Portugal en la Península Austral y orillas del Orinoco". En: José DEL REY. *Documentos jesuíticos relativos a la historia de la Compañía de Jesús en Venezuela*. Caracas, Academia Nacional de la Historia, I (1966) 215-333.

ANÓNIMO.
    1904   "Expulsión de los jesuitas que residen en Tunja en 1767. Documento inédito". En: *Boletín de Historia y Antigüedades*. Bogotá, Año II, nº., 21 (1904) 575

ARELLANO, Fernando.
: 1979 : *Historia de la Lingüística*. Caracas, Universidad Católica Andrés Bello, 1979, 2 vols.
: 1986 : Una Introducción a la Venezuela Prehispánica. Culturas de las Naciones Indígenas Venezolanas. Caracas, Universidad Católica Andrés Bello, 1986.
: 1991 : *El arte jesuítico en la América española*. San Cristóbal, Universidad Católica del Táchira.

ARETZ, Isabel.
: 1967 : *Instrumentos musicales de Venezuela*. Cumaná, Universidad de Oriente-Colección La Heredad.

ARISTIZÁBAL, Tulio.
: 1999 : *El templo de San Pedro Claver en Cartagena*. Cartagena, "CEJA" Colección Biblioteca del Profesional.

ASPURZ. Lázaro.
: 1946 : "Magnitud del esfuerzo misionero de España". En: *Missionalia Hispanica*. Madrid, 3 (1946) 99-173.

ASTRAIN, Antonio.
: 1912-1925 : Historia de la Compañía de Jesús en la Asistencia de España. Madrid, Razón y Fe, 7 vols.

AYAPE, Eugenio.
: 1950 : *Fundaciones y noticias de la Provincia de Nuestra Señora de la Candelaria de la Orden de Recoletos de San Agustín*. Bogotá, Editorial Lumen Christi.

BAILEY, Gauvin Alexander.
: 2005 : "The Calera De Tango of Chile (1741-67): The last Great Mission Art Studio of the Society of Jesus". En: *Archivum Historicum Societatis Iesu*. Roma-Cleveland, 147 (2005) 175-212.

BARALT, Rafael María. Ramón DÍAZ.
: 1939 : *Resumen de la Historia de Venezuela desde 1797 hasta el año de 1830*. Con notas de Vicente Lecuna. Brujas-París, Desclée, de Brouwer, II.

BARANDIARÁN, Daniel de.
: 1992 : "El Orinoco amazónico de las Misiones jesuíticas". En: José DEL REY FAJARDO (Edit.). *Misiones jesuíticas en la Orinoquia*. San Cristóbal, Universidad Católica del Táchira, II (1992) 129-360.
: 1994 : "Brasil nació en Tordesillas". En: *Paramillo*. San Cristóbal, 13 (1994) 331-774.

2000 "La crónica del Hermano Vega 1730-1750". En: Agustín de VEGA. *Noticia del principio y progresos del establecimiento de las Missiones de gentiles en la río Orinoco por la Compañía de Jesús.* Estudio introductorio: José del Rey Fajardo sj y Daniel de Barandiarán. Caracas (2000) 119-514.

s/f "Los hombres de los ríos". [Mss. cedido gentilmente por el autor y que aparecerá en el libro *El legado de los jesuitas a Venezuela.*

BASANTE POL, Rosa María y Ramón GRACÍA ADA.
1982 "La botica del Colegio Imperial de Madrid". En: *Boletín de la Sociedad Española de Historia de la Farmaci*a, 33, 132 (1982) 219-221.

BATLLORI, Miguel.
1978 "Economia e collegi". En: *Domanda e consumi.* Firenze, L. S. Olschdi.

BAUER, A. J.
1986 (Comp.). *La Iglesia en la economía de América Latina siglos XVI al XIX.* México, Instituto Nacional de Antropología e Historia.

BAYLE, Constantino.
1947 "Impedimenta de misioneros". *Missionalia Hispanica.* Madrid, 4 (1947) 403-409.
1952 *Los cabildos seculares en la América española.* Madrid, Sapientia S. A. Ediciones.

BECK, Gaspar.
1974 "Misión del río Orinoco en el Nuevo Reino. 1684". En: José DEL REY FAJARDO. *Documentos jesuíticos relativos a la historia de la Compañía de Jesús en Venezuela.* Caracas, Academia Nacional de la Historia, II (1974) 168-189

BERMÚDEZ Egberto.
2000 *Historia de la música en Santafé y Bogotá.* Con la participación de Anne Duque. Bogotá, Fundación de Música.

BLANCKAERT, Claude.
1985 "Unité et altérité. La parole confisquée". En: Claude BLANCKAERT (Edit.). *Naissance de l'ethnologie?.* Paris, Les Editions du Cerf (1985) 11-60.

BLOCK, David.
   1997   *La cultura reduccional de los Llanos de Mojos*. Tradición autóctona, empresa jesuítica & política civil, 1680-1880. Sucre, Historia Boliviana.

BORDA, José Joaquín.
   s/f   *Historia de la Compañía de Jesús en la Nueva Granada*. Poissy, Imprenta de S. Lejay, 2 vols.

BORGES MORÁN, Pedro.
   1977   *El envío de misioneros a América durante la época española*. Salamanca, Universidad Pontificia.

BREWER-CARÍAS, Allan.
   2006   *La ciudad ordenada. Estudio sobre " el orden que se ha de tener en descubrir y poblar" o sobre el trazado regular de la ciudad hispanoamericana. Una historia del poblamiento de la América Colonial a través de la fundación ordenada de ciudades*. Caracas, Editorial Arte.
   2007   "Introducción general al régimen del Poder Público municipal". En: AAVV. *Ley Orgánica del Poder Público municipal*. Caracas, Editorial Jurídica Venezolana.

BRICEÑO IRAGORRI, Mario.
   1982   *Tapices de historia patria*. Caracas, Espeñéira, Sheldon y Asociados.

CAL MARTÍNEZ, María Consuelo.
   1979   *La defensa de la integridad territorial de Guayana en tiempos de Carlos III*. Caracas, Academia Nacional de la Historia.

CAMPILLO CAMARGO, Jorge.
   1937   "Y ahora ¿Apiay será bien oculto?". En: *Eco de Oriente,* n°., 1583 (14 de marzo de 1937) 3.

CARBONELL DE MASY, R.
   2001   "Economía de la C[ompañía de] J[esús] en Hispanoamérica y Filipinas". En: Charles E. O'NEILL y Joaquín Mª DOMÍNGUEZ. *Diccionario histórico de la Compañía de Jesús*. Roma-Madrid, I (2001) 114-126.
   ---   "Economía de la C[ompañía de] J[esús] en Hispanoamérica y Filipinas". En: Charles E. O'NEILL y Joaquín Mª DOMÍNGUEZ. *Diccionario histórico de la Compañía de Jesús*. Roma-Madrid, I (2001) 115-116.

CARROCERA, Buenaventura de.
1972   *Misión de los Capuchinos en los Llanos de Caracas*. Caracas, Academia Nacional de la Historia, 3 vols.
1979   *Misión de los Capuchinos en Guayana*. Caracas, Academia Nacional de la Historia, 3 vols.

CARVAJAL, Leonardo.
2003   "La presunta nueva misión de la escuela y los valores democráticos". En: José Francisco JUÁREZ (coord.). *Segundas jornadas de Educación en valores*. Caracas, Universidad Católica Andrés Bello (2003) 44.

CASSANI, Joseph.
1967   *Historia de la Provincia de la Compañía de Jesús del Nuevo Reyno de Granada en la América*. Estudio preliminar y anotaciones al texto por José del Rey, s. j. Caracas, Biblioteca de la Academia Nacional de la Historia.

CASTAÑEDA y J MARCHENA, P.
1978   "Las órdenes religiosas en América: propiedades, diezmos, exenciones y privilegios". En: *Anuario de Estudios Americanos*. Sevilla, XXXV (1978) 125-158.

CAVERO, Hernando.
1941   "Disposiciones varias de los Superiores de la Compañía sobre las Misiones del Marañón". Quito, 8 de julio de 1668. En: José JOUANÉN. *Historia de la Compañía de Jesús en la antigua Provincia de Quito 1570-1774*. Quito, Editorial Ecuatoriana, I (1941) 620-629.

CHARLEVOIX, Pedro Francisco Javier de.
1913   *Historia del Paraguay*. Madrid, Traducción del P. Pablo Hernández. Madrid, Librería general de Victorino Suárez, I.

CHEVALIER, François.
1950   *Instrucciones a los hermanos jesuitas administradores de haciendas*. México, Universidad nacional autónoma, Instituto de historia.

CHEVALIER, François.
1956   *La formación de los grandes latifundios en México*. (Tierra y sociedad en los siglos XVI y XVII). México, Fondo de Cultura Económica, 1956, 1976, 1985.

CODAZZI, Agustín.
1856   "Informe sobre la Provincia de Casanare, 28 de marzo de 1856". En: Gaceta Oficial. Bogotá, Nº, 1951 del 16 de abril de 1856.

COLMENARES, Germán.
1969   *Las haciendas de los jesuitas en el Nuevo Reino de Granada.* Bogotá, Universidad Nacional de Colombia, 1969.
1984   "Los Jesuitas. Modelo de empresarios coloniales". En: *Boletín Cultural y Bibliográfico.* Bogotá, Vol. XXI, Nª. 2, (1984) 42-55.

COLMENARES, Sara.
1997   "Sucre y Pardo, Carlos Francisco de". En: FUNDACIÓN POLAR. Diccionario de Historia de Venezuela. Caracas, III (1997)1205.

Constitutiones Societatis Jesu et Epitome Instituti. Romae, 1943.

CUERVO, Antonio B.
1893   *Colección de documentos inéditos sobre la Geografía y la Historia de Colombia.* Bogotá, Imprenta Zalamea hermanos, III.

CULLEY, Thomas D. y Clement J. McNASPI.
1971   "Music and the Early Jesuits (1540-1565)". En: *Archivum Historicum Societatis Iesu.* Roma, 40 (1971) 213-245.

CUNILL GRAU, Pedro.
1999   *Geografía del Poblamiento Venezolano en el siglo XIX.* Caracas, Reimpresión en 1999 por Comisión Presidencial V Centenario.

CUSHNER, Nicholas.
1980   *Lords of the Land. Sugar, wine an jesuits Estates of coastal Peru, 1600-1767.* Albano, State University of New York Press.

CUSHNER, Nicholas.
1982   *The Jesuits and the Development of Agrarian Capitalism in colonial Quito, 1600-1767.* Albano, State University of New York Press.

DE LA PEDRAJA TOMÁN, René.
1984   *Los Llanos: colonización y economía.* Bogotá, Universidad de Los Andes, Centro de Estudios sobre el desarrollo económico.

DEL REY FAJARDO, José.
1971   *Aportes jesuíticos a la filología colonial venezolana.* Caracas, Ministerio de Educación, 2 vols.
1974   *Documentos jesuíticos relativos a la Historia de la Compañía de Jesús en Venezuela.* Caracas, Academia Nacional de la Historia, vols., II y III.

1977	*Misiones jesuíticas en la Orinoquia*. Tomo I. *Aspectos fundacionales*. Caracas, Universidad Católica Andrés Bello.
1990	*La expulsión de los jesuitas de Venezuela, 1767-1768*. San Cristóbal, Universidad Católica del Táchira.
1992	"Introducción al estudio de la Historia de las misiones jesuíticas en la Orinoquia". En: José DEL REY FAJARDO (Edit.). *Misiones jesuíticas en la Orinoquia*. San Cristóbal, I (1992) 197-682.
1995	"Las escoltas militares en la misiones jesuíticas de la Orinoquia (1661-1767)". En: *Boletín de la Academia Nacional de la Historia*. Caracas, t. LXXVIII, n°, 311 (1995) 35-69.
---	*Bio-bibliografía de los jesuitas en la Venezuela colonial*. San Cristóbal-Santafé de Bogotá, Universidad Católica del Táchira-Pontificia Universidad Javeriana.
1996	"Topohistoria misional jesuítica llanera y orinoquense". En: J. DEL REY FAJARDO y Edda SAMUDIO. *Hombre, tierra y sociedad*, San Cristóbal-Bogotá, Universidad Católica del Táchira-Pontificia Universidad Javeriana, (1996) 7-158.
1999	*Las bibliotecas jesuíticas en la Venezuela colonial*. Caracas, Academia Nacional de la Historia.
2000	"Notas sobre la vida y la obra del H. Agustín de Vega (1712-1763)". En: Agustín de VEGA. *Noticia del principio y progresos del establecimiento de las Missiones de gentiles en la río Orinoco por la Compañía de Jesús*. Estudio introductorio: José del Rey Fajardo sj y Daniel de Barandiarán. Caracas, Academia Nacional de la Historia (2000) 11-118.
---	"La crónica del Hermano Vega 1730-1750". En: Agustín de VEGA. *Noticia del principio y progresos del establecimiento de las Missiones de gentiles en la río Orinoco por la Compañía de Jesús..* Caracas, Academia Nacional de la Historia (2000) 7-118.
2005	*La enseñanza de las humanidades en los colegios jesuíticos neogranadinos (1604-1767)*. Bogotá, Pontificia Universidad Javeriana, 2005.
2009	*La Universidad Javeriana, intérprete de la "otredad" indígena (siglos XVII-XVIII)*. Bogotá, Pontificia Universidad Javeriana, 2009.

2011   *Los jesuitas en Venezuela.* Tomo III: *Topo-historia.* San Cristóbal, Fondo Editorial Simón Rodríguez, II.

DEL RÍO HIJAS, M. E. y Manuel REVUELTA GONZÁLEZ.
1995   "Enfermerías y boticas en las casas de la Compañía en Madrid siglos XVI-XIX". En: *Archivum Historicum Societatis Iesu.* Romae, LXIV (1995) 39-81.

DEL RÍO HIJAS, M. E.
1991   *Estudio de diversos aspectos sanitarios en Madrid capital, durante los siglos XVII, XVIII y XIX, según la documentación referente a las Ordenes Religiosas existente en el Archivo Histórico Nacional.* Facultad de Farmacia. Departamento de Ciencias sanitarias y médico sociales. Universidad de Alcalá de Henares. Madrid, 1991. [Tesis doctoral].

DOMÍNGUEZ, Mónica.
s/f   *Aproximación historiográfica a la pintura colonial del Estado Zulia.* (Mss.)

DUQUE GÓMEZ, Luis.
1992   "Visión Etnológica del Llano y el proceso de la evangelización". En: José DEL REY FAJARDO (Edit.). *Misiones jesuíticas en la Orinoquia.* San Cristóbal, Universidad Católica del Táchira, I (1992) 683-717.

DUVIOLS, Jean-Paul.
1976   "Pascual Martinez Marco. Viaje y derrotero de la ciudad de Cumaná a la de Santa Fe de Bogotá (1749)". En: *Cahiers du monde hispanique et luso-brésilien.* Toulouse, 26 (1976) 19-33.

DVORAK, Max.
1924   *Kunstgeschichte als Geistesgeschichte.* München, Piper.

ESPINEL RIVEROS, Nancy.
1989   *Villavicencio, dos siglos de historia comunera 1740-1940.* Villavicencio, Cámara de Comercio de Villavicencio.

ESQUIVEL CORONADO, Jessica.
s/f   "Los Maestros tasadores de casas y haciendas jesuitas en el Cuzco durante el siglo XVIII". En: Allan R. BREWER-CARÍAS et alii. *Libro homenaje al Padre José del Rey Fajardo S.J.,* I, 173-181.

ESTEVE BARBA, Francisco.
1965   *Cultura virreinal.* Barcelona-Madrid, Salvat Editores, 1965.

1975   "La asimilación de los signos de escritura en la primera época". En: Demetrio RAMOS (Edit.). *Estudios sobre política indigenista española en América*. Valladolid, Universidad de Valladolid, I (1975) 257-264.

FABO, Pedro del Corazón de María.
1914   *Historia de la Provincia de la Candelaria de Agustinos Recoletos*. Madrid, Imprenta del Asilo de Huérfanos del S. C. De Jesús, 2 vols.

FOIS, Mario.
2001   "Aquaviva, Claudio". En: Charles E. O'NEILL y Joaquín Mª DOMÍNGUEZ. *Diccionario histórico de la Compañía de Jesús*. Roma-Madrid, 2 (2001) 1614-1621.

FORTIQUE, José Rafael.
1971   *Aspectos médicos en la obra de Gumilla*. [Caracas].

FOUQUET.
1750   *Obra médico-chirurgica de Madama Fouquet*. Salamanca, Imprenta de Antonio Villargordo y Alcaraz, 1750. Traducido del francés al español, bajo el nombre de Francisco Monroi y Blasso=Francisco de Moya.

FURLONG, Guillermo S. J.
1969   *Historia social y cultural del Río de la Plata 1536-1810. El trasplante cultural: Ciencia*. Buenos Aires, Tipográfica Editora Argentina.

FURTADO, Celso.
1962   *Formación económica del Brasil*. México, Fondo de Cultura Económica.

GALÁN GARCÍA, Agustín.
1995   *El Oficio de Indias de los jesuitas de Sevilla 1566-1767*. Sevilla, Fundación Fondo de Cultura de Sevilla.

GALLLEGOS, Rómulo.
1987   *Doña Bárbara*. Bogotá, Oveja Negra.

GANUZA, Marcelino.
1921   *Monografía de las Misiones vivas de Agustinos Recoletos (Candelarios) en Colombia. Siglo XVII-XX*. Bogotá, Imprenta de San Bernardo, II.

GARCÍA CASTRO, Álvaro.
1997   "Montesinos, Francisco". En: FUNDACIÓN POLAR. *Diccionario de Historia de Venezuela*. Caracas, III (1997) 236-237.

GARCÍA CHUECOS, Héctor.
  1957   *Historia documental de Venezuela*. Caracas, Publicaciones del Ministerio de Justicia.
GARCÍA VILLOSLADA, Ricardo.
  1962   "Algunos documentos sobre la música en el antiguo seminario romano". En: *Archivum Historicum Societatis Iesu*. Roma, 31 (1962) 107-138.
GEERTZ, Clifford.
  1987   *La interpretación de las culturas*. Barcelona, Gedisa.
GILIJ, Felipe Salvador.
  1955   *Ensayo de Historia Americana*. Estado presente de la Tierra Firme [Tomo IV]. Bogotá, Biblioteca de Historia Nacional.
  1965   *Ensayo de historia americana*. Caracas, Academia Nacional de la Historia, 3 vols.
GÓMEZ CANEDO, Lino.
  1982   *La educación de los marginados durante la época colonial. Escuela y colegios para indios y mestizos en la Nueva España*. México, Editorial Porrúa, S. A.
GONZÁLEZ MORA, Felipe.
  2004   *Reducciones y haciendas jesuíticas en Casanare, Meta y Orinoco ss. XVII-XVIII. Arquitectura y urbanismo en la frontera oriental del Nuevo Reino de Granada*. Bogotá, Editorial Pontificia Universidad Javeriana, Biblioteca del Profesional.
  2005   "La doctrina jesuita de Tópaga: Antecedente espacial de las capillas posas en las reducciones del Casanare, ss. XVII-XVIII". En: Allan R. BRWER-CARIAS et alii (Coords.). *Libro homenaje al P. José del Rey Fajardo sj*. Caracas-Valera, Fundación de Derecho Público-Universidad Valle del Momboy, I (2005) 113-139.
GONZÁLEZ, Nazario.
  2001   "Mariana, Juan de". En: Charles E. O'NEILL y Joaquín Mª DOMÍNGUEZ. *Diccionario histórico de la Compañía de Jesús*. Roma-Madrid, 3 (2001) 2506-2507.
GROOT, José Manuel.
  1889-1893   *Historia eclesiástica y civil de Nueva Granada*. Escrita sobre documentos auténticos. Bogotá, Librería Colombiana Camacho Roldán & Compañía, 5 vols.

GUGLIERI NAVARRO, Araceli.
1967   *Documentos de la Compañía de Jesús en el Archivo Histórico Nacional.* Madrid, Editorial Razón y Fe.
GUMILLA, José.
1970   *Breve noticia de la apostólica y exemplar vida del Angelical y V. P. Juan Ribero, de la Compañia de Jesus, Missionero de Indios en los Rios de Cazanare, Meta y otras vertientes del gran río Orinoco, pertenecientes a la Provincia del Nuevo Reyno.* Madrid, 1739. [En: José GUMILLA. *Escritos varios.* Estudio preliminar y compilación del P. José del Rey S. J. Caracas, Academia Nacional de la Historia (1970) 21-54].
---   *Escritos varios.* Estudio preliminar y compilación del P. José del Rey S. J. Caracas, Academia Nacional de la Historia.
1993   *El Orinoco ilustrado y defendido.* Caracas, Academia Nacional de la Historia.
GUTIÉRREZ, Ramón.
1993   "Las reducciones indígenas en el urbanismo colonial. Integración cultural y persistencias". En: Ramón GUTIÉRREZ (Coord.). *Los pueblos de indios. Otro urbanismo en la región andina.* Quito. Biblioteca Abya-Yala, n°., 1 (1993) 13-46.
GUZMÁN BLANCO, Antonio.
1876   *Titulos de Venezuela en sus limites con Colombia, reunidos y puestos en orden, por disposicion del ilustre americano y regenerador de Venezuela, general **Antonio** Guzman Blanco, presidente de la república.* Caracas, Impr. de "La Concordia".
HANISCH ESPÍNDOLA, Walter.
1974   *Historia de la Compañía de Jesús en Chile (1593-1955).* Buenos Aires-Santiago de Chile, Editorial Francisco de Aguirre.
HARRIS Y VILLIERS. Storm
1911   *Van's Gravesande. The Rise of British Guiana.* Hakluyt Society.
HAUSBERGER, Bernd.
1995   *Jesuiten aus Mitteleuropa im kolonialen México.* Wien-München, Verlag für Geschichte un Politik.

HAZAÑERO Sebastián.
1645   *Letras anvas de la Compañía de Iesvs de la Provincia del Nuevo Reyno de Granada. Desde el año de mil y seyscientos y treinta y ocho, hasta el año de mil y seys cientos y quarenta y tres*. Zaragoza.

HEGEL, G. W. F.
1994   *Vorlesungen über die Philosophie der Geschichte*. Werke 12. Frankfurt/M (1986) 108. PÉREZ ESTEVES. "Hegel y América". En: *Analogía Filosófica*. México, año 8, n°. 2 (1994) 119-137.

HERNÁNDEZ, Graciela.
1996   "El Fortín de San Francisco Javier: una estrategia clérigo-militar en el proceso de colonización del Orinoco Medio durante el siglo XVIII". En *Montalbán*. Caracas, 29 (1996) 29-53.

HERNÁNDEZ, Pablo.
1913   *Organización social de las doctrinas guaraníes de la Compañía de Jesús*. Barcelona, Gustavo Gili Editor, 2 vols.

ISAZA, Horacio.
1931   "La leyenda sobre el tesoro de Caribabare". En: *Repertorio boyacense*. Tunja, vol., II, n° 97 (1931) 426-429.

JAMES, Ariel José y David Andrés JIMÉNEZ (Coord.).
2004   *Chamanismo. El otro hombre, la otra selva, el otro mundo*. Bogotá, Instituto Colombiano de Antropología e Historia.

JENSEN, Adolf Ellegard.
1966   *Mito y culto entre pueblos primitivos*. México, Fondo de Cultura Económica.

JEREZ, Hipólito.
1952   *Los jesuitas en Casanare*. Bogotá, Prensas del Ministerio de Educación Nacional.

JUAN, Jorge y Antonio ULLOA.
1953   *Noticias secretas de América*. Buenos Aires, Mar Océano.

KENNEDY, T. Frank.
1990   "The Musical Tradition at the Roman Seminary during the Firts Sixto Years (1564-1621)". En: *Bellarmino e la Controriforma: Tai del simposio internazionale di studi*. Sora, Centro di Studi Sorani "V. Patriarca" (1990) 631-660.

KONETZKE, Richard.
1953-1958 *Colección de documentos para la Historia de la formación social de Hispanoamérica, 1493-1810.* Madrid, Consejo Superior de Investigaciones Científicas.

KONRAD, Herman W.
1995 *Una hacienda de los jesuitas en le México colonial: Santa Lucía, 1576-1767.* México, Fondo de Cultura Económica.

KRATZ, Guillermo.
1954 *El tratado hispano-portugués de límites de 1750 y sus consecuencias.* Roma, Institutum Historicum S. I.

LACOUTURE, Jean.
1993 *Jesuitas. I. Los conquistadores.* Barcelona-Buenos Aires-México, Ediciones Paidós.

LEITE, Serafim.
2004 *História da Companhia de Jesús no Brasil.* Lisboa-Río de Janeiro, 1938-1950, 10 vols. Reedición facsimilar Sao Paulo, Edición patrocinada por PETROBRAS.

LEMMON, Alfred E.
1979 "Jesuits and Music in the Provincia del Nuevo Reino de Granada". En: Archivum Historicum Societatis Jesu. Roma, XLVIII (1979) 149-160.

LÓPEZ MARTÍNEZ, A. L.
1991 "Los jesuitas y el tráfico de dinero en la Carrera de Indias". En: Cuadernos de Investigación Histórica. Madrid, 14 (1991) 7-23.

LOUKOTKA, Cestmir.
1968 *Classification of Southa American Indias languages.* Caracas, Latin American Center y University of California.

LOYOLA, Ignacio de.
1991 Constituciones de la Compañía de Jesús. En: *Obras de San Ignacio de Loyola.* Madrid, Biblioteca de Autores Cristianos.

MACERA, Pablo.
1966 *Instrucciones para el manejo de las Haciendas Jesuíticas del Perú (ss. XVII-XVIII).* Lima, Universidad Nacional Mayor de San Marcos.

MAGNIN, Juan.
1998 *Descripción de la Provincia y Misiones de Mainas en el Reino de Quito.* Quito, Biblioteca Ecuatoriana "Aurelio Espinosa Polit".

MANTILLA, Luis Carlos.
2000 *Los franciscanos en Colombia*. Bogotá, I, Editorial Nelly (1984); II, Editorial Nelly (1987); III, Ediciones de la Universidad de San Buenaventura (2000), 2 vols.

MARCO DORTA, Enrique.
1943 "La arquitectura del Renacimiento en Tunja". En *Boletín de Historia y Antigüedades*. Bogotá, 30 (1943) 273 y ss

MARCO DORTA, Enrique.
1941 "La arquitectura del siglo XVII en Panamá, Colombia y Venezuela". En: Diego ANGULO ÍÑIGUEZ. *Historia del arte hispanoamericano*. Barcelona-Buenos Aires, Salvat Editores, II (1941)

MARTÍ, Mariano.
1998 *Documentos relativos a su visita Pastoral de la Diócesis de Caracas (1771-1784)*. Tomo II: *Libro personal*. Caracas, Biblioteca de la Academia Nacional de la Historia.

MEIER, Johannes.
2005 "La importancia de la música en las misiones de los jesuitas". En: José Luis HERNÁNDEZ PALOMO y Rodrigo MORENO JERÍA (Coord.). *La misión y los jesuitas en la América española, 1566-1767: Cambios y permanencias*. Sevilla, Consejo Superior de Investigaciones Científicas (2005) 69-86.

MÉNDEZ SALCEDO, Ildefonso.
1997 "García Gómez, Jesús María". En: FUNDACIÓN POLAR. *Diccionario de Historia de Venezuela*. Caracas, II (1997) 457-458.

MERCADO, Pedro de.
1957 *Historia de la Provincia del Nuevo Reino y Quito de la Compañía de Jesús*. Bogotá, Biblioteca de la Presidencia de Colombia.

MERIZALDE, José Luis.
1990 "Reminiscencia del territorio de Casanare y catequización de los padres jesuitas en la región del Municipio de Orocué". En: *Revista Caribabare*, Año 2, n°., 2 (1990) 46-49.

MORENO REJÓN, Francisco.
1994 *Historia de la Teología Moral en América Latina. Ensayos y materiales*. Lima, Instituto Bartolomé de las Casas y Centro de Estudios y Publicaciones.

MOREY, Robert V. y Nancy MOREY.
- 1975 *Relaciones comerciales en el pasado en los Llanos de Colombia y Venezuela*. Caracas, Universidad Católica Andrés Bello.

MÓRNER, Magnus.
- 1968 *Actividades políticas y económicas de los jesuitas en el Río de la Plata*. Buenos Aires, Paidós.

MORRA, Humberto.
- 1968 *Coloquio con Berenson*. México, Fondo de Cultura Económica.

MULDER, Theodor.
- 2001 "Economía, teorías". En: Charles E. O'NEILL y Joaquín Mª DOMÍNGUEZ. *Diccionario histórico de la Compañía de Jesús*. Roma-Madrid, I (2001) 1177-1187.

NAVARRETE, Sergio.
- 2001 "El Bien y el Mal: música, alcohol y mujeres". En: *Latin American Music Review*. Texas, 22/1 (2001) 63-82.

NAWROT, Piotr.
- 2000 *Indígenas y Cultura Musical de las Reducciones Jesuíticas, Guaraníes, Chiquitos y Moxos*. Bolivia: Verbo Divino, I.

NEGRO, Sandra.
- 1999 "Maynas, una misión entre la ilusión y el desencanto". En: Sandra NEGRO y Manuel M. MARZAL. *Un reino en la frontera. Las misiones jesuitas en la América colonial*. Lima, Pontificia Universidad Católica del Perú (1999) 269-300.
- 2005 "Haciendas jesuitas en la costa sur del Perú. El caso de San Joseph de la Nasca". En: Allan R. BREWER-CARIAS et alii. *Libro homenaje al Padre José del Rey Fajardo S. J*. Fundación de Derecho Público-Universidad Valle del Momboy. Caracas-Valera, I (2005) 141-172.

O'MALLEY, John W.
- s/f *Los primeros jesuitas*. Bilbao-Santander, Ediciones Mensajero-Sal Terrae (s/f)

O'NEILL, Charles E. y Christopher J. VISCARDI.
- 2001 "Urbano VIII". En: Charles E. O'NEILL y Joaquín Mª DOMÍNGUEZ. *Diccionario histórico de la Compañía de Jesús*. Roma-Madrid, III (2001) 2983-2984.

--- "Clemente IX". En: Charles E. O'NEILL y Joaquín Mª DOMÍNGUEZ. *Diccionario histórico de la Compañía de Jesús*, III (2001) 2987-2988.

--- "Benedicto XIV". En: Charles E. O'NEILL y Joaquín Mª DOMÍNGUEZ. *Diccionario histórico de la Compañía de Jesús*, III (2001) 2995-2998..

OJER, Pablo.
1960 *Don Antonio de Berrío, Gobernador del Dorado*. Caracas, Universidad Católica Andrés Bello.
1982 *La Década fundamental en la controversia de Límites entre Venezuela y Colombia (1881-1891)*. Maracaibo, Corpozulia, 1982.
1992 "Las misiones carismáticas y las institucionales en Venezuela". En: José DEL REY FAJARDO (Edit.). *Misiones jesuíticas en la Orinoquia*. San Cristóbal, Universidad Católica del Táchira, I (1992) 141-195

OLZA, Jesús.
1992 "El Padre Felipe Salvador Gilij en la historia de la lingüística venezolana". En: José DEL REY FAJARDO (Edit). *Misiones jesuíticas en la Orinoquia*. San Cristóbal, II (1992) 361-459.

ORTÍZ, Sergio Elías.
1966 *Nuevo Reino de Granada. Real Audiencia y Presidentes*. Tomo 4. Presidentes de capa y espada (1654-1719). Bogotá, Academia Colombiana de la Historia, Historia Extensa de Colombia, vol., III.
1970 *Nuevo Reino de Granada. El Virreinato*. Tomo I (1719-1753). Bogotá, Academia Nacional de la Historia.

OTS CAPDEQUÍ, José María.
1934 *Instituciones sociales de la América española en el período colonial*. La Plata, Facultad de Humanidades y Ciencias de la Educación.

OVALLE, Víctor Manuel.
1990 *El llanero, 1868. Estudio sobre su vida, sus costumbres, su carácter, su poesía*. Caracas, Ediciones de la Presidencia de la República.

OVIEDO, Basilio Vicente de.
1930 *Cualidades y riquezas del Nuevo Reino de Granada*. Bogotá, Academia de Historia.

PACHECO, Juan M.
- 2001 "COLUCCINI, Juan Bautista". En: Charles E. O'NEILL y Joaquín Mª DOMÍNGUEZ. *Diccionario histórico de la Compañía de Jesús*. Roma-Madrid. I (2001) 868.

PACHECO, Juan Manuel.
- 1953 "Los jesuitas de la Provincia del Nuevo Reino de Granada expulsados en 1767". En: *Ecclesiastica Xaveriana*. Bogotá, 3 (1953) 23-78.
- 1959-1989 *Los jesuitas en Colombia*. Bogotá, Editorial San Juan Eudes, I, 1959; Hijos de Santiago Rodríguez, II, 1962; Pontificia Universidad Javeriana, III, 1989.

PARDO TOVAR, Andrés.
- 1966 *La cultura musical en Colombia*. Bogotá, Historia Extensa de Colombia, Ediciones Lerner, 1966.

PAREJO ALFONSO, Luciano.
- s/f "Prefacio: sobre el Autor y la Obra". En: Allan R. BREWER CARÍAS. *La ciudad ordenada*. 17-21.

PELLEPRAT, Pierre.
- 1965 *Relato de las Misiones de los Padres de la Compañía de Jesús en las Islas y en Tierra Firme de América Meridional*. Estudio preliminar por José del Rey. Caracas, Academia Nacional de la Historia.

PERDOMO ESCOBAR, José Ignacio.
- 1963 *Historia de la Música en Colombia*. Bogotá, Popular de Cultura Colombiana [1963].

PERDOMO ESCOBAR, Ignacio.
- 1975 "Cultivo de la música y las artesanías en las Misiones y Reducciones de los Jesuitas en la Colonia". *Revista Javeriana*. Bogotá, n°. 419 (1975) 383-385.

PERERA, Miguel Ángel.
- s/f *Oro y Hambre: Antropología histórica y Ecología cultural de un mal entendido. Guayana en el siglo XVI*. Manuscrito.

PÉREZ ÁNGEL, Héctor Publio.
- 1987 *La participación de Casanare en la Guerra de Independencia 1809-18119*. Bogotá, Editorial ABC.
- 1997 *La hacienda de Caribabare. Estructura y relaciones de mercado 1767-1810*. Yopal (Casanare).

PÉREZ GÓMEZ, José et alii.
1993-2000 *Provincia agustiniana de Nuestra Señora de Gracia en Colombia*. Santafé de Bogotá, Provincia agustiniana, I (1993), II (1993), III (2000).
PÉREZ, Francisco Javier.
2005 *La historia de la lingüística en Venezuela y su investigación historiográfica*. Caracas, Academia Venezolana de la Lengua, 2005.
PFEIFFER, Heinrich.
2001 "Arte en la C[ompañía de] J[esús]". En: Charles E. O'NEILL y Joaquín Mª DOMÍNGUEZ. *Diccionario histórico de la Compañía de Jesús*. Roma-Madrid, 2 (2001) 246-252.
PINARDI, Sandra.
2006 "De misiones". En: *El Nacional*. (Papel Literario). Caracas, sábado 15 de julio de 2006.
PLATTNER, Félix Alfred.
1960 *Deutsche Meister des Barok in Südamerika*. Basel-Freiburg-Wien, Editorial Herder.
PLAZA, José A.
1850 *Memorias para la Historia de la Nueva Granada*. Bogotá, Imprenta del Neo-Granadino.
POLGAR, László.
1986 *Bibliographie sur l'histoire de la Compagnie de Jesus 1901-1980*. Roma, Institutum Historicum S. I., II/II.
POLLAK-ELTZ, Angelina.
1989 "Algunas observaciones acerca de Gilij y la medicina indígena". En: *Montalbán*. Caracas, 21 (1989) 155-156.
POPESCU, Oreste.
1967 *El sistema económico en las Misiones Jesuitas*. Bogotá, Ediciones Ariel.
POTTIER Bernard.
1983 *América Latina en sus lenguas indígenas*. Caracas, UNESCO-Monte Ávila Editores.
RAMOS PÉREZ, Demetrio.
1988 *Estudios de Historia venezolana*. Caracas, Academia Nacional de la Historia.

RAMOS, Demetrio.
    1988   "La defensa de Guayana". En: *Estudios de historia venezolana*. Caracas, Biblioteca de la Academia Nacional de la Historia.

RAUSCH, Jane M.
    s/f   *Una frontera de la sabana tropical. Los llanos de Colombia 1531-1831*. Bogotá, Banco de la República.
    1984   *A tropical plains frontier*. Alburquerque, University of New Mexico.

Regulae Societatis Jesu. Romae, 1590.

RENTERÍA SALAZAR, Patricia.
    2001   *Arquitectura en la Iglesia de San Ignacio de Bogotá. Modelos, influjos, artífices*. Bogotá, CEJA.

RESTREPO E., Emiliano.
    1957   *Una excursión al territorio de San Martín*. Bogotá, Biblioteca de la Presidencia de Colombia.

RESTREPO, Daniel.
    1940   *La Compañía de Jesús en Colombia*. Compendio historial y Galería de Varones Ilustres. Bogotá, Imprenta del Corazón de Jesús.

RILEY, James D.
    1976   *Haciendas Jesuíticas en México. La administración de los bienes inmuebles del Colegio Máximo de San Pedro y de San Pablo de la ciudad de México 1685-1767*. México, Secretaría de Educación Pública.

RIVERO, Juan.
    1956   *Historia de las Misiones de los Llanos de Casanare y los ríos Orinoco y Meta*. Bogotá, Biblioteca de la Presidencia de Colombia.

RODRÍGUEZ Q, David.
    2005   *Por un lugar en el cielo. Juan Martínez Rengifo y su legado a los jesuitas 1560-1592*. Lima, Universidad de San Marcos.

ROMERO, María Eugenia.
    1984   "Los misioneros en: la orinoquía colombiana: Siglos XVI-XVIII". *Revista Javeriana*, Tomo 102, N° 509, Bogotá, octubre, (1984) 355-362.

RONDÓN, Víctor.
    1997   "Música jesuita en Chile en los siglos XVII y XVIII: primera aproximación. En: *Revista Musical chilena*. Santiago de Chile (1997) 7-39.
    2001   "Música y Evangelización en el cancionero Chilidúgú (1777) del padre Havestadt, misionero jesuita en la Araucanía durante el siglo XVIII". En: Manfred TIETZ. (Edit.). *Los jesuitas españoles expulsos. Su imagen y su contribución al saber sobre el mundo hispánico en la Europa del siglo XVIII*. Madrid-Frankfurt, Vervuert. Iberoamericana (2001) 557-579.

RUEDA ENCISO, Eduardo.
    1988   "El desarrollo geopolítico de la Compañía de Jesús en los llanos Orientales de Colombia". En: *Los Llanos una historia sin fronteras*. Bogotá (1988) 184-196.

RUEDA Enciso, José Eduardo.
    1989   "El complejo económico administrativo de las antiguas haciendas jesuíticas del Casanare". *Boletín Cultural y Bibliográfico*. Bogotá, Biblioteca Luis Ángel Arango. Volumen XXVI, n°., 20 (1989) 3-16.

RUEDA, José E.
    s/f   *Poblamiento y diversificación social en los Llanos*. Bogotá (tesis mecanografiada).

RUEDA, José Eduardo.
    1987   "Cravo: la antigua hacienda jesuítica". En: *Lámpara*. Bogotá, vol., XXV, n°. 105 (1987) 7-15.

RÜELD, Cristóbal.
    1969   *Carta del P. Cristóbal Rüeld al P. Pedro Wagner*. Tunja, 8 de septiembre de 1681. En: Mauro MATTHEI. *Cartas e informes de misioneros jesuitas extranjeros en Hispanoamérica*. Primera parte: 1680-1699. Santiago, Universidad Católica de Chile.

RUIZ JURADO, Manuel.
    2001   "Gutiérrez, Martín". En: Charles E. O'NEILL y Joaquín Mª DOMÍNGUEZ. *Diccionario histórico de la Compañía de Jesús*. Roma-Madrid, 2 (2001) 1852-1853.

SABIO, Ricardo.
    1963   *Corridos y coplas por los Llanos Orientales*. Cali, Editorial Salesiana.

SÁEZ DE SANTAMARÍA, Carmelo.
1977 "La vida económica de Colegio de los Jesuitas en Santiago de Guatemala". En: *Revista de Indias*. Madrid (1977) 309-330.

SÁEZ, José Luis.
2001 "América hispana. X. Arquitectura y arte". En: Charles E. O'NEILL y Joaquín Mª DOMÍNGUEZ. *Diccionario histórico de la Compañía de Jesús*. Roma-Madrid, 1 (2001) 136-139.

SAMUDIO A., Edda O.
1995 "El complejo económico del Colegio San Francisco Javier". En: José del REY FAJARDO. Edda O. SAMUDIO. Manuel BRICEÑO JAUREGUI. *Virtud, letras y política en la Mérida colonial*. San Cristóbal, Santafé de Bogotá, Merida, I (1995) 521-608.

SAMUDIO, Edda O.
1995 "El Colegio San Francisco Javier en el marco histórico, social, religioso, educativo y económico de la Mérida colonial". En: José DEL REY FAJARDO (et alii). *Virtud, letras y política en la Mérida colonial*. San Cristóbal-Santafé de Bogotá-Mérida, I (1995) 39-166.

SAMUDIO, Edda y José DEL REY FAJARDO.
2006 *Jesuitas, haciendas y promoción social en la Orinoquia*. Mérida, Ediciones del Rectorado.

SAMUDIO, Edda.
s/f "Las haciendas de las misiones de los Llanos del Casanare, Meta y Orinoco". En DEL REY FAJARDO (edit.). M*isiones jesuíticas en la Orinoquia*. San Cristóbal, Universidad Católica del Táchira, I, 717-781.

1985 *Las haciendas del colegio San Francisco Javier de la Compañía de Jesús en Mérida. 1628-1767*. Mérida, Universidad de los Andes.

1991 "La fundación de los colegios de la Compañía de Jesús en la Provincia de Venezuela. Dotación de un patrimonio". En: José DEL REY FAJARDO (Edit). La pedagogía jesuítica en Venezuela. San Cristóbal, Universidad Católica del Táchira, II (1991) 503-588.

1998 "Los esclavos de las haciendas del Colegio San Francisco Javier de Mérida". En: *Paramillo*. San Cristóbal, 17 (1998) 449-548.

SÁNCHEZ MANGANEQUE, Gregorio.
　　1983　　"Informe sobre el estado de la Provincia de Santiago de las Atalayas". En: Revista *Cespedesia*. Cali, n°. 45-46 (1983). Suplemento n°. 4. 401-404.
SANOJA, Mario e Iraida VARGAS.
　　2005　　*Las edades de Guayana. Arqueología de una quimera.* Santo Tomé y las misiones capuchinas catalanas 1595-1817. Caracas, Monte Ávila Editores, 2005.
SEBASTIÁN, Santiago.
　　1965　　*Arquitectura colonial en Popayán y Valle del Cauca.* Cali, Biblioteca de la Universidad del Valle, 1965.
SIEVERNICH, Michael.
　　2005　　"La Misión en la Compañía de Jesús: inculturación y proceso". En: José Jesús HERNÁNDEZ PALOMO y Rodrigo MORENO JERIA (Coord.). *La Misión y los jesuitas en la América española, 1566-1767: cambios y permanencias.* Sevilla, Consejo Superior de Investigaciones Científicas-Escuela de Estudios Hispano-Americanos (2005) 265-287.
SONTAG, Susan.
　　1980　　*Kunst und Antikunst: 24 literarische Analysen.* Verlag: München-Wien. Verlag Carl Hanser.
STEVENSON, Robert.
　　1964　　*La Música colonial en Colombia.* Traducción de Andrés Pardo Tovar. Cali. Publicaciones del Instituto de Popular de Cultura de Cali. Departamento de Investigaciones Folklóricas. Edit. América Limitada.
STEWARD, Julian H. General Editor.
　　1940-1947　　*Handbook of South American Indians.* Washington, DC, Smithsonian Institution.
STEYNEFER, Juan Herno.
　　1712　　*Florilegio medicinal de todas las enfermedades, sacado de varios y clasicos Authores para bien de los pobres, en particular para las provincias remotas en donde administran los RR. Misioneros de la Compañia de Jhesus.* Mexico, Guillena Carrascoso, 1712].
STOECKLEIN, Joseph.
　　1726-1761　　*Der neue Welt-Bott. Mit allerhand Nachrichten dern Missionariorum Soc. Jesu. Allerhand so lehr- als geist-reiche Brief, Schrifften und ReisBeschreibungen, welche von denen Missionariis der Gesellschaft Jesu aus beyden Indien*

und andern über Meer gelegenden Ländern ... in Europa angelangt seynd. Jetzt zum erstenmal, theils aus handschrifftlichen Urkunden, theils aus denen französischen Lettres édifiantes. Los tomos I-III fueron publicados en Ausburg-Gratz, Ph., M und J. Veith. Los IV y V en Wien, L. J. Kaliwoda, 5 vol.

SUÁREZ, María Matilde.
1997 "Aborígenes". En: FUNDACIÓN POLAR. *Diccionario de Historia de Venezuela*. Caracas, Fundación Polar, I (1997) 4-11.

SUÁREZ, Santiago-Gerardo.
1969 *Las Instituciones Militares Venezolanas del Período Hispánico en los Archivos*. Caracas, Biblioteca de la Academia Nacional de la Historia, vol., 92, 1969.

TAPIA, Matías de.
1966 *Mudo lamento de la vastísima, y numerosa gentilidad, que habita las dilatadas márgenes del caudaloso Orinoco,* su origen, y sus vertientes, a los piadosos oídos de la Magestad Cathólica de las Españas, nuestro Señor Don Phelipe Quinto (que Dios guarde). Madrid, 1715. [Reproducido en: José DEL REY. Documentos jesuíticos relativos a la Historia de la Compañía de Jesús en Venezuela. Caracas, Academia Nacional de la Historia (1966) 169-213].

TEJÓN, José I.
2001 "Música y danza". En: Charles E. O'NEILL y Joaquín Mª DOMÍNGUEZ. *Diccionario histórico de la Compañía de Jesús*. Roma-Madrid, 3 (2001) 2776-2789.

TORRES SÁNCHEZ, Jaime.
1999 *Haciendas y posesiones de la Compañía de Jesús en Venezuela. El Colegio de Caracas en el siglo XVIII*. Sevilla, Consejo Superior de Investigaciones Científica, Escuela de Estudios Hispanoamericanos, Universidad de Sevilla.

TOVAR PINZÓN, Hermes.
1986 "Rentas y beneficios de las haciendas neogranadinas". En: *Ibero-Amerikanisches Archiv*. Berlín, vol., 12-3 (1986) 280-301.

TOVAR PINZÓN, Hermes.
1980 *Grandes empresas agrícolas y ganaderas*. Bogotá, CIEC.

TOVAR, Antonio y Consuelo LARRUCA DE TOVAR.
  1984   Catálogo de las lenguas de América del Sur con clasificaciones, indicaciones tipológicas, bibliografía y mapas. Madrid, Edit. Gredos.
TURRENT, Lourdes.
  1993   *La conquista musical de México*. México, Fondo de Cultura Económica.
VALVERDE, J. L.
  1978   *Presencia de la Compañía de Jesús en el desarrollo de la Farmacia*. Granada, Universidad de Granada.
VARGAS, Pedro Fermín.
  1968   *Pensamientos políticos*. Bogotá, Universidad Nacional.
VAZ DE CARVALHO, José.
  2001   "Nóbrega, Manuel da". En: Charles E. O'NEILL y Joaquín Mª DOMÍNGUEZ. *Diccionario histórico de la Compañía de Jesús*. Roma-Madrid, 3 (2001) 2826-2827.
VEGA, Agustín de.
  2000   *Noticia del principio y progresos del establecimiento de las Missiones de gentiles en la río Orinoco por la Compañía de Jesús*. Estudio introductorio: José del Rey Fajardo sj y Daniel de Barandiarán. Caracas, Academia Nacional de la Historia, 2000.
VELANDIA, Roberto.
  1983   *Fontibón pueblo de la Real Corona*. Bogotá, Imprenta Distrital.
VERA DE FLACHS, María Cristina.
  1999   *Finanzas, saberes y vida cotidiana en el Colegio Monserrat. Del Antiguo al Nuevo Régimen*. Córdoba, [s.n.].
VERGARA Y VELASCO, F.J.
  1901-1902 *Nueva geografía de Colombia,* Bogotá.
VIVAS, Gaspar.
  1941   "Ordenes del P. Provincial Gaspar Vivas con que los Nuestros se gobiernan en las Misiones". En: José JOUANÉN. *Historia de la Compañía de Jesús en la antigua Provincia de Quito 1570-1774*. Quito, Editorial Ecuatoriana, I (1941) 624-625.
WEST, Robert C.
  1984   "The Geography of Colombia" en *The Caribbean Contemporary Colombia,* Curtis Wilgius, A. (edit.), Gainesville 1962, p. 19. Citado por Rausch, Jane M., *Una frontera*

de la sabana tropical. Los llanos de Colombia 1531-1831, Colección Bibliográfica Banco de Colombia, s/a (El original inglés es de 1984).

WICKI, Josef.
    1976   "Gesang, Tänze und Musik im Dienst der alten indischen Jesuitenmissionen (ca. 1542-1582)". En: *Missionskirche im Orient: Ausgewählte Beiträge über Portugiesisch-Asien. Immensee, Neue Zeitschrift für Missionswissenschaft*, (1976) 138-152.

ZUBILLAGA, Félix.
    1570   "El Procurador de la Compañía de Jesús en la Corte de España (1570)". En: *Archivum Historicum Societatis Iesu*. Roma, XVI (1947), 1-55.

Índice

Introducción 7

Capítulo I: LA TIERRA Y SUS HOMBRES

1. **Las fronteras** 13
   La territorialidad misional jesuítica llanero-orinoquense 13
2. **Los hombres** 32
   Las áreas culturales 32
   La visión jesuítica 34

Capítulo II: EL POBLADO INDÍGENA

1. **Los pueblos y la vida cotidiana** 39
2. **La sociedad indígena** 45
   Brujos, curanderos y piaches 49
   Matrimonio 60
3. **El trabajo** 65
   Juegos y bailes 73
4. **Los conflictos intertribales e interétnicos** 74
5. **Ritos funerarios** 79
6. **Religión** 80

Capítulo III: LOS DIFÍCILES CAMINOS DEL ENCUENTRO

1. **El aprendizaje del idioma** 84
2. **La búsqueda del indígena** 87
3. **El "Mirray" o la cultura del contacto** 93
4. **El encuentro definitivo a través del cabildo y del municipio** . 96

Capítulo IV: LA REDUCCIÓN-MUNICIPIO (I)

La situación del indígena en el momento de ingreso de los jesuitas 127
Las relaciones indígenas-escolta militar 129
La libertad reduccional 130
Educación 135

Capítulo V: LA REDUCCIÓN-MUNICIPIO (II)

URBANISMO, ARQUITECTURA Y ARTES 153
1. **Urbanismo reduccional**... 155
    Los arquetipos misionales jesuíticos neogranadinos 157
    La traza reduccional y su funcionamiento.............................. 158
2. **La arquitectura** 161
    Las iglesias llaneras 164
    Las iglesias orinoquenses 170
    La plaza 173
    Los edificios públicos y privados.. 175
3. **Las artes**.. 179
    Escultura y pintura 179
    La Música 183
    Teatro y danza 207
4. **Las boticas, la salud, las enfermedades y sus remedios** 208
    Las enfermedades y sus remedios 215

Capítulo VI: REDUCCIÓN MUNICIPIO (III)

EL TRABAJO, LOS TRABAJADORES Y LAS HACIENDAS 237
    Notas previas 240
    Los compromisos financieros de la Corona y de la Compañía de Jesús 243
    La génesis del sistema hacendístico 245
    Las funciones de la hacienda llanera.................................... 249
    La estructura organizativa 251

I. Los criterios 251
II. La estructura gerencial 253
III. El funcionamiento 258
Capital 265
El trabajo 275
Producción y tecnología 283
Los Mercados 291
Las haciendas y la vialidad colonial 301
Legado de las haciendas jesuíticas llaneras 303

APÉNDICE:

LAS ESCOLTAS Y SUS FUNCIONES POLICIALES Y MILITARES 305

ARCHIVOS Y BIBLIOGRAFÍA 349

ÍNDICE 377

www.ingramcontent.com/pod-product-compliance
Lightning Source LLC
Chambersburg PA
CBHW031959220426
43664CB00005B/79